本书为国家社科基金青年项目"金元全真教宗教认同的建构研究"
（项目批准号：14CZJ023）最终成果

# 全真道历史新探

宋学立 著

社会科学文献出版社
SOCIAL SCIENCES ACADEMIC PRESS (CHINA)

# 序

金代中期，王重阳在中国北方创立了一种有别于传统道教的新道教——全真教。全真教以三教合一为宗，以性命双修、功行并重为修炼门径，汲取禅宗的心性理论、修行方式等诸多因素，对传统道教从教义、戒律，到宫观组织、修行方式，以及终极超越境界等方面都进行全面革新，并在元以后分领道教的半壁江山，与正一教并立，促使道教最终形成北全真、南正一的宗派新格局。这就打破了此前道教史上灵宝、上清、正一等三足鼎立的旧格式。

对于全真教的研究，发展到今天可以毫不夸张地说已经是一门国际性的学问。欧、美、日等各国家、地区都有相当数量的学者在从事全真教研究，并形成了各具特色的学统。中国方面的研究如果从清光绪五年（1879）陈教友撰作《长春道教源流》算起，迄今已有一百四十多年的历史。其中历史学界为全真教研究范式的确立、碑刻资料的编纂作出了重大贡献。像陈垣、姚从吾、钱穆、孙克宽、陈智超等历史学家都曾在全真教研究的历史中作了开拓性的工作。就中值得大书特书的是陈垣先生撰作于 20 世纪四十年代的《南宋初河北新道教考》，该书以"新道教"来统称金末元初兴起的全真教、真大道、太一教等流行于北方的新道派，这是极富创意的。陈垣先生还依据抗战时期的独特解释语境对王重阳形象予以重新塑造，将自己遗民意识投射于历史人物。20 世纪八十年代出版的由陈垣编纂，陈智超和曾庆瑛校补的《道家金石略》（其中七成以上为金元时期全真教碑刻）这一巨著，为此后全真教研究全面利用金石碑铭材料奠定了牢固基础。客观地说，站在中国历史学的角度研究全真教是很有必要的，因为它有助于我们更深入地了解金元时期的中国社会，因而历史学界对全真教的研究绝非猎奇之举。如果我们细读金元时期全真教碑刻，把全真教置于当时社会的大环境中考察就很容易发现，在金末元初，由于蒙金易代，中原政权解体，而蒙古人当时的施政模式与中原政权颇为不同，全真教在这一时期实际担负起重建社会秩序，从而扮演起救世济人的重要历史角色。那时的全真教宫观事实上在很大程度上履行了地方政权的职责。这在中国历史上是罕见的。因此，如果我们不认真研读金元时期的全真教碑刻，势必对蒙古国前四汗（成吉思汗、窝阔台汗、贵由汗、蒙哥汗）在中原统治的历史理解陷入不完整状态。我曾经到河南济源进行田野考察，发现那时每一个村差不多都有一座全真教宫观。那也就是说，全真教宫观就如同一个地方社区，这应该与丘处机觐见成吉思汗之后，全真教宫观获得赋税豁免权直接相关。

然而，除历史学的维度外，全真教研究还有向内的维度。因此我们研究全真教就不能"道外论道"。我们不能忘记，全真教首先是一个奠基于内丹修炼的新道派，它的创立，直接与晚唐五代之后的民间内丹修行风尚密切相联。自晚唐五代始，道教内丹修行思想的传播已经呈现向民间底层社会扩散的新趋势，我们把它称为中国封建社会后期道教发展的民间转向。这一趋势至明清时期表现尤为显著。对此我们只要看看这一时期兴起的民间宗派大量援用道教的内丹修炼术，以及古典小说中充斥的内、外丹修炼描写就可明白。像《西游记》《封神演义》《金瓶梅》《聊斋志异》等古典文学名著，大量使用了丹道意象，倘若我们不懂道教内丹学，那就很难真正看懂。这充分说明道教的核心思想及修炼方式已由高堂典册进入民众的精神世界，融入他们的日常生活。

此外，从思想层面看，全真教以三教合一为宗，以性命双修、功行并重为修炼门径，特别突显性命问题，并构建其极具创新性的性命之学。而性命之学是宋以后中国思想界关注的核心问题意识，儒、释、道三家都围绕这一问题展开激烈争论。我们说自宋以来，儒、释、道就一直通过思想对话，寻找互相会通的思想论题，最后终于会聚至性命之道这一支撑中华思想体系的核心议题。长期以来道教研究界对内丹道产生的思想意义缺乏深刻认识，多数学者只看到它的养生意义，因而就无法对奠基于内丹性命修炼创立的全真教有深切的理解，何以一个诞生于金代中后期的新道教能够延续八百多年，一跃成为当代最有影响的道派，这当然只有从全真教赖以立教的思想母题——性命之道中才能获得合理的解释。而宋、金之后内丹修炼之所以走出道教，得到社会各阶层的普遍关注，成为思想界讨论的热点问题，也是因为性命之学并非只是一套概念游戏或一套外在的思想体系，而是与生命的终极超越紧密关联，是一套生命的切己之学。而金丹道的性命之学能够成为儒、释、道三家性命学的归宿点，乃是因为金丹道的性命之学主张性命双修，打通灵与肉、形而上与形而下的窒碍，通过精、气、神这样一组逐步精纯化的概念体系，追求一个终极的连续性存在，而这与中华文明的终极思想诉求有着内在的一致性。

活跃于北宋中后期和金朝初年的张伯端（紫阳）、王嘉（重阳）分别创立内丹道教的南北二宗，通过创立道教性命之学以讨论生命终极解脱问题，从而将中国传统的心性论推向一个新的高度。王重阳创立全真教立基于性命之学，创立了性命双修的立教原则，围绕性命之学来构建其道派的各项教制、教规。其解决性命问题最具创新性之处就在于，将抽象的性命落实到与身体紧密关联的神、气，这无疑是一个思维的突破，为道教性命之学的身体转向奠定了独特的理论基础。道教性命之学之所以在宋以后能够后来者居上，获得社会各界的普遍认可，关键就在于抓住身体这一落足点，以构成身体的三要素精、气、神为基点，打通一条由精、气、神、虚、道等环节构成的生命终极超越之路。

宋学立同志的这部《全真道历史新探》是在他的博士论文基础之上修改完善而成。他曾于2015年跟随我在北京大学哲学系攻读博士学位，并于2019年获得博士学位。他的这部书最大的特点就是拓展了全真教的研究领域，系统地提出了新的问题意识，例如全真教的传戒授箓、丧葬制度、祖师祭祀制度等。在此之前，很少有学者予以关注，宋学立在这部书中对这些问题予以系统研究，提出不少新的见解，例如关于传戒授箓，以往都习惯认为只有正一教授箓，全真教则是传戒，宋学立通过对金元时期大量全真教碑刻及传世文献的认真研读，发现金元时期不少全真教徒也有授箓的现象，金元时期全真教既传戒又授箓，这就纠正了传统上对全真教的偏颇认识。宋学立还总结了全真教传戒授箓的特点，这也是难能可贵的。又如关于全真教的丧葬制度，前此虽然也有学者有所论及，但尚未见有系统论述这一主题的成果。作者在书中指出全真教宫观都设有仙蜕园，并研究了仙蜕园墓群关系，归纳出全真葬制可分为附葬式、归宗式两种模式化的丧葬制度。这也是很有意义的，深化了学界对这一主题的研究。

最后，我想讨论一下道教与中国古代史研究之联系的问题。如果我们接受中国古代史研究的对象应该是中国古代文明的发生、发展的历史过程这么一种观点，那么对道教的研究就与中国古代史研究有着密切的关系。事实上在西方历史学界，自斯宾格勒、汤因比始，就已经以文明为单元来整体考察一个文明的发展历史。斯宾格勒在《西方的没落》、汤因比在《历史研究》中，都采用以文明为单元来研究世界历史。斯宾格勒采用文化形态学的方法，将世界主要文明区分出八大文明形态：埃及文明、巴比伦文明、印度文明、中国文明、古典文明、阿拉伯文明、西方文明、墨西哥文明。他认为每一种文明都是一个有机体，各有其作为其内在结构的原始象征。汤因比在《历史研究》则将人类步入文明时代以来之全球文明区分出二十六种文明，认为各文明之间是相互影响的，推动文明前行的动力是挑战与应战，并预言 21 世纪是中国的世纪。他主要是鉴于中国能长久保持政治统一和文化的延续而做出的判断。

从文明比较的视角看，中国文明区别于苏美尔、古埃及、古印度及古希腊罗马文明的一个基本特征，乃在于中国文明是礼乐文明，它是通过礼乐制度实现财富集中和社会分层。这在其他文明中是罕见的。从思想的角度看，中国文明最重要的特点就是其在世界观、物质观、生命观方面具有整体性、连续性、贯通性及有机性。对此，美国著名人类学家佛罗斯特（Peter T. Furst）称之为"追求一种连续性的存在"，认为是人类传统中亚美萨满基层思维，堪称石器时代遗留的主流精神传统。张光直肯定佛罗斯特这一说法，并援引以研究中国古代神话、祭祀及礼制，进而阐述了中华思想传统中存在的"存有的连续性"。而道教重点保留了中国古代礼乐文明中最重要的两类礼制，此即沟通超越界即天界和沟通下界即幽冥界的两大类礼制，前者即道教（包括全真教）以金箓斋（醮）、玉箓斋（醮）、明真斋（醮）等为代表，后者则以黄箓斋（醮）等为代表，形成完整的九斋十二法科仪体系。因此，道教也是一个仪式性宗教。从这一角度看，道教的斋醮科仪体系并不是仅对其教内有意义，同时也是中国古代礼乐文明的重要组成部分。事实上，自隋唐始，道教就开始逐渐接管王朝的重要国家祭祀事务，到明朝则完全将祭祀天地、日月、五岳等重要国家祭祀事务交由道士组成的神乐观负责，难怪明代居然出现六位道士出身的礼部尚书。这与皇帝个人是否佞道无关，而是道士们承担了重要国家祭祀事务。因此，从国家祭祀的角度深入、系统研究道教的九斋十二法科仪体系就显得极为重要，而这需要研究者具有跨学科的专业训练背景，我希望宋学立同志在今后的学术研究中能勇敢地担负这一重任。是为序！

张广保

2024 年 12 月 21 日于洞真斋

# 目　录

# 绪　论

　　全真道创立于金海陵王正隆四年（1159），经过王嚞[①]、七真等历代道士的经理，特别是在大蒙古国早期政策优待下，声势日起。金蒙易代之际，它在一定程度上承担起组织中国北方社会运转的职能。大起尘劳、存无用有。教团的"膨胀"虽未触及统治者的根本利益，但在一定程度上打破了三教平衡。元宪宗、世祖朝的几次佛道论争以及随之而来的对全真道的政策打压，使三教关系天平得以重新校正。元成宗朝以降，全真道走出昔日被优礼的光环和焚经打压的阴影，常态化发展，以性命双修整合抟聚南北诸家丹道传统，与正一道共同成为元明以来两大核心道派。

　　20世纪以来，全真道开始逐步进入真正意义的学术研究领域。《长春真人西游记》最早受到前辈学者关注，文本校注与史地学的方法是核心研究路径，又有多国学者陆续将其译成不同语种在国外出版。20年代以来，日本学者开始关注全真道并来华调查。40年代，陈垣《南宋初河北新道教考》提出"新道教"概念，分主题考述全真道历史，成为影响深远的典范。钱穆、姚从吾等延续陈垣思路，阐释全真道保存中原文化、救世等主题。70、80年代以来，全真道研究不断发展。陈垣编纂，陈智超、曾庆瑛校补的《道家金石略》收录大量全真碑文，扩大了史料学基础。任继愈、卿希泰分别主编的《中国道教史》对全真道史做了较为系统的梳理。张广保《金元全真道内丹心性学》提出"内丹心性学"概念，引领丹道性命之学研究新风向。学界对全真道研究的重视程度不断提高，在史料整理、历史与思想阐

---

　　① "嚞"，又作"喆"，《道藏》本中二字都有出现，本书统一写作"嚞"。

1

述、学科建设等方面展现出生机。同时，受历史观、认识论、方法论、学科背景等因素影响，在系统梳理全真道演进路径、阐释传承发展诸多面相和热点问题、发掘其在国家社会中的作用价值、推动跨学科发展与方法论创新等方面还有很长的路要走。

## 一　全真道研究新进展（2001~2023）

进入 21 世纪以来，全真道作为道教、中华传统文化、汉学研究的有机组成部分，继续得到海内外学者关注。其研究热度不减，成果丰硕，呈现史料整理与研究持续推进、热点问题突出、新视角新方法开辟新视域、国内外研究双向互动、平台建设襄助研究向纵深发展等特征。①

（一）史料整理、翻译与研究

1. 传世、珍稀文献的整理与翻译

史料是学术研究的基础。全真史传、文集、语录，特别是有关丹道修炼的文献是传世文献整理的重头戏。如 2001 年党宝海、2016 年尚衍斌与黄太勇分别译注、校注《长春真人西游记》；② 高丽杨集校了金元五种全真史传；③ 钟离权、吕洞宾、王重阳、七真、李道纯、王常月、刘一明、刘名瑞等历代全真道士文集、传记、笔记、语录均得到不同程度的整理，为深入研究全真道思想与历史奠定了较为完备的文献学基础。④ 其中以《全真道文化丛书》和《全真学案》比较成规模：2005 年齐鲁书社推出了《全真道文化丛书》第一辑，白如祥、赵卫东辑校了王重阳及七大弟子文集，并录集相关传记、方志资料；从 2009 年起，张广保主编的《全真学案》以丛书形式，按照传主评

① 学术史回顾只论及正式公开发表的成果，未正式出版的会议论文集、学位论文等未涉及。相关成果大体以讨论的主题（如人物、事件、文本）的时间先后排列。

② （元）李志常：《长春真人西游记》，党宝海译注，河北人民出版社，2001；（元）李志常著，尚衍斌、黄太勇校注《长春真人西游记校注》，中央民族大学出版社，2016。

③ 高丽杨集校《全真史传五种集校》，中华书局，2020。

④ 如高丽杨点校《钟吕传道集 西山群仙会真记》，中华书局，2015；（唐）吕洞宾《吕洞宾全集》，刘体恕汇辑，华夏出版社，2009；（元）李道纯《李道纯集》，张灿辉点校，岳麓书社，2010；（清）刘一明《刘一明栖云笔记》，孙永乐评注，社会科学文献出版社，2011；（清）闵一得《金盖心灯》，王卡、汪桂平点校，中华书局，2020；（清）刘名瑞《潋爁易考》《敲蹻洞章》《道源精微》，山西科学技术出版社，2011；等等。

传、年谱、著作汇编与校释的体例，先后陆续出版了十余部学案，反响良好。

金刻本《栖霞长春子丘神仙磻溪集》和周燮藩主编、王卡分卷主编《中国宗教历史文献集成·三洞拾遗》刊录《玄风庆会图》残卷，为研究丘处机生平、思想和活动提供了早期珍贵文本。① 樊光春主编《终南仙籍》收录了多种稀见全真典籍。② 2019 年，山西永乐宫五件蒙元时期道教度戒牒文书的发现，对研究早期全真道发展和永乐宫历史具有重要价值。③ 朱见深敕纂《御制全真群仙集》生动形象地展现了明代宫廷丹道修炼的珍贵文本和图式。④

西方学界对道教文献翻译的传统仍在延续。与 20 世纪相比，他们开始更多地注重丹道文本的翻译，如科恩（Livia Kohn）（《内丹道的钟吕系统》）和康思奇（Louis Komjathy）（《全真之道：全真道选集》《驯服野马：道教驯马图注译与研究》）等翻译了部分早期全真文本⑤，推动了全真典籍和丹道思想的海外传播和再研究。

2. 宫观志、碑刻的整理刊布

方志整理成为 21 世纪古籍整理工作的重要议题。相关全真山志、宫观志的整理、译介受到学界重视。陕西咸阳重阳万寿宫、北京白云观、山东崂山太清宫、辽宁沈阳太清宫等宫观志、山志保存了登真箓、派字谱、碑文等大量一手史料，相关整理成果为深入研究上述全真宫观以及全真道地域化发展特征提供了珍贵史料。⑥

---

① （金）丘处机：《栖霞长春子丘神仙磻溪集》，北京图书馆出版社，2005；周燮藩主编，王卡分卷主编《中国宗教历史文献集成·三洞拾遗》第 16 册，黄山书社，2005，第 387～423 页。
② 樊光春主编《终南仙籍》，三秦出版社，2014。
③ 山西省永乐宫壁画艺术博物馆、山西博物院永乐宫壁画保护工作站编《山西省永乐宫壁画艺术博物馆馆藏一级道教纸质文物保护修复研究》，山西人民出版社，2022。
④ （明）朱见深编绘《御制全真群仙集》，文物出版社，2016。
⑤ Livia Kohn, *The Zhong-Lü System of Internal Alchemy*, Three Pines Press, 2020；Louis Komjathy, *The Way of Complete Perfection: A Quanzhen Daoist Anthology*, State University of New York Press, 2013；Louis Komjathy, *Taming the Wild Horse: An Annotated Translation and Study of the Daoist Horse Taming Pictures*, Columbia University Press, 2017.
⑥ 参见李养正编著《新编北京白云观志》，宗教文化出版社，2003；张亦农、景昆俊主编《永乐宫志》，山西人民出版社，2006；《重阳宫志》编委会编《重阳宫志》，陕西出版集团、三秦出版社，2012；李伟刚、郭清礼编著《民国周宗颐〈劳山太清宫志〉校注》，宗教文化出版社，2017。译介成果有〔日〕五十岚贤隆《道教丛林太清宫志》，郭晓锋、王晶译，齐鲁书社，2015；〔日〕小柳司气太《白云观志附东岳庙志》，刘莹整理，北京联合出版公司，2019；等等。

　　碑刻调查与整理成为近年来新的学科增长点。代表性成果有《金元全真教石刻新编》《金元全真道碑刻集萃》等。① 日本学者池内功调查了河南省的元代道教相关石碑。② 此外，各地综合性碑刻整理成果中也收录了众多全真碑刻。③ 和传统金石成果相比，21 世纪的碑刻整理成果收录的信息更为完整，有的还附有原碑拓片照片，为深入研究道教社会史提供了丰富的一手资料。

　　大量散见碑刻随着田野调查的持续开展，不断披露。如王宗昱在考述潍县全真道史时，刊布了数通元至晚清的碑刻。④ 张凌波利用《牟平县志》等文献，校读《□□神清宫记》，对了解王嚞在昆嵛山的活动、神清宫的兴建始末等早期全真道历史具有较高文献价值。⑤ 常大群以山东半岛全真遗迹为线索，考察了这一地区全真七子的相关碑刻、摩崖。⑥ 杨立志整理刊布了多通元代后期武当山全真碑刻。⑦ 赵卫东梳理了《道家金石略》等 10 部道教碑刻成果，阐述了 14 位中外学者运用碑刻资料开展全真道研究的成就，⑧ 既是一篇具有较高学术价值的学术史回顾成果，又是综合性探讨碑刻资料与全真道研究的成果。更多碑刻资料，多附录于相关研究成果之后，下文详述。

---

① 王宗昱编《金元全真教石刻新编》，北京大学出版社，2005；赵卫东、陈法永主编《金元全真道碑刻集萃》，山东大学出版社，2020。

② 〔日〕池内功：河南省における元代道教関係石碑調查報告，『四国学院大学論集』107，（2002）。

③ 可参见吴亚魁编《江南道教碑记资料集》，上海辞书出版社，2007；赵卫东主编《山东道教碑刻集》（青州昌乐卷、临朐卷、博山卷、肥城卷），齐鲁书社，2010～2020；佟洵主编《北京道教石刻》，宗教文化出版社，2011；萧霁虹主编《云南道教碑刻辑录》，中国社会科学出版社，2013；黎志添、李静编著《广州府道教庙宇碑刻集释》，中华书局，2013；潘明权、柴志光编《上海道教碑刻资料集》，复旦大学出版社，2014；樊光春主编《山西道教碑刻》（阳泉卷、太原晋中卷、长治卷、晋城卷、运城卷），香港青松出版社，2016～2020；湖北省十堰市档案局编《武当山碑刻档案选录》，湖北人民出版社，2018；吴受琚编著《宝鸡道教碑石记》，社会科学文献出版社，2019；黎志添编著《香港庙宇碑刻志：历史与图录》，香港中文大学出版社，2023；等等。

④ 王宗昱：《潍县全真教小史》，丁鼎主编《昆嵛山与全真道：全真道与齐鲁文化国际学术研讨会论文集》，宗教文化出版社，2006，第 358～371 页。

⑤ 张凌波：《〈□□神清宫记〉校记》，《中国道教》2005 年第 5 期。

⑥ 常大群：《山东半岛全真七子碑刻、摩崖石刻寻真》，《中国道教》2007 年第 1 期。

⑦ 杨立志：《元代道士李明良画像碑考论》，赵卫东主编《全真道研究》第 7 辑，齐鲁书社，2018。

⑧ 赵卫东：《碑刻资料与全真道研究》，王钧林主编《海岱学刊》第 1 辑，齐鲁书社，2015。

### 3. 新史料和传统文本研究齐头并进

文本研究是文献学研究的传统领域，更是相关延展性研究的基础。新见文献、出土文献开拓了全真史料新视野、研究新视域。吴光正、秦国帅分别考察了台湾大学图书馆藏《七真仙传》孤本作者、编撰过程、流传历史及内容演变等，[①] 对进一步认识早期全真仙传的文本生成系统及其与教团发展的关系具有重要价值。张广保探讨了元刻本《云山集》残卷的结构、流传和文献价值。[②]

黑水城文献是 20 世纪出土文献整理与研究的一大热点。20 世纪末以来，学界围绕《俄藏黑水城文献》编号俄 A20V 文献所载佚词的释读与整理、年代、作者或写手等问题展开持续性讨论。相关研究显示，佚词与全真道关系密切：张秀清对佚词进行了部分释读与整理，揭示其文献价值；汤君推断为金世宗大定朝马钰西游崆峒时所作；汪超认为最可能是金元时期黑水城的全真道住家道士所书的诗词。[③] 相关讨论既丰富了全真诗词的内容，又对了解西夏全真道传播史有所助益。

随着一些原本秘而不宣的文本的逐步披露，明清以来的全真文本研究开始广泛受到学界关注，推动全真"内史"研究不断走向深入。贺信萍介绍了《御制全真群仙集》的著者与成书、内容与特色、文献价值等。[④] 近年来，各地宫观、档案馆、图书馆、个人私藏的登真箓、山志、宗谱等有不少被披露，为研究全真传戒、道派、宫观分布与交流、各地发展等提供了一手资料。梅莉、尹志华等做了很多发掘和研究工作。既有对登真箓文本

---

① 吴光正：《台湾大学藏海内孤本〈七真仙传〉考述》，（台湾）《中国文哲研究通讯》第 27 卷第 3 期，2017；秦国帅：《台湾大学图书馆藏〈七真仙传〉初考》，赵卫东主编《全真道研究》第 8 辑，齐鲁书社，2019；秦国帅：《七真仙传与全真历史：以台湾大学图书馆藏〈七真仙传〉为中心的考察》，《世界宗教研究》2017 年第 3 期。
② 张广保：《全真教史家姬志真及元仁宗延祐六年〈云山集〉的史料价值》，《世界宗教研究》2018 年第 4 期。
③ 参见张廷杰《俄藏黑水城文献中的元佚词》，《宁夏大学学报（人文社会科学版）》2006 年第 1 期；汤君《西夏全真教佚词十一首考释》，《宗教学研究》2007 年第 2 期；孙继民等《俄藏黑水城汉文非佛教文献整理与研究》，北京师范大学出版社，2012，第 617～626 页；汪超《俄藏黑水城文献 A20V 金元全真诗词补说》，《文献》2013 年第 1 期；张秀清《俄藏黑水城文献全真教佚词跋》，《宗教学研究》2013 年第 4 期。
④ 贺信萍：《内府修道秘本〈御制全真群仙集〉》，《中国道教》2016 年第 1 期。

结构的分析，又有对相关史事的钩沉。① 汪桂平考述了中国社会科学院世界宗教研究所藏清同治、光绪朝全真道授戒的三种文本及其与清初王常月授戒一脉相承的关系。② 王卡以辽宁本溪铁刹山《诸真宗派源流》为底本，以北京白云观《诸真宗派源流》、沈阳太清宫《宗派别》为参校本，推出一个较为接近白云观本原貌的新版本。③

全真仙传、文集、小说的年代、作者、内容、版本、特色、史料价值等依然是传世文本研究的重点。高丽杨考察了《钟吕传道集》《西山群仙会真记》的版本源流及其与《正统道藏》本的关系。④ 全真仙传、小说是言教弘道的重要题材。宋学立以李道谦著述为中心，考察了早期教史文献的创作特征。⑤ 有多位学者阐释了《历世真仙体道通鉴》的史料价值、编撰方式及与其他大型仙传史书的异同等。⑥ 刘永海在综合考述元代道教史籍时对多部全真史籍有所论及。⑦ 张方考述了《玄风庆会图》在元明两代的刊刻与流传。⑧

全真缺经典，多文集。陈敬阳概述了丘处机《鸣道集》的流传和散佚情况。⑨ 戈国龙考证了《大丹直指》、赵卫东考证了《摄生消息论》的作者及思想。⑩ 钦伟刚通过文献对比的方式，考证了俞琰《周易参同契发挥》引

---

① 参见梅莉《民国〈湖北省长春观乙丑坛登真箓〉探研》，《世界宗教研究》2011年第2期；王辉刚、梅莉《〈成都二仙庵壬午坛登真箓〉初探》，熊铁基、梁发主编《第二届全真道与老庄学国际学术研讨会论文集》上册，华中师范大学出版社，2013，第340~358页；尹志华《北京白云观藏〈龙门传戒谱系〉初探》，《世界宗教研究》2009年第2期；尹志华《北京白云观光绪壬午坛〈登真箓〉新探》，《世界宗教研究》2021年第2期。

② 汪桂平：《清代全真道授戒的珍贵文存》，《世界宗教文化》2001年第1期。

③ 王卡：《诸真宗派源流校读记》，熊铁基、麦子飞主编《全真道与老庄学国际学术研讨会论文集》上册，华中师范大学出版社，2009，第49~75页。

④ 高丽杨：《〈钟吕传道集〉与〈西山群仙会真记〉版本考述》，《中国道教》2011年第4期。

⑤ 宋学立：《早期全真教以史弘道的教史思想——以〈甘水仙源录〉〈终南山祖庭仙真内传〉〈七真年谱〉为中心》，赵卫东主编《全真道研究》第5辑，齐鲁书社，2016。

⑥ 李蕊芹：《论〈历世真仙体道通鉴〉的史料编撰方式》，《湖北理工学院学报（人文社会科学版）》2016年第5期；钱敏：《〈历世真仙体道通鉴〉与〈金莲正宗记〉之比较研究》，邓正兵主编《人文论谭》第9辑，武汉出版社，2017；罗争鸣：《赵道一〈历世真仙体道通鉴〉的编撰、刊刻与流传论考》，《宗教学研究》2018年第3期。

⑦ 刘永海：《元代道教史籍研究》，人民出版社，2010。

⑧ 张方：《〈玄风庆会图〉残卷版本考》，《中华文化论坛》2015年第2期。

⑨ 陈敬阳：《丘处机佚著〈鸣道集〉考略》，《中国道教》2006年第3期。

⑩ 戈国龙：《〈大丹直指〉非丘处机作品考》，《世界宗教研究》2008年第3期；赵卫东：《丘处机与〈摄生消息论〉》，赵卫东主编《全真道研究》第5辑，齐鲁书社，2016。

用全真文献的情况及其流变。①

（二）热点领域与新进展

1. 历史研究厚重多维

历史研究是重头戏。篇幅所限，仅择要概述几个比较突出的主题。

（1）断代史与区域史研究成果丰硕。张广保《金元全真教史新研究》内容涉及派系整合、掌教传承、宗祖谱系、戒律与修炼、元代道教管理政策、与蒙元统治者关系等。之后，他在《全真教的创立与历史传承》中增加了全真道与明代国家祭祀、明代全真宗风、宗系分化与派字谱形成等内容。② 其广泛运用中外史料，问题意识突出，展现了金元明三代全真道传承发展的多维面相，是断代史研究的一部典范之作。赵卫东《金元全真道教史论》探讨了宗祖的历史贡献、七子拜师顺序、会社特征、祖真形成、山东全真道历史与遗存、全真精神及其当代价值等，③ 讨论呈现细密化、纵深化发展趋势。尹志华《清代全真道历史新探》分四阶段考察了清代全真道在全国的兴衰发展及其特征，④ 在一定程度上改变了明清道教"衰落说"和清代全真道研究比较薄弱的旧观。

区域史研究是21世纪历史学研究的一大趋向。与此呼应，出现了几部展现地域特色的全真区域史专著。如牟钟鉴等著《全真七子与齐鲁文化》阐述了全真道兴起与齐鲁文化的密切关系、在山东的发展；⑤ 吴亚魁《江南全真道教》是第一部以宫观为线索阐述元至清江南六府一州全真道传播史的著作；⑥ 张方《明代全真道的衰而复兴——以华北地区为中心的考察》利用传世文献和新见碑刻，揭示了明代华北地区全真道"衰而复兴"的历史，为修证明清"衰落说"再添新证；⑦ 汪桂平《东北全真道研究》是第一部

① 钦伟刚：《俞琰〈参同契〉注解所见全真教文献》，丁鼎主编《昆嵛山与全真道：全真道与齐鲁文化国际学术研讨会论文集》，第308~314页。
② 张广保：《金元全真教史新研究》，香港青松出版社，2008；张广保：《全真教的创立与历史传承》，中华书局，2015。
③ 赵卫东：《金元全真道教史论》，齐鲁书社，2010。
④ 尹志华：《清代全真道历史新探》，香港中文大学出版社，2014。
⑤ 牟钟鉴等：《全真七子与齐鲁文化》，齐鲁书社，2005。
⑥ 吴亚魁：《江南全真道教》，香港中华书局，2006；上海古籍出版社，2012，修订版。
⑦ 张方：《明代全真道的衰而复兴——以华北地区为中心的考察》，中国社会科学出版社，2018。

贯通性考述东北全真道史的成果，基本厘清了金至民国东北全真道的概况和地域性特征。① 众多学者分别有专文考述山东、河南、山西、陕西、甘肃、四川、湖北、浙江、江西、云南等各地全真道的传承发展。利用碑记、田野调查资料，围绕某些宗教圣地，考察全真道的地方发展，成为突出的研究理路。例如，冯金忠、张帅利用《聚圣岩公据》碑考察了金代全真道在河北北部的早期发展；② 郑素春考察了金元时期中原地区以外全真道的发展情况；③ 周郢不仅发现了大蒙古国时期汗廷与山东全真道互动的新史料，还考察了全真道在泰山地区的传播发展；④ 荣国庆、李素梅以未收入《庄靖先生文集》的《新修玉虚观记》为中心，考察了大蒙古国早期泽潞地区全真道发展，有助于廓清窝阔台主政时期试选天下僧道的历史；⑤ 姜生以《仙公山建栖真观记》为中心，考察并填补了沂蒙山区早期全真道的历史，又从宗教人类学视角，揭示了明末全真道通过仪式改山东荣成槎山"千佛洞"为"千真洞"的历史，为了解全真道与地方社会、其他信仰体系的关系提供了鲜活案例；⑥ 王闯考察了全真道在武当山五龙宫的传承及其时代特征；⑦ 黎志添梳理了清初以来广东龙门派道观在罗浮山的历史变迁；⑧ 还有众多道教区域通史关注了全真道在各地的传承发展。⑨

---

① 汪桂平：《东北全真道研究》，中国社会科学出版社，2014。
② 冯金忠、张帅：《金代〈聚圣岩公据〉碑所见全真教在河北北部的早期传播》，《河北师范大学学报（哲学社会科学版）》2022 年第 6 期。
③ 郑素春：《金元全真道中原地区以外的传教活动》，（台湾）《成大历史学报》第 39 号，2010。
④ 周郢：《新发现的祖徕山炼神庵摩崖考》，《中国道教》2012 年第 3 期；周郢：《蒙古汗廷与全真道关系新证——新发现的蒙古国圣旨（懿旨、令旨）摩崖考述》，《中国史研究》2013 年第 1 期。
⑤ 荣国庆、李素梅：《〈新修玉虚观记〉碑考释》，《中国道教》2018 年第 2 期。
⑥ 姜生：《栖真观碑记所见沂蒙山区早期全真道》，《世界宗教研究》2006 年第 4 期；姜生：《千真洞的变迁：槎山全真道迁佛史迹考》，《历史研究》2013 年第 6 期。
⑦ 王闯：《元代及明初武当山五龙宫全真道的传承》，《宗教学研究》2017 年第 2 期。
⑧ 黎志添：《近代广东罗浮山全真教道观考》，（香港）《中国文化研究所学报》第 47 期，2007。
⑨ 如萧霁虹、董允《云南道教史》，云南大学出版社，2007；任颖卮《崂山道教史》，中央编译出版社，2009；樊光春《西北道教史》，商务印书馆，2010；孔令宏、韩松涛《江西道教史》，中华书局，2011；佟洵、孙勍《北京道教史》，宗教文化出版社，2013；赵芃《山东道教史》，中国社会科学出版社，2015；孔令宏、韩松涛、王巧玲《浙江道教史》，中国社会科学出版社，2015；刘庆文、高丽杨《河北道教史》，宗教文化出版社，2016；刘固盛、梅莉、胡军等《湖北道教史》，华中师范大学出版社，2017；等等。

（2）重点人物和事件研究。全真道作为一种会社组织，其传承发展离不开历代道士的积极推动。学界对全真道士的事迹、贡献等多有考释。专著类成果有郭武《全真道祖王重阳传》、赵卫东《丘处机与全真道》、赵益《丘处机——一个人与一个教派的传奇》、常大群《全真脊梁丘处机大传》、于国庆《甘水仙源——王重阳的全真之路》、杨兆华《马钰研究》等。① 程越、刘晓、李虹、韩占刚、石田宪司等对掌教更迭问题多有关注：程越、刘晓分别补考了常志清、关德昌掌教事；韩占刚对1217年之前的掌教传承问题，特别是王处一在教内的影响力和掌教史事钩沉索隐，深化了对早期掌教问题的认识。② 张广保提出"八大全真史家"的概念，阐述了他们教史书写的历史贡献。③ 学界对金末至民国历代名道的事迹、贡献、道脉传承、治学修为等多有不同角度的考述，见人见事，揭示全真道传承发展的历史。④

围绕丘处机是否"一言止杀"，杨讷和赵卫东有多次争鸣。前者认为，丘处机时代全真道确实有一些"止杀"行为，但"一言止杀"是丘处机去世后全真道逐步构建的故事；后者认为，"一言止杀"确有

---

① 郭武：《全真道祖王重阳传》，香港蓬瀛仙馆，2001；赵卫东：《丘处机与全真道》，山东文艺出版社，2004；赵益：《丘处机——一个人与一个教派的传奇》，凤凰出版社，2009；常大群：《全真脊梁——丘处机大传》，宗教文化出版社，2011；于国庆：《甘水仙源——王重阳的全真之路》，宗教文化出版社，2011；杨兆华：《马钰研究》，复旦大学出版社，2017。

② 刘晓：《全真教尹志平接任掌教之谜》，陈鼓应主编《道家文化研究》第23辑，生活·读书·新知三联书店，2008；李虹：《丘处机身后嗣教宗师再考辨》，《宗教学研究》2011年第2期；程越：《金元时期全真道宫观研究》，齐鲁书社，2012，第36~38页；刘晓：《元代全真道被遗漏的掌教关德昌——〈井公道行碑〉读后记》，《宗教学研究》2017年第2期；韩占刚：《"七真时代"全真掌教问题考辨》，赵卫东主编《全真道研究》第11辑，山东大学出版社，2022；〔日〕石田宪司：元代全真教的教团掌教者——明代道教史研究の视覚から，『比較文化史研究』5，（2003）。

③ 张广保：《全真教史家与全真教史的建构》，赵卫东主编《全真道研究》第7辑，齐鲁书社，2018。

④ 如侯慧明《七朵金莲最先放 海上文章第一儒——论马丹阳与早期全真教的发展》，《甘肃社会科学》2010年第1期；侯慧明《论宋德方对山西全真教发展的贡献》，《山西档案》2015年第6期；张强《开凿石窟与续修道藏——宋德方对金末元初全真道发展的贡献》，《东岳论丛》2010年第4期；汪桂平《明末道士马真一生平行实考》，《世界宗教研究》2014年第1期；张方《明末全真道士郭静中生平考略》，《宗教学研究》2015年第3期。类似成果很多，不一一胪列。

其事。① 杨文指出，历史研究要重实证，"反对科学研究中的信仰主义"；赵文指出，要"对道教或道教信仰者的同情理解与起码尊重"。杨文爬梳考索史料以辨真伪的方法值得敬佩；赵文从揭示传播道教文化精神和教化意义的角度，对全真现象的解读，有其时代价值。二者的争论，提示宗教学研究要以史料为基础，从各种史料中"读出"基于史实又具有宗教史学特质和精神文化价值的要义。这并不是说宗教史学是神乎其神的历史，而是说要立足宗教之所以为宗教的角度，看待其产生、发展、传承演进的现象，而不是带着某种先在的价值判断，否则将很难见析其文化精神。

（3）对全真道传承发展原因的探讨。学界从社会需求、宗教领袖作用、信众构成、历史经验、弘道基地形成、政教关系等多方面，阐述了其传承发展的原因、作为。例如，李俊芳从两宋之际平民化社会需要的视角，考察了全真道创立的原因；② 胡其德考察了王嚞创立全真道的背景；③ 钟海连以丘处机为中心，从宗教政策、立教宗旨的入世转向、三教思想互动等视角考察了金元全真道兴盛的原因；④ 盖建民、朱展炎探讨了早期全真道士出家的种种因缘，及其与教团兴盛的关系；⑤ 梁淑芳从对修道空间的需求、"真行"实践角度，诠释了全真道进入崂山弘教的原因，将空间因素考虑到教团发展的历程中，同时又抓住了全真道注重道德实践的立教

---

① 杨讷的系列文章参见《丘处机"一言止杀"辨伪》，张政烺先生九十华诞纪念文集编委会编《揖芬集——张政烺先生九十华诞纪念文集》，社会科学文献出版社，2002，第 523～532 页；《丘处机"一言止杀"再辨伪》，《中华文史论丛》2007 年第 1 期；《丘处机"一言止杀"三辨伪——兼评赵卫东〈丘处机"一言止杀"辨正〉》，《中华文史论丛》2015 年第 1 期。赵卫东的系列文章参见牟钟鉴等《全真七子与齐鲁文化》，第 291～301 页；《丘处机"一言止杀"辨正——兼与杨讷先生〈丘处机"一言止杀"再辨伪〉一文商榷》，刘凤鸣主编《丘处机与全真道——丘处机与全真道国际学术研讨会论文集》，中国文史出版社，2008，第 127～143 页。此外，唐明邦以《长春真人西游记》为据，阐释了丘处机"一言止杀"的救世度人精神。参见氏著《一言止杀，功垂万代——读〈长春真人西游记〉》，《宗教学研究》2004 年第 1 期。

② 李俊芳：《平民化新道教产生于两宋之际原因探析——以全真教为中心》，《世界宗教研究》2010 年第 5 期。

③ 胡其德：《王重阳创全真教的背景分析》，《台湾宗教学会通讯》第 8 期，2001。

④ 钟海连：《金元之际全真道兴盛探究——以丘处机为中心》，江苏人民出版社，2018。

⑤ 盖建民、朱展炎：《早期全真道士入道因缘论析——以全真道传记资料为中心所做的考察》，王志民主编《齐鲁文化研究》总第 7 辑，山东文艺出版社，2008。

思想。① 有些成果深入探究了教团发展史中的诸多细节，例如韩占刚考察了王处一未追随王嘉西行、被视为"异派"、被金廷宣召的原因等，② 以点带面，对深入认识全真道的传播与地域化发展，具有启发意义。还有很多成果从道门人才建设、教团内部关系、组织建设、制度建设、与地方社会关系、道文化传承等方面，总结了不同时期全真道传承发展的原因、阶段性特征和历史经验等。③ 有些成果主要聚焦于全真道内部，比之从更广阔的社会历史视野探讨全真道成功发迹与持久发展的原因仍有一定空间。

2. 思想研究层次分明

全真道以丹道开宗立派，丹道心性思想研究仍是热点领域。既有众多成果从总体上对全真道的教义思想、哲学思想、生死观、道论、情欲论、自由平等观、心性修养等进行宏观阐释。④ 又有不少成果探讨历代道士的解经注经思想、修道思想、心性论、养生论等。⑤ 其中对不同时期道士哲学思

---

① 梁淑芳：《崂山道始：由空间需求与道德实践观点论述金代全真教传道崂山之因》，《台湾师大学报》第 65 期，2020。

② 韩占刚：《王处一相关事迹疑难考》，《宗教学研究》2022 年第 1 期。

③ 如张琰《金元之际泰山全真道的兴衰》，《中国道教》2010 年第 2 期；陈耀庭《清代全真道派适应低潮时期的三项历史经验——全真三大师王常月、刘一明、闵小艮的启示》，赵卫东主编《全真道研究》第 2 辑，齐鲁书社，2011；等等。

④ 如郑素春《金元之际全真道士的生死观》，（台湾）《辅仁宗教研究》第 4 期，2001；孙亦平《"全真而仙"：论全真道对道教仙学的发展》，《社会科学战线》2003 年第 5 期；周立升《全真道的创建与教旨》，《文史哲》2006 年第 3 期；刘恒《心性灵明之阶——早期全真道情欲论思想研究》，巴蜀书社，2010；丁原明等《早期全真道教哲学思想论纲》，齐鲁书社，2011；强昱《初期全真道的自由平等观念》，《世界宗教研究》2012 年第 3 期；蔡林波《内在化：全真道的生命观及其精神特征》，（台湾）《宗教哲学》第 65～66 期，2013；〔日〕蜂屋邦夫《金代道教研究：王重阳与马丹阳》，钦伟刚译，中国社会科学出版社，2007；〔日〕蜂屋邦夫《金元时代的道教：七真研究》，金铁成等译，齐鲁书社，2014；等等。

⑤ 如唐代剑《王嘉　丘处机评传》，南京大学出版社，2011；萧进铭《光、死亡与重生——王重阳内丹密契经验的内涵与特质》，（台湾）《清华学报》第 37 卷第 1 期；赵卫东《马钰内丹修炼的宗旨、特征与方法》，《宗教学研究》2023 年第 5 期；赵玉玲《悟道·修道·弘道——丘处机道论及其历史地位》，巴蜀书社，2012；章伟文《太古真人郝大通及盘山派的全真内丹心性学》，《世界宗教研究》2014 年第 6 期；梁淑芳《全真七子修行之道》，台湾文津出版社，2019；王婉甄《李道纯道教思想研究》，台湾花木兰文化出版社，2008；岑孝清《李道纯中和思想及其丹道阐真》，宗教文化出版社，2010；朱展炎《驯服自我——王常月修道思想研究》，巴蜀书社，2009；赖贤宗《宋常星〈道德经讲义〉与龙门丹道》，（台湾）《中正大学中文学术年刊》第 11 辑，2008；刘宁《刘一明修道思想研究》，巴蜀书社，2001；等等。

想、修道思想的阐释占据不小的比例。成果很多，不一一胪列。这或与大多数学者的中国哲学学科背景有关。[①]

西方学界对丹道思想和实践的重视，与近些年来道家道教养生学在海外的流播互为表里。柯恩《内丹道的钟吕系统》、苏德朴（Stephen Eskildsen）《早期全真道士的思想与实践》、康思奇《修真：早期全真道的神秘主义和自我超越》、马颂仁（Pierre Marsone）《王重阳与全真道的创立：道教苦修与内丹术》、彼得·艾克（Peter Acker）《刘处玄及其〈黄帝阴符经注〉》、高保罗（Paul Crowe）《自然、动、静：李道纯的三教观》、恩克沃特（P. G. G. van Enckevort）《三宝：伍守阳著作研究》、玄英（Fabrizio Pregadio）《上德、下德：刘一明著作的教义主题》等对全真道丹道思想、身体超越的路径与体验的讨论表明，西方学界的研究走的是由表及里、不断深入的进路。[②]

三教合一思想是全真道思想史研究的重要论域，也是一个老话题。三教合一的思想源流、教理特征、表现形式、时代价值等，继续受到学界关注。研究者普遍认识到，心性论是三教在思想层面互摄的基石。

突破"新道教"说，从思想史、哲学史层面探讨全真道和三教的关系，考察其思想渊源、时代新意，是 21 世纪全真道研究的一大转向。钟海连、丁原明、吴成国、朱俊等分别探讨了全真道论与道家、重玄学的承继关系。[③] 詹

---

① 王宗昱：《目前全真道研究的几个问题》，赵卫东主编《全真道研究》第 3 辑，齐鲁书社，2014。

② Livia Kohn，*The Zhong-Lü System of Internal Alchemy*，Three Pines Press，2020；Stephen Eskildsen，*The Teachings and Practices of the Early Quanzhen Taoist Masters*，State University of New York Press，2004；Louis Komjathy，*Cultivating Perfection：Mysticism and Self-transformation in Early Quanzhen Daoism*，Sinica Leidensia，Vol. 75，Brill，2007；Pierre Marsone，*Wang Chongyang（1113 – 1170）et la foundation du Quanzhen：Ascètes taoïstes et alchimie intérieure*，Collège de France，Institut des Hautes Études Chinoises，2010；Peter Acker，*Liu Chuxuan（1147—1203）and his Commentary on the Daoist Scripture Huangdiyinfujing*，Harrassowitz Verlag，2006；Paul Crowe，"Nature，Motion，and Stillness：Li Daochun's Vision of the Three Teachings"，*JDS 5*（2012）；P. G. G. van Enckevort，"The Three Treasures：An Enquiry into the Writings of Wu Shouyang"，*JDS 7*（2014）；Fabrizio Pregadio，"Superior Virtue，Inferior Virtue：A Doctrinal Theme in the Works of the Daoist Master Liu Yiming（1734–1821）"，*T'oung Pao*，Vol. 100，2014.

③ 钟海连：《复归与超越：王重阳修道论与老庄思想的关系》，《宗教学研究》2010 年第 1 期；丁原明：《丘处机道教思想中的老庄情结》，《东岳论丛》2003 年第 6 期；吴成国：《丘处机和谐观与老庄思想论略》，《宗教学研究》2009 年第 3 期；朱俊：《〈栖云真人盘山语录〉中的重玄思辨》，《中国道教》2012 年第 4 期。

石窗探讨了全真内丹养生说与易学的关系。① 李延仓采用"逆流而上"的理路，从与儒学、道家道教、重玄学、内丹学、佛学、易学关系角度系统考察了早期全真道的思想渊源，阐释了全真道与中国思想文化传统的渊源关系以及全真道哲学的心性化问题，是这一领域中比较有代表性的成果。② 不过，全真道是一个知（教义思想）行（修行、宗教活动）合一的宗教，这也是一般意义上宗教之为宗教的最根本特征。因此，如能从思想与实践相统一的角度探讨全真道的"过往""未来"，则更能全面地审视它与中国传统社会、文化生活的关系。

三教关系研究呈现层次分明、愈加细化的特征。儒道关系方面，学界关注了全真道对儒家思想的吸收化用。如李玉用、周建强讨论了儒家思想对早期全真诸子的影响、全真道对孝道伦理的吸收和新开展。③ 白娴棠关于刘一明对王阳明良知良能论吸收的研究显示，全真道对儒家思想的融摄具有与时俱进的特点。④

佛道关系方面，学界从不同视角比较了全真心性学与禅宗、印度吠檀多思想的关系。⑤ 其中，吴学国、徐长波认为全真道心性学的形成很大程度上受到了吠檀多思想的影响。这是涉及文明交流融摄的大话题，心性学是一个颇具中国特色的道器合一的概念，所论值得进一步探究。

全真教育是一个既有宗教特色又富有现代启示意义的论题。2017 年兰州大学出版社出版了《中国古代的知识阶层》一书，共四卷，主要探讨各历史时期知识分子的构成、养成体制、生计出路及影响等。⑥ 其中魏晋南北

① 詹石窗：《全真道的内丹养生说与易学关系略论》，卢国龙主编《全真弘道集：全真道——传承与开创国际学术研讨会论文集》，香港青松出版社，2004，第 258~275 页。
② 李延仓：《早期全真道教思想探源》，齐鲁书社，2014。
③ 李玉用：《略论儒家思想对早期全真诸子的影响——以王重阳、马钰和丘处机为中心》，《孔子研究》2012 年第 4 期；周建强：《道儒之间：全真道互结物外真亲眷的孝道伦理》，《东岳论丛》2018 年第 8 期。
④ 白娴棠：《刘一明金丹论对阳明良知论的融摄》，《宗教学研究》2015 年第 3 期。
⑤ 如戈国龙《从性命问题看内丹学与禅之关系》，《宗教学研究》2001 年第 2 期；〔日〕横手裕：禅と道教——柳華陽の場合，『思想』960，（2004）；聂清《全真道与禅宗心性思想比较》，赵卫东主编《全真道研究》第 4 辑，齐鲁书社，2015；吴学国、徐长波《梵道之间：从印度吠檀多思想到全真道的心性学》，《中国高校社会科学》2015 年第 3 期；等等。
⑥ 参见聂大江主编《中国古代的知识阶层》，兰州大学出版社，2017。

朝隋唐卷辟专章阐释了包括佛道教在内的宗教人士及其寺观教学活动。宋元卷对佛教之士着墨不少，然而对道教之士的介绍一笔带过，遑论道教教育，尽管作者承认"宋元是道教得到较大发展的时期，道教徒们在这一时期也是非常活跃的"①。实际上，宋元时期道教宫观教育非常发达，特别是全真道兴起之后，历代全真高道都非常重视宫观教育。难能可贵的是，目前学界已经推出了一些相关研究成果。程越在探讨元代全真宫观管理时，对玄学教官诸路玄学提举有简要介绍。② 程越、张广保都谈到全真玄学是对唐代崇玄学（唐玄宗开元二十五年设立）、北宋道学（宋徽宗政和六年设立）的继承和延续。③ 学界对不同时期全真道士的教育思想有一定关注。④ 白娴棠提出要打破长期以来否定道家、道教教育思想的窠臼，深入挖掘了早期全真道的教化思想与实践，并省思其现代价值，⑤ 很有见地。

### 3. 教制研究渐趋系统

全真之为全真，既是丹道、教义因素使然，又与它的组织框架、宫观制度、仪轨、戒律等内化于心、外化于行的制度密切相关。2004 年卢国龙主编的《全真弘道集：全真道——传承与开创国际学术研讨会论文集》在目录设置上较早提出"全真教制"的概念，收录了几篇关于全真道传承、宗祖谱系、修行、仪式等方面的论文。其受体例所限，系统性不强。最具代表性的当推其高足高丽杨的《全真教制初探》，该书考察了出家、传戒、宫观、法派、威仪、修行、会社等各种制度的形成发展。⑥ 虽然有些内容论述略显精练，但仍不失为第一部比较全面探讨全真教制的专著。

---

① 聂大江主编，张军著《宋元时期的知识阶层》，兰州大学出版社，2017，第 61 页。
② 程越：《金元时期全真道宫观研究》，齐鲁书社，2012，第 119~121 页。
③ 分别参见程越《金元时期全真道宫观研究》，第 119 页；张广保《全真玄学与重玄学、老庄学——三教融合视域中的全真教》，陈鼓应主编《道家文化研究》第 32 辑，中华书局，2019。
④ 申喜萍：《全真教王重阳教育思想研究》，《北京化工大学学报（社会科学版）》2004 年第 4 期；史冰川：《王重阳人才教育思想分析》，《民族教育研究》2009 年第 4 期；杨兆华：《马钰研究》，第 78~88 页；王雪：《李道纯的教育方法和学习理念探析》，《教育文化论坛》2015 年第 4 期；于兴汉：《刘一明道教教育思想述论》，《教育史研究》2002 年第 1 期。
⑤ 白娴棠：《道与化：传播视域下早期全真教的教化思想与实践》，四川大学出版社，2013。
⑥ 高丽杨：《全真教制初探》，巴蜀书社，2018。

出家住观是全真道修行的突出特色。宫观制度是全真道制度建设的重要内容。程越《金元时期全真道宫观研究》是第一部较为系统探讨全真宫观制度的著作。吴端涛通过对永乐宫管辖权两度更迭的考察，揭示了永乐宫与不同宗系全真掌教的疏密关系，从一个侧面揭示了元代道官制度及其运作机制。① 杨程斌考证了秋阳观的兴衰沉浮及其地理位置。② 贺晏然、褚国锋立足宫观，关注了城市道教的发展变迁。③

张广保、高丽杨在各自著作中辟专章探讨了乞讨、坐环、坐钵、云游、战睡、打尘劳等修炼活动。李丰楙从出家住观和游方求道两个方面考察了全真道求道、访道的机制及精进其"艺"以体证乎"道"的宗教生活。④

戒律建设和传戒活动是全真道士宗教生活方式的重要制度保障。目前，学界对这个问题的研究普遍存在"重后轻前""厚流薄源"的情况，对清代以来的传戒活动探讨较多，涉及的论题包括传戒的历史、仪式、戒期、禁忌、功能等，⑤ 深化了对清代以来全真传戒的认识。相比之下，大家对金元全真道传戒活动论及不多。张广保以王嚞、马钰、刘处玄等创制的几种"准戒律性"文本为中心，探讨王嚞、七真时代早期全真戒律的形成与发展，并指出全真道戒律体系建设随着教门的发展不断完善的特征。⑥ 高丽杨考察了金元全真道的传戒制度，揭示了全真道公开传戒授箓以及传戒同时

---

① 吴端涛：《祖庭规制·管辖权·宫门提点——永乐宫与元代全真教关系研究三题》，《美术大观》2021年第12期。
② 杨程斌：《全真教秋阳观史实考略》，《宗教学研究》2023年第4期。
③ 参见贺晏然《重塑"全真"：明代南京朝天宫全真堂的兴衰》，《宗教学研究》2022年第4期；贺晏然、褚国锋《志观、胜景与城景：明清南京朝天宫图像的变迁》，刘中玉主编《形象史学》总第26辑，中国社会科学出版社，2023。
④ 李丰楙：《仙游：全真道的求道、访道与体道》，（台湾）《中国文哲研究通讯》第16卷第4期，2006。
⑤ 参见张泽宏《全真道的传戒仪式》，《世界宗教文化》2001年第4期。尹志华的相关成果包括《北京白云观藏〈龙门传戒谱系〉初探》，《世界宗教研究》2009年第2期；《清代全真道传戒初探》，赵卫东主编《全真道研究》第1辑，齐鲁书社，2011；《清代全真道历史新探》，香港中文大学出版社，2014；《清代全真道传戒史料补述》，《中国道教》2015年第5期；《清代全真道传戒若干史实再考察》，《道教学刊》2018年第2期。唐怡《全真道戒律的发展历史与特征》，《云南民族大学学报（哲学社会科学版）》2006年第2期。唐怡《浅析全真道戒律的社会控制功能》，《世界宗教研究》2005年第3期。任宗权《道教戒律学》（上），宗教文化出版社，2008，第256~293页，等等。
⑥ 张广保：《金元全真教史新研究》，第206~223页。

传符的特点。①

朱元璋说："禅与全真，务以修身养性，独为自己而已。"② 此说非明太祖自创，而是有金元文士的观察与记述依据的，且对后世对全真道是否开展斋醮活动的认识产生了久远的误导。刘仲宇、张泽洪较早探究全真道的斋醮科仪，修正了"不事斋醮"的误识。③ 周建强考察了早期全真道度亡醮仪的文化渊源、实践及其生死安顿的社会功能。④ 李大华梳理了早期全真道的斋醮仪式源流，以香港为例分析了现代全真科仪的传承及其宗教意义。⑤ 森由利亚《全真坐钵——以元明时期的全真道礼仪为中心》《清代四川全真教与天师道礼仪的关系：关于〈广成仪制〉太清章的讨论》等对全真仪式也有多角度讨论。⑥ 杨讷从教内外对方技的态度及其书写的角度，考辨了早期全真道利用方技传教的历史。⑦ 方玲考察了全真道士用祝由术治病的情况。⑧

宗祖谱系是全真神仙崇拜的核心，确立神灵体系、仙学制度、道派身份的重要标识。张广保、赵卫东对祖真的形成、推动力量等均有考释。樊光春通过考察《全真列祖赋》涉的十九位人物，提出以往学界在阐述全真道历史时只提"五祖七真"是不符合元代全真家自身认识的。⑨ 尹志华考察了东华帝君神格的来龙去脉。⑩ 吴光正、王一帆提出王嚞及第二、

---

① 高丽杨：《全真教制初探》，第 135~141 页。

② 参见（明）宋宗真《大明玄教立成斋醮仪》，《道藏》第 9 册，文物出版社、上海书店、天津古籍出版社，1988，第 1 页上栏。

③ 刘仲宇：《近代全真仪式初探》，卢国龙主编《全真弘道集：全真道——传承与开创国际学术研讨会论文集》，第 157~178 页；刘仲宇：《早期全真教科仪初探》、张泽洪：《金元全真道斋醮科仪初探》，陈鼓应主编《道家文化研究》第 23 辑，生活·读书·新知三联书店，2008。

④ 周建强：《早期全真道的醮仪度亡及其社会功能初探》，《华夏文化》2018 年第 4 期。

⑤ 李大华：《全真道教的现代宗教仪式及其科本分析——以香港为例》，《宗教学研究》2020 年第 1 期。

⑥ 〔日〕森由利亚：全真坐钵—元明全真教儀礼の伝統，福井文雅主監『東方学の新視点』，五曜書房，2003，459~497；清朝四川の全真教と天師道儀礼——『広成儀制』太清章をめぐって，小林正美編『道教の齋法儀礼の思想史的研究』，株式会社知泉書館，2006。

⑦ 杨讷：《早期全真道与方技的关系及其他》，《中华文史论丛》2010 年第 4 期。

⑧ 方玲：《全真道与祝由——从〈轩辕碑记医学祝由十三科〉谈起》，方立天主编《宗教研究2012》，宗教文化出版社，2012，第 165~177 页。

⑨ 樊光春：《〈全真列祖赋〉所述人物考》，《中国道教》2004 年第 1 期。

⑩ 尹志华：《全真教主东华帝君的来历略考》，王志民主编《齐鲁文化研究》总第 7 辑，山东文艺出版社，2008。

三代弟子已经利用诗文自觉借助钟吕传说构建全真谱系，认为钟吕神话谱系出自第三代弟子假托的说法是一种误解。① 周冶考察了陈致虚《金丹大要》中构建的马钰形象及其法统意义。② 耿纪朋、李远国等的相关研究呈现从道教神仙谱系变迁角度考察全真神仙谱系建构的特征。③ 相对而言，对宗祖谱系的孕生土壤、明清时期宗祖崇拜表现形式的衍化等的探讨不足。

　　分宗立派是全真道发展过程中的重要特征，明清以来尤为突出，系教团发展和历朝宗教政策等多种因素使然。田野调查、碑刻、档案、登真箓等的发掘整理与全真宗派研究形成良性互动，成为近年来一直热度不减的领域。学界围绕早期全真道的宗系分化与明清宗派谱系的关系，派字谱的性质、形成与发展，全真诸宗的地域化传承，层累式谱系构建与宗派发展，等等推出了一系列成果，提出了诸多新认识。如樊光春除了梳理陕西佳县白云观龙门派近 400 年传承谱系，还提出广义、狭义龙门派概念的区分，④对认识龙门派的传承发展具有启发意义。张广保认为，派字诗的形成是明代全真道整体认同弱化的表现，宗系分化是全真道在失去元代政治支持后的一种新的发展趋势。⑤ 学界以新见碑记推进全真派字谱的梳理、历史演进研究特别是"追根溯源"方面，发表了一系列成果。如刘康乐、高叶青认为明代七真派字曾有一个共同的"祖本"，明宣宗宣德时期是全真派字谱形成的关键时期，并将全真派字的出现时间上推至明成祖永乐朝。⑥ 赵卫东推

① 吴光正、王一帆：《钟吕传说与金代全真教的谱系建构》，赵卫东主编《全真道研究》第 4 辑，齐鲁书社，2015。
② 周冶：《沿袭与建构：〈金丹大要〉中的马钰形象略析》，《宗教学研究》2011 年第 2 期。
③ 耿纪朋：《金元全真道神仙体系中"六御"身份考》、李远国：《论金元全真道的神仙谱系》，均载赵卫东主编《全真道研究》第 7 辑，齐鲁书社，2018；李远国、李黎鹤编著《中国道教神仙谱系史（第三卷）》，四川大学出版社、成都时代出版社，2022。
④ 樊光春：《碑刻所见陕西佳县白云观全真道龙门派传承》，陈鼓应主编《道家文化研究》第 23 辑，生活·读书·新知三联书店，2008。
⑤ 张广保：《明代全真教的宗系分化与派字谱的形成》，赵卫东主编《全真道研究》第 1 辑，齐鲁书社，2011。
⑥ 参见刘康乐、高叶青《嘉靖三十二年〈重建五祖七真殿碑记〉与明代全真派字谱的新发现》，《世界宗教研究》2020 年第 6 期。郭武围绕《金莲正宗仙源图赞》对明清全真道派字谱也有发明，参见氏著《〈金莲正宗仙源图赞〉碑文与明清全真道宗派"字谱"》，《世界宗教研究》2017 年第 2 期。

断龙门派极有可能在元代中期立派。① 关于王常月"龙门正宗"与各地龙门派传承关系，多地个案研究表明，二者互不统属，龙门派的发展呈现"多源众流"②的形态。关于宗派研究，吴亚魁、郭武、赵卫东分别有综述性文章，可参考。③

法服冠戴是标举道门、道派身份的重要标识。学界对汉唐道教法服流变、体现的伦理符号价值有所揭示。④ 受资料所限，全真道特别是早期全真法服制度的研究成果显著不足。高丽杨对全真冠巾、服饰制度有所介绍，但对早期的相关阐述不足。夏添等在梳理清代及民国武当山正一道、全真道法衣形制、纹饰源流基础上，探讨了道教法衣蕴含的宇宙观、哲学观。⑤

教职制度是道教自身建设和官方加强管理的有效途径。王智尧系统梳理了金元时期全真道教内执事和官方道官两大教职体系的渊源、设职情况及对教团发展的意义。这是一个前人关注不多的领域，不过其文末关于教职体系可以避免宗系分化的论断值得商榷。⑥

学界对全真道丧葬活动、丧葬制度的研究相对不足。王宗昱从全真道的丧葬记录入手，阐释了其宗教生活的儒家特征；张广保论述了"祖庭会葬"的过程及其对提升教团整体认同的影响。⑦

---

① 参见赵卫东《青州全真修真宫考》，《宗教学研究》2008年第4期。
② 赵卫东：《李常明一系龙门派传承考》，赵卫东主编《全真道研究》第3辑，齐鲁书社，2014。
③ 吴亚魁：《江南全真道门所见之诸真宗派与传承谱系》，赵卫东主编《全真道研究》第2辑，齐鲁书社，2011；郭武：《有关全真道宗派"字谱"研究综述》，熊铁基、梁发主编《第二届全真道与老庄国际学术研讨会论文集》上册，第248~254页；赵卫东：《全真道宗派问题研究回顾与展望》，盖建民主编《回顾与展望——青城山道教学术研究前沿问题国际论坛文集》，巴蜀书社，2016，第98~131页。
④ 姜生：《道教法服的伦理符号价值》，《中国典籍与文化》1995年第4期；王丽娜：《唐代女冠法服之演变轨迹》，《历史教学》（下半月刊）2017年第3期；张阳、杨蓉：《道教法服的产生及早期定型》，《世界宗教文化》2022年第2期。
⑤ 夏添、王鸿博、崔荣荣：《清代及民国时期汉族道教服饰造型与纹饰释读——以武当山正一道、全真道教派法衣为例》，《艺术设计研究》2018年第3期。
⑥ 王智尧：《金元时期全真道的教职体系——以石刻材料为中心》，赵卫东主编《全真道研究》第11辑，山东大学出版社，2022。
⑦ 分别参见王宗昱《全真教的儒教成分》，《文史知识》2006年第12期；张广保《金元全真教史新研究》，第46~48页。

西方学界注重对全真道宗教身份的制度化探讨，尤以 2001 年第 29 期美国《中国宗教杂志》（*Journal of Chinese Religions*）全真道专辑为代表。高万桑（Vincent Goossaert）、康豹（Paul R. Katz）、马颂仁、苏德朴、莫尼卡（Monica Esposito）五位学者通过考察各种形式的宗教认同尝试揭示全真道的历史与特征。[1] 此外，高万桑《1700—1950 年的全真道》探讨了塑造全真道宫观生活、仪式的各种制度，阐述了全真道在近现代的群体特征及在中国社会宗教体系中的地位；[2] 莫尼卡《清代的龙门派及其具有争议的历史》试图探寻龙门派历史叙事与历史真相之间的差异，提示在认识清代龙门派时要注意地方传统、历史叙事等因素在构建龙门派及其各地支派历史发展中的作用。[3] 上述几位学者的兴趣点在于探究全真道士如何通过修行方式、历史书写创造制度化、标准化的修行实践、历史认同，进而用模式化、制度化的方式将全真道与其他宗教、道派区别开来，揭示其宗教特征。这一理路是对 20 世纪六七十年代以来欧美宗教心理学、宗教社会学学统的延续。

4. 文学研究跨学科省思

全真文学、美学研究成为中国文学研究的重要组成部分。众多专著类成果呈现在道教文学史、美学史、艺术史视野下探讨全真道文学创作的内

---

[1] Vincent Goossaert and Paul R. Katz, "New Perspectives on Quanzhen Taoism: The Formation of a Religious Identity", *Journal of Chinese Religions* 29 (2001), pp. 91-94; Pierre Marsone, "Accounts of the Foundation of the Quanzhen Movement: A Hagiographic Treatment of History", *Journal of Chinese Religions* 29 (2001), pp. 95-110; Vincent Goossaert, "The Invention of an Order: Collective Identity in Thirteenth-Century Quanzhen Taoism", *Journal of Chinese Religions* 29 (2001), pp. 111-138; Stephen Eskildsen, "Seeking Signs of Proof: Visions and Other Trance Phenomena in Early Quanzhen Taoism", *Journal of Chinese Religions* 29 (2001), pp. 139-160; Paul R. Katz, "Writing History, Creating Identity: A Case Study of Xuanfengqinghuitu", *Journal of Chinese Religions* 29 (2001), pp. 161-189; Monica Esposito, "Longmen Taoism in Qing China: Doctrinal Ideal and Local Reality", *Journal of Chinese Religion* 29 (2001), pp. 191-223. 另见〔美〕康豹《元代全真道士的史观与宗教认同——以〈玄风庆会图〉为例》，《燕京学报辑刊》第 15 期，2003。

[2] Vincent Goossaert, "The Quanzhen Clergy, 1700-1950", *Religion and Chinese Society*, Volume Ⅱ: *Taoism and Local Religion in Modern China*, edited by John Lagerwey, The Chinese University Press of Hong Kong and École française d'Extrême-Orient, 2004, 699-771.

[3] Monica Esposito, "The Longmen School and Its Controversial History during the Qing Dynasty", *Religion and Chinese Society*, Volume Ⅱ: *Taoism and Local Religion in Modern China*, edited by John Lagerwey, The Chinese University Press of Hong Kong and École française d'Extrême-Orient, 2004, 664-667.

容、特点、艺术形式、宗教意涵、社会影响等特征。① 一系列单篇论文对全真道士词的源流、文学价值、影响、与弘道的关系，全真道与元曲的互动共生关系，全真文本的语文学价值、艺术特征，全真道士的审美人格境界，等等众多话题进行了多角度讨论。② 秦国帅对王重阳度化全真七子故事的演变历程与文本呈现关注较多，为理解全真文化在不同历史时期的演变路径与社会消费提供了新视角。③

　　自从鲁迅、胡适提出《西游记》为吴承恩所作以来，对《西游记》作者、主题、原型、性质等问题的论争成为一大公案。李安纲、胡义成、陆凌霄等从多角度阐释了《西游记》与全真道的关系，认为作者是全真道士；胡胜、郭健、陈洪、吴光正等提出要从《西游记》经典化，即"世代累积

① 如詹石窗《南宋金元道教文学研究》，上海文化出版社，2001；杨建波《道教文学史论稿》，武汉出版社，2001；张松辉《元明清道教与文学》，海南出版社，2001；陶然《金元词通论》，上海古籍出版社，2001；吴国富《全真教与元曲》，江西人民出版社，2005；陈宏铭《金元全真道士词研究》，台湾花木兰文化出版社，2007；左洪涛《金元时期道教文学研究——以全真教王重阳和全真七子诗词为中心》，人民出版社，2008；申喜萍《南宋金元时期的道教美学思想》，巴蜀书社，2009；廖敏《元代道教戏剧研究》，巴蜀书社，2013；张美樱《全真七子证道词之意涵析论》，台湾花木兰文化出版社，2013；吴光正《金元道教文学史》，北方文艺出版社，2022；等等。

② 关于全真道士词的研究，如王昊《论金代全真道士词人对柳词的接受》，《兰州大学学报（社会科学版）》2011年第1期；于东新《论金词之别宗：全真道士词》，《求是学刊》2012年第2期；包洪鹏《〈青玉案〉与全真教道士词关系研究》，《宗教学研究》2022年第2期。关于全真道与元曲的探讨，如王汉民《全真教与元代的神仙道化戏》，《世界宗教研究》2004年第1期；廖奔《全真教与金元北曲共生关系考》，《文化遗产》2022年第1期；王亚伟《全真道与马致远神仙道化剧的情节建构》，《中南大学学报（社会科学版）》2018年第1期；张泽洪、张卓《全真道与唱道情关系考察》，赵卫东主编《全真道研究》第11辑，山东大学出版社，2022；等等。关于全真文本的汉语文学价值研究，如宋晓云《论〈长春真人西游记〉在蒙元时期丝绸之路汉语文学中的价值》，《西域研究》2012年第1期。关于全真文本的艺术特征研究，如申喜萍《〈长春真人西游记〉的艺术特征》，《宗教学研究》2006年第4期。关于全真美学研究，如余虹《王重阳"狂颠"人格之审美意蕴——全真道审美人格建构（之一）》，《四川师范大学学报（社会科学版）》2005年第3期；余虹《丘处机"济世"人格的审美意蕴——全真道审美人格建构（之二）》，《宗教学研究》2004年第4期；李珉《论王常月的宗教美学思想》，《四川大学学报（哲学社会科学版）》2002年第6期；李珉、潘显一《论闵一得的道教美学思想》，《西南民族大学学报（人文社科版）》2004年第5期；等等。

③ 如秦国帅《明清民国时期七真度化故事的流传及版本研究》，赵卫东主编《全真道研究》第6辑，齐鲁书社，2017；《〈七真天仙宝传〉的版本、使用及内容初探》，赵卫东主编《全真道研究》第7辑，齐鲁书社，2018；《上海市图书馆藏〈重阳七真演义传〉编纂及刊刻初考》，《宗教学研究》2019年第2期；等等。

型成书"或"全真化"的角度，看待全真道对《西游记》经典化的参与和影响。① 张松辉提出《西游记》暗示的是丘处机西游，而与玄奘无关。②

关于全真诗词的文本性质，究竟是史料还是文学创作，从哪个角度探讨才更符合本意？见仁见智。这直接决定着研究进路及其结论。近年来，跳出"纯文学"的窠臼，从多学科视角审视、利用全真诗词、传记，逐渐成为一种主流认识。③ 陈耀庭提出应立足作品本身，界定全真道文学的概念；利用跨学科的方法，探讨作品的思想内容、作家的生存环境和社会背景、反映的宗教体验感情和心路历程、作品的社会流传及其功能，④ 具有启发意义。尹志华继承"诗文证史"的传统，在整理清代诗文中的道教史料方面用力甚巨，对全真史事多有涉及。⑤ 诸家所论提示学界要突破近代以来的西方学科分野，进一步加强多学科的融合交叉和整体观照。

5. 与国家社会关系研究展现教俗良性互动

全真道的传承发展是在金元以降的历史语境中展开的。国家社会给全真道创造了各种机遇或挑战。郭武在考述金章宗元妃崇道目的基础上，提示考察宗教发展史，既要关注"社会因素"，又不可抹杀"个人因素"。⑥ 侯海洋利用"玄真观弘道悟正真人本行碑"残石从个案角度探讨了女真皇

① 可参看李安纲《西游记奥义书》，中国社会科学出版社，2002；胡义成《〈西游记〉定稿人与全真教关系考》，《杭州师范学院学报（社会科学版）》2003 年第 2 期；胡胜《〈西游记〉与全真教关系辨说——以"车迟斗圣"为中心》，《社会科学辑刊》2016 年第 6 期；陆凌霄《论〈西游记〉为元代全真教道士所作》，《中央民族大学学报（哲学社会科学版）》2009 年第 4 期；郭健《百回本〈西游记〉作者非元代全真教道士辨》，《社会科学战线》2011 年第 5 期；陈洪、陈宏《论〈西游记〉与全真教之缘》，《文学遗产》2003 年第 6 期；陈洪《从孙悟空的名号看〈西游记〉成书的"全真化"环节》，《中国高校社会科学》2013 年第 4 期；陈洪《〈西游记〉与全真教之缘新证》，《文学遗产》2015 年第 5 期；吴光正《〈西游记〉全真化若干史实考辨》，《文学遗产》2022 年第 3 期。
② 张松辉：《〈西游记〉与丘长春西游》，《中华文化论坛》2001 年第 2 期。
③ 胡传志：《略论全真教教徒的诗学观》，《江苏大学学报（社会科学版）》2012 年第 5 期；罗争鸣：《关于早期全真道诗词研究的若干问题》，《宗教学研究》2016 年第 1 期；吴光正：《论元代全真教传记的文体功能》，《文学评论》2020 年第 1 期；吴光正：《试论马丹阳的诗词创作及其宗教史意义》，《宗教学研究》2021 年第 1 期。
④ 陈耀庭：《全真道的文学研究》，香港青松出版社，2013。
⑤ 尹志华：《诗文证史：试述清代诗文集对道教研究的重要价值》，汪桂平主编《中国本土宗教研究》第 3 辑，社会科学文献出版社，2020。
⑥ 郭武：《金章宗元妃与早期全真道》，《宗教学研究》2009 年第 4 期。

室与全真道之间的微妙关系，同时对揭示金代全真道的发展状况及其社会接纳史具有较高价值。① 李洪权考察了金元宗教政策的演变及其对全真道的影响。② 宋学立关注了元代地方宗王对早期全真道士的优礼。③ 张云江对元世祖至元焚经"旧说"提出质疑，考证焚毁的只是部分涉嫌"伪造"并"诋毁佛教"的经文、印板不过 39 种。④ 日本学者高桥文治以蒙元圣旨、令旨碑为中心，勾勒了政府与全真道的互动。⑤ 张琰、尹志华、胥洪泉、李安等探讨了明清社会各阶层支持全真道发展的情况，以及全真道士与之的弘道互动。⑥ 张方结合清代西北地区农业开发政策、朝山民众的地理分布，阐释了区域社会朝山活动与龙门洞兴复发展的互动关系。⑦ 从大历史视野审视全真圣地与社会的互动和传承发展，值得借鉴。

针对政教关系的常与变，全真道采取应对之策，寻求发展路径。郑素春考察了全真掌教与朝廷的交往。⑧ 李洪权考察了金蒙易代之际全真道最终选择蒙古作为宗主的政治抉择历程。⑨ 相关个案研究指向一个趋同化的认识，即在历史发展与社会变迁的时代语境中，全真道世俗化的特征逐步增强。夏当英从宗教社会学视角揭示了全真道社会思想的世俗化特征、表现、兴衰原因。⑩ 张方考述了元代社会与全真女冠群体的互动关系。⑪ 张

---

① 侯海洋：《金中都"玄真观弘道悟正真人本行碑"残石内容考》，辽宁省博物馆、辽宁省辽金契丹女真史研究会编《辽金历史与考古》第 13 辑，科学出版社，2022。
② 李洪权：《全真教与女真和蒙古统治集团之关系探析》，《陕西师范大学学报（哲学社会科学版）》2012 年第 5 期。
③ 宋学立：《高道宽及西北全真道的早期发展》，《中国道教》2018 年第 6 期。
④ 张云江：《至元十八年焚毁道经事考辨》，《世界宗教研究》2014 年第 4 期。
⑤ 〔日〕高桥文治：『モンゴ时代道教文书の研究』，汲古书院，2011。
⑥ 张琰：《明清士绅支持泰山全真道行为探析》，《宗教学研究》2013 年第 3 期；尹志华：《清初全真道新探》，赵卫东主编《全真道研究》第 2 辑，齐鲁书社，2011；胥洪泉：《清代宗室词人奕绘与全真教》，《西南大学学报（社会科学版）》2011 年第 5 期；李安：《全真教龙门中兴与满清王朝的关系》，《齐齐哈尔大学学报（哲学社会科学版）》2012 年第 5 期。
⑦ 张方：《清代以来龙门洞的发展与朝山习俗》，《宗教学研究》2020 年第 4 期。
⑧ 郑素春：《元代全真教主与朝廷的关系》，萧启庆主编《蒙元的历史与文化：蒙元史学术研讨会论文集》下册，台湾学生书局，2001，第 703~736 页。
⑨ 李洪权：《金元之际全真教的政治参与和政治抉择》，《史学集刊》2013 年第 5 期。
⑩ 夏当英：《中国传统社会宗教的世俗化研究——以金元时期全真教社会思想与传播为个案》，巴蜀书社，2010。
⑪ 张方：《全真女冠与元代社会》，《宗教学研究》2011 年第 1 期。

琰、刘江揭示了教团发展与岳渎礼制建设的互利关系。① 李海云在国家大一统与地方社会发展进程中，考察全真道在社会服务与教统构建中的实践，探索全真道崛起与地方礼俗传统再造之间的复杂互动关系。② 还有更多的成果揭示了不同历史时期全真道通过兴修水利、发展生产、宫观建设、兴复庙学、改造传统儒家庙宇、修复民间信仰庙宇、参与宗族活动、医疗慈善、文化活动、仪式服务等多种形式和途径参与社会建设、寻求发展之路的历史与现状。③ 其中，付海晏、李大华、高万桑、刘迅等的研究，推动了近现代全真道历史以及全真道与国家社会互动研究的热络。

在家全真、神灵体系多元化、对民间信仰的吸收、与乡土社会的融合、地域化发展特征等广泛受到学界关注。陈文龙、何建明、李勇进等梳理了山西、东北、甘肃龙门派、华山派在家全真的形成与变迁，指出在家道是全真道顺应时代和社会发展及家族延续的现实需要而形成的一种新的道脉传承方式，其中李勇进考察了在甘肃洮州（今甘肃临潭县）传承近 600 年的华山派王氏在家道士家族史，对探究明清时期道教在民族地区的发展状

---

① 张琰：《泰山全真道与元代东岳祭祀》，赵卫东主编《全真道研究》第 3 辑，齐鲁书社，2014；刘江：《元代全真教的岳渎代祀》，《湖南科技学院学报》2012 年第 1 期。
② 李海云：《全真道与地方社会传统——以山东潍县玉清宫为考察中心》，《世界宗教研究》2020 年第 5 期。
③ 如乔新华《借儒兴道：从元代全真教改造山西尧舜禹庙看其兴盛的独特路径》，《世界宗教研究》2012 年第 4 期；张俊峰、王洋《"至元焚经"前后的全真教与山西社会——以元代纯阳万寿宫为中心的考察》，《史林》2020 年第 4 期；Wang Jinping, *In the Wake of the Mongols: The Making of a New Social Order in North China, 1200–1600*, Harvard University Asia Center, 2018；中译本《蒙古征服之后：13~17 世纪华北地方社会秩序的变迁》，陆骐、刘云军译，上海古籍出版社，2023；吴真《华北地方社会中的全真道士：以华山法派赓续与公共庙宇经营为中心》，《道教研究学报：宗教、历史与社会》第 2 期，2010；付海晏《北京白云观与近代中国社会》，中国社会科学出版社，2018；付海晏等《国家、宗教与社会：以近代全真宫观为中心的探讨（1800~1949）》，华中师范大学出版社，2019；李大华《香港全真教研究》，人民出版社，2018；夏志前《岭南"新全真道"的历史衍变与当代境遇》，《宗教学研究》2012 年第 2 期；Vincent Goossaert, *The Taoists of Peking, 1800–1949, A Social History of Urban Clerics*, Harvard University Press, 2007；Xun Liu and Vincent Gossaert ed., *Quanzhen Daoists in Chinese Society and Culture, 1500–2010*, University of California, 2013；Xun Liu, "Visualized Perfection: Daoist Painting, Court Patronage, Female Piety and Monastic Expansion in Late Qing (1862–1908)", *Harvard Journal of Asiatic Studies*, 64–1 (2004)；Xun Liu, "Physicians, Quanzhen Daoists, and Folk Cult of the Sage of Medicine in Nanyang, 1540s–1950s", 《道教研究学报：宗教、历史与社会》第 6 期，2014；等等。

况、道教与民间社会的互动等都具有较高的史料价值。① 道坛是明清道教走出宫观向民间发展的新形式。郭武、吴亚魁阐释了四川、江南等地全真信众活动场所从宫观到道坛、道士从住观到散居的世俗化发展轨迹。② 张泽洪、刘固盛、孙亦平、王闿等注意到全真道融合符箓道法传统，与少数民族社会、民间信仰互动等特点。③ 以上从侧重点角度对相关成果作了大体分类。实际上，各地全真道的发展在世俗化趋向方面是有共通性的。上述成果进一步拓展了全真道社会史研究的视角，对深入贯通性认识全真道在历史变迁中的发展路径、在国家社会中的角色地位，具有重要学术价值。

宗教的社会功能与价值，也是学界比较关注的一个领域。高良荃、朱越利、赵玉玲等探讨了全真道在精神慰藉、促进统一、救亡抚存、社会教化、文化整合方面的价值。④ 还有学者对全真道的修炼方式与精神健康、现代养生、全真文化的当代价值等作出阐释。⑤

（三）新视角、新方法

1. 图像研究

图像是构建神灵体系、传达教义思想最形象化的载体。元杜道坚《玄风庆会图说文·序》云："言不尽意者，则绘诸图像，使人寻言以观象，寻

---

① 陈文龙：《住庙与住家：山西朔州县家族化全真教的历史和生存方式》，《世界宗教研究》2013 年第 6 期；何建明：《东北全真华山派在家道源流——以旅顺口长春庵、老爷庙为例》，《华中师范大学学报（人文社会科学版）》2014 年第 3 期；李勇进：《洮州〈王氏家谱〉与全真华山派在家道法脉的传承、道士家族的生存方式》，《宁夏社会科学》2018 年第 6 期。

② 郭武：《陈复慧与兰台派——兼谈清代四川全真道与地方社会之关系》，赵卫东主编《全真道研究》第 5 辑，齐鲁书社，2016；吴亚魁：《论清末民初的江南全真道"坛"——以上海"觉云"为中心》，《弘道》2008 年第 2 期。

③ 张泽洪：《元明清时期全真道在西南地区的传播》，《文史哲》2015 年第 5 期；刘固盛、涂立贤：《明代全真道在武当山的传承与发展》，《宗教学研究》2015 年第 4 期；孙亦平：《论全真道龙门派在江南地区的传播与发展》，《宗教学研究》2010 年第 3 期；刘固盛、王闿：《全真龙门派在清初的另一种生存境遇——对潘静观及其〈道德经妙门约〉的考察》，《华中师范大学学报（人文社会科学版）》2014 年第 6 期。

④ 高良荃：《略论金元之际全真道的社会影响》，《甘肃社会科学》2002 年第 3 期；朱越利：《丘处机对民族团结和元朝统一中国的贡献》，《中国民族报》2004 年 2 月 13 日版；赵玉玲：《金元全真道社会功能探析》，《河南师范大学学报（哲学社会科学版）》2013 年第 6 期。

⑤ 如陈明《全真道修炼方式与精神健康》，《求索》2010 年第 2 期；牟钟鉴、赵卫东《全真精神及其当代价值》，《文史哲》2010 年第 4 期；全真道研究中心编《全真道与环保：从全真看现代人的生命、生活与生态学术研讨会论文集》，香港青松出版社，2007；等等。

象以观意。"① 学界关于全真图像的研究，从内容上看，主要聚焦于文本图传、洞窟造像、宫观壁画等。从研究理路上看，大体可以分为三类。

　　第一类，从文本学、文献学角度钩沉梳理图像的版本、发展源流等。以《老子八十一化图》为例，李志常掌教时期，组织雕印该图。元世祖至元焚经以来，该图一度被认为已经绝迹。近年来学界结合国内外所藏各种版本，考证了该图在明代复出、流传、改编等情况。②

　　第二类，从图像本身出发，揭示图像试图展现的历史和宗教意涵。有两部综合考察全真图像的成果，值得重视。一是景安宁的《道教全真派宫观、造像与祖师》，以《全真列祖赋》为纲，重点探讨全真道的宫观形制和造像设置。提出全真派宫观、造像的最大特点在于强调祖师的地位，并以此接续全真道在传统道教中的正宗地位。该书利用文献学、金石学、美术学与田野调查相结合的方法，凸显了宋德方一系对早期全真道的贡献。不过，其认为宋德方是丘处机之后对道教和全真道贡献最大的宗师，未免有抬高之嫌。③ 二是王育成的《明代彩绘全真宗祖图研究》，最大的贡献是首次将明宪宗《御制群仙集》和明神宗万历《宝善卷》两套宫廷绘制的绘像人物多、成谱系的珍本全真宗祖图像公之于众，弥补了道教彩绘珍本图像资料的不足，并根据道教典籍和考古资料进行了考证，④ 对研究全真丹道文化在明代宫廷社会的传布、推动道教文化史研究具有较高学术价值。此外，刘中玉提出"全真教图像志"的概念，以《西游壁画》、《老子八十一化图》和《玄风庆会图》为例，阐释了蒙元前期佛道之争背景下全真道建构图像志的演变历史及其构建全真道的接受史、合法性的意义效果。⑤ 耿纪朋

---

①　参见周燮藩主编，王卡分卷主编《中国宗教历史文献集成·三洞拾遗》第16册，第396页上栏。

②　如胡春涛《版刻本老子八十一化图的流传及相关问题》，《宗教学研究》2013年第2期；胡春涛《元明时期老子八十一化图的传播与图像意义》，《南京艺术学院学报（美术与设计版）》2013年第1期；马小鹤、杜远东《高涛藏本〈老子八十一化图〉初探》，《美术学报》2017年第5期；刘康乐《新见明刊本〈老子八十一化图说〉考辩》，《老子学刊》2022年第1期；等等。

③　景安宁：《道教全真派宫观、造像与祖师》，中华书局，2012。

④　王育成：《明代彩绘全真宗祖图研究》，中国社会科学出版社，2003。

⑤　刘中玉：《蒙元前期佛道之争下全真教图像志的建构》，中国社会科学院历史研究所文化史研究室编《形象史学研究2012》，人民出版社，2012，第119～133页。

考察了全真祖师图像的类型、存在形态及其演变原因等。①

永乐纯阳万寿宫被誉为全真道东祖庭。永乐宫壁画一直受到学界关注。既有对壁画的精彩整理展现，又有对壁画作者、年代、内容、与经书的关系、艺术特征、宗教思想、与地方社会的互动等问题的深入讨论。② 其中，刘科考察了永乐宫纯阳殿、重阳殿壁画以及五祖七真与全真祖师信仰的图像表现等；吴端涛探讨了重阳殿壁画的叙事结构及宗教性传达和孙不二祖师视觉形象的历史塑造问题。学界对北京白云观水陆画以及各地散见的全真造像、图像也有整理或讨论。③

第三类，以与图像有关的记载或图像中的相关文字为基础，揭示图像的宗教意义或构建教团的（部分）历史。申喜萍结合文献、壁画等资料，探究了王重阳绘画作品表达的主题及其传道作用。④ 杨立志利用画像碑考释李明良事迹、思想、与其他道派的关系。⑤ 尹志华利用白云观藏画像和题词，补考历代律师、方丈、监院诸多史事。⑥ 马小鹤结合明代政教关系考察了李德晟、邵元节重印《八十一化图》的原因，及增绘明代道士入全真道祖谱的历史。⑦

2. 跨学科方法

现代心理治疗学、后人本主义心理学、宗教科技史、经济史、比较宗教学等新方法、新视角的引入，既丰富了全真道学科建设的视域，又推动

---

① 耿纪朋：《蒙元全真祖师图像定型与传播考辨》，《美术大观》2023 年第 1 期。

② 如萧军编著《永乐宫壁画》，文物出版社，2008；〔美〕康豹《多面相的神仙：永乐宫的吕洞宾信仰》，吴光正、刘玮译，齐鲁书社，2010；陈杉《〈纯阳帝君神游显化图〉图像解构》，《宗教学研究》2012 年第 1 期；刘科《金元道教信仰与图像表现——以永乐宫壁画为中心》，巴蜀书社，2013；吴端涛《蒙元时期山西地区全真教艺术研究》，文物出版社，2019；赵伟《图中春秋——永乐宫重阳殿壁画中的法派意图》，王卡、汪桂平主编《中国本土宗教研究》第 1 辑，社会科学文献出版社，2018；赵伟《从永乐宫重阳殿地狱图像榜题看全真教的冥界信仰》，《故宫博物院院刊》2020 年第 6 期。

③ 如李信军主编《水陆神全：北京白云观藏历代道教水陆画》，西泠印社出版社，2011；姜生《青州马丹阳祖师打坐摩崖造像考》，《中国道教》2011 年第 1 期。

④ 申喜萍：《王重阳绘画作品考述》，《世界宗教研究》2015 年第 1 期。

⑤ 杨立志：《元代道士李明良画像碑考论》，赵卫东主编《全真道研究》第 7 辑，齐鲁书社，2018。

⑥ 尹志华：《北京白云观藏历代律师方丈监院画像的史料价值》，《中国道教》2014 年第 1 期。

⑦ 马小鹤：《〈老子八十一化图〉与全真道祖谱》，虞万里主编《经学文献研究集刊》第 21 辑，上海书店出版社，2019。

了方法论创新。吕锡琛、陈明引入西方现代治疗学、后人本主义心理学，阐释全真道心性思想在现代心理治疗、心理咨询中的价值，探析全真道心性修炼的精神境界。① 汪小虎对全真道坐钵计时器盂漏源流与象征意义的考察表明，内丹修行也需要借助科技手段。② 李洪权先后发表了多篇专文，阐释全真道经济生活方式、经济来源、财产和物质消费等问题，③ 开全真道经济史研究先河。李安、黄太勇围绕丘处机西行的两部文本，考察了沿途的农业状况和相关农产品的源流。④ 赖宗贤从丹道修持、品茶美学思想角度审视了全真道茶的发展和意涵。⑤ 马晓林以石刻中所见汉字、八思巴字印章为中心，考察掌教印章刻石的相关史事。⑥ 上述研究似乎与全真道主题叙事有一定距离，但在全真道历史学、哲学、宗教学研究不断"内卷"的情况下，为我们转换视角重识"全真"，提供了多面相的窗口。一些学者还利用比较宗教学、历史学的方法，探讨了全真道与其他道派、佛教、儒家、民间信仰在历史、仪式、制度等层面多维度的关系。⑦

---

① 吕锡琛：《全真道心性思想与现代西方心理治疗学》，卢国龙主编《全真弘道集：全真道——传承与开创国际学术研讨会论文集》，第 276~291 页；陈明、吕锡琛：《全真道精神境界的后人本主义心理学解读》，《宗教学研究》2011 年第 4 期。

② 汪小虎：《全真教坐钵的计时法器——盂漏新探》，《中国科技史杂志》2021 年第 2 期。

③ 李洪权的系列文章包括《论金元全真教经济生活方式的衍变》，《史学集刊》2007 年第 6 期；《金元之际全真教道观的社会经济来源》，《郑州大学学报（哲学社会科学版）》2008 年第 2 期；《论金元时期全真教的财产观念》，《西南大学学报（社会科学版）》2009 年第 5 期；《论金元时期全真教的物质消费特征》，《求是学刊》2011 年第 4 期。

④ 李安：《〈长春真人西游记〉中的农业状况考》，《齐齐哈尔大学学报（哲学社会科学版）》2013 年第 1 期；黄太勇：《〈西游录〉与〈长春真人西游记〉所载"马首形瓜"名称考——兼论甜瓜与哈密瓜名称源流》，《中国农史》2015 年第 1 期。

⑤ 赖宗贤：《早期全真道茶：从王重阳、全真七子到姬志真的道茶文学作品来考察》，《台湾师大学报》第 63 期，2018。

⑥ 马晓林：《碑刻所见蒙元时期全真掌教印章及相关史事研究》，《西北师大学报（社会科学版）》2017 年第 4 期。

⑦ 赵卫东主编《全真道研究》第 1 辑刊载李大华、孙亦平、陈耀庭、黎志添、郭武、赵卫东等的文章，探讨全真道与儒学、佛教、正一道、净明道、民间信仰的关系。类似的成果还有林巧薇《全真道与玄教在元代中后期发展之比较研究》，赵卫东主编《全真道研究》第 4 辑，齐鲁书社，2015；白如祥《全真道士王吉昌与刘志渊考——兼论张伯端对金代元初全真教的影响》，《宗教学研究》2020 年第 1 期；〔日〕石田宪司：元·明时代の全真教と正一教，福井文雅博士古稀·退職記念論集刊行会編『福井文雅博士古稀記念論集－アジア文化の思想と儀礼』，春秋社，2005；马海燕《明清佛教与全真道传戒研究发微》，《法音》2016 年第 4 期；胡军《当代正一与全真道乐研究》，华中师范大学出版社，2008；等等。

张广保编《多重视野下的西方全真教研究》多层次、多视角呈现了西方全真道研究的新思路、新方法。① 上述成果既有利于扩大全真道研究的视野，又有利于从更广阔的时空中更为客观全面地认识全真道传承发展的特点。

（四）平台建设

专业学术平台建设为推动全真道学科发展提供重要保障。国内方面，21世纪以来，华中师范大学道家道教研究中心（下设全真道研究室）、香港青松观全真道研究中心、山东师范大学齐鲁文化研究中心全真道研究所（后改为山东师范大学全真道研究中心）等相关研究组织相继成立。中国社会科学院世界宗教研究所、北京大学哲学系宗教学系、四川大学道教与宗教文化研究所、山东大学儒学高等研究院等综合研究机构积极开展全真道研究。培养了一批又一批全真道研究人才。《世界宗教研究》、《世界宗教文化》、《宗教学研究》、《道教研究学报：宗教、历史与社会》、《中国道教》、"儒道释博士论文丛书"等刊物、丛书陆续刊发全真道研究成果。一系列以全真道为主题或相关的学术论坛相继举办、硕博论文陆续推出。香港青松观于2004年创立青松出版社，资助出版了《全真道学术研究报告》、《全真学案》、《全真道研究》、"全真道研究中心丛书"、"道教学译丛"、多部"会议论文集"、山东及山西碑刻集等系列丛书、碑刻集、辑刊，规模蔚为可观，成为推动全真道研究、国际学术交流的重要平台。

国外方面，法国《通报》（*T'oung Pao*），日本《东方宗教》《东洋史研究》，美国《哈佛亚洲研究》（*Harvard Journal of Asiatic Studies*）、《中国宗教杂志》（*Journal of Chinese Religions*）、三松出版社（Three Pines Press）及其麾下的《道教研究杂志》（*Journal of Daoist Studies*）等众多刊物在刊发全真道成果、推动道教文化的海外传播方面，均发挥了值得关注的作用。

（五）几点反思

学术史回顾是推动学科发展的重要环节。牟钟鉴、陈明与吕锡琛、张

---

① 张广保编《多重视野下的西方全真教研究》，宋学立译，齐鲁书社，2013。

广保、王宗昱分别撰文对至迟 2015 年以前的全真道研究有不同视角的总结与反思，但讨论的重心侧重 20 世纪。① 更多的学术史回顾成果多聚焦于某一"核心话题"。如何进一步深入总结、客观评价 21 世纪以来全真道研究的成绩、存在问题、未来发展方向，值得深入思考。期待赵卫东主持的 2019 年国家社科基金项目"全真道学术史"早日付梓。

利用新史料，阐释新认识，全真道研究也未能摆脱近年来整个哲学社会科学研究的"内卷化"倾向。甚至有人认为，没有新史料，早期全真道研究的历史已经"终结"了。《道藏》、宗谱、碑刻、方志、文集等已经得到学界的充分重视。传统史料是否还有"新识"的可能，回归文本、回归原典，还有一些问题值得进一步挖掘。例如全真道的丧葬制度及其宗教隐喻、祭祀制度与宗祖崇拜的关系等，这些都是以往学界关注不多的。还有哪些新资料可资利用？梅莉、李大华、黎志添、付海晏、潘存娟、高万桑等利用回忆录、档案、日记、期刊、口述史料、调查问卷等开展研究，已经做出有益探索。②

研究理路与研究视域互为表里。"后入为主"的研究进路，在很大程度上遮蔽甚至误导了我们对早期全真道的客观认识。"一切历史都是当代史""一切历史都是思想史"都在不同程度上为两个命题做注：历史研究离不开研究主体所处的当下场域和问题意识，历史研究要揭示对当下的意义。但问题意识不能提前预设，更不能以今度古。然而，这种情况在全真道研究领域也或多或少有所显现。例如，授箓是界定道士身份、独具中国本土宗教特色的教制体系。学界一直将授箓划归为"符箓

① 牟钟鉴：《全真道研究的过去、现在与未来》，卢国龙主编《全真弘道集：全真道——传承与开创国际学术研讨会论文集》，第 319~334 页；陈明、吕锡琛：《全真道研究综述》，《世界宗教研究》2010 年第 5 期；张广保：《多重视野下的西方全真教研究》，《中国史研究动态》2011 年第 1 期；王宗昱：《目前全真道研究的几个问题》，赵卫东主编《全真道研究》第 3 辑，齐鲁书社，2014；张广保：《全真教研究的回顾与展望》，盖建民主编《回顾与展望：青城山道教学术研究前沿问题国际论坛文集》，第 81~97 页。
② 如梅莉《变动时代背景下的全真道与地方社会——侯永德与民国二三十年代的长春观》，《华中师范大学学报（人文社会科学版）》2012 年第 5 期；潘存娟《新中国成立初期陕西全真道状况研究——以档案和口述资料为基础》，赵卫东主编《全真道研究》第 10 辑，山东大学出版社，2021；等等。

派"的特权。① 高丽杨对金元全真道公开传授戒箓特点的发现，先得笔者之心。该书谈道，"到了李志常的时代全真道还是传符箓的"，对李志常之后全真道是否授箓，未作交代。② 早期全真道授箓的历史梳理与系统阐释有待加强。再如，对全真宗祖谱系的研究，通常认为"祖""真"从一开始就是分立的两套谱系。笔者发现，早期全真道的祖真信仰存在着"祖真不分"和"祖真分立"并存的情况。又如，元代以后教俗两界近乎一致地认为，《金莲正宗记》载述的是五祖七真传记。实际上，这部仙传在元代中后期曾经历过"再造"。韩占刚对该书的成书情况提出了自己的理解。③ 何人、何时、为何做了"再造"，还有进一步探讨的空间。全真道以内丹心性学开宗立派，以往的研究更多从心性修炼角度强调其创新性的一面。实则它与传统的联系并不限于思想层面，在科仪、道法、教育等诸多实践方面也存在着千丝万缕的联系。如何重新审视全真道思想、实践的创新性与传承性，值得进一步思考。图像在全真道研究中的作用越来越受到重视。构建更为全面的全真图像史料库，进一步发掘图像在宗教学、历史学、艺术学中的作用，打通宗教与艺术、艺术与历史的壁垒，深度揭示像与教、像与史的关系，不仅会丰富全真史料，其本身也将成为新的学科增长点。

突破"内卷化"，相关研究领域有待加强。如全真宗派研究，文本考辨是前提和基础。对于一些存有争议的文本，需持审慎态度。李大华提出要

---

① 钟肇鹏主编《道教小辞典》称，传戒是"全真教入教的重要仪式。传戒仪式隆重、严肃。道士得到十方丛林宫观，由高道、律师或著名方丈，授'三坛大戒'（初真戒、中极戒、天仙戒），才能成为真正的全真教道士""正一道的'授箓'与全真教的'传戒'性质相同。一般在龙虎山、武当山、茅山等著名宫观举行。道士临坛接受道坛法师传授法箓，皈依'道''经''师''三宝'，并宣誓奉行'九戒'，恪守清规戒律，'授箓'后的道士，可称为'法师'"。钟肇鹏主编《道教小辞典》，上海辞书出版社，2001，第 226~227 页。袁志鸿阐释了正一授箓、全真传戒的异同。参见氏著《道教正一派授箓与全真派传戒之比较研究》，《世界宗教研究》2003 年第 4 期。高万桑亦采用"受戒""授箓"两组概念区分全真派和清微灵宝派对道士身份的认定。Vincent Goossaert, "The Quanzhen Clergy, 1700-1950", *Religion and Chinese Society*, *Volume* II ：*Taoism and Local Religion in Modern China*, edited by John Lagerwey, The Chinese University Press of Hong Kong and École française d'Extrême-Orient, 2004, pp. 701. 刘仲宇对道教授箓制度的研究主要聚焦于符箓派，未提及全真授箓。参见氏著《道教授箓制度研究》，中国社会科学出版社，2014。

② 高丽杨：《全真教制初探》，第 140 页。

③ 韩占刚：《〈金莲正宗记〉的成书与修订——兼论其与〈七真仙传〉之间的叙事互补》，《老子学刊》2023 年第 1 期。

突破利用派字谱研究全真宗派传承发展的思路。① 如何推动全真宗派研究的理论与方法论创新，在各地纷出的宗派传承谱系基础上得出一些更为宏观的认识？制度建设是包括全真道在内的任何社会组织传承发展的重要保障。全真教制的内涵与外延，在金元以降中国社会中是否发生过变化，发生了哪些变化，有何影响？突破对个体道士教育思想、方法研究的框架，如何从整体上系统梳理、全面认识全真道的培养人才及其历史贡献？诸此种种，都有待学界的合力推进。

西方学者所热衷的"全真认同"问题是实际上一个自我构建与他者构建互动的过程。除注意不同历史时期"认同"内涵与外延发生了哪些变化外，更要注意的是，西方宗教学意义上的宗教概念与中国的宗教概念既有联系又有区别。法国学者施舟人（Kristofer Schipper）指出，"现代汉语中与'religion'对应的'宗教'一词的字面意思是'（信仰）宗派的教条'……这一概念被用来定义中国的民间宗教及其最高表现形式——道教时，他只能引致误解"②。中国宗教与西方宗教最大的不同就是出世情系入世、此世与彼世贯通渗透。这就是中国宗教"教化"意义之所在。全真道创立后，通过积极入世的方式，构建政治认同，影响世俗生活，赢得国家、社会的认可。何复平（Mark Halperin）认为墓志碑铭和纪念性文献将全真道塑造为处于少数民族统治期的一种汉族文化力量。③ 内、外之分的史观表明，作者仍未能准确把握中国统一多民族国家形成发展的历史特征。站在单一汉文化视角阐释全真道作为的研究理路有待修正。要从统一多民族国家形成与发展的角度，重新审视全真道在金元以降的历史时空中的作为。

## 二　主要内容和研究方法

本书立足国家社会的整体视野，利用多学科的方法，基于内史，关注外史，选取了全真道历史上具有典型意义且前人关注相对不多的要素，具

---

① 李大华：《论华南全真道教的宗派关系》，《宗教学研究》2017年第4期。
② 参见朱越利主编《理论·视角·方法——海外道教学研究》，齐鲁书社，2013，第23页。
③ Mark Halperin, "Explaining Perfection: Quanzhen and Thirteenth century Chinese Literati", *T'oung Pao*, Vol. 104 (2018).

体从传戒授箓，丧葬制度，祖真崇拜，全真教育，教史书写，全真道与金元明清国家、社会等等六大方面，对全真道的历史进行了系统的梳理和新的探讨，旨在从多维视角深入认识全真道传承发展的历史轨迹及其与国家社会协调发展的关系。具体包括绪论、正文、结语三部分。

绪论主要回顾了 21 世纪以来全真道研究取得的成绩、值得注意的问题。

第一章"传戒授箓"，以往学界对金元全真道传戒活动谈得比较少，对授箓鲜有系统论及。本章系统梳理了金元全真道传戒授箓的历史、特点，及其对教团发展的作用。

第二章"丧葬制度"，着重探讨了轻色身重法身身体观与重丧观念二元对立前提下，附葬式、归宗式全真葬制与教团发展的关系。

第三章"祖真崇拜"，系统阐释了全真道祖师祭祀制度、祖真崇拜的历史演变及阶段性特征，提炼了"全真像教"的概念及其对修道活动的意义。

第四章"全真教育"，全面探讨了全真教育的内容、特点、方法、机构及其作用影响等。

第五章"教史书写"，总结归纳了教史书写的类型、成就与特点。以大蒙古国早期的一部重要全真仙传《金莲正宗记》为中心，考察了该书的成书、改编情况及其原因。

第六章"全真道与金元明清国家、社会"，对金元全真道的政治认同问题进行了系统的历史考察，这是一个前人很少关注的视角。揭示了全真道对金元以降中国传统社会的多面向影响。

结语凝练了本书的基本认识，并尝试思考了全真道研究的理路方向。

研究方法上，本书利用历史学、宗教学、哲学、文献学、金石学、社会学、心理学等多学科方法，阐述以往学界关注相对较少的全真道传承发展过程中的历史与特征。研究进路上，本书沿循从"内史"进入"外史"的理路，由里及表，尝试从教团发展的内在演进机制阐释其成长的历史过程及对大、小传统的影响。

# 第一章　传戒授箓

　　传戒授箓是界定全真道道教身份的重要依据。教团发展与全真道士的代际传承是同步的。全真诸宗派中，尤以龙门派发展势头最为强盛，清代以来有"临济、龙门半天下"之说。在龙门派谱系建构文本中，清闵一得《金盖心灯》颇受关注。但学界已基本否定了该书构建的龙门派早期传承谱系的真实性。① 可以肯定的是，《金盖心灯》构建的龙门传承谱系，是以龙门派的传戒史为统续的。即便闵氏构建的谱系是靠不住的，亦有必要追问一句，清代龙门派的传戒活动完全是新起炉灶、与传统毫无关系吗？仔细耙梳金元碑石、文献，尚能找到一些早期全真道传戒的蛛丝马迹。

　　同时，笔者还有幸找到了多条金元时期全真道授箓的史料，改变了以往学界"全真传戒、正一授箓"的传统认识。这些零星的、缺少系统的记载，为钩沉早期全真道授箓史事奠定了文本学的基础。

## 第一节　金元传戒史

　　如"绪论"所述，近年来学界开始关注早期全真道的戒律思想和戒学

---

① 道理很简单，《金盖心灯》卷 1 称："师（指第一代律师赵道坚——引者按）于至元庚辰正月望日受初真戒、中极戒，如法行持，无漏妙德。祖乃亲传心印，付衣钵，受天仙戒。"（《藏外道书》第 31 册，巴蜀书社，1994，第 176 页下栏）赵道坚之后，经张德纯、陈通微、周玄朴、张静定、赵真嵩五传至第七代律师王常月。一方面，元太祖十六年（1221），作为十八大士之一的赵道坚西行至赛蓝城时辞世，享年五十九岁。因此元世祖至元庚辰（1280）得传"三坛大戒"的可能性不攻自破。另一方面，从赵道坚到王常月所处的清初，历时四百余年，其间仅历经五代律师的传承，历史真实性很难讲通。

体系。本节拟在前贤研究基础上，尝试阐述全真戒律的内涵，进而梳理早期全真传戒历史。

## 一 "戒"与传戒

在阐述全真道传戒活动之前，有必要对"戒"的概念以及全真道创立前道教传戒的基本情况做一简要回顾。关于"戒"的概念，唐青溪道士孟安排云："戒者，防非止恶，为生智慧之根。"① 又云："止即是戒，戒令止恶也。"② 朱法满《要修科仪戒律钞》卷4亦主"戒以防非"之说，并引《登真隐诀》云："戒者，遏秽垢之津路，防邪风之往来。"③《上清经秘诀》云："戒以防非止恶，制断六情。"④《道藏》中类似的论说很多，大体不外乎"防非止恶"之意。道教戒文是参照世俗法律、借助神明的名义撰作的，旨在防范威慑作奸犯科行为。《太上虚皇天尊四十九章经·斋戒章第二》称，"子观戒文如世法律，欲有所犯，惧金木刑。子于戒文，精意奉持，凛然在前，如对所畏。秉心正严，灭一切想，谛听不二，可会正真，是吾弟子"⑤。

和佛教一样，道教也经常采用戒律连用的方式，阐释戒、律对宗教生活的规范作用。关于戒和律的共同点，二者都有规约进道之士言行心性的准法律性质，但又有区别。一般认为，戒是规约于事前，律是惩处于事后。陆静修《三洞经书目录》创立道教经书三洞、四辅、十二部类分类体系。"戒律"属于十二部类之一。《道教义枢》称，"戒律者，如六情十恶之例是也。戒者，解也，界也，止也，能解众恶之缚，能分善恶之界，又能防止诸恶也。律者，率也，直也，栗也，率计罪愆，直而不枉，使惧栗也"⑥。又称，"戒主于因，律主于果，以戒论防恶，律论止罪"⑦。

南宋路时中认为，戒律的创制主要是为了让初学道之士去善从恶。他将历史的发展分为上古、中古、后世三期，认为上古、中古之士无须戒律

---

① （唐）孟安排：《道教义枢》卷1，《道藏》第24册，第811页中栏。
② （唐）孟安排：《道教义枢》卷3，《道藏》第24册，第821页下栏。
③ （唐）朱法满：《要修科仪戒律钞》卷4，《道藏》第6册，第936页下栏。
④ 《上清静秘诀》，《道藏》第32册，第731页下栏。
⑤ 《太上虚皇天尊四十九章经·斋戒章第二》，《道藏》第1册，第768页上中栏。
⑥ （唐）孟安排：《道教义枢》卷2，《道藏》第24册，第816页下栏。
⑦ （唐）孟安排：《道教义枢》卷2，《道藏》第24册，第818页中栏。

即能成真证道。后世人心为物欲所惑，戒律因之而出。此说对古史及其时修道之士充满溢美之词，复古之意不言自明。在此基础上，他对遵行戒律的先后作出论述，提出初学之士先须奉律，然后才能谈得上奉戒，"戒尤初学之难行，故前圣先以律威之，律既不犯，然后可言奉戒。今嗣教者，将跻仙域，岂患不能奉戒耶？今故书戒而不书律也。夫不见可欲，使心不乱，则犹待于戒也。及夫虽见可欲，心亦不乱，则又何戒之有哉？"① 一方面揭示了戒律相辅而行的关系，另一方面在他看来对修道之士来说持戒比遵律更为严格、要求更高。如果"心"为外物所累，则有必要奉戒。反之，如果内心清静无为，就谈不到奉不奉戒的问题了。

现代学者基本沿袭了上述思路来界定戒律。例如，任继愈主编《中国道教史》谈道，"戒和律在教门内是有区别的，戒条主要以防范为目的，律文主要以惩罚为手段，律文是根据戒条而建立的"②。闵智亭、李养正主编《中国道教大辞典》指出，戒律是"道教约束道士行为以防止违反教规的警戒条文。戒也作'诫'，有劝戒、教戒、戒恶之义；律指条规、律令。戒律系借神的名义约束教徒，作为教徒必须遵守的思想与行为准则，违反了即要受神的谴责、警告"③。

需要注意的是，戒之于修道者的作用，并非仅仅局限于止恶从善。更为重要的是，良好的戒行是依经合道的重要前提。唐张万福称，"夫戒者，戒诸恶行，防众行之最，若不持戒，道无由得，然道经不师受，则行之不神"④。如果修道者不持戒，就无法得道。不持戒就没有资格得授道经。如此，其行法就不具神性。这一思路在同出自其手的《传授三洞经戒法箓略说》中得到再次申明，"凡人初入法门，先受诸戒，以防患止罪。次佩符箓，制断妖精，保中神炁。次受五千文，诠明道德生化源起。次受三皇，渐登下乘，缘粗入妙。次受灵宝，进升中乘，转神入慧。次受洞真，炼景

---

① （宋）路时中：《无上玄元三天玉堂大法》卷2，《道藏》第4册，第3页下栏。
② 任继愈主编《中国道教史》，中国社会科学出版社，2001，第266页。
③ 闵智亭、李养正主编《中国道教大辞典》，台湾东久企业（出版）有限公司，1996，第607页。
④ （唐）张万福：《三洞众戒文序》，《道藏》第3册，第396页中栏。

归无，还源反一，证于常道"①。即先受戒，次佩符箓，再依次受《道德经》《三皇经》《灵宝经》等经。结合《三洞众戒文序》，可以看出，这种戒、箓、经的传授，并非一种简单的谁先谁后的制度化安排，而是以修道者能够通神，获得神助，最终证真得道为目标的。至于经和戒的关系，朱法满《要修科仪戒律钞》卷4云："有经而无戒，犹欲涉海而无舟楫，有口而无舌，何缘度兆身邪？夫学者不知寻经戒，是未悟真要之根。"② 全真道南北合宗的代表人物上阳子陈致虚以鱼和筌的关系做比，"若有经而无戒，犹有鱼而无筌"③。朱、陈二说虽重在阐释经、戒相辅相成的关系，但也不难体味戒之于经、之于得道证真的重要意义。

汉唐以来，伴随着道教的传承与发展，道教戒律建设亦呈现出时代性、宗派性的特点。《太平经》《老子想尔注》《大道家戒令》《老君音诵戒经》《女青鬼律》《老君说一百八十戒》等众多文本，或对戒律有所涉及，或对之作出专门规定。张万福《三洞众戒文序》对唐代道教由简至繁、自浅入深的传戒次第有明确的记载，道教戒文种类之繁多、授升法位之高下，可见一斑：起心入道者受三归戒，箓生受五戒、八戒，在俗男女受无上十戒，新出家者受初真戒，正一弟子受七十二戒，男官、女官受老君百八十戒，清信弟子受天尊十戒、十四持身品、五千文金纽、太清阴阳戒，太上高玄法师受二十七戒，洞神法师受三道要言、五戒、十三戒、七百二十戒门，升玄内教法师受百二十九戒，灵宝初盟法师受闭塞六情戒，中盟受智慧上品大戒，大盟受三元百八十品戒，上清法师受智慧观身二百大戒。④ "戒文是依道经传授的，道教内派别多种，每派中法师品位都有高低的不同，所以传授经文也不同，这样就形成了严格的教门经戒传授序次。"⑤

## 二　全真道士之戒行及意涵

王嚞《重阳立教十五论》，马钰《丹阳真人十劝》，刘处玄《十劝》

---

① （唐）张万福：《传授三洞经戒法箓略说》卷下，《道藏》第32册，第193页中栏。
② （唐）朱法满：《要修科仪戒律钞》卷4，《道藏》第6册，第936页下栏。
③ （元）陈致虚：《元始无量度人上品妙经解注》卷下，《道藏》第2册，第431页下栏。
④ （唐）张万福：《三洞众戒文序》，《道藏》第3册，第396页中下栏。
⑤ 任继愈主编《中国道教史》，第266页。

《十二劝》，陆道和《全真清规》，以及诸家全真文集关于戒律思想的论述，是探讨金元全真戒律内容和发展历程的文献学基础。另据《灵神洞明贞晦真人道行记》，金章宗泰和年间，孙彬师礼王处一出家，玉阳赐名道古，道号灵神子。和七真其他弟子一样，孙道古亦有参谒多真的经历。师礼王处一出家后，他还曾赴滨都参礼丘处机。后于文登县（今属山东威海）白石山创建玉清宫。"以道修身，以学扶教，善卜筮，精医方，明壬遁，通相术，多才（原作误"材"——引者按）多艺，道冠东方，著有《玉阳内传》《范无生本行》《女真戒律》。《阴符》《道德》《南华》诸经，尝举以授徒，阐明道之大旨"①。可见，金末全真戒律已呈现专业化、性别化的特征。可惜，今已难得一见《女真戒律》的具体内容。

元太宗八年（1236），都道录李志常自燕京至云中（今山西大同），向掌教大宗师尹志平宣窝阔台圣旨，令其"选天下戒行精严之士，为国祈福，化人作善"②。《终南山祖庭仙真内传》记载得更为详尽，其云："是年夏被命，令师选戒行精严之士就禾林住持，为国祈福。"③《冲和真人潘公神道之碑》称，丘处机弟子冲和真人潘德冲"性资仁裕，戒履修洁，虽居道流，然乐善好施"④。《玉清万寿宫记》记载，同出丘处机门下的希夷大德乔正忠、希真大师渊澄子刘正清"道业高迈，戒行精严"⑤。《玉真观记》称，元定宗元年（1246）于万寿宫参谒掌教李志常并得赐法名的女冠梁慧真"戒律精严"⑥。杜仁杰盛赞刘处玄弟子崔道演"教戒精严，有过乎释氏者"⑦。马钰再传弟子颐真冲虚真人毛养素，应掌教李志常之请，"主盟师席，熏戒严肃，日无惰容"⑧。皇庆二年（1313），元仁宗敕封孙德或神仙演

① （元）史志经：《灵神洞明贞晦真人道行记》，王宗昱编《金元全真教石刻新编》，北京大学出版社，2005，第30页。
② （元）李道谦：《甘水仙源录》卷3，《道藏》第19册，第743页上栏。
③ （元）李道谦：《终南山祖庭仙真内传》卷下《清和真人》，《道藏》第19册，第533页下栏至第534页上栏。
④ 参见（元）李道谦《甘水仙源录》卷5，《道藏》第19册，第762页下栏。
⑤ （元）时天锡：《玉清万寿宫记》，陈垣编纂、陈智超、曾庆瑛校补《道家金石略》，文物出版社，1988，第772页。
⑥ （元）孟攀鳞：《玉真观记》，王宗昱编《金元全真教石刻新编》，第105页。
⑦ （元）李道谦：《甘水仙源录》卷5，《道藏》第19册，第760页下栏。
⑧ （元）李道谦：《甘水仙源录》卷7，《道藏》第19册，第778页中栏。

道大宗师、玄门掌教真人之职。圣旨在肯定其传承马丹阳、李道谦之学基础上，盛赞他"提振纲维，恪恭戒律"①。元仁宗延祐元年（1314），莱阳民众听说栖云真人王志谨再传弟子李道元（1245～1320）"持戒精严，道心纯一"，迎请其重建昔日丘处机所创迎仙宫。② 可见，马钰、刘处玄、丘处机、郝大通诸宗系中均有以"戒行精严"著称者，七真其他宗系中当亦不乏人。

诸家碑记另有对宗系不明但戒行精严者之记载。高恕明《创修灵显观记》云，潞城三池西社（今属山西长治）人牛志信师从潞城县永昌观任公修习全真之学，牛志信"崇清虚，遵道德，于身则去华务实，接物则和光同尘。其戒行也冰清，其身心也玉洁，事师之理如事父焉"③。女冠慧秀大师"严戒律，作于众先，苦于自修，行高而人益信"，继承历代先师遗志，重修济之任城（今属山东济宁）神霄万寿宫，补旧创新，掌教张志仙易观为宫，并令其担任提点之职。④ 纯素散人杨守和弟子冯守正，七岁出家，至中年"信道笃，戒行愈严"。杨守和去世后，因其出家前的夫家、父母家皆无后，冯守正感慕师德，于二家坟垄岁时祭祀。⑤

戒行精严与否是关系到教俗两界对全真道士神圣与世俗评价的核心要素之一。持戒精严是全真道士深得教内外认可的重要衡量指标。相反，戒律松弛将模糊全真道士与世俗民众的边界，他们的神圣形象将在教内和世俗民众的心目中大打折扣。不过，诸家碑记对"戒行精严""戒履修洁""熏戒严肃""戒行冰清"的具体所指并未作出进一步的交代。《碧苑坛经》云："戒行精严四字，降心顺道，唤作戒；忍耐行持，唤作行；一丝不杂，唤作精；一毫不犯，唤作严。始终不变，唤作持戒；穷困不移，唤作守戒。"又说，"这个戒字，是降魔之杵，能镇压妖邪；是护命之符，能增延福寿；是升天之梯，能礼三清而超凡入圣；是引路之灯，能消除六欲而破暗除昏；是仙

---

① 《元汉会文圣旨碑》，王宗昱编《金元全真教石刻新编》，第87页。

② （元）张仲寿：《抱元真静清贫李真人道行碑》，王宗昱编《金元全真教石刻新编》，第48页。李道元擅长以雕凿石洞、石像传教，详见下文。

③ （元）高恕明：《创修灵显观记》，陈垣编纂，陈智超、曾庆瑛校补《道家金石略》，第653页。

④ （元）刘敏中：《神霄万寿宫记》，陈垣编纂，陈智超、曾庆瑛校补《道家金石略》，第709页。

⑤ （元）胡祗遹：《集真观碑》，陈垣编纂，陈智超、曾庆瑛校补《道家金石略》，第672页。

舟宝筏，能渡众生离苦海；是慈航（原文误作'杠'——引者按）津梁，能
济众生出爱河。诚修行人之保障，为进道者之提纲。仙圣无门，皆从戒入；
圣贤有路，皆自戒行。实系仙真之要路通衢，贤哲之中门正道"，"戒行不
严，神不能凝，气不能聚，精不能化"。① 以上关于戒行的解释，虽较金元
时期晚出，但是不难看出，戒行不仅事关日常之修炼，而且关乎能否得道
证真。接下来，结合全真道士对戒律的论述，尝试阐述全真戒律的内涵。

　首先，出家、抛离尘世是全真戒律的第一要义。与汉唐传统道教相比，
金元全真道的突出特色之一是确立了比较严格的出家制度，其核心是禁欲
不婚、抛离世俗生活。王嚞、七真及其后嗣弟子关于禁欲的论述很多，用
他们的话来讲，就是"戒色"。多数情况下，全真道士论"戒色"是和戒除
"酒财气"并提的。例如，王嚞化导马钰出家时，要求他"断酒色财气、攀
缘爱念、忧愁思虑"②。又其《西江月·四害》云："堪叹酒色财气，尘寰
被此长迷。人人慕带似醯鸡，乱性昏神丧慧。"③ 当有人问及如何修真时，
王重阳告诫首先要除无明烦恼，其次就是不要贪恋酒色财气。马丹阳《神
光灿》云"永除气财酒色"。《丹阳真人十劝》第三劝即"断酒色财气、是
非人我"。在马钰看来，贪酒吃肉尚可饶恕，如若恋色，即为大孽，败德坏
行，为全真大戒，"酒为乱性之浆，肉是断命之物，直须不吃为上。酒肉犯
之犹可恕，若犯于色，则罪不容于诛矣。何故？盖色者，甚于狼虎，败人
美行，损人善事，亡精灭神，至于殒躯。故为道人之大孽也"④。谭处端以
酒色财气为"一大关"，认为如不断除四者就不能结就仙丹。⑤ 金哀宗正大
朝，刘处玄弟子莹然子周尊师⑥因故下狱，狱中内族点检撒合连见其为有道
之士，向其请教何为戒行，其答曰："外妻不婚，世嗣不淫，□□壮形，以
保其真。"⑦ 有人请教初学道者如何炼心，王志谨的回答是，"把从来恩爱眷

---

① 《碧苑坛经》，《藏外道书》第 10 册，第 169 页下栏、第 168 页上栏、第 162 页上栏。
② （金）王嚞：《重阳教化集》卷 2，《道藏》第 25 册，第 780 页下栏。
③ （金）王嚞：《重阳全真集》卷 8，《道藏》第 25 册，第 732 页下栏。
④ （金）王颐中：《丹阳真人语录》，《道藏》第 23 册，第 701 页下栏至第 702 页上栏。
⑤ （金）谭处端：《水云集》卷上，《道藏》第 25 册，第 850 页下栏。
⑥ 周尊师，韦志通，真定人，深得丘处机器重，赐号洞真子。（元）尚企贤：《修建长春观
记》，陈垣编纂，陈智超、曾庆瑛校补《道家金石略》，第 565~566 页。
⑦ 《天坛尊师周仙灵异之碑》，陈垣编纂，陈智超、曾庆瑛校补《道家金石略》，第 488 页。

恋、图谋较计、前思后算、坑人陷人底心，一刀两段去。又把所着底酒色财气、是非人我、攀缘爱念、私心邪心、利心欲心，一一罢尽"①。此外，食素、戒酒肉荤腥亦是全真出家生活的必然要求。《丹阳真人语录》中关于戒断"酒肉"的论说很多，马钰自称出家前"秤肉斗酒，今已戒之十数年矣。若食酒肉，亦做神仙，只是较迟了耖。若心不怀道，又嗜酒贪膻，徒羡口腹，罪报难逃，终为下鬼之类也"②。其《西江月·劝刘先生夫妇》云："学道腥膻不戒，明知断了慈悲。五辛爽口欲滋基，怎比米精麦髓。二物包藏秀气，吾门啖素相宜。"③《鸣鹤余音》卷1录马钰的《二郎神慢》，认为欲长生久视，需做到五件事，其中第二件就是要"忘贪戒酒肉"。

酒色财气、酒肉、腥膻实际上是全真道士采用隐喻的方式，暗示学道要抛离世俗生活，从世俗的吃喝享乐、荣华富贵中解脱出来，摆脱心猿意马、是非人我、尔虞我诈、儿女情长的纷扰，甚至远离家乡，置身于陌生的环境，彻底改头换面，涤念除虑，清静本心，济贫拔苦，行善济人。王嚞《蜀葵花》、马钰《赠清净散人》《赠任守一》等都表达了上述思想。④《渐悟集》卷下有马钰《南柯子·自诫》和《苏幕遮·自戒》两首词，较为完整地展现了马钰或者说全真道对道士出家的要求。《南柯子·自诫》："儿女心头尽，田园意上除。金银财宝与妻孥，物物般般屏弃恰如无。却着人情事，堪嗟性蠢愚。不如一拨守清虚，无作无为便是好功夫。"《苏幕遮·自戒》："不悭贪，不诡诈。不忆家缘，不说乡中话。不着世情不着假。不做诗词，不敢言行化。　志弥高，心转下。云水清闲，内养丹无价。乐在其中欣放要。姓氏人询，倦应扶风马。"⑤全真道士来自各行各业，不论是底层民众还是上层

---

① 参见（元）论志焕《盘山栖云王真人语录》，《道藏》第23册，第719页上栏。
② （金）王颐中：《丹阳真人语录》，《道藏》第23册，第705页上栏。
③ （金）马钰：《渐悟集》卷上，《道藏》第25册，第464页上栏。
④ （金）王嚞《蜀葵花》云："上仙传秘诀，只要尘情灭。意马与心猿，牢锁闭，莫放劣。戒悭贪是非，人我无明断绝。把巧辩聪明都守拙。"《鸣鹤余音》卷5，《道藏》第24册，第285页下栏。（金）马钰《西江月·赠清净散人》："一则降心灭意，二当绝虑忘机。三须戒说是和非，四莫尘情暂起。五便完全神气，六持无作无为。七教功行两无亏，八得超凡出世。"《赠任守一》云："一不轻师慢法，二遵清静仙经。三存精气养神灵，四把尘劳拂尽。五戒无明业火，六除俗礼人情。七擒猿马永安宁，八味琼浆仙饮。"（金）马钰：《渐悟集》卷上，《道藏》第25册，第463页。
⑤ （金）马钰：《渐悟集》卷下，《道藏》第25册，第467页下栏、第473页中栏。

精英，他们都有一个共同的特点，即抛弃世俗荣华、断离亲情妻子。这种"一刀切"式的离俗出家，是与全真戒律对出家生活的严格规定紧密联系在一起的。全真道创立之初就有远游访道的制度，目的之一就是要求道士们抛离原来熟悉的世俗生活。

其次，建立规范的宗教生活秩序、维系修道者个体与教俗两界的良好关系，是全真戒律关注的重心所在。从戒律内容来说，全真戒律规定了弟子的选择、入道规范、箓披次序、打坐程序、言行举止、学经参访活动、心性修炼、与他人（包括教内外）的交往、宫观建设、终极了证境界等众多内容。按照层次，可分为对个人的规定、对人际关系的规定、对个人与国家社会关系的规定等三大方面。从对修道者个人的规定而言，全真戒律对入道弟子的言行思想、心性境界、修行门径关注较多。例如，《丹阳真人十劝》劝诫修道者断除酒色财气、是非人我、忧愁思虑、攀缘爱念，慎言语，节饮食，常守本分；《长春真人规榜》有对浪费衣食、无事出庵、愚徒之辈、奸诈之人的规定。从人际关系角度讲，全真戒律要求道士常怀谦卑之心、平等之心、慈悲之心，不得是己非人、无事生非、扰乱教俗。《丹阳真人十劝》规定，"见三教门人须当先施礼，及一切男女如同父母""戒无明□（心）火，常怀忍辱，以恩复仇，与万物无私""如有疫病，各相扶持，你死我埋，我死你埋""不得起胜心，常行方便，损己利他"。[①] 刘处玄《十劝》规定，"不得自炫己是，直言常说他人非""不得夸自高，灭一切入道之人""不得常说他世人之短，只要常言世人之美处""不得作事不平等，不得见有施利者爱，见无施利者嫌"；《十二劝》规定，有信人从、有谦德顺、有是忘非、常善无恶，真爱无着。[②] 《重阳立教十五论》"第六论合道伴"对如何择人互助修道作出说明。《全真清规》之《箓披次序》规定，"日用所行，诸事方便，苦己利人，降心灭念，敬师奉友，毋起俗情，常检己过，性上用心，参请前辈，谨守清规"。《堂门戒腊》规定，"上殿登堂，依次序而行，行住坐卧，分长幼而居，各守戒腊，莫犯高低。依院门之次序，行方外之尊卑"。《钵室赋》规定，"云朋心一而敬比，霞友志和以合

---

① 《丹阳马真人十劝碑》，陈垣编纂，陈智超、曾庆瑛校补《道家金石略》，第 432 页。
② （金）刘处玄：《仙乐集》卷 2，《道藏》第 25 册，第 433 页下栏。

同"。《了真子升堂文》规定，"在上者当处宽慈，在下者常存敬顺"。《长春真人规榜》规定，"见三教门人，须当平待，不得怠慢心"。在与道友、三教、世俗关系等方面，全真戒律都有明确的规定，基本实现了人际关系的全覆盖。① 大体说来就是要求他们明尊卑长幼、互敬互爱、和谐共处，为实现早登大道奠定良好的人际关系基础。全真戒律平等对待三教门人的规定，践行了唐宋以来三教合一的思想。

反观前面列举的诸位"戒行精严"的全真道士，他们有的以精进道业、弘法度人著称，如尹志平、潘德冲；有的以建宫立观、功行双修闻于世，如潘德冲、李道元、乔正中、刘正清、梁慧真；有的以通经达道、扛鼎教团闻名，如尹志平、孙德彧；有的以精于性理、乐善好施名于世，如毛养素；有的以恪守孝道、甘于苦修著名，如牛志信、冯守正、慧秀。这些戒行均是全真戒律的具体化、实践化。② 全真戒律对个人与国家社会关系的规定，将在第六章论述，兹不展开。

再次，惩处是全真戒律得以执行的制度化保障。从全真戒律的发展历程来说，学界已经认识到其随着教团发展而不断修正完善、从劝道文向惩处戒律过渡等特点。③ 元明间陆道和编《全真清规》针对全真道士作奸犯科的行为，作出了明确的、有针对性的惩处规定。例如其中的《教主重阳帝君责罚榜》规定：

一、犯国法遣出。

---

① 《全真清规》"坐钵规式"对一日十二时坐钵规式有严格的规定，亦实现了对个人每日心性修炼活动规定的全覆盖，"每日至五更寅时，闻开静板响，各请洗漱，朝真礼圣。卯时早斋。辰时混坐。巳时静钟三通，各各静坐，如法用功。午时赴斋。未时混坐。申时如前入静。酉时晚参。戌时混坐茶汤。亥时如前入静，用功如法。子时歌咏，教演诗词，以敌睡魔，主钵先举，每行三遍，不可以多。丑时放参，各请随意，副钵专一提钵，不可久沉，人各诚敬"。《道藏》第32册，第156页下栏、第157页、第160页上中栏。
② 凡事都有两面。从蒙元时期佛道论争来看，倡导三教平等的全真戒律是有的放矢的。更确切地说，从王嚞、马钰立教之初，诸全真宗师就已经意识到要和谐处理三教关系。三教平等的戒律思想是全真道作为后起的新道派赢得三教认同进而顺利发展的重要影响因子。但是从实际效果来看，受教内外多种因素的影响，这一戒律思想执行得并不很理想。
③ 张广保：《金元全真教史新研究》，第206页；唐怡：《道教戒律研究》，巴蜀书社，2008，第72页。

二、偷盗财物遗送尊长者，烧毁衣钵罚出。

三、说是谈非、扰堂闹众者，竹篦罚出。

四、酒色财气食荤，但犯一者罚出。

五、奸猾慵狡、嫉妒欺瞒者罚出。

六、猖狂骄傲、动不随众者罚斋。

七、高言大语、作事躁暴者罚香。

八、说怪事戏言、无故出庵门者罚油。

九、干事不专、奸猾慵懒者罚茶。

十、犯事轻者并行罚拜。①

这些惩处性规定明显和创教早期的劝化性、准戒律性文本不同，最大的差异就在于针对每条不法行为都有对应的惩处措施，而且这些惩处措施和不法行为的严重程度是相对应的。补充一点，目前所见的全真戒律文本特别是带有惩处规定的文本中，以《全真清规》最早。但从惩处犯戒道士角度讲，早在元世祖朝即有规定。元世祖至元十四年（1277），安西王忙哥剌颁发令旨，授予李道谦提点陕西五路西蜀四川道教兼领重阳万寿宫事之职。令旨同时规定，"若有违条犯戒、紊乱道风者，惟尔汰择。其慎之焉，勿忽"②。说明最迟至元初全真道内就已经出现了带有惩处规定的戒条，可惜未流传下来。

最后，建立性命双全、全真而仙的信仰共同体是全真戒律规范信众修道生活的最终指向。和任何规范性文本一样，戒律无疑是为了规范道士的思想言行，但规范本身不是目的，"宗教戒律是为了规范教徒的思想、行为，以使他们最终圆满其终极了证"③。全真道的终极指向就是通过性命双修、功行双修，炼就内丹，超越生死，位列仙班。因此，探讨全真戒律，不能仅停留在规范、惩戒、就规范而论规范的层面，还要看到规范背后的远景目标。全真戒律与其除情去欲、明心见性、返璞归真的修道宏旨是紧密联系在一起的。特别是其中的相关惩处规定，主要是针对"下愚之人"，

① （元）陆道和：《全真清规》，《道藏》第32册，第159页下栏。
② 《螯屋重阳万寿宫令旨碑》，陈垣编纂、陈智超·曾庆瑛校补《道家金石略》，第618~619页。
③ 张广保：《全真教的创立与历史传承》，第170页。

用儒家的话来说就是"性恶之人",因为"法不加于上善,刚不过于至柔"①。通过金元文士的记载,亦可看出全真道在教化下愚不肖、强梁跋扈之徒方面所起的作用。王恽《卫州胙城县灵虚观碑》记载,1232年,时值金蒙易代之际,天灾人祸,饿殍遍野。伴随着全真风起,"所在翕然从风,虽强梁跋扈性于嗜杀之徒,率徼福避祸,佩法号者,皆是也"。元好问撰于元太宗九年(1237)的《怀州清真观记》亦有类似记载,称当时全真道士已经占到了中国北方人口的十分之二,声势浩大,"虽凶暴鸷悍,甚愚无闻知之徒,久与俱化"。②全真道教化凶顽,甚至将这些社会不稳定因素收之麾下的做法,正是全真戒律弃恶扬善、忍辱不杀思想的直接体现。任何社会,只要见贤思齐,社会发展中的不法之徒就会随之减少。全真道士深刻地认识到这一点,因此上文谈到的诸家戒律文本多是按照"见贤思齐"的思路顺天应人制定的。全真戒律的初衷是为了使修道者实现鬼仙、地仙、剑仙、神仙、天仙的跃升。③《重阳立教十五》"第十三论超三界",要求修道者超越欲界、色界、无色界,从而达至"神居仙圣之乡、性在玉清之境"。刘处玄《十二劝》将这种境界表述为"气清通微,全道神灵"。《全真清规》对戒律修持的目标作了较为集中的描述。如《全真体用》云:"心条达性,玲珑自然,真乐无极,气融冲神。寂默卓尔,体同太虚……体证金莲,果登玉境。同逍遥玄元之未始,共快乐象帝之先天。"《钵室赋》云:"脱生灭之境界,超造化之乾坤。游咏先天而逍遥大象,彷徨无极而快乐真元。绰绰然全真而最上,巍巍乎独立以尊先。"《了真子升堂文》称,虽然全真道枝分梢异,最终将百川乃海、万叶归根,"住世同修道果,超凡共列仙班"。④"同逍遥""共快乐""真乐无极""快乐真元""同修道果""共列仙班"等,均是全真戒律关于修道目标的最圆满表达。质言之,全真道士修道生活的最终目标就是构建以识心见性、性命双全为显著标识的全真信仰共同体。实现这一圆满的愿景,首先必须持戒修行。因为戒是"上天

---

① (元)陆道和:《全真清规》,《道藏》第32册,第159页下栏。
② 参见(元)李道谦《甘水仙源录》卷9,《道藏》第19册,第798页上中栏。
③ (金)王嚞:《重阳真人金关玉锁诀》,《道藏》第25册,第802页下栏。
④ (元)陆道和:《全真清规》,《道藏》第32册,第158页中下栏、第159页中栏、第160页上栏。

之梯凳，渡苦海之舟航，陟道之初基，乃修仙之渐路也。若无戒则不能入于定门也。不入定门者，无由发于慧也"①。

## 三　金元全真道传戒史

由于相关文献对金元全真道的传戒活动记载不多，学界对早期全真道传戒活动的探讨和研究相对不足。本书通过耙梳金元文献、金石碑刻，尝试梳理金元两代全真道传戒活动的历史。按时间先后，试述如下。

### （一）王嚞谈传法受戒及其早期实践

王嚞在谈到内丹修炼秘诀时，秉承了道教"三人休言说，六耳不谈道"的传统。不同于多少意义上的"三人"概念，王嚞将"三人"界定为三种人，即不孝之人、不敬信之人、不善之人。他认为丹诀不可传于上述三类人。"除此等人外，不分男子、女人、僧道、官人，皆得传法受戒。"② 传法指传授道法，于全真道而言，丹功丹法在其中应该占有相当的比重。受戒是指传授戒律。王嚞这一开放性的思想在很大程度上促进了道法和戒律的传承，对扩充教团力量是大有裨益的。

思想是行动的先导，我们有理由推测王嚞在世时曾开展过（准）传法受戒活动。下面的一则史料，正好印证了笔者的推测。《满庭芳·立誓状外戒》云："专烧誓状，谨发盟言，遵依国法为先。但见男儿女子，父母如然。永除气财酒色，弃荣华、戒断鲑膻。常清静，更谦和恭谨，无党无偏。布素蒌耽度日，饥寒后、须凭展手街前。不得贪财诳语，诈做高贤。常怀慎终如始，遇危难、转要心坚。如退道，愿分身万段，永镇黄泉。"③ 王利用《全真第二代丹阳抱一无为真人马宗师道行碑》称，金世宗大定八年（1168）十月朔日，王嚞"令师（指马钰——引者按）焚誓状于文登苏氏庵"④。两则史料比对可知，马钰这首词应该是作于大定八年。焚烧誓状之举，一方面有上达天听之意，另一方面是为了规避官方的稽查，因为当时

---

①　（元）牛道淳：《析疑指迷论》，《道藏》第4册，第949页下栏。

②　（金）王嚞：《重阳真人金关玉锁诀》，《道藏》第25册，第805页下栏。

③　（金）马钰：《丹阳神光灿》，《道藏》第25册，第623页上栏。

④　参见（元）李道谦《甘水仙源录》卷1，《道藏》第19册，第729页中栏。

全真道尚为自发的结社组织，未取得官方授予的传戒权力。① 这一看法应该是符合全真道草创阶段的实际的。从焚烧誓状这一行为来看，当时的传戒应该是秘密进行的。

（二）丘处机在金末蒙初的三次传戒

《磻溪集》记载，金章宗明昌五年（1194）九月，丘处机在山东福山县建黄箓醮。九月二十八日午后，传符受戒。《福山县黄箓醮感应并序》云："明昌甲寅秋九月，建黄箓于福山县。二十八日午后，将传符受戒，有鹤十一翾翔乎坛上，终夕不去。越一日设醮，闻天关震响，北极下红光烛地，可辨纤悉，士民靡不见者。"丘处机作诗云："华灯照耀积金山，人在蓬壶咫尺间。下士倾心开地府，高真威力动天关。千门列祭严香火，万口同声启笑颜。三界十方功德备，彩云仙鹤自回还。"②

《长春真人西游记》卷上记载，元太祖十五年（1220）四月十五日，丘处机登宝玄堂传戒，"时有数鹤自西北来，人皆仰之。焚简之际，一简飞空而灭，且有五鹤翔舞其上"③。《全真第五代宗师长春演道主教真人内传》同，并详细交代是在燕京太极宫建醮后登宝玄堂传戒的。④ 同年五月，丘处机一行至德兴龙阳观，并在此度夏。七月十五日，在龙阳观建醮，"午后，传符授戒，老幼露坐，热甚，悉苦之。须臾，有云覆其上，状如圆盖，移时不散，众皆喜跃赞叹"⑤。

（三）王处一奉敕太清宫传戒

赵道一《历世真仙体道通鉴续编》卷3记载，泰和三年（1203），金章宗命王处一于"亳州太清宫两主普天醮事，具戒度为道士者千余人"⑥。姚

---

① 高丽杨：《全真教制初探》，第133页。
② （金）丘处机：《磻溪集》卷1，《道藏》第25册，第813页中栏。
③ （元）李志常：《长春真人西游记》卷上，《道藏》第34册，第482页上中栏。
④ （元）李道谦：《全真第五代宗师长春演道主教真人内传》，陈垣编纂，陈智超、曾庆瑛校补《道家金石略》，第635页。同见（元）赵道一《历世真仙体道通鉴续编》卷2《丘处机》，《道藏》第5册，第426页上中栏。
⑤ （元）李志常：《长春真人西游记》卷上，《道藏》第34册，第482页下栏。同见（元）李道谦《全真第五代宗师长春演道主教真人内传》，陈垣编纂，陈智超、曾庆瑛校补《道家金石略》，第635页。
⑥ （元）赵道一：《历世真仙体道通鉴续编》卷3，《道藏》第5册，第430页下栏。

燧撰于元世祖至元二十四年（1287）的《玉阳体玄广度真人王宗师道行碑铭并序》提到，"泰和改元及三年，诏两设普天醮于亳州太清宫，度民为道士千余人"①。赵道一将两次主醮传戒均记于泰和三年。而按照姚燧的记载，则分别发生在泰和元年、三年。姚燧是在参考王处一"事状及《（体玄真人）显异录》"基础上应邀撰写碑记的。和赵道一相比，姚燧撰碑时距离王处一辞世的时间更为接近，所记应该更为接近史实。1201 年、1203 年王处一两度在亳州太清宫主持传戒活动，仪式程序是先设普天醮仪，再传戒度人。金章宗令玉阳子在太清宫传戒，至少暗含着两层蕴意：一是承认全真道士具有公开传戒的权力；二是承认了全真道与传统道教一脉相承的关系。原因很简单，亳州太清宫主尊太上老子。章宗令玉阳子在此传戒，无疑体现了金朝统治者对全真道道教身份的官方认可。同时，也说明早在金末，全真道就对传统道教有着明确的归宗意识。另外，《云光集》卷 2 收《赠关西王遇真戒》、卷 3 收《赠诸处道众》等诗文。其中《赠诸处道众》诗云："外谢神天，内持真戒。"② 说明王处一曾不止一次传戒度人，而且传戒时还会向受戒者赠予诗文，宣讲道范教法。

（四）掌教大宗师李志常公开传戒

1238 年至 1256 年李志常掌教时，全真道的传戒活动得到了蒙古统治者的积极支持。他主持的传戒活动，多为奉敕开展。《玄门掌教大宗师真常真人道行碑铭》称，乃马真后三年（1244）正月，李志常奉朝命在燕京大长春宫修建"普天大醮三千六百分位，及选行业精严之士，普赐戒箓"。元宪宗三年（1253）正月，李志常奉蒙哥皇帝之命，"作金箓大斋，给散随路道士女冠普度戒牒"。③《终南山祖庭仙真内传》记载，同年冬十月，忽必烈在藩邸开府上都命李志常"修金箓大斋，作大宗师，普度随路道士、女冠，给授戒牒"④。戒牒，即道士受戒的凭证，是对道士参加传戒仪式并经考核圆满完成传戒活动的资质认证。颁发戒牒是以传戒为前提的。可见，在大

① 参见（元）李道谦《甘水仙源录》卷 2，《道藏》第 19 册，第 737 页下栏。
② （金）王处一：《云光集》卷 3，《道藏》第 25 册，第 676 页中栏。
③ （元）李道谦：《甘水仙源录》卷 3，《道藏》第 19 册，第 746 页上中栏。
④ （元）李道谦：《终南山祖庭仙真内传》卷下，《道藏》第 19 册，第 536 页中栏。

蒙古国时期，李志常曾不止一次开展过传戒活动。从上述文献记载来看，在他掌教的十几年间，至少三次主持传戒大典，广传戒牒。

从实物戒牒文书来看，2019年山西省永乐宫壁画保护研究院在整理永乐宫搬迁资料时，发现近百件珍贵文书，其中就包括元定宗三年（1248）《元皇帝圣旨普度戒牒（含封套）付长春宫李真人》（YL418）。署"戊申年（空白）月（空白）日牒（印）"。该公据由三张纸粘合而成，正面印有"皇帝圣旨普度戒牒封"字样，并加盖"宣差仙孔八合识之印"的朱红色印记，封套背面正中也盖有"宣差仙孔八合识之印"的朱红色印记。此为大蒙古国时期全真道遵照圣旨颁发给受戒者的空白戒牒，也可称为格式性戒牒。戒牒照片及相关文物信息如图1-1。

| 登录号 | Yl418 | 名称 | 元皇帝圣旨普度戒牒（含封套）付长春宫李真人 |
|---|---|---|---|
| 年代 | 定宗（孛儿只斤贵由汗）三年戊申年（1248年） | 类别 | 档案文书 |
| 等级 | 一级 | 质地 | 纸 |
| 尺寸（cm） | 191.0×48.5 封套：47.9×10.3 | 质量 | 44.01 |
| 厚度（mm） | 0.126 | 收藏单位 | 山西省永乐宫壁画艺术博物馆 |
| 入藏时间 | 2001年 | 来源 | 馆藏 |

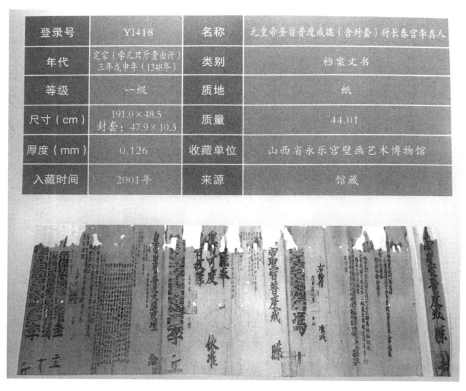

**图1-1　《元皇帝圣旨普度戒牒（含封套）付长春宫李真人》（YL418）**

（录自山西省永乐宫壁画艺术博物馆、山西博物院永乐宫壁画保护工作站编《山西省永乐宫壁画艺术博物馆馆藏一级道教纸质文物保护修复研究》，山西人民出版社，2022，第25~26页）

这件文书成为研究早期全真道传戒活动的珍贵实物资料。其文末列有十条戒文，对研究当时全真道的戒律内容具有重要文献价值。移录戒文如下：

第一戒者，不得阴贼潜谋，害物利己，当行阴德，广济群生。

第二戒者，不得杀害含生，以克（充）滋味，当行慈惠，以及昆虫。

第三戒者，不得淫邪败真，秽慢灵炁（气），当行（守）节（贞）操，无使（使无）缺犯。

第四戒者，不得败人成功，析交离亲（离人骨肉），当以道助物，令众熙和（令九族雍和）。

第五戒者，不得谤毁贤良，露才扬己，当称人之善（美善），不自伐其功能。

第六戒者，不得饮酒过差，食肉违禁，当调（调和）炁（气）性，专务清虚。

第七戒者，不得贪求无厌，积财不散，当行节俭，惠恤贫穷。

第八戒者，不得交游非贤，居处秽杂，当慕胜己，栖集幽闲（清虚）。

第九戒者，不得不忠不孝，不仁不信，当尽节君师（亲），推成（诚）万物。

第十戒者，不得轻忽言笑，举动非真，常持重慎（当持重寡词），以道德为务。①

经比对，上述十条戒文与成书于宋初的《云笈七签》卷40《初真十戒》的戒文顺序、内容基本相同。按，上文括号中文字录自《道藏》本《云笈七签》，以示异同。由此可以一窥全真道对传统道教戒律的沿用和承继关系。

---

① 《元皇帝圣旨普度戒牒（含封套）付长春宫李真人》，采自国家图书馆"观妙入真——山西永乐宫文物精粹暨数字艺术大展"，2025 年 3 月 26 日由笔者的研究生唐思捷协助拍摄，谨致谢忱。（宋）张君房：《云笈七签》卷40，《道藏》第 22 册，第 278 页下栏至第 279 页上栏。

（五）孙德彧主教时普赐戒牒

孙德彧作为马钰一系培养出来的掌教大宗师，于元仁宗皇庆二年（1313）至延祐七年（1320）纲领教团。事迹见邓文原《皇元特授神仙演道大宗师玄门掌教辅道体仁文粹开玄真人管领诸路道教所知集贤院道教事孙公道行之碑》、虞集《玄门掌教孙真人墓志铭》。① 笔者未能在上述碑记中找到孙氏传戒的记载。幸运的是，祖庭重阳万寿宫收藏的一通圣旨碑，为探究孙德彧传戒活动提供了线索。兹节录圣旨碑文如下：

> 特授神仙演道大宗师玄门掌教真人、管领诸路道教所、知集贤院道教事、辅道体仁文粹开玄（原文误作"言"——引者按）真人孙德彧根底，丘神仙的道子里委付了也。诸路里应有的先生、女冠每根底，为头儿管着者。先生每根底合与的戒牒、师号、法名，教他与者。孙真人根底，宣谕执把行的圣旨与了也。②

圣旨颁发于元仁宗延祐元年（1314）七月二十八日，即孙德彧出任掌教的次年。赋予孙德彧颁发戒牒、师号、法名，管领全真宫观庙产，会同地方当局处理全真道士作奸犯科等权力。圣旨发至中书省、枢密院、御史台、行中书省、行御史台、宣慰司、廉访司、军官、军人、管城子达鲁花赤、官人、内外大小衙门官人、各枝儿头目、往来使臣、众先生、百姓，也就是说包括了政府官员、中外使者、道士和民众等广大群体。相当于向全社会宣布全真掌教有权力颁发戒牒，昭示了元代中后期统治者对全真传戒活动一以贯之地公开、正式认可。

# 第二节　金元授箓史

和对金元早期全真道传戒活动的研究相比，学界对全真授箓活动的探讨更为不足。受后世正一授箓、全真传戒这一"后入为主"观念的影响，早期

---

① 参见陈垣编纂，陈智超、曾庆瑛校补《道家金石略》，第 767 页、第 787~788 页。
② 《盩厔重阳万寿宫圣旨碑》，陈垣编纂，陈智超、曾庆瑛校补《道家金石略》，第 742 页。

全真授箓活动长期以来未被纳入学术研究视野。实际上，和传戒活动相比，教内外文献对授箓活动的记载要丰富得多，金元时期全真道一直有授箓传承。

## 一　箓与授箓

经、戒、符、箓是道教传法活动的有机组成部分。上节重点阐释了早期全真道士的戒行和传戒活动。下面对经、符、箓三组概念作一简要阐述。

道教认为"经"是天真之言。《太上洞玄灵宝业报因缘经》称，"夫经者，元始之言"①。《太上洞玄灵宝三元无量寿经》说："夫洞玄经者，盖天地之源，道德之宗，上圣所尊贵，鬼神所畏伏。其高则出九天之上，其深则通九地之下。千变万化，道尽于此。"②《元始天尊说太古经注》云："元始天尊大发慈悲之行，广开方便之门，宣扬妙旨，述作微言，救度苍生，悉除众苦。经者，非俗谈鄙语之称，乃妙法真常之异号，总善之要径，入圣之阶梯，是逍遥之正路，平坦之玄途，广莫之野，无何有之乡。"③ 元仁宗皇庆元年（1312）夏五月，第三十八代天师张与材应邀为卫琪注《玉清无极总真文昌大洞仙经》作序，其中谈到，"经者，道之纲领也。夫道岂容言哉，上圣因言成文，因文演教，其所以经纪世道，类不可以测识，故凡经皆有难言之妙"。在他看来，《大洞仙经》出自元始天尊，"其言致玄总灵，超真历劫"。④《元始无量度人上品妙经注》卷中云："经者，天地之经纶；日月运行，昼夜不息，终而复始，化而不尽者也。古之人仰视俯察，必依乎道，不逾轨，不失常，不以外物失其素，斯经之本也。"⑤《隋书·经籍志》对道经的渊源传演有精练概括：

> 道经者，云有元始天尊，生于太元之先，禀自然之气，冲虚凝远，莫知其极。所以说天地沦坏，劫数终尽，略与佛经同。以为天尊之体，常存不灭。每至天地初开，或在玉京之上，或在穷桑之野，授以秘道，

---

① 《太上洞玄灵宝业报因缘经》卷10，《道藏》第6册，第128页上栏。
② 《太上洞玄灵宝三元无量寿经》，《道藏》第5册，第871页下栏。
③ 《元始天尊说太古经注》，《道藏》第2册，第594页上栏。
④ 《玉清无极总真文昌大洞仙经序图》卷1，《道藏》第2册，第597页下栏至第598页上栏。
⑤ 《元始无量度人上品妙经注》卷中，《道藏》第2册，第263页中栏。

谓之开劫度人。然其开劫，非一度矣，故有延康、赤明、龙汉、开皇，是其年号。其间相去经四十一亿万载。所度皆诸天仙上品，有太上老君、太上丈人、天真皇人、五方天帝及诸仙官，转共承受，世人莫之豫也。所说之经，亦禀元一之气，自然而有，非所造为，亦与天尊常在不灭。天地不坏，则蕴而莫传，劫运若开，其文自见。凡八字，尽道体之奥，谓之天书。字方一丈，八角垂芒，光辉照耀，惊心眩目，虽诸天仙，不能省视。天尊之开劫也，乃命天真皇人，改啭天音而辩析之。自天真以下，至于诸仙，展转节级，以次相授。诸仙得之，始授世人。然以天尊经历年载，始一开劫，受法之人，得而宝秘，亦有年限，方始传授。上品则年久，下品则年近。故今授道者，经四十九年，始得授人。①

通过以上诸家典籍的论述，可以看出，道教认为，"经"乃是天地自然之气的化身，通过元始天尊的演说，才以文字的形式化播天下。"经"或可称为"道"的形而下的显现。关于"经"的作用，道教认为道经是修真的径路，具有教化众生、济生度死、延寿长生的作用，心持口诵即能得道证真、位列仙阶。《隋书·经籍志》说，"推其大旨，盖亦归于仁爱清静，积而修习，渐致长生，自然神化，或白日登仙，与道合体"②。南宋萧应叟谈道："经者，修真之径路也。若能口诵其经，心悟其奥，则随念有玄应耳。至于修真学道，济生度死，无不在此矣。密而行之，方得成道。"③ 陈致虚逐字注解《太上洞玄灵宝无量度人上品妙经》经名，其云："太，唯道最大；上，天地独尊。洞，无所不通；玄，其妙难述。灵，变化莫测，感而遂通；宝，难得之物，人所珍爱。无量，岂可猜量；度人，从凡入圣。上品，天下无双；妙，含灵毓秀之物。经，河筏天梯之用。总而释曰：最尊极贵，通灵变化，先天真一，成丹之正道。"④ 他将经分为道用和世法两种。前者是针对教内大根上士即虔诚、有道性的修道之士而言的。对他们来说，依经修

① （唐）魏徵、令狐德棻撰《隋书》卷35《经籍四》，中华书局，1973，第1091~1092页。
② （唐）魏徵、令狐德棻撰《隋书》卷35《经籍四》，第1092页。
③ （宋）萧应叟：《元始无量度人上品妙经内义表》，《道藏》第2册，第333页上栏。
④ （元）陈致虚：《太上洞玄灵宝无量度人上品妙经注》卷上，《道藏》第2册，第394页中栏。

行即可登仙。后者是针对世俗民众而言的。对这类人来说，精勤诵念道经可以带来福报。

　　道教经常将"箓"与"符"连用。学界习惯将诸多以行持符法科仪的道派一并称作符箓派。实则，"符"和"箓"是有区别的。有人提出，符是将神力以"符号"的形式，附着在规定的"文字"（或图形）上，并书写在特定的物品（如纸、绢、木、石）上，作为天神的旨令，系道士们所使用的法术。[①] "符"一般由汉字和图形以"变形"的形式出现。就像认为道经出自天真口传一样，道教对道符渊源也给出了神秘化的解释，认为符是天书云篆、龙章凤篆、神真之信、天之真性、灵迹符书之字、三光之灵文，或从形态或从渊源上对道符作出了神秘化诠释。根据功能的不同，符分好多种类，如《黄庭内景玉经注》云："符者，八素六神、阳精玉胎、炼仙阴精、飞景黄华、中景内化、洞神鉴乾等诸符也。"[②] 其作用不外乎召神摄鬼、驱邪解厄、消灾除病、保命留年等。例如，《上清佩符文白券诀》认为"金虎真符"具有威制天地、呵叱群灵、控景驾龙、位司高仙，令千妖丧眸、万鬼灭形的作用。[③] 在具体使用道符时，法师所用之符要和天神相合验方能奏效。杜光庭对符的作用给出了世俗化的解释，"刻文相合以验，若金虎、竹使、兵信之符也"[④]。除了"每临一事，则画一符或数符以行法"[⑤]，道教在授箓时也有一些固定的符文传授。

　　关于"符"的概念、功用，学界大体形成了相对一致的认识。相比而言，关于"箓"的看法，则有仁智之别。《隋书·经籍志》云："箓皆素书，纪诸天曹官属佐吏之名有多少，又有诸符，错在其间，文章诡怪，世所不识。受者必先洁斋，然后赍金环一，并诸贽币，以见于师。师受其贽，以箓授之，仍剖金环，各持其半，云以为约。弟子得箓，缄而佩之。"[⑥] 任继愈主编《中国道教史》认为，箓通常指记录有关天官功曹、十方神仙名属、

① 张金涛、张青剑：《天师道的符、箓、斋、醮初探》，《江西社会科学》1994 年第 4 期。
② （唐）梁丘子：《黄庭内景玉经注》卷下，《道藏》第 6 册，第 535 页中栏。
③ 《上清佩符文白券诀》，《道藏》第 6 册，第 574 页中栏。
④ （唐）杜光庭：《道德真经广圣义》卷 17，《道藏》第 14 册，第 393 页上栏。
⑤ 刘仲宇：《道教授箓制度研究》"绪论"，第 12 页。
⑥ （唐）魏徵、令狐德棻撰《隋书》卷 35《经籍四》，第 1092 页。

召役神吏、施行法术的牒文，是道法的重要部分，所以又称作法箓。① 李叔还称，"箓者素书，记诸天曹官属吏佐之名"，并采用符箓连释的方式，称"符箓谓可通天神，遣地祇，镇妖驱邪，故道家受道，必先受符箓"②。张金涛、张青剑从记录、符箓、经箓、箓牒、醮坛名称等五个方面界定了天师道"箓"的概念。③ 刘仲宇认为，道箓是"入道者与其教团组织确立皈依隶属关系的凭证""得受者获得道教教团成员身份的凭证，箓上的吏兵，主要在于归其调动或护身护法，既授之后乃终生奉佩"。④

上述对"箓"的界定分别有文献学的学理支撑。例如，关于醮仪、记录之意，《海琼白真人语录》记载，有弟子向白玉蟾请教何为"黄箓之义"时，白玉蟾云："九幽拔罪，有金箓白简之法，金箓即黄箓，以故上天亦立黄箓院。黄者，为众色之宗；箓者，为万真之符。此言黄中理炁，总御万真，出幽入明，济生度死。箓者，亦录之义，录鬼神之籍耳。"⑤ 除醮仪之意以外，关于"箓"的概念，之所以出现上述分歧，笔者认为，应该与观察者的视角有关。很多时候，大家是将"箓"作为一类文本进行解读的。或云箓是记载天官功曹的牒文，或云道经的总称，或称受道凭证，或符箓并称。这在很大程度上受到了《隋书·经籍志》的影响。所讲的"箓"实际上就是某种文本，我们权且称为"文本箓"。在此大前提下，阐释"箓"的传授，走的是一条从文本到仪式的研究路径。与此相反，本书认为，对"箓"的界定和认识应该沿循从仪式到文本的理路。换言之，应该首先明确"授箓"的内容是什么，进而揭示"箓"的含义。

以唐代洞神三皇部法箓为例，根据授箓层次和法位，由低到高共分正一箓生弟子、高玄弟子、太上弟子、洞神弟子等十五个法次。各个法次传授的法箓不同，大体包括了经、戒、券、契、令、仪、文、符、箓、图、金钮青丝、章、版、印等。以正一盟威弟子为例，需要受"九天破殗、九宫捍厄、都章毕印、四部禁气、六宫神符、九天都统、斩邪大符、九州社

---

① 任继愈主编《中国道教史》，第 300 页。

② 李叔还编纂《道教大辞典》，台湾巨流图书有限公司，2003，第 503 页。

③ 张金涛、张青剑：《天师道的符、箓、斋、醮初探》，《江西社会科学》1994 年第 4 期。

④ 刘仲宇：《道教授箓制度研究》"绪论"，第 12 页。

⑤ （宋）林伯谦等编《海琼白真人语录》卷 2，《道藏》第 33 册，第 120 页上中栏。

令、天灵赤官、三五契、三元将军箓",方能称某治气正一盟威弟子。洞神弟子则需要受"金刚童子箓、竹使符、普下版、三皇内精符、三皇内真讳、九天发兵符、天水飞腾符、八帝灵书内文、黄帝丹书内文、八威五胜十三符、八史箓、东西二禁、三皇三戒、五戒、八戒文"。① 授箓是要向箓生传授包括记载天官功曹牒文以及授箓凭证在内的系统的、层次分明的一整套文（本）（实）物体系。包括经、戒、符、图、契、券、印、章、版等在内的"文物",都是授箓内容的构成要素。不同的法位法次,缺少其中任何一种"文物",所授之箓即缺少了合法性。因此,从"文本箓"（只关注其中明确带有"箓"字眼的文本）向"文物箓"的视角转换,应该成为我们阐释"道箓"概念和授箓活动的出发点。这实际上涉及广义之箓和狭义之箓区别的问题。以往学界更多地谈的是狭义之箓。

通过对洞神三皇部法箓的阐述,不难总结出道教授箓活动的一些特点。例如,授箓有严格的等级规定,不同的法次传授的法箓有高下之分。法次越高者,授箓的内容越高妙严密。诚如《隋书·经籍志》云:"其受道之法,初受五千文箓,次受三洞箓,次受洞玄箓,次受上清箓。"② 《洞玄灵宝三洞奉道科戒营始》言"道士、女冠法位、次第、称号,各有阶级,须知尊卑上下,不得叨滥"。违者,将受到"夺算"的惩罚。③ 授箓除具有界定受箓弟子教团身份的作用之外,还是划分他们在仙凡两界地位高低、神力大小的依据。授箓既有对受箓者"内功"的要求和界定,又有对"外行"的要求和界定。授箓者对不同法次的经文、戒文等的掌握和遵循,实则体现了教团对其修道层次的认可程度。教团向他们传授券、契、令、章、版等,是按照"天人合一"的理路,使其公开行法获得神授的依据。此外,持受"文物箓"不仅是受箓者在仙凡两界召劾鬼神的前提,更是受箓者本身由凡入圣、位列仙阶的保证。《太上正一盟威法箓》云,佩持修行太上老君授徐甲延生保命箓,"可以登仙"④。《上清经秘诀》云:"戒以防非止恶,制断六情;箓者进品登仙,远超三界。故《道性品》云:戒行摄众生,箓

---

① 《洞玄灵宝三洞奉道科戒营始》卷 4,《道藏》第 24 册,第 757 页下栏至第 758 页上栏。
② （唐）魏徵、令狐德棻撰《隋书》卷 35《经籍四》,第 1092 页。
③ 《洞玄灵宝三洞奉道科戒营始》卷 4,《道藏》第 24 册,第 757 页上栏。
④ 《太上正一盟威法箓》,《道藏》第 28 册,第 475 页中栏。

引归真一。自浅之深，非无优劣，从凡入圣，各有等差。"①

任继愈、卿希泰两位先生分别主编的两部《中国道教史》对法箓的传承与发展作了较为全面的阐述。任先生主编《中国道教史》重点介绍了唐代正一盟威法箓、洞神三皇部法箓、高玄部法箓、升玄部法箓、灵宝部法箓、上清部法箓的传授情况。两书对东华、神霄、天心正法、清微、太一等宋元新符箓道派的兴起和传承亦做了专题研究。刘仲宇《道教授箓制度研究》系授箓制度的专题性研究成果，认为道教授箓制度订立于系师张鲁主教时代，并将宋元时期的新出符箓派归纳为北帝雷公箓、神霄派法箓、清微派法箓、净明派法箓、太乙教法箓等。同时，其总结了这一时期新旧符箓道派集中融合，从正一、灵宝、上清三山符箓向龙虎山正一玄坛集中的趋势。

## 二　金元全真道授箓史

金元全真道的授箓活动是以传统的三山符箓和宋元新出符箓的传承与发展为孕生土壤的。自王嚞创教起，历代全真道士对道教法箓及其作用就有明确的认知。王嚞曾应李法师之请，撰《苏幕遮·李法师求》，其中有云："□宗评，箓法箓。□写金书，拯救灾回福。□及归依功行足。□现金丹，衮出昆山玉。"② 各行隐去首字，但认为持箓可以济世度人、救灾祈福之意尚比较清楚。其《问多梦》一诗中亦有行法箓可以救世济人的说法，"广行法箓频施救，便是逍遥得岸人"③。前提是捉住心猿意马、识心见性。行法箓以内在的修炼或者说内丹的修炼为前提，契合了唐宋以降外法与内修相融合的时代特点。王嚞关于法箓的论述，并未停留在一般的泛泛而谈的层面，《临江仙·道友问修行》一词不仅再次解释了行持太一混元法箓在心性层面的要求，而且对行持法箓的仪式、作用均有深入的认识：

太一混元真法箓，清心精锐行持。先擒自己那虫尸。香烟通上界，威力暗施为。　救拔亡魂消旧业，见存广得洪禧。鬼惊神骇惧勾追。行

---

① 《上清经秘诀》，《道藏》第32册，第731页下栏。
② （金）王嚞：《重阳全真集》卷6，《道藏》第25册，第726页上栏。
③ （金）王嚞：《重阳全真集》卷10，《道藏》第25册，第741页下栏。

功惟显著，指日彩云随。①

"太一混元法箓"，"太一"即指大道。《庄子·天下篇》说，"建之以常无有，主之以太一"。疏曰："太者广大之名，一以不二为称。言大道旷荡，无不制围，括囊万有，通而为一，故谓之太一也。"② 太一也代指太一神。然于此处文意不通，故不展开。"混元"一指天地开辟之始的状态。《云笈七签》说，"混元者，记事于混沌之前，元气之始也"③。"混元"一指太上老子。宋真宗尊老子号为太上老君混元上德皇帝。元薛致玄《道德真经藏室纂微开题科文疏》云："夫混元者，言太上生于混沌之先，长于亿劫之始，故曰混元也。"④ 如此，"太一混元"即大道或者老子所传之道之义。丘处机《赞道》诗云："前贤后圣无差别，异派同源化执迷。太一混元开户牖，玄真直指上天梯。"⑤ 长春真人就是在这个意义上使用"太一混元"一词的。那么，"太一混元法箓"即可径直理解为道箓或者太上所传法箓。金章宗明昌二年，"禁以太一混元受箓私建庵室者"⑥。《金史》所言就是禁绝道教法箓授受的意思。不难看出王嚞对道教法箓是有接触和了解的。

七真之中，马钰、刘处玄亦对道教法箓颇为熟稔。马钰《赠文登宋法师》继承行持法箓需以内丹修炼为基础的当时道教界通识，认为行法箓具有"救济解苦"的功能。不过，在赞颂宋法师法箓精进、行高法著同时，马钰提醒他更要修炼铅汞龙虎大丹，如此才能早占仙籍。在马钰看来，内丹修炼的层次要高于行持法箓、解困济人，"行法箓，救疾苦。足知贤家，行深昭著。更宜乎、急急修真，认气神宗祖。　炼汞铅，调龙虎。木金间隔，径流子午。得自然、结就灵珠，指蓬莱归去"⑦。混元刘法师辞世，马钰作词，赞颂其一生行持法箓、治病救人事迹，其云："幼则随群，长而异

---

① （金）王嚞：《重阳全真集》卷12，《道藏》第25册，第757页中栏。
② （清）郭庆藩：《庄子集释》卷10下《天下第三十三》，王孝鱼点校，中华书局，2012，第1093~1094页。
③ （宋）张君房：《云笈七签》卷2，《道藏》第22册，第7页中栏。
④ （元）薛致玄：《道德真经藏室纂微开题科文疏》卷5，《道藏》第13册，第748页下栏。
⑤ （金）丘处机：《磻溪集》卷3，《道藏》第25册，第823页上栏。
⑥ （元）脱脱等撰《金史》卷9《章宗本纪》，中华书局，1975，第219页。
⑦ （金）马钰：《洞玄金玉集》卷8，《道藏》第25册，第608页中下栏。

众，一心法箓行持。书符咒水，治病救灾危。建德如偷不显，厌华丽、粝食粗衣。亲曾遇，重阳师父，传授入希夷。自知，功行满，速来访我，径就归期。便怡然拂袖，应限宜时。此者彭城了了，马风风、当赋新词。长生得，携云仙去，跨鹤赴瑶池。"① 宋、刘两位高功精于符箓道法。也就是说，全真道士在日常的修道弘道活动中，与符箓派是有频繁交流和诗文唱和的。这种交往活动为全真道士了解、认识符箓道法提供了机会。再以长生真人刘处玄为例，他对二十四阶太上正一盟威法箓、天心正法等传统符箓和宋元新符箓都有认识。金章宗泰和元年（1201）十月十五日，滨州放箓，拟请时任掌教的刘处玄为度师。刘处玄没有答应，并作《赠道众》诗，开篇就从传统道教的口吻，指出经箓传自太上，"圣经符箓，太上为师。五师假度，万物无私。深藏三宝，终始一时。古今仙贤，个个真慈。道传微妙，瞬目扬眉。磨开慧剑，灵镇蛇龟"②。其《赠冷七翁眷属》更是对太上盟威箓和天心正法箓的箓名和功用如数家珍，"太上符箓，二十四阶。道藏要妙，宝坛常开。天元传授，点化仙材。真修性命，伪养形骸。……天心正法，不爱人财。弗造诸愆，能消旧灾"③。

尹志平将七真弘道法言称作"教言"，并将"教言"比作"法箓"，即"吾之所得教言，皆师真处口传心授（原文作'受'——引者按），行持至今，岂不欲传之后人。然罕有诚心听受者，故常欲无言。纵有曾闻者，不务行持，与不闻同。教言如法箓，持之则有灵有验，不持则空言也"，旨在

---

① （金）马钰：《洞玄金玉集》卷10，《道藏》第25册，第621页下栏。
② （金）刘处玄：《仙乐集》卷3，《道藏》第25册，第436页下栏。
③ （金）刘处玄：《仙乐集》卷3，《道藏》第25册，第435页下栏、第436页上栏。按，天心派系宋初出现的一支新符箓派，以传授"天心正法"为主要特征。据邓有功《上清天心正法序》，宋太宗淳化五年（994）八月十五日，饶洞天掘地三尺，得金函一所，内装"金板玉篆天心秘式一部。名曰正法"。饶氏遂被尊为"天心初祖"，号正法功臣日直元君北极驱邪院使。其后的传承是朱监观、游道首、郎邹贲、符天信，至邓有功已是五传。邓有功云："正法乃玉帝之心术，太清之真文，太上之妙法，三洞之灵书，共成四阶之经箓。所谓洞玄、洞神、洞真灵宝，出于道德自然之始也。"（宋）邓有功《上清天心正法·序》，《道藏》第10册，第607页下栏至第608页上栏。关于天心正法的功用，"天心正法，辅正除邪。扶危立困，度死济生。解厄救难，为国为民。祈恩谢过，请雨致雷，求晴止水。统摄三界，邪魔归正。赏善罚恶，录功斜过。追召驱遣，捉缚枷拷，去留决断。行住坐卧，口述心印"。（宋）邓有功：《上清天心正法》卷2，《道藏》第10册，第613页上栏。关于天心正法，可参看李志鸿《道教天心正法研究》，社会科学文献出版社，2011。

劝导弟子迁善远恶、精进道业、早列仙班。①

全真道从创教之初就与新旧符箓道派有着千丝万缕的联系。在这个过程中，全真道士体认了道箓之于修道弘教的意义。就像他们借重符咒传法一样，全真道士非但不排斥法箓，而且积极推动法箓的传授。

（一）授箓集大成者玉阳真人王处一

七真时代传授法箓之集大成者当推王处一。他曾分别向马钰一系的洞真真人于善庆、丘处机一系的清和真人尹志平传授法箓。《终南山祖庭仙真内传》记载，"承安戊午，郡之好事者输赀构造，揭玉清观额。（洞真真人）寻礼玉阳，参受经箓，以辅道救物，远近益加崇敬。泰和癸亥，陇州牧保赐冲虚大师号"②。可见，王处一向于善庆传授法箓的时间当在 1198 年至 1203 年之间，呈现"经箓"同传的特点，但所授经箓的具体名称、种类不详。这次授箓应该是有文献明确记载的最早的一次全真授箓活动。

王恽《大元故清和妙道广化真人玄门掌教大宗师尹公道行碑铭并序》称，尹志平"明昌辛亥，参长春公于栖霞，遂执弟子礼。久之，伟其有受道资，尽以玄妙付之曰：'吾性灵明，如鉴不受垢，常切莹拭，以湛吾天。'自是日有所得。又问《易》原于太古，传箓法于玉阳，炼习内精，声光外白，远近尊礼，户外之屦满矣。潍阳州将完颜龙虎，素慕真风，奉亭圃为庵，寻赐额曰玉清观。师佩上清大洞符箓，主盟齐东者廿寒暑"③。据姚燧《玉阳体玄广度真人王宗师道行碑铭并序》，王处一于 1217 年四月二十三日辞世。诸家碑记虽未载录玉阳子向尹志平传授箓法的时间，但一定不晚于 1217 年，早于有明确时间记载的丘处机的授箓活动（见下文）。王处一向尹志平传授的是上清大洞法箓，"上清法部创始于东晋末年，稍晚于灵宝部，但它的经文法事多借源于当时流行的灵宝、三皇以至正一道门"④。引文中提到的大洞应该是上清部法位的名称。《正一威仪经》依照

---

① （元）尹志平述，（元）段志坚编《清和真人北游语录》卷 1，《道藏》第 33 册，第 156 页中栏。

② （元）李道谦：《终南山祖庭仙真内传》卷下，《道藏》第 19 册，第 537 页中栏。

③ （元）王恽：《大元故清和妙道广化真人玄门掌教大宗师尹公道行碑铭并序》，陈垣编纂，陈智超、曾庆瑛校补《道家金石略》，第 689 页。

④ 关于上清部法箓的更多内容，可参看任继愈主编《中国道教史》，第 331 页。

法位尊卑，将受道之士分为俗人、清信弟子、清信道士、正一道士、高玄法师、洞神法师、洞玄法师、洞真法师、大洞法师等，大洞法师法位最高。《灵宝无量度人上经大法》根据冠服、剑佩的不同，将法师的等级从低至高区分如下：正一法师、紫虚法师、洞神法师、洞玄法师、洞真法师、大洞法师、三洞讲师。其中大洞法师"元始冠，黄裙，紫褐，五色云霞帔，剑佩如洞真法师"①。尹志平从王处一所受的上清大洞法箓，应该是在上清部位阶很高的法箓。

宋德方出自刘长生一系，又有历事玉阳、长春的经历，其道行碑记载他礼刘处玄出家后，"寻得度于玉阳，占道士籍。后事长春师，其致知格物之学，识心见性之理，洞达精研，涵泳践履，积真力久，道价日增，抑所谓'三灯传一灯，一灯续三灯'"②。占道士籍，即获得道士正式身份之意，个中王处一是否曾向宋德方授箓，语焉不详。结合接下来要谈到的宋德方的授箓活动，笔者推测，宋德方从王处一受箓的可能性很大。

称王处一为七真时代全真授箓法师之集大成者，并不是基于其向全真弟子授箓的数量，而是出于曾从他受箓的上述几位高道在日后全真授箓活动中发挥重要作用和影响的考虑。王处一精于法箓，可能与他在投礼王嚞之前，就与传统道教有着千丝万缕的联系有关。多家传记碑铭谈道，师从王嚞之前，王处一曾先后得到东华帝君、玄庭宫主的点化。《金莲正宗记》称，王处一七岁时曾遇东华教主，并得赐"长生久视之诀"。十四岁时，遇玄庭宫主，"摩其顶而谓之曰：'汝他日必扬名于帝阙，当与玄门作大宗师。'"③摩顶或为授道传法之隐语。《终南山神仙重阳子王真人全真教祖碑》记载，王玉阳"自髫龀间，尝过玄庭宫主空中警化"④。《玉阳体玄广度真人王宗师道行碑铭并序》称，"七岁，无疾死而复生，由是若知死生说。后遇异人坐大石，来前抚首与言。又闻空中神自名玄庭宫主，归乃敝服赤脚，

---

① 《灵宝无量度人上经大法》卷71，《道藏》第3册，第1052页中下栏。
② （元）王利用：《玄都弘教披云真人道行之碑》，陈垣编纂，陈智超、曾庆瑛校补《道家金石略》，第753页。
③ （元）秦志安：《金莲正宗记》卷5，《道藏》第3册，第361页下栏。
④ 参见（元）李道谦《甘水仙源录》卷1，《道藏》第19册，第724页下栏。

狂歌市中"①。遗憾的是，诸家史籍重在彰显其归宗全真道后的道迹，对其早年经历大多一笔带过。然而，不容否认的是，王处一在接触全真道之前，就与传统道教有着深度的接触。其精于法箓授受，应该与此不无关系。

（二）长春真人丘处机

綦志远（1190~1255），字子玄，掖县（今属山东莱州）人。十五岁好神仙轻举之事，因父母反对，自洁其身，辞家礼丘处机为师。丘处机西迈雪山时，他作为十八大士之一随侍前后。东归后，曾担任燕京大长春宫知宫，与于善庆、李志远同主终南祖庭，提点陕西教事。元武宗至大三年（1310），诏封体元抱德冲悟真人。《玄门弘教白云真人綦公道行碑》谈道，"至燕，宗师（指丘处机——引者按）住持太极宫，寻改大长春宫，委公总知宫门事，授清真大师号。泊以助国救民经箓付之"②。据《七真年谱》，太极宫改长春宫发生在元太祖二十二年（1227）夏。③ 由此推知，丘处机是在其仙逝前不久向綦志远传授经箓的。《綦公道行碑》重点记载了所传经箓于国于民的功用，未言及经箓种类。

（三）七真弟子中的五大授箓法师

1. 马钰一系洞真真人于善庆

于洞真（1166~1250），讳善庆，字伯祥，宁海（今属山东烟台）人。曾师礼马钰、丘处机、谭处端、刘处玄、王处一诸真。金哀宗正大三年（1226），奉敕提点汴梁中太一宫。正大七年，提点五岳佑神观。金哀宗天兴二年（1233），住持山东东平上清宫。元太宗七年（1235），也就是蒙古灭金的第二年，于洞真北上燕京，于处顺堂致祭丘处机。掌教大宗师尹志平待之如伯仲。太宗十年，回到陕西，主持祖庭重阳万寿宫事。太宗十三年，参与尹志平主持的祖庭会葬大典。有《洪钟集》行于世。

---

① 参见（元）李道谦《甘水仙源录》卷 2，《道藏》第 19 册，第 737 页上栏。
② 参见（元）李道谦《甘水仙源录》卷 5，《道藏》第 19 册，第 766 页上中栏。
③ 李道谦《七真年谱》云："丁亥，长春真人年八十。夏，大旱，在京士庶祷师作醮。师曰：'我方留意醮事，公辈来请，所谓好事不约而同也。'仍云：'当备二醮，以五月初一日为祈雨，三日为贺雨醮。'后皆如师言。是月得旨，改太极宫为长春宫。六月，太液池涸，北口山摧。人告于师，师笑曰：'山摧水枯，吾将与之俱乎！'"《道藏》第 3 册，第 386 页中栏。

相关碑志明确记载，于善庆曾向赵守希、史志经、高道宽、李道谦等全真道士授箓。据《崇真观记》，通真散人赵守希，先礼太原李子元出家。元太宗四年（1232）赴燕京大长春宫，师事尹志平。太宗十三年，建崇真观，"于长春宫主教真常大师门下传太上正一盟威法箓，复于终南重阳万寿宫祖庭洞真于真人受六天如意天心正法，治人疾病，驱摄邪鬼，无不立应"①。可见，于洞真精于宋代新出的天心法箓。

史志经（1202~1275），字天纬，绛州翼城（今山西翼城）人。金宣宗兴定五年（1221），礼恒岳刘真常出家。金宣宗元光二年（1223），从其师拜见丘处机于阿不罕山，长春赐志经之名。著有《华山志》《玄风庆会图》等。海迷失后元年（1249），参礼于洞真，并受经箓。海迷失后二年，应掌教大宗师李志常之请，赴燕京担任玄学讲师。②

高道宽（1195~1277），字裕之，应州怀仁县（今山西怀仁）豪族。金宣宗兴定五年（1221）出家，先后师礼章台街蓬莱庵全真安君、丹阳观冲虚大师李志源和于善庆诸师。元定宗三年（1248），于善庆赐号圆明子，署知重阳万寿宫、提点甘河遇仙宫事。此后还曾担任京兆道录、陕西兴元等路道教提点兼领重阳万寿宫事等职。其"游洞真门最久，洞真亦恃君有受而克大其传也。既告以道德之微言，又授上清、紫虚之箓"。③ 上清部法箓上文已述。紫虚箓属于高玄部法箓，又称"道德青丝金钮紫虚宝箓""高上紫虚天书秘箓""太上高玄箓"，得受紫虚箓者称太上紫虚高玄法师。④《洞玄灵宝课中法》专门载录了《紫虚箓仪》，"维某年岁次月朔日辰，某岳真人某乙，本命某年月日时生，系某天领籍，气系某天君，只如甲子丙子，是系禁上天。今于某气天中，此是师之气，东青南赤云。寅卯青帝，巳午赤帝，申酉白帝，亥子黑帝，辰戌丑未黄帝。寅卯九天九气，巳午三天三气，申酉七天七气，亥子五天五气，辰戌丑未一天一气"⑤。张万福《传授

① 《崇真观记》，王宗昱编《金元全真教石刻新编》，第100页。
② （元）李道谦：《甘水仙源录》卷8，《道藏》第19册，第788页下栏至第789页下栏。
③ 分别参见（元）李道谦《甘水仙源录》卷8，《道藏》第19册，第785页下栏至第787页中栏；（元）李道谦《终南山祖庭仙真内传》卷下，《道藏》第19册，第541页下栏至第543页上栏。
④ 参见任继愈主编《中国道教史》，第322~323页。
⑤ 《洞玄灵宝课中法》，《道藏》第32册，第227页上栏。

三洞经戒法箓略说》卷上所列《道德经目》中含有"《紫虚箓》一卷",注云"此左仙公及金明所说,传授修行也"①。另外,《受箓次第法信仪》对受紫虚箓法信也有详细记载,具体包括:紫纹八十一尺、五方彩各四十尺、金环五枚、刀子一口、香五斤、手巾五枚。② 于洞真向高道宽传授的属于上清部、高玄部等传统法箓。元仁宗延祐四年(1317),元仁宗追封高道宽洞观普济圆明玄德大真人,其中明确谈到,"事洞真而实继其传,受秘箓而式弘其教"③,亦可佐证高道宽曾从于洞真受箓。

李道谦(1219~1296),字和甫,河南开封人,全真道著名史家。④ 乃马真后元年(1242),李道谦西游秦中,"见洞真真人于公持箓方严,着见幽显,心然之,即执贽拜,列弟子行。洞真器其贤,待以文章翰学事,寻倾平生所得举付之"⑤。元世祖至元十四年(1277),安西王忙哥剌颁发令旨,授予李道谦提点陕西五路西蜀四川道教兼领重阳万寿宫事。令旨谈到李道谦的师承和传法特点时,称"以尔李道谦,道行素著,文学该通,深明三箓之法科,确守一纯之净戒,得丹阳之正统,践洞真之遗言"⑥。两处引文前者为个人碑传,后者为政府公文,一公一私,李道谦从师父于善庆授箓之史事无疑。值得注意的是,李道谦选择拜在于善庆门下,首要看重的是后者的"持箓方严"。

## 2. 刘处玄一系披云真人宋德方

宋德方(1183~1247),字广道,掖城(今属山东莱州)人。曾随侍丘处机西行,一生在今天的山西、陕西、山东、河南等地创修、开凿宫观洞

---

① (唐)张万福:《传授三洞经戒法箓略说》卷上,《道藏》第32册,第186页上栏。
② 《受箓次第法信仪》,《道藏》第32册,第216页中栏。
③ 谢林、徐大平、杨居让主编《陕西省图书馆藏稀见方志丛刊》第3册,国家图书馆出版社,2006,第8页。
④ 关于李道谦,可参看拙文《早期全真教以史弘道的教史思想——以〈甘水仙源录〉〈终南山祖庭仙真内传〉〈七真年谱〉为中心》,赵卫东主编《全真教研究》第5辑,齐鲁书社,2016。
⑤ (元)宋渤:《玄明文靖天乐真人李公道行铭并序》,陈垣编纂,陈智超、曾庆瑛校补《道家金石略》,第714页。
⑥ 《鳌屋重阳万寿宫令旨碑》,陈垣编纂,陈智超、曾庆瑛校补《道家金石略》,第619页。另见《大元崇道圣训王言碑》,刘兆鹤、王西平编著《重阳宫道教碑石》,三秦出版社,1998,第98页。"法科",《重阳宫道教碑石》作"玄科"。

府多处。曾扛鼎《大元玄都宝藏》纂修工程，增加了《道藏》中的全真因素，保存并传承了道家道教文脉，同时培养了一大批通经之士。著有《乐全集》。元世祖至元七年（1270），元世祖追赠玄通弘教披云真人。①

宋德方曾向秦志安、刘志真等本门弟子授箓。秦志安（1188~1244），字彦容，号通真子，陵川（今山西陵川）人。有《金莲正宗记》传世。秦志安在协助师父纂修《玄都宝藏》方面倾力甚巨。《通真子墓碣铭》记载，金哀宗天兴元年（1232），蒙古军破河南，秦志安北归。在上党（今山西长治）礼宋德方出家，从其"受上清、大洞、紫虚等箓"②，所传均为传统法箓。

刘志真，字子常，陕西三堂人。嗜好黄老，成年弃家入道。元太宗十一年（1239），赴山西，投宋德方门下，"受紫虚箓诀，香火修持，晨夜不少懈。宋伟其志，后以上清三洞五雷箓法界焉"。刘志真深得宋德方真传，箓法精湛，忽必烈潜邸时曾应诏并试以箓法。元世祖中统元年（1260）冬，刘志真应诏主持燕京大长春宫罗天清醮。次年秋，奉旨祭祀岳渎。③ 五雷法是北宋末年渐起的一种新兴法箓。诸家道教史著均谈道，北宋末年以来天心正法、神霄、东华、清微等新符箓道派逐渐兴起，五雷正法在各派中多有流行，正一、神霄、清微以及内丹南宗等新旧道派中均有以行雷法著称者。和传统符箓不同的是，此一时期的五雷法箓开始与内丹炼养相结合。以内丹南宗为例，五祖白玉蟾著有《九天应元雷声普化天尊玉枢宝经集注》，还曾为神霄派创始人王文卿《玄珠歌》作注。其中，注解"大道无言"一句时，白玉蟾提出"道本无言，多言损炁。收炁存神，惜精爱己。内炼成丹，外用成法。神炁散乱，法不灵也"④。白氏注充分体现了唐宋以来内丹道兴起对符箓道法的影响，特别是内修内炼在符箓道法中的关键作用。但是，鲜有人谈及全真北宗传行雷法的情况，宋德方传授上清三洞五雷箓，一方面体现了内丹北宗顺应时代发展趋势对符箓道法的融摄，另一

---

① （元）商挺：《玄都至道崇文明化真人道行之碑》，陈垣编纂，陈智超、曾庆瑛校补《道家金石略》，第613~614页。
② （金）元好问：《通真子墓碣铭》，陈垣编纂，陈智超、曾庆瑛校补《道家金石略》，第486页。
③ （元）王恽：《故普济大师刘公道行碑铭》，陈垣编纂，陈智超、曾庆瑛校补《道家金石略》，第691~692页。
④ 《道法会元》卷70，《道藏》第29册，第234页下栏。

方面又展现了北宗对传统符箓和宋元新兴符箓的多维度继承。

3. 丘处机一系清和真人尹志平、真常真人李志常

尹志平（1169~1251），字大和，祖籍河北沧州，后因祖上宦游莱州，遂定居山东。一生历事马丹阳、刘处玄、丘处机、王处一、郝大通五师，深得五真正传。1227年至1238年继丘处机掌教。元武宗至大三年（1310）加封清和妙用广化崇教大真人。著有《葆光集》《清和真人北游语录》。教内外文献关于尹志平授箓的记载比较鲜见。笔者有幸在李俊民《会真观记》中发现一条与此相关的内容。会真观，原名乐真庵，全真道士杜志元所建。杜志元，祖籍京兆杜陵（今属陕西西安），十世祖时迁居晋城县（今山西晋城）移风乡招贤里水北村。元太宗二年（1230）诣天坛，以丘处机门下玉清观虚静大师杜德阳为引度、天庆观通真大师王志省为监度出家。太宗九年，尹志平赐名志元，号通微子。太宗十二年，赴终南山，参加王嚞会葬大典，"复遇尹清和、于洞真、宋披云三师，授天师秘箓、天心正法"①。天师秘箓即传统天师道的太上正一盟威箓。《三洞修道仪》称，"授正一箓后，方可以为人章醮，为帝王封署山岳，辟召妖毒，朝拜星辰，以铨律候，称太上正一盟威弟子，系天师某治某气祭酒"②。正一盟威箓是道教最早的法箓之一，分二十四阶，与二十四节气、二十八宿以及天师所立的二十四治相对应，是天师道辅正驱邪、治病救人、助国禳灾的主要手段。③ 杜志元从尹、于、宋三师受正一盟威、天心正法箓，亦呈现传统道箓和新兴道箓兼受的特点。

李志常（1193~1256），字浩然，祖籍洺州永年（今属河北邯郸）。元太祖十三年（1218），由儒入道，礼丘处机出家。1219年，随侍丘处机西行，居留阿不罕山，创立栖霞观。丘处机去后，尹志平嗣教，李志常任都道录兼领长春宫事，在推动教团与汗廷往来方面发挥了重要作用。被尊为"仙孔八合识"，即仙人师父。元太宗十年（1238），继尹志平权教。掌教期间，积极推动全真宫观建设、屡次承担国家祭祀活动。著有《又玄集》《西

---

① （金）李俊民：《会真观记》，王宗昱编《金元全真教石刻新编》，第121页。

② （宋）孙夷中：《三洞修道仪》，《道藏》第32册，第167页上栏。

③ 刘仲宇：《道教授箓制度研究》，第51~55页。任继愈主编《中国道教史》，第303页。

游记》。元世祖中统二年（1261），制书诏赠真常上德宣教真人号。李鼎《玉华观记》称，女冠体真澄德通妙大师陈慧端，洛阳人，七岁礼紫虚观李道士出家。元太宗四年（1232）赴大长春宫参礼李志常，"证明心地，大蒙印可。训以令（当为'今'之误——引者按）名，并其师号，授都功法箓"①。都功系道教执事名。汉代，天师道设二十四治，各治设治头、祭酒，管理治事，由都功总领之。②"大都攻（'攻'当为'功'之误——引者按）职，主天下屯聚符庙，秦胡氐羌、蛮夷戎狄、楚越，攻击不正气，恶人逆鬼，尽当分明考录""都功职，主功劳，录吏散民，脆义钱谷，金银玉帛，六畜米物，受取出入，管钥仓库府，鬼神之物，礼信及治殿作舍，桥道、楼阁、神室，尽主之也"③。天师道认为，都功箓传自太上。《汉天师世家》记载，汉顺帝汉安元年（142）上元日，老子曾向张道陵传授"三五都功诸品经箓，次授三五斩邪雌雄剑、玉印鱼鬣衣、二仪交泰冠、通天玉简"④。都功箓在汉唐时期皆有传承。赵道一《历世真仙体道通鉴》记载，张道陵曾将受自太上的"盟威都功等诸品秘箓、斩邪二剑、玉册玉印"传给其长子、二代嗣师张衡，而且明确谈道："此文总统三五步罡，正一之枢要"，不能继承天师之位的张家宗亲子孙不得传授。⑤同书又称，河南汝南人应夷节，字适中，唐上清派道士，陶弘景七世法孙。此人在游天台、龙虎山时，曾受正一、紫虚、都功等箓。⑥至宋代，新出诸家符箓道派对都功箓多有传承授受。例如南宋蒋叔舆编《无上黄箓大斋立成仪》对授箓的位阶、次序的规定是，受道之士要先受正一盟威、三五都功箓。修持到一定程度后，才可以进受灵宝中盟、上清大洞诸箓。相反，不按位阶先后授受，就有僭越之嫌，有违太真之格。⑦可见，都功箓应当属于初级法箓。下文将谈到，在神霄派七阶法箓中，此箓处于第三阶，仅在太上七元长生童子箓、北帝伏魔洞渊升真箓之后，而紫虚阳光箓及神霄下品经箓、灵宝中盟法箓、

① （元）李鼎：《玉华观记》，王宗昱编《金元全真教石刻新编》，第105页。
② 胡孚琛主编《中华道教大辞典》，中国社会科学出版社，1995，第502页。
③ （唐）王悬河：《三洞珠囊》卷7，《道藏》第25册，第335页中下栏。
④ （明）张国祥：《汉天师世家》卷2，《道藏》第34册，第820页下栏。
⑤ （元）赵道一：《历世真仙体道通鉴》卷18，《道藏》第5册，第207页中栏。
⑥ （元）赵道一：《历世真仙体道通鉴》卷40，《道藏》第5册，第329页中栏。
⑦ （宋）蒋叔舆：《无上黄箓大斋立成仪》卷17，《道藏》第9册，第482页下栏。

上清大洞箓、大洞法箓等均高于都功箓位阶。[①]《天皇至道太清玉册》规定，"天心法，宜受都功箓……天心乃万法之祖，都功盟威，总二十四品，先可进受"[②]。宋代以来，都功箓不但在传统正一派中继续传承，包括神霄派、天心派等新兴符箓派也吸收了都功箓，为己所用。

上文谈到，赵守希在从于善庆受六天如意天心正法之前，曾从李志常授太上正一盟威法箓，时间是 1241 年。[③] 元世祖至元元年（1264）葆真大师燕京大长春宫玄学讲经赐紫彭志祖为浚县（今属河南鹤壁）浮丘山神霄宫撰写重建碑记。神霄宫原名天庆观，宋徽宗宣和年间改名天庆宫，金末毁于战乱。在拖雷、太宗窝阔台、乃马真后主政时期，明真子高志条曾集众三度重建。高志条，西京威宁（今属山西大同）人，出身官宦之家，自幼入道。1228 年春，高志条曾参礼丘处机。[④] 元太宗七年（1235），高志条出任滑浚教门提举。元太宗十三年（1241）春，"投诚于掌教真常大宗师李君门下，授正一盟威宝箓，传五雷秘法。凡人之妖邪疫疠，祷无不应"[⑤]。也就是说高志条和赵守希是同一年从真常真人受箓的。1264 年春，彭志祖因教门事路过浚州，高志条弟子刘志尚、党志谨请其撰写神霄宫重修记。从法箓传承角度讲，刘志尚的头衔尤其值得注意：太上紫虚道德五千文秘箓弟子同勾北极驱邪院事充本州道教威仪通和大师赐紫。可见，刘志尚传承的是高上紫虚部（高玄部）法箓。按，紫虚部信奉老子和尹真人，以修习《道德经》为主。[⑥] 刘志尚与其师高志条所受正一盟威箓不同，至于其从何师所受，碑记未作交代。

乃马真后三年（1244）春正月，李志常奉朝命于长春宫作普天大醮三千六百分位，选行业精严之士，普赐戒箓。[⑦] 这是大蒙古国时期全真掌教主持的一次大规模的（传戒）授箓活动。《终南山祖庭仙真内传》失载。同年

① 《高上神霄玉清真王紫书大法》卷 5，《道藏》第 28 册，第 597 页中栏。
② （明）朱权：《天皇至道太清玉册》卷 2，《道藏》第 36 册，第 374 页中下栏。
③ 《崇真观记》，王宗昱编《金元全真教石刻新编》，第 100 页。
④ 此记与史实不符，丘处机在此前一年已辞世。
⑤ （元）彭志祖：《浚州重修神霄宫碑》，王宗昱编《金元全真教石刻新编》，第 161 页。
⑥ 任继愈主编《中国道教史》，第 322 页。
⑦ （元）李道谦：《甘水仙源录》卷 3，《道藏》第 19 册，第 746 页上栏。

夏五月，马丹阳三传弟子王志坦，"从真常北上，参受三洞秘箓，以祈禳诃禁济人。其疾病，药石不可为者，假符水，或以袂拂之，罔不立验，咸畏服其神。皇太后钦挹真风，宠赉以礼，公益自谦逊，惟颠坠是惧。每蒙慰谕，必归功于圣神，若私不敢有者，其知本不伐也如此。留居阙庭者六年，还燕为教门都提点"①。王志坦（1197~1172），字公平，号淳和，相州汤阴（今河南汤阴）人。元世祖至元七年（1270）至至元九年，短暂出任掌教大宗师。引文提到三洞秘箓，三洞即洞真、洞玄、洞神。《道法会元》云："洞真乃大洞法箓，即元始上乘法。洞玄乃灵宝法箓，洞神即盟威、都功、天心、五雷等法箓。总受之，称三洞法师。不曾受大洞中盟箓，不可称大洞法师。只受中盟箓，称太上灵宝中盟五法秘箓弟子。只受盟威、都功箓，称正一弟子。"三洞之中，洞真为上乘，洞玄为中乘，洞神为下乘。② 李志常为王志坦传授三洞秘箓，说明授受二师均能通达三洞，对传统经箓颇为熟稔。

### 4. 郝大通一系普照真人范圆曦

范圆曦（1178~1249），号玄通子，宁海（今属山东烟台）人。十九岁师礼郝大通为全真学。郝大通去世后，至燕谒见丘处机，长春令其担任河间、真定等路道门提点。元太祖二十一年（1226），东平大行台严实迎修上清万寿宫，署道教都提点。1238 年，东游海上，谒太古祠，后赴真定筑太古观，修赵州天宁观。元定宗三年（1248），赴关中祀礼祖师王嚞，出任重阳万寿宫提点。宋子贞③与范圆曦为方外之交，深谙范氏为学为人。称其为人开朗尚义，坦荡无滞碍，视财如粪土，好与士大夫游。"尤邃于玄学，神怪幻惑之术，略不挂口。其尝受戒箓称为门弟子者，不可胜计。"④ 碑记没有交代授箓时间，结合范圆曦的辞世时间推断，当不晚于 1249 年。再联系李志常的"普赐戒箓"可知，在大蒙古国时期全真授箓是相当普遍的。

---

① （元）高鸣：《崇真光教淳和真人道行之碑》，陈垣编纂，陈智超、曾庆瑛校补《道家金石略》，第 612 页。

② 《道法会元》卷 179，《道藏》第 30 册，第 145 页下栏。

③ 宋子贞，字周臣，潞州长子（今山西长子）人。官拜翰林学士、中书平章政事等职。传见《元史》卷 159。

④ （元）李道谦：《甘水仙源录》卷 4，《道藏》第 19 册，第 755 页上栏。

（四）元代中后期掌教大宗师张志仙、孙德彧

1. 张志仙授箓

1292 年，李志常弟子何志安从燕京大长春宫回到家乡彰德路汤阴县（今河南汤阴），携众创建鹿楼村隆兴观。"既序矣，请于总教，准恩例降今称观名，仍授明真大师号、神霄箓，盖嘉之也。"① 1285 年至 1304 年前后，张志仙出任掌教大宗师。② 为何志安传授神霄箓的"总教"应该是张志仙。神霄派为王文卿所创，以传承神霄雷法为主要特色。宋徽宗朝，神霄派发展盛极一时。在道士林灵素的鼓吹下，徽宗甚至自封"教主道君皇帝"，并下令在各地大建神霄玉清万寿宫，奉祀神霄大帝。萨守坚、莫月鼎、邹铁壁、金丹南宗四祖陈楠等都曾传承神霄雷法。③ 神霄派认为，雷部将帅、雷霆风雨的召摄，以法师的内在修炼为基础。这与北宋以来符箓与内丹互相融摄的大趋势相合。据《高上神霄玉清真王紫书大法》卷 1《论箓》所言，神霄箓共分七阶，佩受神霄箓，具有护身保命、度厄延年、消灾避难、斩恶驱邪等作用，而且授受也和其他法箓一样，有严格的等级，"今得之者，扶身保命，度厄延年。奉之者，仙官降佑，消殄灾非。行之者，却灭邪奸，鬣除魔鬼。当值斯文之士，告盟神霄，申奏主宰，得获昭报，然后方可奉行。不可超越，造次擅用。切宜遵守，为尚矣"④。刘仲宇根据《高上神霄玉清真王紫书大法》卷 5《炼真证仙品》，对七阶神霄箓的具体内容及其与传统道箓的关系，有所交代。⑤

2. 于善庆—李道谦一系之法箓代际传承

除上面谈到五大经箓法师之外，丘处机再传弟子中孚大师敬真子李善信、郝大通再传弟子程志保、王处一三传弟子牛志荣、于善庆弟子符道清，以及宣授诸路法箓提领黄真人、崇玄大师荣守玉、虚斋道人杨道谦、寂然

① （元）司马德义：《彰德路汤阴县鹿楼村创修隆兴观碑铭》，陈垣编纂，陈智超、曾庆瑛校补《道家金石略》，第 739 页。
② 张广保：《全真教的创立与历史传承》，第 116 页。
③ 关于神霄派的更多内容，参见任继愈主编《中国道教史》，第 546~549 页；卿希泰主编《中国道教史》（修订本）第 3 卷，四川人民出版社，1996，第 115~127 页、第 332~338 页。
④ 《高上神霄玉清真王紫书大法》卷 1，《道藏》第 28 册，第 558 页中下栏。
⑤ 刘仲宇：《道教授箓制度研究》，第 122~123 页。

子张志玄、清虚了悟周真人弟子罗道全、寥阳子等一大批宗系归属不甚明晰者，或参佩法箓，或以法箓精严并积极推动法箓传授著称。① 详见表1—1。

**表1—1　金元全真道授箓史事一览**

| 序号 | 宗系 | 授箓法师 | 受箓弟子 | 授箓种类或史事 | 授箓时间 | 出处 |
|---|---|---|---|---|---|---|
| 1 | 王处一 | 王处一 | 于善庆 | 寻礼玉阳参受经箓 | 1198年至1203年 | 李道谦《终南山祖庭仙真内传》卷下《洞真真人》 |
| 2 | | | 尹志平 | 上清大洞符箓 | 不晚于1217年 | 王恽《大元故清和妙道广化真人玄门掌教大宗师尹公道行碑铭并序》 |
| 3 | | | 牛志荣（王处一——季志符—李志实弟子） | 洞达斋科，佩参法箓 | | 欧阳志真《重建修真观记》，《道家金石略》 |
| 4 | 丘处机 | 丘处机 | 玄门弘教白云真人綦志远 | 助国救民经箓 | 1227年 | 李庭《玄门弘教白云真人綦公道行碑》，《甘水仙源录》卷5 |
| 5 | | | 李志常 | 陈慧端 | 都功法箓 | 1232年 | 李鼎《玉华观记》，《金元全真教石刻新编》 |

① 《三老同宫碑》称，寥阳子"清和大宗师曾委监斋（下缺）大藏经，授紫虚箓一阶"。王恽《崇玄大师荣君寿堂记》称，荣守玉"既笄，经明行修，披戴为道士，复研精正一科式法箓，号称习熟"。王恽《大元奉圣州新建永昌观碑铭并序》称，张志玄"佩上清三洞灵章，主盟武定者几廿载，前后化度门人甚众，惟吴、张、卢三法师得其要妙，而吴在伯仲为最"。王恽《终南山集仙观记》称，杨道谦"从三洞弘玄师真侍香重阳丈室，既而以法箓事辞师入山，结习修静，遂步上甘谷东峰"。关于黄真人，《妙相观记》称"今住持道士田兴道者，重庆名家，巴邑秀士，医卜兼□□□□□□宣授诸路法箓提领黄真人为师，簪戴为道"。欧阳志真《重建修真观记》称，牛志荣"上党人氏，宗祖以来，阴阳者流，自童年入道，洞达斋科，佩参法箓"。时天锡《玉清万寿宫记》称，李善信"以法箓自重，长于斋醮"。《大元嵩山崇福宫创建三清殿记》称，罗道全"自童时状貌奇古，端谨不凡，来受箓于清虚了悟周人，执弟子礼。以清静厉心，以忠勤趋事。周察其为载道之器，一切委任之。罗公累被惠和慈济广德大师宗主都提点宠以黄金冠，紫法服"。以上分别参见陈垣编纂，陈智超、曾庆瑛校补《道家金石略》，第560页、第691页、第693页、第697页、第734页、第760页、第772页、第802页。王道明《大元凤翔府岐山县官村创建通玄观记》称，符道清"符箓精严，效应神达，四方救治者日接不暇。每旦汲水贮之大盆中，以法祝之，逮暮罄无余沥"。王构《玄祯观至德真人记》称，程志保"自此道风蔼然，愿受戒箓者项背相望。师亦慎于接纳，或悖于常而弛于习，辄斥之"。分别参见王宗昱编《金元全真教石刻新编》，第81页、第136页。

| 序号 | 宗系 | 授箓法师 | 受箓弟子 | 授箓种类或史事 | 授箓时间 | 出处 |
|---|---|---|---|---|---|---|
| 6 | 丘处机 | 李志常 | 通真散人赵守希 | 太上正一盟威法箓 | 1241 年 | 《崇真观记》，《金元全真教石刻新编》 |
| 7 | | | 明真子高志条 | 正一盟威宝箓，传五雷秘法 | 1241 年春 | 彭志祖《浚州重修神霄宫碑》，《金元全真教石刻新编》 |
| 8 | | | 崇真光教淳和真人王志坦 | 参受三洞秘箓，以祈禳诃禁济人 | 1244 年夏五月 | 高鸣《崇真光教淳和真人道行之碑》，《甘水仙源录》卷 7 |
| 9 | | | 行业精严之士 | 普赐戒箓 | 1244 年春正月 | 王鹗《玄门掌教大宗师真常真人道行碑铭》，《甘水仙源录》卷 3 |
| 10 | | | 中孚大师敬真子李善信（渊澄子刘正清弟子） | 以法箓自重，长于斋醮 | | 时天锡《玉清万寿宫记》，《道家金石略》 |
| 11 | | 张志仙（尹志平再传弟子） | 明真大师何志安 | 神霄箓 | 1292~1304 年 | 司马德义《彰德路汤阴县鹿楼村创修隆兴观碑铭》，《道家金石略》 |
| 12 | 刘处玄 | 宋德方 | 秦志安 | 上清、大洞、紫虚等箓 | 1232 年之后 | 元好问《通真子墓碣铭》，《道家金石略》 |
| 13 | | | 刘志真 | 紫虚箓诀、上清三洞五雷箓法 | 1239 年之后 | 王恽《故普济大师刘公道行碑铭》，《道家金石略》 |
| 14 | 马钰 | 于善庆 | 通真散人赵守希 | 六天如意天心正法 | 1241 年后 | 《崇真观记》，《金元全真教石刻新编》 |
| 15 | | | 史志经 | 参受经箓 | 1249 年 | 王鹗《洞玄子史公道行录》，《甘水仙源录》卷 8 |
| 16 | | | 高道宽 | 上清紫虚之箓受秘箓而式弘其教 | | 姚燧《洞观普济圆明真人高君道行碑》，《甘水仙源录》卷 7；《元仁宗延祐四年敕封高道宽圣旨》，康熙《鄠县志》卷 9 |

| 序号 | 宗系 | 授箓法师 | 受箓弟子 | 授箓种类或史事 | 授箓时间 | 出处 |
|---|---|---|---|---|---|---|
| 17 | 马钰 | 于善庆 | 李道谦 | 深明三箓之法（玄）科，确守一纯之净戒，得丹阳之正统，践洞真之遗言 | | 《鳌屋重阳万寿宫令旨碑》，《道家金石略》；《大元崇道圣训王言碑》，《重阳宫道教碑石》 |
| 18 | | | 符道清 | 符箓精严，效应神达，四方救治者日接不暇 | | 王道明《大元凤翔府岐山县官村创建通玄观记》，《金元全真教石刻新编》 |
| 19 | | 李道谦 | 孙德彧 | 灵符秘箓 | | 邓文原《皇元特授神仙演道大宗师玄门掌教辅道体仁文粹开玄真人管领诸路道教所知集贤院道教事孙公道行之碑》，《道家金石略》 |
| 20 | 郝大通 | 范圆曦 | 尝受戒箓称为门弟子者，不可胜计 | | 不晚于1249年 | 宋子贞《普照真人玄通子范公墓志铭》，《甘水仙源录》卷4 |
| 21 | | 程志保（王志谨弟子） | 愿受戒箓者项背相望 | | 1248年以前 | 王构《玄祯观至德真人记》，《金元全真教石刻新编》 |
| 22 | 丘处机马钰刘处玄 | 尹志平于善庆宋德方 | 通微子杜志元（礼丘长春门下玉清观虚静大师杜德阳出家） | 天师秘箓、天心正法 | 1240年之后 | 李俊民《会真观记》，《金元全真教石刻新编》 |
| 23 | 宗系不明者 | 宣授诸路法箓提领黄真人 | | | | 《妙相观记》，《道家金石略》 |
| 24 | 宗系不明者 | 崇玄大师荣守玉（中虚魏大师弟子） | | 研精正一科式法箓 | | 王恽《崇玄大师荣君寿堂记》，《道家金石略》 |
| 25 | | 虚斋道人杨道谦 | | 法箓 | | 王恽《终南山集仙观记》，《道家金石略》 |

续表

| 序号 | 宗系 | 授箓法师 | 受箓弟子 | 授箓种类或史事 | 授箓时间 | 出处 |
|---|---|---|---|---|---|---|
| 26 | 宗系不明者 | 寂然子张志玄（景炼师弟子） | | 正一法箓、上清三洞灵章 | | 王恽《大元奉圣州新建永昌观碑铭并序》，《道家金石略》 |
| 27 | | 清虚了悟周真人 | 罗道全 | 受箓 | | 《大元嵩山崇福宫创建三清殿记》，《道家金石略》 |
| 28 | | 寥阳子 | | 授紫虚箓一阶 | | 《三老同宫碑》，《道家金石略》 |

　　通过爬梳金元全真道授箓的史籍，笔者发现在七真诸宗系中有一支在法箓授受方面历经祖孙四代，从金代中期一直传承至元代中后期，颇为典型。其具体传承为：王处一—于善庆—李道谦—孙德彧。关于王处一、于善庆、李道谦三代之间的法箓传承上文已述。现将李道谦与孙德彧师徒之间的法箓传承考述如下。据《元汉会文圣旨碑》，皇庆二年（1313），元仁宗加封孙德彧神仙演道大宗师玄门掌教真人管领诸路道教所知集贤院道教事。① 孙德彧道行碑云："昔公居终南，尝为凤翔李氏有祷，至云见五色，大夫士竞为诗文以表征祥。人意公灵符秘箓，动致孚感，不知精诚之极，与神明会，非方士曲学谲怪忽荒之谓也。"② 孙德彧在教内向以祈禳灵应著称。引文称孙德彧在居终南祖庭时，就因擅施法箓为人称道，道行碑对其灵应之效作出了神性诠释，即持灵符秘箓、精诚通神。除他本人擅长箓法之外，笔者没有找到他的法箓授自何师的相关直接明证。但从其师出于、李一系，且二人均精于法箓的角度来看，孙德彧无理由亦无必要从他人受箓。编撰教史是李道谦弘道的显著特色，授箓传承又成为这一系的另一特色，这一点在孙德彧身上表现得尤为明显。所不同的是，以史弘道的代际传承局限于马钰一系内部，而授箓活动的传承已经实现了王处一一系与马钰一系的良性嫁接。

---

　① 《元汉会文圣旨碑》，王宗昱编《金元全真教石刻新编》，第87页。
　② （元）邓文原：《皇元特授神仙演道大宗师玄门掌教辅道体仁文粹开玄真人管领诸路道教所知集贤院道教事孙公道行之碑》，陈垣编纂，陈智超、曾庆瑛校补《道家金石略》，第788页。

# 第三节 传戒授箓的特点与影响

## 一 早期全真道传戒的特点

学界对王常月以降全真传戒活动的探讨已经比较多了。金元时期的传戒活动亦有一些相对固定的规定。王嚞关于"三人"的论述实际上是对传戒对象的规定。丘处机、王处一、李志常一般在斋醮仪式之后传戒。特别是丘处机的三次传戒中有两次是传符授戒，体现了早期全真传戒活动先行斋醮后传戒律，以及传符与授戒并行的特点。再从传戒地点来说，多在燕京太极宫宝玄堂、亳州太清宫、德兴龙阳观等大型宫观举行。其中燕京太极宫日后更名为大长春宫，亦称"堂下"，是历代全真掌教大宗师的驻跸之所。宝玄堂是丘处机讲经说法之地。元太祖二十一年（1226），同尘真人李志柔就曾在宝玄堂拜见丘处机，参证心印。① 《全真第五代宗师长春演道主教真人内传》记载，1227年七月九日，丘处机登宝玄堂，留颂而逝，享年八十岁。可见，丘处机在世和辞世均与宝玄堂有着割舍不开的关系。于此传戒，亦可看出宝玄堂在太极宫中的重要地位。金世宗大定八年王嚞向马钰传戒、金章宗明昌五年丘处机的传戒活动，应该是全真创教之初比较早的传戒记录。其中，丘处机传戒时，有十一只仙鹤翱翔坛上，一方面征兆了传戒带来的祥瑞，另一方面使我们有机会得知当时的传戒活动要在戒坛上举行。有明确时间记载的几次传戒活动，分别发生在金世宗大定八年十月一日、金章宗明昌五年九月二十八日午后、元太祖十五年四月十五日及七月十五日、乃马真后三年正月、元宪宗三年正月及冬十月，颇有不时而举的特点。后世传戒活动一般在每年的上、中、下三元日举行。② 以上谈到的七次传戒，有五次发生在正月或七月或十月，或可作为后世传戒日期的一个原型。至于戒期持续的时间，诸家碑记语焉不详。

清代以降的传戒活动一般由十方丛林方丈（亦称律师）主持，同时

---

① （元）李道谦：《甘水仙源录》卷7，《道藏》第19册，第781页下栏。
② 黄信阳：《道教全真派的传戒科仪》，《中国宗教》2009年第8期。

有八大师辅助。金元时期，主持传戒的大师的规格是很高的，上文谈到的多次传戒活动均由掌教大宗师主持。至于大宗师是否得授三坛大戒未见史籍载录，但无疑均是戒行精严之士。后世辅助传戒的八大师中有一名为监戒大师，负责监督律坛威仪。李鼎《重玄广德弘道真人孟公碑铭》记载，元宪宗三年李志常普赐戒牒时，丘处机的另外一位弟子重玄广德弘道真人孟志源（1187~1261）曾担任监度师。顾名思义，其职责应相当于后世的监戒大师。此人在尹志平、李志常、张志敬掌教时，先后出任长春宫副知宫、知宫、提举、宫门提点、权教门事、教门都提点等职。海迷失后元年（1249），以恩例赐金冠紫服、至德玄虚悟真大师号。元宪宗八年（1258）秋，应丞相胡公之请，主平阳黄箓罗天大醮，奉令旨，赐重玄广德弘道真人号。①

最后，谈一谈秘传还是公传的问题。任继愈主编《中国道教史》称，"王嚞时全真道并没有公开传戒，其根本原因是自唐宋以来道教传戒已被政府控制，初期全真道属民间组织，没有公开传戒的权力"②。众多学界、教界同仁多沿袭此说。闵智亭、李养正主编《中国道教大辞典》在解释"戒律"一词时简要谈道，"元代年间，全真道教兴起后，丘处机开创传戒制度，恢复了公开传戒，创立了'十方丛林'制度，广收门徒"③。通过上文的梳理可知，全真传戒活动在金中后期已有开展。《中国道教大辞典》肯定了早期全真道公开传戒的特点，然未给出足够的明证。如上文所言，金宣宗兴定四年、元太祖十五年四月十五日丘处机宝玄堂传戒时，有"数鹤自西北来，人皆仰之"。同年七月十五日，龙阳观授戒，"老幼露坐，热甚，悉苦之"。王处一、李志常均是奉朝命传戒度人的。王处一太清宫传戒，受戒者有千人之多。诸家对李志常传戒的记载更是使用了"普赐""普度"等彰显公开性的词汇。孙德彧主教时，元仁宗颁发圣旨，授予全真掌教普赐戒牒的权力。说明自金末蒙初到元代中后期，公开传戒在全真道内是比较普遍的。

---

① （元）李道谦：《甘水仙源录》卷6，《道藏》第19册，第771页上栏至第772页中栏。
② 任继愈主编《中国道教史》，第505页。
③ 闵智亭、李养正主编《中国道教大辞典》，第607页。

## 二 早期全真道授箓的特点

金元全真道授箓活动呈现以下一些特点。其一，从法箓种类来说，有都功法箓、太上正一盟威法箓、紫虚法箓、上清箓、上清三洞五雷法箓、三洞秘箓、大洞法箓、神霄箓、六天如意天心法箓等多种，基本上是对汉唐传统法箓和宋元新出法箓的沿袭和借用。其二，从法箓授受时间来看，以王处一于金章宗朝向于善庆授箓最早。此后，代有其人，一直延续至元代中后期，张志仙、孙德彧两位掌教是其时授箓法师的典型代表。其中，尤以王处一—于善庆—李道谦—孙德彧这一支传承持久。至于授箓的日期，从李志常在元太宗十三年两度授箓来看，每年的授箓活动应该不止一次，和传戒一样，具有不时而举的特点。其三，从宗系来看，七真之中马钰、刘处玄、丘处机、王处一、郝大通五大宗系都有法箓传承。尤以王处一、丘处机两系贡献突出。七真弟子中，出现了以于善庆、宋德方、尹志平、李志常、范圆曦为代表的全真五大授箓法师。这一时期全真授箓具有跨宗系、跨代际、不主一门、不拘一宗的特点：于善庆、尹志平分别归属于马钰、丘处机门下，但二人却从王处一授箓；通微子杜志元，系丘处机门下玉清观虚静大师杜德阳弟子，得尹志平、于善庆、宋德方三位法师天师秘箓、天心正法之真传。当然，本门宗师如果具有授箓资格的话，门下弟子就省去了拜求他师授箓的烦琐。如表1-1所示，宋德方、李志常、于善庆、范圆曦门下弟子即可方便地在本宗授箓。其四，按《天坛玉格》的规定，正一道士所受法箓从低到高依次为：太上三五都功经箓、太上正一盟威经箓、上清三洞五雷经箓、上清三洞经箓、上清大洞经箓五个等次。金元时期全真授箓亦有一定的程序和仪式，仅以宋德方向刘志真授箓为例，就经历了先授紫虚箓，再授上清三洞五雷箓的过程。

早期全真授箓活动同样也是经常与醮仪相伴而行的。1244年正月李志常主持的普赐戒箓活动就是在大长春宫建普天大醮三千六百分位之后举行的。至于全真授箓法师的资格（包括箓生的资格）、授箓念诵的经书、授箓持续的时间等，有待新资料的发现，再予详论。

高志条、王志坦分别从李志常受"正一盟威宝箓，传五雷秘法""三洞秘箓"，高道宽从于洞真"受秘箓而式弘其教"，孙德或以"灵符秘箓"祈禳济世，高志条弟子刘志尚的头衔为太上紫虚道德五千文秘箓弟子，不难看出全真法箓秘传的特点。另外，山东巨野县妙真观、山西台州（今山西五台县）明阳观等全真宫观，均建有秘箓堂，亦可佐证全真法箓秘传的特点。① 诸家碑记对受箓的记载，多为某人某年从某师受某箓的模式。当然也有集体授箓的情况，如1244年李志常奉朝命"普赐戒箓"。那么，早期全真法箓是一对一式的传授还是集体传授呢？仅据现有资料，笔者推测可能兼而有之。再联系其秘传的特点，笔者认为，当时的法箓传授形式应该是公开的，而内容却是隐秘的。

长垣县崇真观、嵩山大崇福宫、林虑县蟾房灵泉观（以上均位于今河南境内）、新城县龙翔观（今属河北保定）、泾阳县栎阳延寿宫（今属陕西咸阳）等全真宫观均建有法箓或宝箓堂（殿）。② 而且设有专门从事法箓事务活动和管理的师号或教职。如燕京大长春宫宝箓院掌籍赐紫张志仙、三洞经箓法师知常子杨志春、宣授诸路法箓提领黄真人。③ 张志仙掌教之后，擅长法箓传授，当与上述任职经历不无关系。

### 三 传戒授箓与全真道道教身份的确立

除以上谈到的全真传戒、授箓的各自特点之外，金元时期全真道还有一个显著的、不同于后世的特点，即戒箓并传。1244年李志常奉命"普赐戒箓"，天乐真人李道谦"深明三箓之法科，确守一纯之净戒"，从范圆曦"受戒箓称为门弟子者，不可胜计"，愿从王志谨弟子程志保"受戒箓者项背相望"。这与通常我们所熟知的正一授箓、全真传戒的格局截然不同。从

---

① 分别参见（元）高天佑《妙真观记碑》、（金）元好问《明阳观记》，王宗昱编《金元全真教石刻新编》，第23页、第120页。

② 分别参见（元）杜仁杰《崇真观碑》、（元）张仲寿《嵩山大崇福宫记》、（元）梁宜《嵩阳崇福宫修建碑》、（元）王道亨《新城县修龙翔观碑》，王宗昱编《金元全真教石刻新编》，第164页、第195页、第196页、第224页；（元）王志颖《重修蟾房灵泉观碑》、（元）唐堃《圆明朗照真人功行之碑》，陈垣编纂，陈智超、曾庆瑛校补《道家金石略》，第531页、第625页。

③ 分别参见（元）孟攀鳞《重修真常宫碑》、（元）李道谦《通微真人蒲察尊师传》、《妙相观记》，陈垣编纂，陈智超、曾庆瑛校补《道家金石略》，第573页、第626页、第734页。

某种意义上讲，早期全真道正是立足于传戒授箓并举，进而构建自身的道教认同和道教身份的。

南宋道士萧应叟《元始无量度人上品妙经内义》卷 4 云："戒者，老君曰：'夫学上道，不奉大戒而诵经行咒、佩符祈神、合丹服药、隐处山林、求升仙之举，恐未可希也。若能全戒于内，和光于外，乃庶几于灵标之崖矣。'非修行难，奉戒难耳。子能全戒，念及十方，太上将保尔登仙矣。戒全而诵宝经，佩大符而行事，若复不仙，则天下无有不死之道矣。我所慨世，求其人难得耳。夫有经而无戒，犹涉海而无舟楫，犹有口而无舌，何缘度兆身也。夫道要在行合真科、积善内足，然后始涉大道之境界。弗能耳者，皆为徒劳于风尘，无益于生命之修短也。"① 恪守戒律就是要检心律己，止恶防非。如有犯戒，即要向神灵忏悔谢罪、改过自新。守戒是身超物表、位列仙班的根本要求和保证。相对于经而言，戒犹如涉海之舟、口中之舌。"非修行难，奉戒难"的认识逐步发展成为通常所说的"持戒即修行"的观点。在全真道内，戒律同样被誉为"上天之梯凳，渡苦海之舟航，陟道之初基"②。在说戒仪式中，传戒师讲完一条戒规，就要向受戒者发问：尔等能持否？受戒者要虔诚地回答：尽形寿而持之。承诺持守戒律实际上也是与神圣订立盟约，庄重地许下承诺，保证自己将不畏艰难困苦，终身践履。③ 换言之，受戒是在与道教神灵缔结盟约的基础上，确立受戒者道教身份的过程。如果说度牒是信道之士获得的得以出家的通行证，那么戒牒则是其中的精严进道之士获得的身心俱归道门的身份证。而这种身份是以违条犯戒要受到神明的惩罚、遵规守戒将飞升仙位之双向规约为前提的。

同样地，授箓亦是以受箓者与神灵订立盟约的形式，实现受箓者身份的转变与超越。"这种变化，使得他或她在信仰世界即神仙世界有了某种确立，在道教的教团中有了确定的登记，而在世俗社会中，自己与一般的没有受箓者产生了巨大的差异，增添了原来没有的神圣性……身份从凡入圣，

---

① （宋）萧应叟：《元始无量度人上品妙经内义》卷 4，《道藏》第 2 册，第 377 页上栏。
② （元）牛道淳：《析疑指迷论》，《道藏》第 4 册，第 949 页下栏。
③ 唐怡：《道教戒律研究》，第 73 页。

是授箓仪的目标所在。"①

　　传戒授箓是以道教徒虔诚的仙道信仰为前提和基础的，是道教仪式的重要内容。"宗教群体的信仰赋予仪式演示以意义与形态，而仪式演示则强化和重申群体的信仰，它们是象征群体统一或团结的方式，是宗教群体的归属感和认同感赖以形成和得到强化的重要基础之一，同时也是对宗教群体作出贡献的方式。通过仪式活动，群体集体性地记住其共同的意义，并且使群体对自身的意识获得新的活力。这对群体与个体成员都具有重要的影响。群体由此焕发其热情和团结感，而个体成员则逐渐认同于群体及其目标。"② 跨宗系、跨代际的传戒授箓活动，增进了全真教团内部不同宗系、不同代际道士之间的联系交流。这无疑对增进教团的整体认同和凝聚力大有助益。

　　前面所引的《元始无量度人上品妙经内义》谈到道教历史上有多种戒律，如老君五戒、授尹真人一百八十戒、授干真人天师七十二戒、太清二十四戒、修斋行道十二戒、修真十戒、九真妙戒、灵宝九戒、正一五戒，"其他具载经忏，不可尽名"。作为金元新兴道派的全真道，其传戒授箓仪并非独创。仅以距离全真道创立时代最近的金世宗时代为例，《中都十方大天长观重修碑》记载，清虚大师阎德源即曾担任西京路传戒坛主之职。③ 因此，早期全真传戒活动是在继承传统道教传戒仪式基础上的新开展。如果说道教传戒仪式尚有借用佛教传戒仪式之嫌的话，那么授箓仪当属道教独创。刘仲宇从汉代谶纬之学和古代军队编制结构两个角度考察箓的来源。如前所述，早期全真道从授箓种类、仪式等方面都有继承传统法箓和宋元新出法箓的特点。在蒙元时期的五大经箓法师中，披云真人宋德方被誉为"天师"。从宋德方传法授箓角度讲，亦可看出其对汉代以来天师道的继承和发展。全真道以戒箓并传的方式，实现了自身向传统道教的回归和认同。从王嚞谈传法受戒、王玉阳在金章宗朝向于善庆传授法箓来看，全真道创立后不久就已明确了自身的道教身份。如此，金人辛愿对

① 刘仲宇：《道教授箓制度研究》，第210页。
② 孙尚扬：《宗教社会学》，北京大学出版社，2001，第43页。
③ 《宫观碑志》，《道藏》第19册，第716页中栏。

全真道"似儒似墨似头陀"的模糊认识将再一次被修正。任继愈主编《中国道教史》谈到了元代特别是元中后期符箓派和全真派之间的交流和相互影响。[①] 从金元全真道传戒授箓的历史来看，丹鼎道法传统和符箓道法传统的融摄自全真道创立早期即已开始。以往学界更多是从两派各自修道特色的角度，做一归约式的命名，实际上二者之间并不存在不可逾越的鸿沟。

传戒授箓并非简单地向戒子、箓生传授戒本、箓牒，特别是授箓是要通过一整套复杂的仪式群，向受道之士传授包括经、戒、符、箓、契、券等在内的文物。通过授箓活动，箓生们明确了自身的道派归属、在世俗与神圣世界的道阶品次、得授经典的品类、施设科仪法事的种类层次等。第四章将阐述全真教育问题，其中有多位玄学讲师冠以"三洞讲师""三洞讲经"的头衔。能够通达三洞，说明这些讲师所受的法箓品位是相当高的。相应的，他们所传授的经典也是贯通洞真、洞玄、洞神三洞的。全真道不仅从授箓的角度继承了传统道教的法位晋升体制，而且在经教内容上，亦与传统经教体系一脉相承。

---

① 任继愈主编《中国道教史》，第558页。

# 第二章　丧葬制度

与世界各大宗教相比，道家道教的突出特色之一就是对"生"的不懈追求。先秦时期，中国古人就开始通过各种途径探索长生奥妙，随之各类长生之术应运而生，《老子》讲"长生久视"，《庄子》主"养生"。汉唐以来，道教继承先秦道家、神仙家的长生理论和技术，创制不同的修仙门径。晋唐时期，外丹术大兴。唐宋以后，内丹道广受青睐。丹道虽有内外之分，但在追求不死升仙这一目标上殊途同归。质言之，和其他宗教相比，道教最突出的特点之一就是它是一门关于"生"（不死）的实践型学问。

在这一话语背景下，过多地讲"死"的问题，难免有未抓住道教理论与实践核心之嫌。诚然，这是按照道教修仙理论得出的结论。跳出这一理论预设，笔者发现道教关于"死"的制度安排在增进徒众的教团认同、整合教团凝聚力方面发挥着不可小觑的作用。本章拟从死亡及与之密切相关的丧葬活动的视角，探求全真道丧葬制度与教团认同的关系问题。

学界对全真道丧葬活动的研究相对不足，王宗昱、张广保等前辈学者对这一话题有所论及。前者从丧葬记录入手，阐释了全真道宗教生活的儒家特征。后者论述了"祖庭会葬"的过程及其影响。[①] 以上两部成果开拓了全真道研究的新思路，然仍留有进一步阐释的空间。本章主要探讨两方面的问题：一是全真道的身体观；二是模式化的丧葬制度及其意义。

---

① 王宗昱：《全真教的儒教成分》，《文史知识》2006 年第 12 期；张广保：《全真教的创立与历史传承》，第 37~39 页。

# 第一节　身体观及其实践张力

死亡问题向来受到世界各大宗教的高度关注。人死后是否有灵魂以及灵魂将到哪里去的问题，在一定意义上是宗教发源与传播的催化剂。与死亡问题有着第一位关系的就是人的身体。按照现代科学理论，身体是肉体和精神的有机结合。用传统的话语来讲，即形神合一。那么，全真道是如何认识形神关系的呢？要理解这个问题，我们先看一看全真典籍中多次出现的色身、法身、形神俱妙等几组概念。

## 一　色身

色身，即通常所称的肉身。王嚞讲道时，曾有人向其求教何为不死之人。王嚞的回答是："不死者，为其人身清静无垢，惜真炁在丹田，精血不衰，其人不死也。"精血不衰，即一般生理意义上的不死。接着，他从肉身与一灵真性相区分的角度，明确指出包括四肢在内的肉身皆是"假相"，唯有修得一灵真性才能功德圆满，"功成果满，未言真，是说假。惟一灵是真，肉身四大是假相，借炼假成真，感合为一"①。关于色身的概念，全真道还有很多变相的称呼，包括四大、四假、皮囊、凡躯、假躯、幻躯、假身、四般假物、四假身躯等。例如，王嚞以《水云游》教导马钰："思算，思算，四假凡躯，干甚厮玩。元来是，走骨行尸，更夸张体段。灵明慧性真灿烂，这骨骸须换。害风子，不藉人身，与神仙结伴。"② 马钰继承师父肉身凡躯为行尸走骨的说法，"行尸走骨贪名利，分定刚图。不念身躯，皮与骸骼作殡居。　劝人割断攀援索，跳出红炉。整顿元初，有个山侗着力扶"。又云："垒浮图，垒浮图，悟彻浮生恶假躯。回头认本初。　莫踌蹰，莫踌蹰，急急修完无价珠。功成蓬岛居。"③ 透过"恶"字，看得出全真道士已然将色身视作修道成仙的一种蔽障。赵九古（1163~1221）号虚静子，

---

① （金）王嚞：《重阳真人金关玉锁诀》，《道藏》第 25 册，第 799 页上中栏。
② （金）王嚞：《重阳分梨十化集》卷上，《道藏》第 25 册，第 792 页中栏。
③ （金）马钰：《渐悟集》卷上，《道藏》第 25 册，第 454 页下栏、第 461 页上栏。

家世檀州（今北京密云）。金世宗大定十七年（1177）师事崔羊头。两年后，在华亭拜于马钰门下。此后，又先后师事丘处机、李灵阳、刘处玄诸师。丘处机易其名为道坚。元太祖十六年（1221）随侍丘处机西行至赛蓝城（位于今哈萨克斯坦奇姆肯特东十五公里处）① 时辞世，享年五十九岁，遗蜕安葬于赛蓝城东原上。元太祖十八年，丘处机一行回程路过赛蓝城，门人致奠并提出携其仙枢回葬中土。丘处机没有同意，认为遗蜕乃弃物，修道之人当属意于自在无拘束的一灵真性，"四大假躯，终为弃物。一灵真性，自在无拘"②。此外，丘处机曾作《无漏子·假躯》词，提出色身不过是"一团脓"，虽然在世时风流倜傥，一旦"三寸气"断，皮肉腐烂，就会被遗弃荒郊野外，不能常驻于世。③

全真道士有时又会用"幻化色身"的概念指称肉体凡躯。传道过程中，王重阳揭示了幻化色身非真非长久存在的属性。如《南乡子·于公索幻化》词云："幻化色身绕。电脚余光水面泡。忽有忽无遄速甚，如飙，过隙白驹旋旋飘。 何不悟虚嚣。早早回头养玉苗。苗上金丹光泼泼，彰昭，透过云衢入碧霄。"④《渐悟集》收有马钰劝化京兆权先生的劝道词，其云："妻妾儿孙一假。金玉珠珍二假。三假是荣华。幻化色身四假。知假，知假，说破浮名五假。"⑤ 妻妾儿孙、金玉珠珍、荣华富贵、幻化色身、浮名虚誉均是不真实的，都是一时之聚合。认识到这一点才能"辨假求真"，与道相合。刘处玄弟子离峰老人于道显诗云："白雪性中真，百纷那得尘。拨开无缝锁，跳出自由身。色身元有属，实性岂无根。试向中间觅，依然主宰存。"⑥

全真家有时还会用"幻躯"来指代色身，"幻"字再次体现了他们对肉身无常的认识。《渐悟集》卷上《踏云行·师父引马钰上街求乞》云："不说龟毛，无论兔角，幻躯闲想如蝉壳。怎生亦得显金容，算来全在心知觉。 志不回环，道非遥邈，洞天白雪成红雹。化为自在个灵童，自然

① （元）李志常：《长春真人西游记》卷上，尚衍斌、黄太勇校注，第141页。
② （元）李志常：《长春真人西游记》卷下，《道藏》第34册，第493页下栏。另见（元）李道谦《终南山祖庭仙真内传》卷中，《道藏》第19册，第528页下栏。
③ （金）丘处机：《磻溪集》卷6，《道藏》第25册，第843页上栏。
④ （金）王嚞：《重阳全真集》卷4，《道藏》第25册，第714页上中栏。
⑤ （金）马钰：《渐悟集》卷下，《道藏》第25册，第469页上栏。
⑥ （金）于道显：《离峰老人集》卷上，《道藏》第32册，第538页上栏。

掌握长生药。"①

全真道士甚至形象地将色身称为皮囊。《洞玄金玉集》卷1收有马钰的一首名为《十六障》的诗，认为皮囊特别是眼耳鼻舌是接触酒色财气、扰乱性情的罪魁祸首，因此将眼耳鼻舌斥为"四魔王"，"火风地水结皮囊，眼耳鼻舌四魔王。人我是非招业种，气财酒色斩人场"②。在《渐悟集》中，马钰以"假躯"和"臭皮囊"连用的方式，说明修道成仙要脱离肉体凡胎，"卧化胜如坐化，修行所贵真常。假躯难以做馨香，何必临归着相。说破飞升一着，成仙只是神光。天宫无用臭皮囊，携去深山掉样"③。在《满庭芳·赠零口杨悟一》词中，他告诫杨悟一要"识破皮囊臭腐""富贵荣华弃尽""常守常清常静，处无为、自然之理。功行满，向十洲三岛，占个仙位"。④ 王处一《满庭芳·赠范明叔》词亦有"皮囊脱下，一别吾乡。返玉京金阙，仙路悠扬"⑤ 之论。于道显《赠大杨姑》诗云："五行结就臭皮囊，一颗神珠里面藏。静即心花通体莹，动时无处不辉光。"⑥ 全真文集中类似的论说还很多。四大、凡躯、假躯、皮囊、色身，诸此种种，均是肉体凡胎的代称。历代全真道士之所以不约而同地属意于此，原因很简单，无非是想阐明修道成真必须脱离或者抛弃肉身之理。如果不抛弃肉身，听之、视之、闻之、言之，修道者就会被七情六欲、世俗的荣华富贵迷乱性情，不能以清静之心参悟道妙。

换个角度讲，全真道士采取的是一种脚踏实地的宣道劝道方式。这个实地就是人死之后会化为骷髅白骨。丘处机在《假躯》词中说，不修道，昔日的荣华富贵终将变成皑皑白骨，流落荒郊。正是基于民众对"死亡""白骨"的紧张感、焦虑感，全真道士由此入手，告诫信众只有修道，才能占仙籍，精神永驻。笔者注意到，王重阳创教以来，全真道士就非常善于利用"骷髅"这一话题劝道讲道。王嚞曾自画骷髅图，参悟人生苦短之义，

---

① （金）马钰：《渐悟集》卷上，《道藏》第25册，第457页下栏。
② （金）马钰：《洞玄金玉集》卷1，《道藏》第25册，第565页上栏。
③ （金）马钰：《渐悟集》卷上，《道藏》第25册，第464页下栏。
④ （金）马钰：《丹阳神光灿》，《道藏》第25册，第631页下栏至第632页上栏。
⑤ （金）王处一：《云光集》卷4，《道藏》第25册，第681页下栏。
⑥ （金）于道显：《离峰老人集》卷下，《道藏》第32册，第542页上栏。

并题诗云："此是前生王害风，因何偏爱走西东。任你骷髅郊野外，逍遥一性月明中。"① 除自己从骷髅中参悟世事无常的道理，他还多次画骷髅图，警醒马钰夫妇。类似的诗文有《画骷髅警马钰》《警丹阳夫妇》。后一首云："堪叹人人忧里愁，我今须画一骷髅。生前只会贪冤业，不到如斯不肯休。"② 元夏文彦《图绘宝鉴》记载，"重阳真人王嚞，字知明，咸阳人。大定中得道登真，其初度马丹阳夫妇日，尝画《骷髅》《天堂》二图，并自写真及作《松鹤图》与史宗密真人"③。史宗密即史处厚。在王嚞以及第二、第三代全真道士的文集中，以《叹骷髅》《咏骷髅》《骷髅喻》为题的诗词不鲜见。《道家金石略》收有一通立于金世宗大定二十三年（1183）的名为《崑嵛山白骨图并诗》的碑刻，碑高二尺，广一尺六寸，像二尊，骷髅一，刻两截，上图下诗。诗文系谭处端所作，其云："我今伤感叹枯髅，艳女娇儿恋不休。留意勤勤贪贿赂，无心损损做持修。生前造下无边罪，死后交谁替孽囚。精血尽随情欲去，空遗骸骨卧荒丘。"④ 全真道士机智地抓住了"生死大事"这一契机，从"死处"着手，悟道宣道。哈佛大学伊维德（Wilt L. Idema）曾专门研究骷髅和髑髅问题，认为公元 12 世纪时，骷髅经常会成为全真诗文和绘画的主题。在这些作品中，它不仅告诫人们死亡的不可避免性，同时还是那些没有悟道之人的象征。⑤ 王嚞文集中多次提到"骷髅观"的概念。如《苏幕遮·训徒众》云，"坐卧行住，须作骷髅观"⑥。《郝升化余打破罐因赠二绝》提出，"欲要心不乱，般般都打断。子午卯酉时，须作骷髅观"⑦。这里"观"应该是"观想""存思"之意，即面对骷髅打坐修行。更为有意思的是，在劝导郝大通的诗文中，王嚞还给出了一天之内面对骷髅观想的具体时辰。可以想见，在王重阳看来，这种

① （金）王嚞：《重阳全真集》卷 2，《道藏》第 25 册，第 705 页上栏。
② （金）王嚞：《重阳教化集》卷 1，《道藏》第 25 册，第 779 页中栏。
③ 参见韩格平总主编《书史会要》（《元代古籍集成》第二辑《子部艺术类》），北京师范大学出版社，2016，第 139 页。
④ 《崑嵛山白骨图并诗》，陈垣编纂，陈智超、曾庆瑛校补《道家金石略》，第 432 页。
⑤ Wilt L. Idema, "Skulls and Skeletons in Art and on Stage", *Conflict and Accommodation in Early Modern East Asia*: *Essays in Honour of Erik Zürcher*, edited by Leonard Blussé and Harriet T. Zurndorfer, Brill, 1993.
⑥ （金）王嚞：《重阳全真集》卷 13，《道藏》第 25 册，第 763 页中栏。
⑦ （金）王嚞：《重阳全真集》卷 10，《道藏》第 25 册，第 747 页中栏。

坐观方式对于修道者心性开悟具有重要意义。

## 二　法身

按照道教的理解，法身指的是经过炼精化气、炼气化神、炼神还虚三阶段，修成内丹，修道者超越的生命状态。《重阳立教十五论》中第十四论"养身之法"云："法身者，无形之相也。不空不有，无后无前，不下不高，非短非长，用则无所不通，藏之则昏默无迹，若得此道正可养之。"① 法身无形无相，非空非有。与《道德经》对"道"的描述有异曲同工之妙，"道之为物，唯恍唯惚。惚兮恍兮，其中有象；恍兮惚兮，其中有物。窈兮冥兮，其中有精，其精甚真"②。换言之，修得法身之后，阳神升入天界，越生死、无先后，达到了与"大道"合一的超越状态。王嚞以下全真徒众对色身之中包含法身的观念深信不疑。马丹阳诗谈道，经过祖师点化，已经体认到身中有法身："幸遇重阳妙行真，本师传授四东人。自知妙里通玄妙，顿觉身中有法身。"③ 马钰和知常真人姬志真均将法身描述为轻盈飘逸、超越古今、至大无外、至小无内的状态。马钰诗云："山侗八愿报师恩，返覆阴阳仗炼烹。火降水升抛雪浪，龙吟虎啸发雷声。玉炉瑞雪重重结，金鼎祥光霭霭生。无价丹成无老死，长生路上法身轻。"④ 姬志真《法身》诗云："重玄妙法身，物我皆具备。微尘拆世界，大量包天地。巨细亿万殊，根源同一致。"⑤ 其对法身的界定明显受到了重玄学、佛学之影响。又《脱壳》云："梦中了了醉中醒，表里仍存一味清。事事拂余真理足，尘尘涤尽法身轻。"⑥《大丹直指》卷下录"弃壳升仙超凡入圣诀图"，以图文并茂的形式，结合刘海蟾、西山十二真人王祖师、黄帝、钟、吕等真仙的修行实践，讲述内丹修炼最后阶段，即炼形合道、弃壳升仙阶段，真性冲出凡躯，修成清净法身的过程。其中谈到"黄帝以火龙出静中，化火龙上踊，自然

---

① （金）王嚞：《重阳立教十五论》，《道藏》第32册，第154页中栏。
② 《唐玄宗御制道德真经疏》卷3，《道藏》第11册，第764页下栏、第765页上栏。
③ （金）马钰：《洞玄金玉集》卷2，《道藏》第25册，第570页下栏。
④ （金）马钰：《洞玄金玉集》卷7，《道藏》第25册，第595页上栏。
⑤ （元）姬志真：《云山集》卷1，《道藏》第25册，第368页中栏。
⑥ （元）姬志真：《云山集》卷2，《道藏》第25册，第375页下栏。

身外有身，号曰清净法身"①。

有时候法身又被称作身外身。修成内丹、参悟道妙的过程就是阳神脱离凡躯，形成超越永恒的身外之身的过程。刘处玄诗云："罣碍心无碍，蜕形身外身。举意除憎爱，形衰真性在。顿明道眼开，圣经自然解""道成身外身，真了朝仙圣"。② 于道显《示张都监》说，只有抛离世间浮华，大彻大悟之后方能感知"身外身"："莫恋浮华悟此身，好将恬淡养天真。眼前便是梦中梦，觉后方知身外身"③。

此外，全真文集中还有以一灵真性代指法身的情况。例如，王嚞《黄莺儿》词云："心中真性修行主。锻炼金丹，津液交流，浇淋无根，有苗琼树。"在《喜迁莺》中，王嚞采用了"真性"与"本来面"双语互换的方式，界定修成正果时应达到的生命超越状态，"认取起初真性，捉住根源方便。本来面，看怎生模样，须令呈现"。在《望蓬莱·咏劝道友》中，王嚞提出只有经常锻炼假身，才能炼得真性、飞升瑶池，"自在假身常煅炼，逍遥真性得推移，应是上瑶池"。又《金丹》诗云："本来真性唤金丹，四假为炉炼作团。不染不思除妄想，自然衮出入仙坛。"④ 马钰、王处一对假身（色身）与真性关系的认识，深受王嚞影响。马钰《满庭芳·重阳真人升霞之后》云："重阳师父，预指南京，果然得赴蓬瀛。四假凡躯弃下，真性超升。"⑤ 王处一《自咏》诗云："铅汞相投结大丹，服之立可变童颜。色身混彻阴阳数，真性超离生死关。"⑥ 马钰向王嚞请教何为长生不死。王嚞回答说，真性不乱，万缘不挂，不去不来，便是长生不死。马钰亦有类似认识，《勉门人》云："功行积成真性显，大家同共赴蓬庄。"⑦ 真性，有的时候又被称作"一灵真性"。如王嚞《辞世颂》云："一灵真性在，不与众心同。"⑧ 马钰《赞

---

① （金）丘处机：《大丹直指》卷下，《道藏》第 4 册，第 401 页下栏。
② （金）刘处玄：《仙乐集》卷 5，《道藏》第 25 册，第 448 页上栏、第 452 页上栏。
③ （金）于道显：《离峰老人集》卷上，《道藏》第 32 册，第 531 页上栏。
④ （金）王嚞：《重阳全真集》卷 3、卷 5、卷 13、卷 2，《道藏》第 25 册，第 708 页上栏、第 719 页中栏、第 761 页下栏、第 701 页中栏。
⑤ （金）马钰：《丹阳神光灿》，《道藏》第 25 册，第 623 页中栏。
⑥ （金）王处一：《云光集》卷 1，《道藏》第 25 册，第 649 页中下栏。
⑦ （金）马钰：《洞玄金玉集》卷 3，《道藏》第 25 册，第 580 页上栏。
⑧ （金）王嚞：《重阳全真集》卷 9，《道藏》第 25 册，第 741 页上栏。

史先生》诗云："一灵真性，班列仙行。"①

全真道认为，真性超出五行。全真道士有时候用父母未生前的本来面目界定真性。谭处端提出，修道之人要抛弃恩爱情仇，降伏灭除不善之心，方能得见父母未生时之真性——"本来面目"。②此外，真身亦是法身的代名词。马钰《赠陇州佑德观王道正》诗云："识破四假身，修炼个真身。"③耶律楚材《玄风庆会录》记载，在觐见元太祖时，丘处机以"幻身假物"和"真身"两相对照的方式，阐述修道的终极目标是"真身飞升""功行未满，当待时升化耳。幻身假物，若逆旅蜕居耳，何足恋也。真身飞升，可化千百，无施不可"。④此说与王嚞、马钰、王处一等"弃假身（四假、色身、凡躯）真性超升之说"一脉相承。《大丹直指》更为明确地提出，修得真身，即为神仙，"真身出外，是曰神仙"⑤。元代中后期，全真道南北合宗。陈致虚《醒眼诗》有"炼个真身跨鹤飞"⑥之说。可见，全真道关于弃假成真的身体观是一以贯之的。同时，笔者也注意到，王嚞有"性为真，身是假"⑦的说法。这里的"身"明显是指色身、凡躯。全真道主张性命双修，"性为真"的说法体现了北宗重性轻命、先性后命的修道理论。但是，应该强调的是，命之于性，并非无关紧要。尹志平就曾对"性命为二端"的认识提出批评，认为修道要先尽心，认得父母未生前真性，才能识得上天所赋之命。⑧由此可见，王嚞"性为真"之说应该是统合性命前提下的真性、真身，而非有性无命的生命超越状态。

内丹修炼的过程就是法身脱离色身、与道相合的过程，这个过程全真道士称作"脱壳"。全真家认为，这并非生命的终结，反倒是经过修炼之后生命形式发生质变，进入一种新的生命状态的过程。从这个角度看，修炼

---

① （金）马钰：《洞玄金玉集》卷6，《道藏》第25册，第591页下栏。
② （金）谭处端《水云集》卷上，《道藏》第25册，第852页上栏。
③ （金）马钰：《洞玄金玉集》卷5，《道藏》第25册，第589页下栏。
④ （元）耶律楚材：《玄风庆会录》，《道藏》第3册，第390页下栏。
⑤ （金）丘处机：《大丹直指》卷下，《道藏》第4册，第401页下栏。
⑥ （元）陈致虚：《上阳子金丹大要》卷9，《道藏》第24册，第34页中栏。
⑦ （金）王嚞：《重阳全真集》卷13，《道藏》第25册，第762页中栏。
⑧ （元）尹志平述，（元）段志坚编《清和真人北游语录》卷1，《道藏》第33册，第157页中栏。

者将色身比作"臭皮囊"，弃之如敝屣就容易理解了。如此说来，色身和法身是处于一种二元对立的状态吗？不然。色身是修成法身的前提和基础。没有色身何谈修炼，没有修炼如何修得法身。王重阳《诸散人求问》诗云："修行须藉色身修，莫殢凡躯做本求。假合四般终是坏，真灵一性要开收。聚成无相成无漏，结作丹丸作备周。五道光明同是伴，能超清净大神舟。"① 通玄子刘志渊遗世颂云："行尸地上逐风尘，养就如如证本真。"② 需要注意的一点是，不能简单地认为色身包含法身，但是修成法身必须借助色身。如果不经历以性命双修为主要特征的内丹修炼，所谓的"本来真性"就无法脱离色身，达至永恒超越的境界。这也正是全真道士以内丹吸引信众，进而实现其"宏大叙事"的关键所在。

### 三　形神俱妙

与传统道教相比，内丹道的突出贡献是以理论与实践创新的方式，实现了道教信众对生命及其存续状态的崭新认识。内丹道在唐末五代勃兴之前，众多道派认为修道的最终目标是白日飞升、形神俱妙。这里的白日飞升、形神俱妙，是肉体和灵魂相统一的。包括早期方仙道和汉唐众多道派提出的"形神俱妙"成仙理论，是以肉身与灵魂的齐同飞升为前提的。内丹道的兴起，从身体观和仙道观角度讲，改变了道教关于身体成仙理论的认识。内丹道也倡导形神俱妙。唐上清派名道司马承祯《坐忘论》对"得道"的界定就是形神合一。这一思想颇具典型性，基本代表了内丹道系统关于"形神俱妙"的认识。其云：

> 道有至力，染易形神，形随道通，与神为一，形神合一，谓之神人。神性虚融，体无变灭，形与之同，故无生死。隐则形同于神，显则神同于形。所以蹈水火而无害，对日月而无影，存亡在己，出入无间。身为滓质，犹至虚妙，况其灵智，益深益远乎！故《灵宝经》云：身神共一，则为真身。又《西升经》云：形神合同，故能长久……又

---

① 　（金）王嚞：《重阳全真集》卷10，《道藏》第25册，第741页下栏。

② 　（元）刘志渊：《启真集》卷下，《道藏》第4册，第481页下栏。

云：神不出身，与道同久。且身与道同，则无时而不存；心与道同，则无法而不通。①

全真道亦讲"形神俱妙"。《重阳真人金关玉锁诀》云："形神俱妙，与道合真，此是抽胎换骨之法，阴阳颠倒五行真诀。"② 王处一《赠潍州观主太夫人》和《遇师传授》两诗，分别提到"有谁遭遇活神仙，的养灵明透碧天。……形神俱妙人难会，空色都除理怎传""形神俱妙烟霞锁，动静都忘性命全。普愿尘寰通此理，一时同泛度人船"③ 全真道与内丹学的"形神俱妙"之说，是要求"心凝形释，骨肉都融""金液炼形，骨散寒琼""与太虚同体"的"形神俱妙"，是形灭而神不灭的"形神俱妙"，与道教传统意义上的主流观点——形灭神灭、形神合一不灭——已经全然不同。④ 这里的"形灭"应该指的是肉体的消灭。既然形灭又在什么意义上讲"形神俱妙"呢？全真道所讲的"形"已经不同于传统道教所讲的"形"，而是指经过反复锻炼、萃取而形成的新的身体形态。这种身体形态源于肉身，又高于肉身，是经过锻造的新的身体形态与精神的合一。修道者炼就新的形神合一境界，就能够实现出有入无、无生无死的生命超越状态，即形神合同、与道同存的神仙状态。

全真家多以"性命双修""性命双全"界定"形神俱妙"。例如，李道纯《性命论》云："至于混成圆顿，直入无为，性命双全，形神俱妙也。"又《沁园春·赠静庵口诀》云："性命两全，形神俱妙，与道合真无变更。"《赵定庵问答》云："性命双全，形神俱妙，出有入无，逍遥云际，果证金仙也。"⑤《玄教大公案》卷上云："一闻顿彻妙玄玄，福慧根深凤善缘。性命双融圆太极，形神俱妙体先天。"⑥ 可见，"性命双全"即是"形神俱妙"、位列仙班的同义语。这一成仙理路与全真道主张性命双修的修道论一脉相承。

---

① 参见（宋）张君房《云笈七签》卷94，《道藏》第22册，第647页下栏、第648页上栏。
② （金）王嚞：《重阳真人金关玉锁诀》，《道藏》第25册，第805页上栏。
③ （金）王处一：《云光集》卷1，《道藏》第25册，第648页中栏、第650页上栏。
④ 李刚：《道教的身体观初探》，《天府新论》2009年第6期。
⑤ （元）李道纯：《中和集》卷4、卷6、卷3，《道藏》第4册，第503页下栏、第515页下栏、第499页下栏。
⑥ （元）苗善时：《玄教大公案》卷上，《道藏》第23册，第898页下栏。

至于何谓"性命双修"，全真家至少给出了以下三个层次的阐释。首先是关于性、命的概念。简言之，性即神，命即气。牛道淳认为，性命只不过是阴阳神气之异名。① 李道纯亦主此说："夫性者，先天至神一灵之谓也。命者，先天至精一气之谓也。精与性，命之根也。性之造化系乎心，命之造化系乎身。"② 王道渊《性命混融论》云："性者，人身一点元灵之神也。命者，人身一点元阳真气也。"③ 需要注意的是，全真家所谈的性、命，是具有先天属性的，不同于惯常意义上的性、命。其次是关于性命关系的论述。全真家认为，性、命共生共存，是人身的主宰和根本。李道纯指出：

> 性无命不立，命无性不存，其名虽二，其理一也。嗟乎，今之学徒、缁流道子，以性命分为二，各执一边，互相是非，殊不知孤阴寡阳，皆不能成全大事。修命者不明其性，宁逃劫运；见性者不知其命，末后何归？仙师云："炼金丹，不达性，此是修行第一病。只修真性不修丹，万劫英灵难入圣。"④

王道渊甚至认为，性命在不同场合是互为体用的关系：

> 性乃为人一身之主宰，命乃为人一身之根本。日用之间，应万事者系乎性，为百事者属乎身。性所以能发机变，命所以能化阴阳。性应物时，命乃为体，性乃为用；命运化时，性乃为体，命乃为用。体用一源，显微无间，方可谓之道，缺一不可行也。⑤

如果只修性不修命，或者反之，就只能修得孤阴寡阳，失之偏颇。以上诸家均充分肯定了性、命相呴相济的关系，落脚点在于要修得形神俱妙，修性与修命不可偏废。最后，如何性命双修呢？全真家主张，修性就是炼神，

---

① （元）牛道淳：《析疑指迷论》，《道藏》第 4 册，第 948 页上栏。
② （元）李道纯：《中和集》卷 4，《道藏》第 4 册，第 503 页中栏。
③ （明）王道渊：《还真集》卷中，《道藏》第 24 册，第 103 页下栏。
④ （元）李道纯：《中和集》卷 4，《道藏》第 4 册，第 503 页中栏。
⑤ （明）王道渊：《还真集》卷中，《道藏》第 24 册，第 103 页下栏。

修命就是炼气亦或称炼形。王道渊提出，"夫修还丹之道，不过以神气混合，而复本来性命之全体……性命即神气也，神气即铅汞也，铅汞即坎离也，坎离即日月也，日月即水火也。水火既济，妙合而凝，此乃性命混融之道也……存之以诚，用之以真，自然丹结于鼎，养成圣胎。如婴儿之在母腹，十月气足，脱胎神化，身外有身，真人出现，至此性命双修之大事毕矣"①。性命双修的过程，就是炼神、炼气的过程。全真道将内丹修炼的过程分为炼精化气、炼气化神、炼神合道三个阶段。其中前两个阶段属于命功修炼的阶段。掌教大宗师祁志诚《述怀》诗云："顿舍浮嚣绝世情，忘机忘物更忘形。神凝气结婴儿就，纵去收来入窈冥。"②"神凝气结婴儿就"即指通过命功修炼，炼就真身的婴儿阶段。《还真集》中提到的"圣胎"就是通过真阴真阳交媾的命功修炼实现的。养就圣胎，即是暗示修道者炼就金丹。李道纯说："或问：'如何是丹成？'曰：'身心合一，神气混融，情性成片，谓之丹成，喻为圣胎。'"③陈致虚在《与复阳子欧阳玉田、全阳子周草窗》中谈道，成就金丹，就是修得圆满之圣胎，修得圣胎就会有真人（真身、身外身）出现。也就是说，养就圣胎之后，还有脱胎即阳神弃壳成仙的过程。陈致虚曾向问道弟子秘传脱胎之法，其云："十月功足，是圣胎已就也。则移居上丹田，保养之，长大之，一周二载，则化为阳神。阳神出入去来无碍，是云脱胎而去也。"④这也就是炼神合道，即性功修炼的阶段。王志谨将内丹修炼的过程比作披沙炼金。不过，与一般意义的冶炼不同，全真内丹修炼是"以志节为大冶，以慧照为工匠，殷勤锻炼，一毫不存，炼出自己本初无碍底真心"⑤的过程。

关于炼就真身、实现形神俱妙的生命状态，全真典籍中有很多关于辞世高道法身显异的记载，下文详述。兹引《清和真人北游语录》尹志平转述丘处机的一则回忆，以展示王嚞炼就法身，达至形神俱妙、与道合真的新生命状态，"一夕境中，（丘处机——引者按）见祖师膝上坐一婴儿，约

---

①　（明）王道渊：《还真集》卷中，《道藏》第24册，第103页下栏、第104页上栏。
②　（元）祁志诚：《西云集》卷上，《道藏》第25册，第533页上栏。
③　（元）李道纯：《中和集》卷3，《道藏》第4册，第501页下栏。
④　（元）陈致虚：《上阳子金丹大要》卷14，《道藏》第24册，第55页下栏。
⑤　（元）论志焕：《盘山栖云王真人语录》，《道藏》第23册，第730页中栏。

百日许。觉则有悟于心，知吾之道性尚浅也。半年复见如前境，其儿已及二岁许。觉则悟吾道性渐长。在后自觉无恶念。一年又如前境，其儿三、四年岁许。自能行立，后不复见。乃知提挈，直至自有所立而后已"①。

　　佛教也谈"真性""本来面目"，但主要专注于心性修炼。受其身体观的影响，佛教不重命功。全真道认为，按照佛教的理路修炼，修得的真性只能是阴神，而非性命双全的阳神，即"释子不知命宗，稍见性，谓幻壳无用，不肯爱惜，只修沉空滞寂，不能性命双全"②。《纯阳帝君神化妙通纪》记载，圆寂高僧的"阴灵"是不能显化的，而实现了性命双全、形神俱妙的纯阳帝君则能随时在世间显化。二人曾一同赴斋，因斋主不能看到高僧的阴灵，纯阳帝君只好请主人为高僧阴灵另备一份斋饭。③ 由此可知，在全真家看来，佛道关于"真身""真性"的认识是有高下之分的。

　　上述内容通过对色身、法身的论述及与传统道教、佛教"形神俱妙观"的对比，可以总结出全真道身体观如下几个特点。第一，法身重于色身，在创教早期为了突出内丹性命之学的特色，全真道甚至有视色身为皮囊累赘的过激之论。第二，修炼法身需要借助色身。第三，性命双修，炼就圣胎，最终脱胎炼得身外身，才达到了形神俱妙、与道合真的生命超越状态。这种"形神俱妙"是经过百般锤炼形成的一种新的形体与精神的圆满合一状态，是对传统道教形神观、成仙观的一种扬弃。《老子》云："吾所以有大患，为吾有身；及吾无身，吾有何患。"《庄子·逍遥游》云："至人无己，神人无功，圣人无名。"只有超越一切物我的限制，才能实现生命的超脱自由。在这个意义上，全真道弃壳成仙的思想可以说是向原始道家重视精神修炼传统的回归。

## 第二节　重丧与葬制

　　在众多传世全真碑刻中，全真道士的墓志铭占有相当大的比例。除记

---

① （元）尹志平述，（元）段志坚编《清和真人北游语录》卷4，《道藏》第33册，第174页下栏。

② （元）卫琪：《玉清无极总真文昌大洞仙经》卷7，《道藏》第2册，第663页上栏。

③ （元）苗善时：《纯阳帝君神化妙通纪》卷3，《道藏》第5册，第714页中栏。

载墓主人一生的修道弘道事迹之外，诸碑对全真道士辞世前后与丧葬相关的活动多有载录。此外，很多道士的道行碑、宫观创修碑也对道士的羽化登真过程有所载述。这些资料成为我们研究全真道士丧葬活动的文献基础。

上一节阐述了全真道的身体观。从宗教修行的终极目标来讲，全真道士对肉身持鄙夷态度。令人不解的是，众多碑刻却浓墨重彩地记录了全真道士的丧葬活动。这岂不是与修行教旨背道而驰吗？全真碑刻重视记录丧葬活动的意义何在？前揭王宗昱一文从归葬、庐墓以及包括小殓、赙赗、缞绖、执绋在内的众多丧事环节角度，指出全真丧葬活动的儒教化特征，并认为这些儒教化的丧葬形式能够起到巩固教团的作用。这是一个很好的视角。然而，回到碑刻本身，除了记录上述内容之外，众碑铭对全真道士去世前后相关活动的描述有着一套非常系统的、程式化的模式。大体包括营建寿宫、预知寿期、丧祭、安葬（迁葬）、祠祭、神游显化等。接下来，笔者着重阐释全真道的重丧之风和模式化的丧葬制度及其宗教学意义。

## 一　重丧之风

按照全真文集阐释的身体观，全真道士对所谓的"身后事"应不甚关心才是。然而，众多碑记却浓墨重彩地记录了全真道士的肉身之逝、之葬、之神。创教之初，全真道的重丧之风就颇为盛行。1170 年王嚞在开封去世后，丘刘谭马四子先赴终南祖庵经营葬所，次年扶柩西归安葬。当时全真道处于草创阶段，受财力和社会影响力所限，安葬王嚞的活动颇为简陋。金蒙易代之后，尹志平携祖庭高道做了精心准备，并于元太宗十三年（1241）主持了声势浩大的祖庭会葬大典。会葬活动牵动了教内外各方力量。尹志平道行碑称，"时陕右虽甫定，犹为边鄙重地，经理及会葬者，四方道俗云集，常数万人"①。

全真道的重丧之风首先表现为重视寿宫（即葬所）的营建。全真道士在登真之前即有营建寿宫的传统，而且这种传统早在七真时代就已经形成。例如，郝大通于金卫绍王崇庆元年（1212）腊月晦日辞世，享年七十三岁。登真前三年，他嘱托弟子营建坟冢，并告之寿期。可见，他对遗蜕是颇为

---

① （元）李道谦：《甘水仙源录》卷 3，《道藏》第 19 册，第 743 页中栏。

在意的。① 十八大士之一的綦志远（1190~1255）是大蒙古国时期著名的全真高道，在领导教团和推进宫观建设方面出力颇多。其临终前安排后事，并命弟子"经营丧具"②。又，《三老同宫碑》记述了寥阳、自然、澄阳三老修道弘道事迹。碑记内容虽残缺不全，但看得出三老与王屋天坛关系密切。原因在于天坛宗主洞元虚靖大师申云叟及该宫大小道官都参与了碑记的立石。碑记的只言片语中透露出寥阳、澄阳都曾参与宋德方领衔的《大元玄都宝藏》纂修工程。由此推知，三老当为全真第三或第四代弟子。碑记称，三老在生前同修寿宫。受地形限制，寿宫仅能容纳四具棺椁，三老决定将其中的尊位留给道高德著者。元世祖中统三年（1262），李鼎臣大讲师去世后，三老将其葬于尊位。③ 看得出全真道士不仅重视死后的栖神之所，而且有着明显的尊卑观念。又如，女冠荣守玉于元太宗六年（1234）出家，元世祖至元十二年（1275）主盟彰德修真观。掌教祁志诚赐崇玄师号。元成宗大德二年（1298），六十八岁的荣守玉营建寿堂，"为他日复真宁神之所"④。

除死者生前就属意的寿宫营建之外，更多全真道士的安葬之所是由他们的弟子或同道营建的。1227 年丘处机去世后，尹志平易长春宫之东甲第为白云观，为其师营建寿宫。又如，山东即墨人乔志高，幼时投丘处机门下，在道门五十余载，"度门徒约千百众，域中多立宫观"。掌教大宗师李志常奉朝命赐栖云虚静真人号。元世祖中统五年（1264），遗颂而逝，享春秋七十七。门人夏某出资，为其营建寿宫，旨在表达慕师之德、报师之恩。⑤

其次是死者在世时就重视自己身后葬事。例如，《终南山祖庭仙真内传》卷上记载，李灵阳曾于金世宗大定初年与和德谨、王重阳在刘蒋村共参"铅汞龙虎之学"。金世宗大定十年（1170）王嚞辞世后，四子入关，待

---

① （元）李道谦：《甘水仙源录》卷2，《道藏》第19册，第739页下栏。
② （元）李道谦：《甘水仙源录》卷5，《道藏》第19册，第766页下栏。
③ （元）杨希颜：《三老同宫碑》，陈垣编纂，陈智超、曾庆瑛校补《道家金石略》，第560~561页。
④ （元）王恽：《崇玄大师荣君寿堂记》，陈垣编纂，陈智超、曾庆瑛校补《道家金石略》，第691页。
⑤ 《大元中岳崇福宫宗主栖云虚静真人寿宫记》，陈垣编纂，陈智超、曾庆瑛校补《道家金石略》，第638页。

之以师礼。大定二十八年（1188）春，丘处机奉诏赴阙觐见金世宗。临行之际，李灵阳嘱托丘处机来年春早回终南，为自己主丧事。大定二十九年三月一日，李灵阳辞世。丘处机遵嘱造棺并将其安葬于刘蒋庵侧之仙茔。可见，灵阳真人生前对其肉身之葬很重视，否则不会在去世前一年就将此事提上日程，并委托专人负责。

再次就是生者重视对死者丧葬活动的安排。门人弟子多方走访，请教内领导、大德或教外文人雅士、政治精英为先师撰写刻立碑铭，成为全真道重丧之风的又一重要表现。已故道士的嗣法弟子或同门为表达对先师、同道的感怀之情，在经理死者葬事方面倾注了不少心血。赵抱渊（1135～1206），道号还元子，俗呼魔哥，延安鸡川（今属甘肃秦安县）人。先拜刘真人出家，后赴终南师礼王嘉门下。金章宗泰和六年辞世。《延安路赵先生本行记》明确提到地方官员和教内信众对其安葬活动的重视，"凿石为洞，高棺厚葬，建祠树碑，用彰仙迹，使有四时香火之奉焉"①。可见，金末全真道即有厚葬、建祠、岁时祭祀的传统。丘处机高弟潘德冲于元宪宗六年（1256）去世，"门人奔讣于掌教诚明真人，遣提点孟公，赙赠甚厚"。元世祖中统元年（1260）三月初五日，葬于纯阳宫之乾位。②《终南山祖庭仙真内传》卷下称，元世祖至元十四年正月二十五日，于善庆弟子圆明真人高道宽（1195～1277）辞世于重阳万寿宫，享年八十三。"越五日，葬于宫之仙蜕园，送葬道俗逾万人。"碑文未免虚夸，但是全真徒众对高道宽的仰慕追悼之情以及对其安葬活动的重视程度跃然可见。

需要指出的是，全真道内亦有人持薄葬观。以丘处机的去世和安葬为例，尹志平为其建造寿宫之举即遭到质疑。主要理由是当时的物资储备不足以支持大兴土木。《长春真人本行碑》记载，拖雷监国元年（1228）七月九日，尹志平主持会葬长春真人大典，将其遗蜕安葬于处顺堂。之后，请陈时可撰写会葬记，并将诸方会葬者名单刻于碑阴，以张大其事。和尹志平最初提议营建寿宫遭到质疑一样，陈时可撰写碑记时，又有人提出不同意见，理由是道家从老庄以来就倡导简丧薄葬，大起葬礼与道家精神相背

① 参见（元）李道谦《甘水仙源录》卷8，《道藏》第19册，第793页下栏。
② （元）李道谦：《甘水仙源录》卷5，《道藏》第19册，第762页下栏。

离。为全面展现时人对全真道厚葬制度的质疑以及陈时可的解释应对之理，兹将双方问答之语移录如下：

> 有笑而诘余者曰："昔庄子之将死也，弟子欲厚葬之。庄子曰：'吾将以天地为棺椁，以日月为连璧，星辰为珠玑，万物为赍送，吾葬具岂不备耶？'弟子曰：'吾恐乌鸢之食夫子也。'曰：'在上为乌鸢食，在下为蝼蚁食，夺彼与此，何其偏也。'老聃之死也，秦佚吊之，三号而出，曰：'适来夫子时也，适去夫子顺也，安时而处顺，哀乐不能入也，古者谓是帝之悬解。'道家者流，学老聃者也。今夫长春子之徒，徒以处顺名其堂，而其师反真之日，相与严敦匠之事，且嗷嗷然哭之，其哀如是。及至葬，大备其礼，四方来会之道俗逾万人，至有司卫之以甲兵，其厚且侈又如是。是岂老庄之意乎？"余应之曰："以长春子之悬解，其视生死如昨梦然，岂有望于是哉？但弟子戴师之恩，不得不尔，且所谓理事者，若知之乎？夫忘哀乐外形骸，理也，方外之圣贤自处如此。至于送终追远，事也，人间世之礼如此。若泥于理而蔽于事，得谓之圆乎？吾书生也，试以吾孔孟之道语若。《易》曰：'古之葬者，厚衣之以薪，葬之中野，不封不树，丧期无数，后世圣人易之以棺椁，盖取诸大过。'欲其甚大过厚也。《孟子》之书有曰：'昔者孔子殁，三年之外，门人治任将归，入揖于子贡，相向而哭，皆失声，然后归。子贡反，筑室于场，独居三年，然后归。'不忘孔子也。今也，游长春之门者，既学其道矣，能不以墨者之薄葬其师，又将慎终追远如子贡之徒，何害为达哉？若以为哭则害道也，若尝笑乎？曰然笑与哭，哀乐也，而笑独不害乎？《中庸》曰：'喜怒哀乐之未发，谓之中，发而皆中节，谓之和。中也者，天下之大本也；和也者，天下之达道也。'苟哀乐中节，又何害于道乎？"①

陈时可以"理""事"之论予以驳斥，认为不可"泥于理而蔽于事"。再结合其化引《孟子》《庄子》《易》《中庸》等典籍阐释老庄、孔孟的丧葬观，可

---

① （元）李道谦：《甘水仙源录》卷9，《道藏》第19册，第796页下栏至第797页上栏。

以看出，陈氏的"理""事"之分，实际上就是道、儒之分。认为厚葬是全真弟子"慎终追远"、感念师恩的表现，与"方外之圣贤"之"忘哀乐外形骸"是两回事，不冲突。实际上，通过前面的论述可知，方外圣贤亦颇为在乎自己百年之后的肉身之葬。再从"及至葬，大备其礼，四方来会之道俗逾万人，至有司卫之以甲兵，其厚且侈又如是"的记载看，尹志平为丘处机举办的是一场规格极高的葬礼，甚或不亚于后来的祖庭会葬。

尹志平本人持薄葬观。弋毂《清和妙道广化真人尹宗师碑铭并序》称，元宪宗元年（1251）二月六日，尹志平羽化于大都大房山清和宫，享寿八十三岁。辞世前"惟戒葬事勿丰"，并遗言安葬房山。李志全《清和演道玄德真人仙迹之碑》称，掌教李志常认为房山清和宫距离京城较远，"士人欲祠奠者难到，即命葬于五华之佳城"。尹志平的遗言是否代表了金元早期全真道的简朴教风呢？李志全接着谈道，"门人怀德，皆庐墓终身，甃砖阁，建祠宇，金碧绘像，辉映千古"①。《终南山祖庭仙真内传》称，尹志平去世后，全真弟子在五华山建复真堂，岁时祭祀。诸此种种，均是当时教内重丧厚葬之风的体现。和尹志平一样，于志可登真后亦安葬于五华仙茔。李鼎《冲虚大师于公墓碣铭》称，于志可，字显道，号冲虚，宁海（今属山东烟台）人，先后追随刘处玄、丘处机，作为十八大士之一，曾护法西行。丘处机去世后，尹志平令其提点长春宫事六载，后以老得闲，元宪宗五年（1255）辞世。当时教内耆宿将其德行归纳为三个方面，除秉公出纳、经年苦修之外，当门人问及葬事安排时，他坚持薄葬，甚至极端地提出"吾将往矣，清浊各有所归，兹一聚尘，沉焚露瘗，无所不可，又何足问，任尔所为"②，对遗蜕无所要求，任弟子处置。这一点继承了先秦道家视身体为滞碍的思想，也与全真诸家文集视身体为皮囊的思想相契合。然而，门下弟子"谋为不朽计，状其师平昔所行之大概"，请虚舟道人李鼎撰写碑记并刻石。从全真道为尹志平建祠祭祀、于志可弟子注重先师的葬事安排等活动反观，在世弟子并没有完全按照先师遗训简丧薄葬，反而建祠绘像、树

---

① （元）李志全：《清和演道玄德真人仙迹之碑》，陈垣编纂，陈智超、曾庆瑛校补《道家金石略》，第540页。

② （元）李道谦：《甘水仙源录》卷5，《道藏》第19册，第765页上中栏。

碑立传。可以看出当时重丧厚葬已成为全真教团的一种通识和习俗。这与创教以来王嚞倡导的"三教合一"，特别是儒家视"祀"为家国大事的悠久传统以及众多全真道士由儒入道的经历不无关系。代际传承的重丧厚葬之风成为后世弟子缅怀宗祖先师、凝聚宗祖认同的重要方式。

## 二　全真葬制

多年来随着考古工作的深入展开，地下墓葬研究包括墓葬形制、葬俗、陪葬品、墓葬壁画等日益受到学界关注，在一定程度上与"葬者藏也"[①] 的丧葬观形成某种张力。这一方面与众多墓葬地面建筑未能完整保存下来有关，也与考古发掘偏重探求古人"无穷无尽的艺术创造力和技术革新"[②] 不无关系。然而，从历史社会学视角出发，对墓群关系、墓园与其有关的社群关系、墓园的象征意义等问题的研究，比仅聚焦于"黄泉世界"，更能从整体上揭示"生""死"两世界的"互动"，对全面了解大历史视野下的墓葬制度、社会历史不无裨益。[③]

总体来看，学界对全真墓葬的研究成果相对来说不是很多，而且同样存在"重地下，轻地上"的情况。[④] 前揭王宗昱文章专门谈到归葬迁葬反映出的全真道和儒教的礼俗交融与矛盾。此后，关于全真墓群关系，墓地与宫

---

① （唐）房玄龄等撰《晋书》卷 20《礼志》，中华书局，1974，第 632 页。
② 〔美〕巫鸿：《黄泉下的美术：宏观中国古代墓葬》，施杰译，生活·读书·新知三联书店，2010，第 4 页。
③ 2015 年 3 月 6 日至 9 日，"中古时期丧葬观念风俗与礼仪制度学术研讨会"在北京大学召开。会上，结合对中古单个墓葬研究较多的现状，徐天进、刘呆运等建议，从墓葬研究转向墓地、居址和墓地关系、都城与墓地关系等的研究。北京大学中国考古学研究中心编《两个世界的徘徊——中古时期丧葬观念风俗与礼仪制度学术研讨会论文集》，科学出版社，2016，第 511 页、第 514 页。
④ 配合永乐宫迁址工作，1959 年 12 月 7 日至 1960 年 1 月 15 日，山西省文物管理委员会、考古研究所对芮城永乐宫旧址宋德方、潘德冲等墓进行了发掘清理。1960 年第 8 期《考古》杂志集中刊发了以上两家单位联合署名的《山西芮城永乐宫旧址宋德方、潘德冲和"吕祖"墓发掘简报》和徐苹芳《关于宋德方和潘德冲墓的几个问题》两篇文章。白彬对山西地区金元时期道士墓的发现和分布及道士身份确认的依据，道士墓的墓葬形制、随葬器物及其特点，与同时期北方俗人墓、南方道士墓的异同，墓主身份和等级，教派及由此所反映出的丧葬习俗等问题，做了比较系统的探讨。参见黎志添编著《道教图像、考古与仪式：宋代道教的演变与特色》，香港中文大学出版社，2016，第 123~163 页。上述均是聚焦于道士墓地下部分的研究成果。

观、宗系以及教团的关系，墓园的象征意义等问题，都鲜有人问津。

按照墓群关系，全真葬制可分为附葬式、归宗式两种。前者指信徒去世后附葬于先师坟茔之侧。后者指某一或某几个宗系的全真高道仙逝后集中安葬于某地。这是两种与世俗葬制既有联系又有区别的全真葬制，在构建全真宗祖认同和教团凝聚力方面发挥了重要作用。兹结合考古资料和全真碑刻、文集、教史等文献资料，试述如下。

（一）附葬式

众多全真宫观中建有墓园（教内称作"仙蜕园"或"仙茔"），安葬已故道士遗蜕。下文将谈到，洞真真人于善庆、无欲真人李志远去世后，以附葬的方式安葬于祖庭仙蜕园。"附葬"古称"祔葬"。《礼记·檀弓上》："季武子曰：'周公盖祔。'"郑玄《注》："附谓合葬，合葬自周公以来。"孔颖达《疏》："附即合也，言将后丧合前丧。"① 古人认为，附葬法与昭穆制度一脉相承，"祔葬，谓葬于祖之旁也……族葬之法，始祖居中，以昭穆为左右，孙从其祖，若祔庙然"②。李如森归纳了汉代的三种附葬形式：一是一般的附葬，多半是同一茔地而各自为墓；二是若干墓室同埋在一座封土之下；三是几代人埋在一座墓内。③ 齐东方探讨了三国两晋南北朝时期多室墓的附葬墓，将其主要特征概括为以家庭为单位，附葬者是墓主人的直系亲属，他们有的同时埋葬，有的后来葬入。这种类型的附葬墓一般与等级制度无关。④ 附葬制汉唐碑刻墓志多有载录，主要适用于有血缘关系的家族、家庭内部。

全真附葬墓应该是出自对世俗葬制的仿效。从碑刻记载来看，主要是指李如森提到的第一种附葬形式，即同一茔地内各自为墓的情况。⑤ 下面以

---

① 李学勤主编《礼记正义》卷 7，北京大学出版社，1999，第 196 页。

② （清）孙希旦：《礼记集解》卷 33《丧服小记》，沈啸寰、王星贤点校，中华书局，1989，第 885 页。

③ 李如森：《汉代丧葬礼俗》，沈阳出版社，2003，第 220~221 页。

④ 齐东方：《三国两晋南北朝时期祔的葬墓》，《考古》1991 年第 10 期。

⑤ 白彬以"五女坟"为例，考证了五座墓葬共安葬 69 位女道士的同性丛葬葬俗。他认为，这些人应为全真女冠。黎志添编著《道教图像、考古与仪式：宋代道教的演变与特色》，第 136 页。受考古发掘资料所限，这些人之间的身份关系无法考证。能否构成本书所称的附葬式或归宗式葬制，值得进一步研究。

祖庭重阳宫（最初称灵虚观、祖庵）为例，阐释早期全真教团以附葬方式构建祖师认同的情况。

　　按照是否改葬（迁葬）区分，有的道士是去世后直接安葬于有师承关系的仙茔，有的则是通过改葬最终归宗祖师仙茔的。就前一种情况而言，玉蟾真人和德谨、灵阳真人李灵阳是王嚞东迈海滨之前与之一同修道的道友。金世宗大定十年（1170）九月十四日，和德谨辞世，"四子葬于刘蒋庵侧"①。按照辞世时间考证，他应该是第一位进入祖庵仙茔的高道。自此之后，祖庵始建有仙茔，历代以来安葬了众多高道。大定二十九年（1189）三月一日，李灵阳辞世，"长春以礼葬于庵侧之仙茔"②。

　　王嚞辞世后，马钰苦心经营祖庭十余年，培养了众多知名弟子。他们继承师父道范，积极推动祖庭及周边宫观建设。羽化后有多位栖神祖庭仙蜕园。如金世宗大定二十年（1180）奉丹阳之命充任祖庵庵主的吕道安（1142～1221），一生在振兴祖庭及陕右道宫方面，倾注了不少心血，金宣宗兴定五年辞世，享年八十岁，"葬于仙茔诸师之侧"③。刘祖谦《终南山碧虚真人杨先生墓铭》称，"正大二年清明日，（杨明真——引者按）语门人李志常即祖坟预建寿塔，果以十年六月无疾而逝，享年八十"④。按，金哀宗正大年号仅存八载，刘祖谦所记虽早，但有偏误。李道谦编撰《终南山祖庭仙真内传》时，发现这一错误，并做出纠正，称金哀宗正大五年（1228）杨明真辞世，享年七十九岁，"度门人数百辈，平生著述目曰《长安集》行于世。葬于刘蒋之仙蜕园"⑤。海迷失后二年（1250）十月三日，洞真真人于善庆仙逝，后九日，葬于重阳宫西北隅。⑥《终南山祖庭仙真内传》交代了于洞真墓的具体位置，"葬于宫之仙蜕园，附玉蟾、灵阳二师之侧"⑦。两相对照，可知当时的仙蜕园位于祖庭西北角。从于洞真墓附和、李墓侧来看，诸仙坟是按照辈分和代际排布的。

---

①　（元）李道谦：《终南山祖庭仙真内传》卷上，《道藏》第19册，第517页下栏。
②　（元）李道谦：《终南山祖庭仙真内传》卷上，《道藏》第19册，第518页中栏。
③　（元）李道谦：《终南山祖庭仙真内传》卷中，《道藏》第19册，第531页下栏。
④　参见（元）李道谦《甘水仙源录》卷4，《道藏》第19册，第752页中栏。
⑤　（元）李道谦：《终南山祖庭仙真内传》卷中，《道藏》第19册，第526页上栏。
⑥　（元）李道谦：《甘水仙源录》卷3，《道藏》第19册，第748页下栏。
⑦　（元）李道谦：《终南山祖庭仙真内传》卷下，《道藏》第19册，第539页上栏。

七真再传弟子直接葬入祖庭仙蜕园的亦有不少。李志源，邠州三水县（今属宁夏固原）人。师事玉峰观周全道，系马钰再传弟子。曾奉师命主理周全道一系本山玉峰观。金哀宗天兴年间，金朝统治下的关中地区遭受蒙古人攻击，李志源率众先后寓居陕州鸡足山、洛阳长生观。后赴山东东阿县建栖真观。元太宗六年（1234），关中甫定。李志源遵师遗命，在终南山南时村创重阳成道观。元太宗八年，赴燕京谒处顺堂。掌教尹志平命其提点真定路道门。元太宗十三年，经于善庆举荐，担任重阳宫提举。元定宗元年（1246）辞世，享年七十一岁，葬宫东北之仙茔。上一段提到，于善庆附葬祖庭西北隅仙蜕园和、李二师之侧。而李志源入葬东北隅仙茔，估计至大蒙古国时期，随着教团日益壮大，全真墓园也在不断扩大。李志源虽早于洞真真人辞世，但却未能入葬安葬有教祖王嚞及同道的西北仙茔，当与洞真真人高李志源一辈有关。如此，分别位于祖庭西北、东北角的仙蜕园呈现了明显的依辈分安葬的礼制性特征。李守宁，后更名李志远，讳仲美，道号无欲子，原月山人。三十七岁时与其父同诣碧虚真人杨明真门下。元太宗十二年（1240），被旨得赐无欲观妙真人号。尹志平曾令其住持重阳宫兼提点陕西教门事，元定宗元年秋八月，朝旨加玄微真人号。金蒙易代之际，战乱频仍，饿殍遍野，李志远救济民众、瘗埋遗骨，在今陕西、河南、北京等地声望颇高，元宪宗四年（1254），病逝于燕京长春宫，享年八十六岁，"诸徒奉枢西归，附葬于终南祖茔，礼也"①。

另一种情况是迁葬入祖庭仙蜕园。② 第一位迁入仙蜕园的是教祖王嚞。《七真年谱》记载，金世宗大定十二年（1172）四子将王嚞遗蜕迁葬刘蒋祖庵。全真迁葬之风自此始。③ 之后，王嚞、马钰弟子迁入仙茔者代有其人。例如，史处厚（1102～1174），大定二年（1162）礼王嚞出家，道号洞阳子。王嚞东迈山东时，史处厚留在终南山鄠社间乞食炼心，四子西来后，与之共居刘蒋，并得到马钰指点，大定十四年羽化，享年七十三岁，初葬醴泉。次

---

① （元）李道谦：《甘水仙源录》卷6，《道藏》第19册，第768页下栏。
② 白彬指出，迁葬现象并非道士墓特有，而是当时北方地区金元墓葬流行的一种葬俗。参见黎志添编著《道教图像、考古与仪式：宋代道教的演变与特色》，第148页。
③ 王嚞遗蜕在金末蒙初先后经历三次安葬，即1170年权瘗开封孟宗献花圃、1172年改葬刘蒋、1241年祖庭会葬。

年，马钰将其移葬刘蒋仙茔。关于迁葬原因，笔者推测，一方面体现了马钰对史氏修道事业的认可；另一方面，也不排除其利用迁葬活动以及扩大祖庵仙茔规模的方式赢得信众和世俗社会对早期教团发展关注的可能。

马丹阳高足毕知常亦通过改葬的方式入葬祖庭仙茔。此人在金章宗朝曾与吕道安同主祖庵，先后担任副知观、知观，积极兴复祖庵基业。从庵主位置上退休后，他退隐岐山县五姓之洞真观，金哀宗正大八年（1231）辞世，门人将其遗蜕安葬于洞真观平日所居石室。元太宗十二年（1240），祖庭观主于洞真命门人迁葬其入刘蒋仙茔。和毕知常一样，马钰另外一位弟子周全道也是通过迁葬入祖茔的。金哀宗正大五年（1228）十月十七日，周全道辞世，享年八十四岁，葬玉峰庵侧。元太宗十三年（1241）春，清和真人尹志平完成祖师会葬大典之后，命门人将其仙柩迁葬刘蒋仙蜕园。其有资格改葬祖庭仙茔，当与他的声望和对教团的贡献有关。周全道登真之前遗命李志源重修重阳成道宫。尹志平一向关心祖庭及其周边下院发展，不忘报本之意，周全道遗训可谓深得清和真人之心。①

七真以降入葬祖庵仙茔者以马钰一系居多，当然也有例外。如，披云真人宋德方，历事刘处玄、丘处机、王处一诸师，曾随侍丘处机西行，在宫观、宗祖谱系建设、《道藏》纂修方面，贡献甚巨，1247年十月十一日仙逝于重阳宫待鹤亭，享年六十五岁，"越七日葬于宫之仙蜕园"②；元宪宗五年（1255），白云真人綦志远辞世于玄都万寿宫，"初瘗于樊川白云观，后改葬于刘蒋祖庭之仙蜕园"③，李庭《玄门弘教白云真人綦公道行碑》交代了改葬的时间、地点，"七月二十四日顺化而终，享年六十有六，明年改葬于祖庭西北隅仙茔之次"，辞世、安葬之地三易，最终栖神祖庭仙茔，当与其道行声望以及对祖庭的贡献有关④。

以上除李志源墓位于祖庭东北角以外，其余谈到的祖庭仙蜕园均位于

① （元）李道谦：《甘水仙源录》卷4，《道藏》第19册，第753~754页。陈垣编纂，陈智超、曾庆瑛校补《道家金石略》，第526页。
② （元）李道谦：《终南山祖庭仙真内传》卷下，《道藏》第19册，第540页上栏。据白彬考证，1254年宋德方遗蜕迁葬山西永乐宫附近，1275年再次迁葬，葬于今山西芮城永乐宫西北之峨眉岭。黎志添编著《道教图像、考古与仪式：宋代道教的演变与特色》，第144页。
③ （元）李道谦：《终南山祖庭仙真内传》卷下，《道藏》第19册，第541页上栏。
④ （元）李道谦：《甘水仙源录》卷5，《道藏》第19册，第765~767页。

重阳宫西北隅。可以想见，大蒙古国早期，祖庭仙蜕园已经形成了以教祖王嚞及同道和、李二真人墓为核心的辈分明晰的附葬式全真仙茔梯队。

（二）归宗式

从考古发掘来看，重阳宫西偏南里许亦有仙蜕园。1949 年中华人民共和国成立时，占地面积尚有约十八亩，园内坟冢众多。1967 年 8 月，平除塔坟，掘出灵枢石函十五具、陶棺二具，多被摧毁。现存灵枢石函五具、石函盖五具，均被移至重阳宫集中保护。① 其中包括杨明真、于洞真、李志远、史处厚、高道宽的石函盖，綦志远的石函。前四者的石函盖上均刻有"岁在癸亥仲春二月壬子朔二十一日壬申再卜宅兆迁神安葬于斯"的铭文。癸亥即元世祖中统四年（1263）。笔者将这次大规模的迁葬活动称为"癸亥迁葬"。《重阳宫志》称，该墓园是 1261 年高道宽任陕右教门提点兼领重阳宫事时开辟的。② 笔者未能找到这一时间节点的文献依据。但可以肯定的是，1263 年二月二十一日，高道宽③主领重阳宫时期，曾集中组织过一次从祖庭西北仙茔迁葬全真先师遗蜕并重新安葬西南仙蜕园的活动。綦志远的石函盖不存，结合上文，可知他的遗蜕也是从西北仙茔迁入新茔的。以上是利用考古资料对"癸亥迁葬"的探讨。传世文献对这一事件也有所揭示。李道谦《终南山祖庭仙真内传》卷上记载，这一年史处厚灵骨经历第三次迁葬，即"中统癸亥，再迁仙茔。开圹视之，仅及百年，骨虽散乱，其色如金，其坚若石。余所亲见者也。异哉"④。传世文献和考古资料相对照，可知作为陕右道门领袖的李道谦参与组织并见证了这次规模宏大的迁葬活动。⑤ 关于迁葬原因，笔者推测当与高道宽主持重阳宫时期的宫观扩建

---

① 《重阳宫志》编委会编《重阳宫志》，第 508 页。
② 《重阳宫志》编委会编《重阳宫志》，第 76 页。
③ 元定宗三年（1248），高道宽署知重阳万寿宫及提点甘河遇仙宫事。元宪宗二年（1252），掌教李志常俾充京兆路道录。元世祖中统二年（1261），掌教张志敬诣阙，保奏宣授陕西兴元等路道教提点兼领重阳万寿宫事。关于高道宽的更多内容，参见拙文《高道宽及西北全真道的早期发展》，《中国道教》2018 年第 6 期。
④ （元）李道谦：《终南山祖庭仙真内传》卷上，《道藏》第 19 册，第 519 页中栏。
⑤ 按，元宪宗元年（1251），李道谦任重阳宫提点。宪宗八年，掌教张志敬俾充京兆路道录。（元）宋渤：《玄明文靖天乐真人李公道行铭并序》，陈垣编纂，陈智超、曾庆瑛校补《道家金石略》，第 714 页。李道谦和高道宽同出洞真人于善庆门下，从二者任职来看，教内明显是把李道谦作为高道宽的接班人来培养的。

有关，"师典领教门逾二十年，专尚德化，未尝一施政刑。在祖庭则继创南昌上宫，洎五祖大殿，其余厨库藏厩，增葺者甚多"①。

高道宽的石函盖未提及迁葬内容，其应该是在元世祖至元十四年（1277）辞世后，直接安葬西南仙蜕园的，"越五日葬于宫之仙蜕园，送葬道俗逾万人，其平生道力自可见矣"②。此外，马钰三传弟子、元仁宗朝出任掌教大宗师知集贤院事的孙德彧仙茔也位于西南仙蜕园。③ 在时代变迁中多具石函被毁，还有哪些道士仙蜕迁入或直接安葬于西南墓园的情况很难说清。不过，从王嚞灵骨被发现的历史来看，其仙茔应该一直在西北隅仙蜕园，未曾迁改。④

仅就可考的栖神祖庭西南墓园者，至少有史处厚、杨明真、于洞真、綦志远、李志源、高道宽、孙德彧等。史处厚虽早年从重阳为全真学，但他真正在心性修为上有所成就还是在接受马钰训告之后。1170 年，四子入关，与史处厚第相印可，并"同葺刘蒋庵居之。丹阳屡以诗词训告，次第诱掖。不数载间，克臻大妙"⑤。从这个角度讲，史处厚得马钰之传。綦志远曾任重阳宫住持、陕右道门提点，"祖庭兴修，师多所规画，仍于京兆府城玄都万寿宫及炭谷太一宫，俱加营建"⑥。他深得凉王孛儿只斤·阔端、皇太后乃马真·脱列哥那、宪宗蒙哥以及潜邸时期的忽必烈等蒙古皇室赏识封赠。元宪宗二年（1252），因"全真通蜀"案，綦志远往六盘山谒见忽必烈，为教团发展赢得政治空间。除了这两位，其他五位均出自马钰一系。因此，就目前的考古发掘来看，重阳宫西南墓园安葬的高道明显是以马钰一系法脉为主，兼及与这一系有密切关系或为祖庭做出重要贡献的道士。这种安葬方式，与附葬式最大的区别在于，诸仙茔之上没有一个统领诸宗的共同"先祖"。但从宗系上看，诸先师又大体呈现同宗同门的特点。当

---

① （元）李道谦：《终南山祖庭仙真内传》卷下，《道藏》第 19 册，第 542 页下栏。
② （元）李道谦：《终南山祖庭仙真内传》卷下，《道藏》第 19 册，第 543 页上栏。
③ 《重阳宫志》编委会编《重阳宫志》，第 625 页。
④ 1957 年冬，祖北村民修农田水利挖渠，于宫院西北侧银杏树东侧约十五米处发现大青砖，掘取青砖下挖约一米处，发现砖砌壁墙，内有石函（棺），函盖上置方砖一方，上刻铭文"重阳祖师压骨在此"。参见《重阳宫志》编委会编《重阳宫志》，第 458 页。
⑤ （元）李道谦：《终南山祖庭仙真内传》卷上，《道藏》第 19 册，第 519 页上栏。
⑥ （元）李道谦：《终南山祖庭仙真内传》卷下，《道藏》第 19 册，第 540 页下栏。

然，不排除大宗之下有小宗附葬的情况，这还有待考古资料的进一步证实。

无独有偶，五华山仙茔也是一座归宗式安葬全真先师的墓园。五华山五华观是金元时期燕京地区的一座著名宫观，和房山清和宫齐名。关于五华山的位置，永乐《顺天府志》卷11记载：

> 五华山，山在城西北三十五里，五峰秀峙，宛如列屏。按《五华观碑记》，金翰林待制朱澜所撰。其略云：燕城西北有山曰五华，挺秀于玉泉山两峰之间，山腹有平地，可起道院。大定二十七年落成，命高道宋先生与众住持，为修炼之所。西北约二、三里，有泉出焉，引之以渠，直至飞泉亭，东南流不逾寻丈，伏而不见，至山趾乃复涌出，环之以堤，渺若江湖，此玉泉之源也。①

同书卷8对五华山位置交代得更为具体：

> 五华观，京城西北，地几一舍，有山名曰五华，挺秀于玉泉、香山两峰之间，山腹有平地可居。金世宗命起道院，翰林待制朱澜为记。铭有曰：帝城西北，山明水秀。五华一峰，烂然锦绣。重峦叠嶂，夹辅左右。山腹坦然，泉甘土后。②

文末注引《析津志》云"英宗朝改为寺"③。

五华观作为一座敕建道院，除皇家支持之外，其声名大振离不开全真高道的礼重。《终南山祖庭仙真内传》记载，乃马真后四年（乙巳，1245）全真道曾有组织地开展过一次迁葬多位早期祖庭高道遗蜕的活动，将苏铉、柳开悟、曹瑱等马钰高足遗蜕迁葬五华山，权且称为"乙巳迁葬"。这

---

① 《顺天府志》卷11，北京大学出版社，1983，第267~268页。
② 《顺天府志》卷8，第99页。
③ 包世轩考述了五华观的发展历史，指出唐代兜率寺在金世宗大定年间改建为五华观，元英宗至治初年改建为寿安山寺，之后发展成为今日的西山卧佛寺。参见氏著《金元道教全真派五华观与元末卧佛寺相关史事考略——兼及元末卧佛寺法洪和尚行实》，北京联合大学编著《北京学研究文集2009》，同心出版社，2009，第280~289页。

是早期全真道史上的一件大事，以往学界无人谈及，现概述如下。

苏铉，号云中子，华州蒲城（今属陕西渭南）人。金世宗大定十一年（1171）赴终南祖庭投马钰门下。从师礼马钰的时间来看，在马氏众弟子中，苏铉是比较早的一位。马钰去世后，他先后在山东、河北一带弘道，金章宗明昌初年，按照丘处机指点，演教燕蓟，住崇福观。李道谦未交代苏铉证真的具体日期，只谈到登真之际，彩云缭绕空际，枕肱而逝。乃马真后四年冬，清和真人移葬其遗蜕入五华山仙茔。

柳开悟，字巨济，道号无染子，陕右坊州（今属陕西延安）人。金世宗大定十二年（1172）礼马钰出家。马丹阳仙逝后，也和苏铉一样按照丘处机之命，演教燕蓟，后迁居固安栖玄庵。金卫绍王崇庆元年（1212）寿终。乃马真后四年冬十月，清和真人移葬其遗蜕入五华山。海迷失后二年（1250）冬，李志常奉上命赠明玄崇德无染真人号。

曹瑱，道号朝虚子，陕右坊州人，家世巨富，早年应科举，名中高选。金世宗大定十四年（1174）礼马钰于祖庭出家。马钰去世后，他先后在山东、河北等地传道。金章宗泰和七年（1207）夏四月，向门人告以归期，不久微疾而逝。门众将其安葬于燕都城东永寿观。乃马真后四年冬，其被改葬至五华山。海迷失后二年十二月，掌教李志常奉朝命追赠翊玄惠正朝虚真人号。

结合苏、柳均系前掌教大宗师尹志平主持改葬的，推测主持曹瑱改葬的也别无他人。从时间上来看，这些道士都是在去世三十多年之后同时被改葬五华山的。这是早期全真教史上一次规模不小的集体改葬活动。我们知道，在马钰众弟子中，曹瑱、柳开悟、来灵玉、刘真一、李大乘、雷大通、李大莘、赵九渊等有"玄门十解元"之称，苏铉有"小丹阳"之美誉。三位高道从履历来看，都有师事马钰出家，然后按照丘处机指点在燕蓟一带弘道度人的经历。[①] 前掌教尹志平主持"乙巳迁葬"大典在前，时任掌教李志常请赐六字真人封号在后。既有肯定祖庭高道演法度人重要贡献的一面，又有借此增进祖庭与堂下、丹阳与长春两大弘法集团凝聚力的作用。

---

① 李道谦《终南山祖庭仙真内传》卷上《曹瑱》："明昌中，（曹瑱——引者按）与云中苏公、无染柳公奉长春师叔命，同飞乌燕蓟，演化度人，应缘接物。"《道藏》第19册，第520页中下栏。

另外，"乙巳迁葬""庚戌敕封"相继发生在尹志平重振以祖庭为核心的关中道教、祖庭高道纷纷赴燕致祭长春真人之后，均是全真道上层以实际行动凸显教之于政的归附和认同的表现。①

之所以将"乙巳迁葬"的葬所选在五华山，是因为尹志平一直对五华山、五华观颇为属意。他生前经常到此览胜闲居，其文集中的相关歌咏赞叹即是明证。如《葆光集》收有《五华山道院》《五华山喜雨》《五华山寄王子正三绝》《暮春游五华山继先师韵》《重修五华观喜题》等多篇诗文。其中，歌咏五华胜境者，如《五华山道院》云："玉莲池上玉莲亭，对水临山眼界清。走遍人间归计晚，五华堪可寄余龄。"《游五华五绝答王子正》诗云："五华再变类蓬宫，一片清凉眼界中。天赐老身闲自在，五华池畔快哉风。"② 七言绝句题引称，"重阳将近，袁真人会五华观，诗赠之"，则表达的是重阳节前夕，尹志平在五华观会见袁真人并作诗答和的内容。从《重修五华观喜题》诗题可知，尹志平在世时五华观曾重修过。诗中"昔日烧丹院，今为养老庵"一句则表达了尹志平退居闲职以后准备在五华观闲居养老之意。知常真人姬志真亦曾留宿五华山，并作诗歌咏五华仙山胜境之美，可见五华山在全真道士心目中是一座圣山。③

元宪宗元年（1251）尹志平仙逝于房山清和宫。他曾遗言安葬于清和宫。后按照僚士之请，葬于五华仙茔。一方面，和清和宫相比，五华山距离长春宫总部更近，便于日后教门弟子祭扫。《终南山祖庭仙真内传》即如是交代。另一方面，五华山、清和宫均是尹志平生前的心向之地，栖神之

---

① 李道谦《终南山祖庭仙真内传》卷下《清和真人》称，元太宗六年（1234），"夏，闻朝廷遣官抚绥关辅，适无欲李公自卫致燕致祭处顺堂，师（指尹志平——引者按）命入关招集道侣，兴复终南刘蒋之祖庭。秋，中官遣使劳问，赐道经一藏。乙未春，沁州牧杜德康请师主黄箓醮事，师由云应南下，所至原野道路，望尘迎拜者日千万计。愿纳宫观为门弟子者，若前高之玉虚、崞县之神清、定襄之重阳、平遥之兴国，咸请主于师"。《道藏》第19册，第533页中下栏。杨奂《终南山重阳万寿宫洞真于真人道行碑》称，元太宗七年（1235）秋，于洞真北上入燕，致祭处顺堂。掌教大宗师尹志平待之如伯仲。（元）李道谦：《甘水仙源录》卷3，《道藏》第19册，第748页中栏。

② （元）尹志平：《葆光集》卷上，《道藏》第25册，第513页中下栏。

③ （元）姬志真《宿五华山》诗云："真仙重葺五华宫，盘郁山颜锦绣中。落落清泉鸣静夜，潇潇瘦竹弄晴风。地偏境绝排幽胜，人力天成妙化工。借问炼丹何所在，满山乔木夕阳红。"（元）姬志真：《云山集》卷2，《道藏》第25册，第377页下栏。

所稍做改变，并不等于完全推翻尹氏遗言。更为重要的是，尹志平生前就曾组织"乙巳迁葬"，多位早期全真高道宁神于此，从归宗和祭祀角度讲，五华山的地位至少不亚于房山清和宫。

就在尹志平辞世的前一年，掌教李志常将栖神于赛蓝城的赵九古冠履安葬于五华山。① 五华山仙茔成为丘处机一系或者说堂下一系众多先师的栖神之所。十八大士中至少有夏志诚、于志可、李志常、孟志源等多位高道先后安葬于此。

夏志诚（1173~1255），号清贫道人，山东济南章丘人。金章宗泰和元年（1201），其在栖霞太虚观礼丘处机出家，先后主持玉虚观、长春宫事，元定宗三年（1248），赐号无为抱道素德清虚大师，元宪宗五年辞世，享年八十三岁。门人依礼将其衣冠安葬于五华山仙茔。② 元武宗至大三年（1310）其受追封为无为抱道素德真人。

于志可（1185~1255），字显道，号冲虚，宁海（今属山东烟台）人。其先后师事刘处玄、丘处机，尹志平掌教时，曾出任长春宫提点。他和夏志诚同年去世，享年七十一岁，安葬于五华众仙茔。③ 1310 年其受追封为诚纯复朴冲寂真人。

掌教大宗师李志常于元宪宗六年（1256）辞世，享年六十四岁。《玄门掌教大宗师真常真人道行碑铭》铭文提到"苍苍五华，涓涓一水，窈兮窆兮，闷我冠履"。《终南山祖庭仙真内传》卷下称，门众将其遗蜕葬于五华山之存存堂。释祥迈《大元至元辨伪录》也提到李志常因发脑疽而卒，葬于五华观中。④ 1310 年其受追封为真常妙应显文弘济大真人。

孟志源（1187~1261），字德清，号重玄子，祖上为辽上京徙单氏。金章宗泰和三年（1203），其在潍州玉清宫礼丘处机出家，之后又曾得到王处一、郝大通指授，尹志平、李志常、张志敬掌教时，历任教内要职，海迷

---

① 陕西省社会科学院张方研究员调研发现，太原纯阳宫内立有宋德方衣冠冢。这和李志常在五华山安葬赵九古冠履异曲同工，重在以此构建先师信仰的精神传统，在这个意义上先师高道的肉身坟和衣冠冢并无本质区别。

② （元）李道谦：《甘水仙源录》卷 5，《道藏》第 19 册，第 763~764 页。

③ （元）李道谦：《甘水仙源录》卷 5，《道藏》第 19 册，第 764~765 页。

④ （元）释祥迈：《大元至元辨伪录》卷 3，《续修四库全书》第 1289 册，上海古籍出版社，2002，第 448 页下栏。

失后元年（1249），以恩例得赐金冠紫服，并至德玄虚悟真大师号，元世祖中统二年（1261）辞世，享年七十五岁；遵遗命，葬之于五华仙茔。① 1310年其受追封为重玄广德冲用真人。②

此外，丘处机弟子佐玄寂照大师冯志亨（1180~1254）在向蒙古贵戚传播中原文化、推动全真玄学教育方面，贡献颇著，元宪宗四年（1254）八月二十三日，微疾而逝，享寿七十五岁，"二十六日葬之五华山之西南原，礼也"③。

掌教大宗师诚明真人张志敬于元世祖至元七年（1270）冬十一月辞世，享年五十一岁，两年后的三月三日，安葬于五华山道院东。加上曹瑱、苏铉、柳开悟等马钰一系高道，五华仙茔可谓高道云集，至少葬有三位金末祖庭高道、五位十八大士、三位全真掌教，以及像冯志亨这样的先后辅佐过几任掌教的元老。

从墓群关系看，全真葬制大体可以分为附葬式、归宗式两种。归宗式又可以细分为单一宗系归宗和跨宗系归宗。很多时候，附葬式和归宗式葬制是存在交叉的。比如，祖庭西南仙蜕园从整体来看，属于归宗式墓园。但墓园内部杨明真、李志远师徒，于洞真、高道宽师徒的仙坟是如何排布的，现已无法得知。如果采取的是弟子葬于先师墓侧的方式，这就形成了大宗之下的小宗附葬墓。五华山李志常、张志敬师徒仙茔也存在这种可能。

葬制是全真丧葬礼制的重要内容。门人不远千里将李志远仙柩"附葬于终南祖茔，礼也"。无为抱道素德清虚大师夏志诚辞世后，"门人奉其衣冠葬于五华之仙茔，礼也"。佐玄寂照大师冯志亨葬"五华山之西南原，礼也"。何人有资格附葬祖庭仙蜕园、哪些人能栖神五华仙茔，都是依"礼"而行的。一个"礼"字深刻透露出全真道对丧葬礼制的重视和恪守。

全真葬制源于对世俗丧礼的仿效和继承。从教俗葬制对比角度讲，祖庭西北仙蜕园原葬有王嚞，和、李二真人，以及第二代、第三代等弟子。而第二代中只有史处厚入葬其中，七真中无一人附葬祖师之侧。五华山仙茔则安葬了多位同一辈分的高道，在他们之上并无一位共同的"先祖"。白

---

① （元）李道谦：《甘水仙源录》卷6，《道藏》第19册，第771~772页。
② 《长春真人西游记》卷下作"孟志温""悟真大师孟志稳"，结合道号和赐号来看，应为同一人。参见《道藏》第34册，第494页下栏、第501页下栏。
③ （元）李道谦：《甘水仙源录》卷6，《道藏》第19册，第770页中栏。

彬指出，道士死后葬在道观附近，不入家族茔地，是山西地区金元道士墓区别于同时期俗人墓的重要特征之一。① 现在看来，这种葬俗应该不限于山西地区，陕西、山西、北京等中国北方地区都有这种情况。② 这些都是和世俗家族墓地有所出入的。究其原因，当与全真道士在广大中国北方地区弘道的社会流动性、缺少真正的家族式血缘关系等有关。这也是全真徒众"方外眷属"关系的一种表现形式。从于善庆和李志源分别安葬于祖庭西北、东北仙蜕园来看，祖庭仙茔有着明显的辈分高低之别，这又与世俗葬制注重辈分等级存在相似性。

迁葬祖师遗蜕是金元全真道一种准规制性的习俗，在很大程度上成为实现全真墓群关系"理想化"的有效途径。李道谦《终南山宗圣宫主石公道行记》记载，郝大通三传弟子石志坚曾在山东行台李全支持下，"会多方道门耆宿，迁葬丹阳、长生、玉阳、广宁四师仙蜕"③。张仲寿总结马钰遗骨的改葬经历称，"自金大定癸卯，至皇朝大德丁未，相距百二十有五年，中间不知其几迁矣"④。其间原地葬、开棺复葬、改葬、世俗之葬、宗教之葬交织在一起。既有山东、陕西教团内部的地域之争，又有王宗昱所称的出家全真道和在家儒教的礼俗之争。"乙巳迁葬""癸亥迁葬"更是早期全真道史上两次大规模的集体性迁葬活动。迁葬活动虽与道家清静无为、视四大为假躯的教义相背离，但其象征意义远远超过安葬遗蜕本身的意义。和世俗的家族性迁葬活动一样，全真迁葬也有"择优而葬"、慎终追远之意，但更重要的在于，声势浩大的、频繁的迁葬活动可以勾起迁葬参与者对先师弘道修行历史的回忆、增进代际宗教情感、巩固宗祖认同、凝聚教团力量。同时也要看到，很多迁葬活动与教团发展壮大、宫观扩建不无关

---

① 参见黎志添编著《道教图像、考古与仪式：宋代道教的演变与特色》，第 158 页。

② 张方告知笔者，全真道在陕西咸阳大魏村（即王嚞的出生地）修建了重阳祖师父母的墓，称重阳祖师仙茔。至于全真道这一做法的原因、在家仙茔与出家仙茔的关系等问题，由于资料所限，不敢妄自申论。但这一做法至少是和世俗葬俗、出世葬俗都有区别的。本节草就阶段，曾向张方兄求教，在此深表谢忱。

③ （元）李道谦：《终南山宗圣宫主石公道行记》，陈垣编纂，陈智超、曾庆瑛校补《道家金石略》，第 637 页。

④ （元）张仲寿：《丹阳真人归葬记》，陈垣编纂，陈智超、曾庆瑛校补《道家金石略》，第 741 页。

系。从"癸亥迁葬"的葬所与祖庭的距离判断，这次迁葬应该与原来西北仙蜕园影响宫观扩建有关。

附葬式、归宗式葬制的推行，最终都形成了一系列长幼有序、尊卑有节的全真墓园。宫观之侧的仙蜕园在某种程度上成为殿堂神像神位崇拜的延伸，是增进宗祖认同的又一精神阵地。金世宗大定二十五年（1185），"（山东）邑人疑仙骨陕右门人盗去，莱阳宰显武刘公启枢视之，貌如生，乃更衣于金玉堂，复葬之"①。宫观或者教区内有没有先师名道的仙蜕园，甚至成为信徒衡量自身是否为宗门正统的重要标准。和全真道构建宗祖谱系、礼敬在世高师一样，安葬制度是全真道尊师重道、构建宗祖认同的又一重要方式。该制度采取类似家族墓的集中安葬方式，很大程度上增进了教门凝聚力，特别是像祖庭仙蜕园、五华仙茔这样的多宗系墓园，有利于弥合不同宗系之间的嫌隙、增进诸宗同根同源的认同感。不过，应该指出的是，当教团整体处于上升期和蓬勃发展时期，如金末元初，归宗式安葬方式有利于提升教团凝聚力；相反，当教团内部不同宗系出现不平衡发展态势后，单一宗系的归宗安葬则可能为宗系分化、分支立派埋下伏笔。

## 附　全真史志关于天人一体生命存续观的书写②

不同于世俗丧葬活动的叙述模式，全真史志对丧葬活动的叙述是以"不死"或者说"永生"为落脚点的。这与全真道以内丹修持为开宗立派之根本、性命双修最终弃壳成仙、实现生命形式内在超越的身体观相契合。全真道士羽化之后，按照惯例，都会请人撰写道行碑、墓志铭，以示纪念。从宗教信仰角度讲，众碑刻并非对传主的盖棺定论。除了载述他们的学道经历、弘道活动、著述、交游等内容，其还有尤为重要的一点，即对传主辞世前后活动的记述，主要包括预知归期、死后如生、法身显化等内容。

---

① （元）王利用：《全真第二代丹阳抱一无为真人马宗师道行碑》，陈垣编纂，陈智超、曾庆瑛校补《道家金石略》，第640页。
② 史志对全真道士去世前后的相关神性书写，已经超出了全真丧葬制度的范畴，但有利于增进信众对内丹修炼的认同，树立天人一体、不死永生的生命存续观。特此，此节附于本章文末。

与探讨全真道士"死而不亡"真实性的理路不同，本书关注的重点是诸家史志反复谈到的不死观念或者称神性书写与全真教团认同的关系问题。这是一个前人少有涉及的侧面。

## 一　预知归期

预知归期是指全真道士在世时就能提前知晓自己的辞世之期。从诸家碑记来看，有的全真道士是在证道前很长时间就预测到自己的归期，有的则是在归期临近时预言自己某日将逝。例如，金世宗大定十年（1170）王嚞对身后弘道活动做出安排后，羽化证道。辞世之前，马钰请其留颂。王嚞称已在六年前书于长安滦村吕仙庵。刘祖谦《终南山重阳祖师仙迹记》称，王嚞在滦村留题"害风害风旧病发，寿命不过五十八"[①] 之语。然据《七真年谱》的记载，上述诗文是王嚞在大定五年题于终南上清太平宫的。大定六年吕仙庵留题为"地肺重阳子，呼为王害风。来时长日月，去后任西东。作伴云和水，为邻虚与空。一灵真性在，不与众心同"[②]。两诗均见于《重阳全真集》。具体是哪年题于何地，有待详考。但有一点是确定的，即王嚞在去世前五六年就已经预知归期。

王嚞同道及历代弟子继承了祖师预知归期的能力。以金末祖庭高道为例，《终南山祖庭仙真内传》卷上记载，玉蟾真人和德谨在世时曾命人为其绘制凭虎而睡的写真画。金世宗大定十年（庚寅，1170）九月十四日和德谨翛然顺化，后人始解其意，即预见自己在寅年将逝。与之一同修道的李灵阳，同样也有预知归期的能力。上文谈道，李灵阳预知自己将于大定二十九年春辞世，并提前一年嘱托丘处机为其主丧。

七真道行碑传中关于预知归期的记载，颇为常见。金世宗大定二十五年（乙巳，1185）孟夏朔日，谭处端无疾留颂而逝，享年六十三岁。他于巳年巳月巳时归真，在世时，尝画龟蛇，金源璹认为这是长真真人早知归期的暗示。元太祖二十二年（1227）六月二十三日，雷雨大作，太液池、

---

① （金）刘祖谦：《终南山重阳祖师仙迹记》，陈垣编纂，陈智超、曾庆瑛校补《道家金石略》，第 461 页。

② （元）李道谦：《七真年谱》，《道藏》第 3 册，第 382 页上栏。

北口山崩裂，丘处机预言自己归期将至，七月四日，告知弟子将于九日登真，七月九日，留颂于葆光堂，归真，世寿八十。① 丘处机登真的过程，有两点值得注意：其一，他能够准确地预知具体哪一日证道；其二，登真之前，会有一些诸如山崩水摧的征兆。

七真弟子中，《终南山祖庭仙真内传》记载，马钰高足陶彦明（1142~1227）、乔潜道（1137~1217）辞世前都曾有预知归期之举。陶彦明是在辞世前一年预言当于次年春证道。乔潜道在世时曾向世人王可大请求"助一袍以烬吾行"。辞世后，王可大方悟"索袍谓棺也"。此外，丹阳一系的姚玹、段明源等早期祖庭高道传记都有类似的描述。《终南山祖庭仙真内传》卷下《清和真人》记载，元宪宗元年（1251）二月六日尹志平去世前也曾向门人告以归期，并叮嘱不要大起葬事。② 和其师丘处机一样，宪宗六年（1256）五月"总真阁之北檐无故摧坏"，李志常预知仙期已至，于同年六月证道。③ 再以刘处玄一系为例，《天坛尊师周仙灵异之碑》记载，莹然子周志通与于道显、宋德方等为同门师兄弟，均为刘处玄门下位尊德著的高道。元太宗九年（1237），应王屋总帅司荣之邀，周志通住持天坛上方院。太宗十二年二月二日预言将逝，并嘱徒众将其安葬于"堂下窑子内"。碑记没有交代"堂"为何指，当为天坛上方院的某座殿堂。当年七月二十一日，周辞世。门人按照遗愿，果然发现堂下窑子，遂将其安葬于兹。碑记所记周尊师灵异之事甚多，预知归期和葬所是为其一。④

按照众家碑记的描述，全真道士辞世之际还有一种与俗众不同的现象，即留颂而逝。遗世颂的主题以阐释内丹修炼的为多。例如，谭处端遗颂云："交泰一声雷，迸出灵光万道辉。龙遇迅雷重脱壳，幽微，射出金光透顶

---

① （元）李道谦：《甘水仙源录》卷1、卷2，《道藏》第19册，第732页中栏、第735页中栏。

② 李志全《清和演道玄德真人仙迹之碑》云："辛亥，长春诞日，四众大会五华宫，师凭几于全真堂，话间有逝□之叹，左右骇视莫测。至廿五日，暂往清和宫游宴。二月初六日，长生真人升日，师晨起沐浴更衣，命作大斋，抵昏归正寝，奄忽而登真矣，道寿八十三岁。"陈垣编纂，陈智超、曾庆瑛校补《道家金石略》，第540页。

③ （元）李道谦：《甘水仙源录》卷3，《道藏》第19册，第746页下栏。

④ 《天坛尊师周仙灵异之碑》，陈垣编纂，陈智超、曾庆瑛校补《道家金石略》，第488~490页。

114

飞。"① 尹志平云:"观化八十三岁,淡薄全真活计。临行踏破虚空,开放光明无际。"② 祁志诚云:"和气周流正性开,炼神合道出尘埃。"③ 有的诗文旨在描述修得一灵真性、与道合一的仙班境界,如马钰云:"堂堂归去也,作个快活仙。"④ 马钰一系门人玄通子李志云说:"七十年来,颠踬般般,打破休歇。如今认得本原,撒手便归仙阙。"⑤ 有些道士未留下遗世诗文,而是对日后弘道事业做出安排。例如,全阳广德弘化真人周全道辞世前曾嘱托弟子增葺南时村活死人墓。《灵显观碑记》对洞真大师琅琊潘公学道修道经历交代不多,但对其遗训记载颇为详备,其云:"大道深远,不可得而言也。自太上先师以道德五千言流传于世,今摭其易知者言之曰:'无为民自化,好静民自正,无事民自富,无欲民自朴,无情民自清。'又曰:'将欲翕之,必固张之。将欲夺之,必固与之。治国治家治身,皆不外乎此。尔辈勉之。'"⑥ 与通常嘱托弟子传道弘法、功行双修的遗训不同,潘氏从全真道接续传统道教薪火的角度训诫弟子,别具一格。

相关记载显示,全真道士不仅具有预知自己寿期的能力,还能预知他人仙期。金世宗大定二十二年(1182)冬十二月,马钰预言孙不二将逝,并仿效庄子,歌舞自娱。次年春正月,清静散人于洛阳仙逝。大定二十八年(1188),王处一预言将无缘再见金世宗。果如其言,次年正月初二,世宗去世。⑦

按照全真家的看法,预知归期只是全真道士预知先机能力的表征之一。早在东赴海滨之前,王嚞曾预言将来"四海教风为一家"。同时,他为史处厚留有一幅三髻道者的画像,并告知将其作为日后参同之符。金世宗大定

---

① (元)刘天素、谢西蟾:《金莲正宗仙源像传》,《道藏》第 3 册,第 375 页上栏。
② (元)王恽:《大元故清和妙道广化真人玄门掌教大宗师尹公道行碑铭并序》,陈垣编纂,陈智超、曾庆瑛校补《道家金石略》,第 690 页。
③ (元)祁志诚:《西云集》卷下,《道藏》第 25 册,第 542 页上栏。
④ (元)秦志安:《金莲正宗记》卷 3,《道藏》第 3 册,第 356 页上栏。
⑤ 《东华观记》,陈垣编纂,陈智超、曾庆瑛校补《道家金石略》,第 518 页。
⑥ (元)孟栋:《灵显观碑记》,王宗昱编《金元全真教石刻新编》,第 32 页。
⑦ 姚燧《玉阳体玄广度真人王宗师道行碑铭并序》称,大定二十八年(1188),金世宗遣人再次召见时,王处一对使者云:"吾不难斯行,诚不及一仰清光矣。"(元)李道谦:《甘水仙源录》卷 2,《道藏》第 19 册,第 737 页下栏。

十年（1170），马丹阳等四子参谒祖庵。当时马钰留的就是三髻发饰，四子与史处厚递相印可。这无疑是想暗示王嚞的预见能力。大定十年春，和德谨预见丘刘谭马四子将至，并为他们留下饭钱，至期四子果至。李道谦称，丘处机曾在静中预见将有雪山之聘，所以才有拒绝宋、金礼请，应天命觐见蒙古可汗之举。①

根据全真史志的描述，全真道士预知未来事的能力，当与平时的环堵丹道修行有关。他们能够通过环居内境的方式，透视未来之事。《终南山祖庭仙真内传》卷上记载，马钰弟子段明源善环修。金世宗大定二十二年（1182）夏，他在环修中预见马钰东归将路过潼关，遂出环，率众参谒。段明源师徒一行刚刚抵达潼关，马钰仙仗即至。可以看得出，段明源继承了马钰祖庭环修传统，其内修功夫非常了得。碧霄子薛知微（1150~1232）随马钰学道三载，深得静定功夫之堂奥，能够在静中预见未然。对此，《终南山祖庭仙真内传》多有载述。例如，天澄月朗之夜预见次日降雪，在游道天坛之前预见将宿天坛安乐窝，大定二十三年（1183）马钰将羽化登真，乡里王汝霖中风而卒，儒士吴世杰、薛国宝将于金卫绍王崇庆间中第，杜仲敏妻子落井，等等。

不过，相关史志对全真道士是否能够预知归期的记载有的存在相互抵牾之处。兹举一例。张子翼《丹阳真人马公登真记》记载，金世宗大定二十三年（1183）腊月二十三，恰逢王重阳寿诞之日，马钰供斋，震雷忽奋，祖师王嚞显化，并告知其仙期已至，不可久留于世。当晚马钰枕左肱而化。而按照王利用《全真第二代丹阳抱一无为真人马宗师道行碑》的说法，马钰不仅自己预知归真之日，而且还在登真之前教导弟子刘真一学道修仙要积功累行，不可半途而废。张碑撰于马钰去世两年后的大定二十五年（1185）。王碑撰于马钰去世百年之后的元世祖至元十九年（1282）。是否存在王利用通过（纠正）叙述马钰预知归期的能力，提高其"神性"的可能

---

① 李道谦《全真第五代宗师长春演道主教真人内传》云："己卯，师居莱州昊天观。一日静中作而言曰：'西北天命所与，他日必当一往，生灵庶可相接。'秋八月，宋主遣使来召，亦不起。州牧劝行，师曰：'吾之出处，非若辈可知。至时恐不能留尔。'是岁五月，圣元太祖圣武皇帝自奈蛮国遣近侍刘仲禄赍诏请师。"陈垣编纂，陈智超、曾庆瑛校补《道家金石略》，第634页。

呢？客观地讲，王碑的论述应该达到了这个效果。

## 二　死后如生

众多史志记载了全真道士肉身"死后如生"的现象。金哀宗正大四年（1227）七月九日，丘处机羽化证道。一年后的七月六日，将葬，弟子启棺见其俨然如生。[①] 是否果真如此呢？这很可能是碑记作者为神化传主，而采用的一种夸张性的、神乎其神的笔法。这在非信众群体看来，也许是无稽之谈，然而对信仰者或者准信仰者来说，可谓正中下怀、深得其心。换句话说，全真高道在世时以弘道为己任，往生之后，其神性依然成为身后徒众皈依道门的指南。碑文所讲的"道俗瞻礼者三日，日万人，悉叹异之""其生也，四方之门人丹青其像事之。其殁也，近者号慕，远者骏奔，如考妣焉。及其葬也，会者又万人。近世之高道，福德兼备，未有如师者"[②] 就是很好的说明。元成宗大德十一年（1307）马钰遗蜕经历第五次安葬。张仲寿《丹阳真人归葬记》提到，"启封，示仙骨三髻，尤□□然如生"[③]。史处厚去世后从1174年至1263年近百年间，先后经历过两次改葬。金世宗大定十五年（1175），马钰将其遗蜕从醴泉移葬刘蒋仙茔，信众见其"颜采如生"。此次迁葬发生在史处厚去世后的一年，一年的时间尸体非但没腐坏，反倒与生时无异，令人惊异。李道谦目睹了元世祖中统四年（1263）的迁葬过程，称其"骨虽散乱，其色如金，其坚若石"，这很容易让人将之和其生前的丹道修行联系到一起。

史志关于七真弟子"死后如生"的记载比比皆是。以马钰一系为例，《终南山祖庭仙真内传》记载，段明源登真后"目光炯然，数日不落"。朝真子陈知命（1117~1197）曾任祖庭庵主，八十一岁证道，去世后"停枢三日，肌体轻软，目光炯然"。金哀宗正大三年（1226），蒙古国铁骑南下，灵虚观（即后来的祖庭重阳宫——引者按）付之一炬，昭然子宋明一死于战乱，享年八十四岁。大军过后，道众下山发现宋明一的遗体膏血不流，

---

① 丘处机去世后一年才安葬，当与弟子为其营建葬所而导致安葬时间延迟有关。
② （元）李道谦：《甘水仙源录》卷2，《道藏》第19册，第735页中下栏。
③ （元）张仲寿：《丹阳真人归葬记》，陈垣编纂，陈智超、曾庆瑛校补《道家金石略》，第740页。

李道谦称其炼就了纯阳之体。陶彦明（1142~1227）羽化，"停枢七日，颊红顶温，如熟睡状。殡于所居静室，明年离峰于君葬诸凤翼山之西。启棺，形质不变，香风满谷，万人瞻拜，莫不赞异。故左丞姚枢为作墓铭，以纪灵异焉"①。于洞真（1166~1250）死后"醮祭九日，颜采如生"。

全真史志对马钰一系的洗灯子然逸期，郝大通一系的杨志谷、李志柔、徐志根，等等众多七真再传弟子都作出了"死后如生"的描写。如，1258年杨志谷辞世，"千日之后，与之更衣，俨然如生。道俗观者，无不惊异"②；元世祖至元三年（1266）夏六月二日，李志柔告诫弟子以修身利物为念，令弟子石志坚主领后事，次日翛然顺化，享年七十八岁，"方其敛息之际，宫北焦家巷居民见空界五云浮动，仙音朗彻。奔往视之，师乃升矣。畏暑流金，颜色如生"③；元成宗大德八年（1304）六月十日夜徐志根辞世，享年九十一岁，"数日乃敛，颜色不少变，蝇蚋莫敢近"④。

从上述史志的描写来看，全真道士死后一段时间内肉身不坏着实成为一大"奇迹"，深深地折服了众多信众。这些描写实际上是在暗示全真道士在世时内丹修行功夫精深。《云峰真人康泰真墓铭》谈到，云峰子康泰真九十二岁辞世，登真后百日颜色如生。他善于环修，金章宗承安三年（1198），曾于南川旧宜州（今属辽宁锦州）圜居六载，"透脱净中境界，养成真气，吐而为文，亦中规矩"⑤。然逸期去世后一年颜色不改，王利用《洗灯子然先生道行碑铭》明确点出这与其"平日修炼之功"有关。此人曾经在醴泉环居三载，"踵纳真息，内杜德机，弃智忘言，识心见性。不三年，造夫大妙之域。一日，火光从环堵中出，众以为灾，奔赴之。至则见师暝笑而坐，

---

① （元）李道谦：《终南山祖庭仙真内传》卷中，《道藏》第19册，第529页中栏。

② （元）论志元：《大元国广宁府路尖山单家寨创建大玄真宫祖碑》，王宗昱编《金元全真教石刻新编》，第232页。

③ （元）朱象先：《古楼观紫云衍庆集》卷中，《道藏》第19册，第559页上栏。

④ （元）程巨夫：《徐真人道行碑》，陈垣编纂，陈智超、曾庆瑛校补《道家金石略》，第713页。

⑤ 《云峰真人康泰真墓铭》，王宗昱编《金元全真教石刻新编》，第228页。按，《墓铭》署"承安丙辰年癸巳月丁酉日建"。结合康泰真在元太宗十年（1238）曾拒绝接受朝廷封赐真人号这一事实，承安乃金章宗年号。刻立者很可能将元宪宗六年（丙辰，1256）误记作了承安丙辰。另外，李宇峰《辽宁喀左元代道士康泰真墓碑调查记》（《北方文物》1990年第2期）只提"岁次丙辰年癸巳月丁酉日"。

众感而异之，方悟火光乃神光也。于是敬仰礼奉，倍于他日"①。文中提到的神光，实际上是在暗示然逸期已经修成内丹，法身真性能够抛离凡胎。按，揭傒斯《应缘扶教肇玄崇道真君道行碑》、孟祺《应缘扶教崇道张尊师道行碑》都曾谈到，丘处机弟子十八大士之一的应缘扶教崇道大宗师张志素（1188～1268）去世前有神光自顶出。② 这也是在暗示张志素内丹功夫了得，羽化之前法身已经弃壳升仙。诸此种种，碑传作者都在向徒众和世俗民众间接地表达一个观念：全真道士通过内丹修炼之法，不仅能够实现性命双全、证道成仙，而且还能保证在去世后相当长一段时间内肉身不坏。前文谈到，从身体观角度讲，全真道重法身轻色身。诸家史志对肉身不坏的叙述看似是多余的。然而，从传道和增进后学对先师认同角度讲却是必要的。肉身不坏，是众多参与全真丧葬活动的后辈弟子有目共睹的，甚至有的人还有幸见到了全真高道往生之前的丹道神光。"眼见为实"，这种观念一方面深深地吸引着更多的民众修习全真之法，另一方面也大大增进了信众对先师的精神认同。

## 三 法身显化

按照教史的记载，法身显化是指全真道士经过经年修炼、证道成仙后，能够以形神兼备的形式出现在在世的全真道士面前或内境之中，甚至对之进行教化。据称，王嚞去世后曾下界神游。如称，1183 年十月下元日，马钰主持文登九幽醮时，王嚞曾显化空中，"青巾白袍，坐白龟于碧莲叶上，龟曳其尾，见于云表。道俗欢呼，焚香致拜。居无何，回首侧卧，东南而去"③。马钰《赞重阳真人显异》记载，王嚞辞世后曾不止一次显化：

---

① （元）李道谦：《甘水仙源录》卷 7，《道藏》第 19 册，第 783 页上栏。
② 张志素曾任燕京大长春宫提点兼燕京路道录、道教都提点等职，并主持兴复亳州太清宫。《应缘扶教肇玄崇道真君道行碑》云："至元□□□十有二月，有神光出顶中，上冲于天，良久始□居□旬忽□诸弟子曰：吾与长春师有阆风之期。又三日，沐浴衣冠而逝。是月二十九日也。年八十一。"参见王宗昱编《金元全真教石刻新编》，第 205 页。《应缘扶教崇道张尊师道行碑》也谈道："至元五年十二月，屡有光自顶出，氤氲彻于空际。"参见陈垣编纂、陈智超、曾庆瑛校补《道家金石略》，第 603 页。
③ （元）李道谦：《甘水仙源录》卷 1，《道藏》第 19 册，第 730 页中栏。

悯化真人，重阳师父，头头物物皆通。归期预指，语话似心风。果应南京行上。升霞后，教训臧公（师父重阳真人当日升霞，至暮时分，臧公在南京遇之，尚不知升霞，犹以为生，后方知之。其速有如此者）。岐阳镇，顶冠下界，为我再传功。华亭城西现，救予疾苦，气布身中。在文登云上，显出慈容。县宰尼厐虎见，经顷刻，复返天宫。真实事，古今希罕，自是足人崇。①

《丹阳真人马公登真记》对马钰死后神游亦有记载，称其曾先后显化于酒监郭复、刘锡等居所并留颂。《全真第二代丹阳抱一无为真人马宗师道行碑》载录了马钰神游刘锡居所留颂诗云："三阳会里行功圆，风马乘风已作仙。劝汝降伏龙与虎，自然有分亦登天。"②

关于全真道士登真之日异地显化的记载还有很多。马氏得意弟子赵悟玄于金卫绍王崇庆元年（1212）辞世，辞世之际先后在多地与多位弟子谋面，并付以诗篇。③ 1217年乔潜道登真之际，神游显化于门人李道隐修道之所，秘受玄诲。次日，李道隐按照师父嘱托，启程参谒乔潜道。"行至中途，逢人来报，先生昨日已羽化矣，方知来者身外之化身也"④。据《长春真人西游记》《终南山祖庭仙真内传》记载，赵九古（1163~1221）随侍丘处机西行途中去世后，曾多次显化，护翼师父一行东归。1228年马钰弟子杨明真证道之际，曾与福山宋明一话别，"宋遽出户迎待，适人来报先生羽化"⑤。1251年二月十一日，尹志平留颂而逝。"其日，终南祖观有一道士乘白马来告清和去世，竟不知所之，后讣音至，考验月日，知为神游化现，

---

① （金）马钰：《洞玄金玉集》卷10，《道藏》第25册，第619页上中栏。
② 参见（元）李道谦《甘水仙源录》卷1，《道藏》第19册，第730页下栏。
③ （元）李谦《弘玄真人赵公道行碑》云："大安壬申春，真人（指赵悟玄——引者按）拜扫先茔，诸弟子皆从，中路闻虚空有声，如乐音合奏，从者皆闻之，真人因作歌词以志其异，仅成半篇，命弟子鲁现琦识之。时弟子李道宝自洛西还，道中忽与真人遇，且曰：'汝当速行，吾其逝也。'言终不见。至陕，复遇真人，曰：'向尝作歌词未终篇，今足成之，汝其无忘。'道宝至淳化，真人已返真矣。道宝为诸弟子言所见，举其词合现琦所识，遂成全篇，众皆骇异。"（元）李道谦：《甘水仙源录》卷4，《道藏》第19册，第751页中下栏。按，"大安壬申"，无此年号，系误记。
④ （元）李道谦：《终南山祖庭仙真内传》卷中，《道藏》第19册，第527页下栏。
⑤ （元）李道谦：《终南山祖庭仙真内传》卷中，《道藏》第19册，第526页上栏。

吁亦异哉！"①

　　元顺帝至正八年（1348）二月初八，刘处玄四世法孙洞阳显道真人井德用羽化于耀州五台山静明宫。在井德用终丧二九的那天，掌教大宗师关德昌奉旨邀请其赴京接任掌教之职。②《皇元制授诸路道教都提点洞阳显道忠贞真人井公道行之碑》记载了井德用登真前后的种种灵异之迹：

　　　　逮至正戊子二月初八日，忽有白雀三翼舞于庭下。公击节而歌曰："白雀白雀世所希，来从何所相参飞。不须龟筮以见机，吾将与汝偕徂归。"须臾，其雀西举。是夜集童子并冠者六七人，奏清乐，歌步虚词。更将四鼓，但觉天风洒然，清香霭然，公就榻曲肱而化。迟明，仙鹤百余，摩云而至，□绕移时，一鹤戛然长鸣而北骞。官吏都氓瞻拭者，莫不惊讶。吊谏之士，素车白马，楮幢襦筥，隐隐然塞乎道途，若有所不胜，亦其景行之所感也。越七日，举棺就圹，轻若无人。启函视之，朱颜不改，四体不僵，亦异矣。藏诸本山之升仙台。③

　　其可以简单归纳为预知归期、留颂而逝、仙鹤迎驾、遗蜕清逸、死后朱颜不改且四体不僵。何约将这些现象的出现归结于井德用生前深厚的丹道修持功夫和羽化之后的仙阶有位，即"足以知七返九还之功全矣""仙几之不偾矣""朝元始而拜虚皇矣"。井德用羽化前后的种种迹象成为诸家史志关于全真道士证真过程历史叙述的典型代表。这个例子告诉我们，全真史志关于全真道士"死而不亡"的神性书写贯穿于金元两代。

　　多提一句，全真道士并非只是在去世之后才具有神游显化的能力。据称，很多道士在世时就已经修得这种神通。以上文提到的赵悟玄为例，金章宗泰和年间（1201～1208），樊川雒六郎师事赵悟玄。六郎弟屡于城中茶

---

① （元）王恽：《大元故清和妙道广化真人玄门掌教大宗师尹公道行碑铭并序》，陈垣编纂，陈智超、曾庆瑛校补《道家金石略》，第 690 页。
② 关于关德昌的更多内容，参见刘晓《元代全真道被遗漏的掌教关德昌——〈井公道行碑〉读后记》，《宗教学研究》2017 年第 2 期。
③ （元）何约：《皇元制授诸路道教都提点洞阳显道忠贞真人井公道行之碑》，王宗昱编《金元全真教石刻新编》，第 94 页。

肆见一道者，后至樊川，与兄六郎同往参谒赵悟玄。其所见与在城中所见道者形貌相同。奇怪的是，其兄称赵氏从未离开过樊川。实际上，碑记撰者李谦是在暗示赵悟玄已经修得身外身。正是因为他拥有了这种超出常人想象的神通，六郎弟才"大加敬信"，并为之起建道宫。

从身体观角度讲，全真道士轻色身重法身；而从丧葬制度角度讲，全真道重丧厚葬，可谓对其身体观的逆动。众多碑记关于全真道士丧葬活动叙述的落脚点是"身死而神不亡"生命形式的转化与超越，个中关键是内丹修炼。关于"死而不亡"（预知归期、死后如生、法身显化）的申述，是以不死、永生为归宿的，旨在构建一种不间断的、天人一体的生命延续模式。在全真道士看来，弃壳升仙，一方面实现了生命的超越、与道合一、与天地一体；另一方面修得此种境界，不仅可以在天界位列仙班，而且可以自如地在凡间显化，天人之间、天地之间并不存在不可逾越的鸿沟。

全真家认为，死亡的或者更准确地说抛弃的只是借以修炼成仙的媒介和依托——肉身。即便如此，众多碑记关于肉身不坏、死后如生的记载，实际上是在申明经过性命双修的全真高道的凡胎也是与众不同的。这种叙述模式增进了世俗民众和教团信众对内丹修炼的认同，进而引导了更多民众对全真教团的心向、增强了信众通过内丹修炼最终实现与道共存的信心。全真史志的这种书写模式在很大程度上推动了以内丹性命之学为核心的全真信仰的社会传播和全真教团的发展壮大。

# 第三章　祖真崇拜

祖真崇拜是凝聚教团力量、增进教团认同的重要途径。祖师祭祀制度和祖宗谱系建构、以像立教是全真道宗祖崇拜的三大表现形态。关于全真道宗祖谱系的研究，学界已经出版了一些颇有分量的成果。前贤结合教史文献，围绕"五祖""七真"的构成、形成过程、宗祖谱系流变等内容作了较为深入的阐述，深化了对全真道宗祖崇拜和神仙谱系形成过程的认识。不过，从研究进路上来看，相关研究采用的均是"加法"研究法。以七真为例，前期研究成果都看到了七真形成过程经历了从"四子"（四哲、四仙、四士）到容纳"三大士"，以及七真构成从王嚞加上六大男弟子到"六男一女"的转变过程。关于五祖的形成，相关研究也认为经历了从无到有、从少到多的发展过程。这应该是按照元世祖至元六年（1269）、元武宗至大三年（1310）两朝敕封诏书逆推形成的研究思路，与祖真信仰形成发展的实际存在一定出入。以往研究多聚焦于金元时期特别是"五祖七真"的演进上，对作为孕生"五祖七真"土壤的早期祖师祭祀制度、全真像教、明清民国时期宗祖崇拜新特征等关注不够，贯通性研究相对不足。① 本章利用道教典籍、金石碑刻、正史、文集、方志、宝卷等教内外资料，尝试对金

---

① 秦国帅对明清民国时期七真度化小说的版本、内容及其与正史、俗史的互动和不同社会群体对七真小说的消费关注较多。可参见氏著《七真仙传与全真历史：以台湾大学图书馆藏〈七真仙传〉为中心的考察》，《世界宗教研究》2017年第3期；《明清民国时期七真度化故事的流传及版本研究》，赵卫东主编《全真道研究》第6辑，齐鲁书社，2017；《〈七真天仙宝传〉的版本、使用及内容初探》，赵卫东主编《全真道研究》第7辑，齐鲁书社，2018；等等。这一时期的祖真发展形态及其特征不是其关注的重点。

元至民国时期全真祖真信仰的形成、演进及不同阶段的特点、趋势作一贯通性阐释。

## 第一节　祖师祭祀制度

《左传·成公十三年》云："国之大事，在祀与戎。"先秦以来中国古人就逐渐形成了一套比较系统的祭祀观念和实践。《仪礼》对此有着极为细密的准制度化规定。全真祖师祭祀制度系对世俗祭祀制度的化用。自创教之初，全真道不同宗系即形成了祭祀宗祖的传统。祖师祭祀制度是不同宗系酝生共同的宗祖认同的土壤，本身又是全真宗祖崇拜的重要内容。灵祭、庐墓、茔祭、祠祭构成了全真道祖师祭祀制度的核心内容。这套源于传统世俗社会家族祭祀制度而又有自身特征的宗教礼制，成为全真道构建宗门认同、凝聚教团力量的重要方式。

### 一　灵祭

灵祭是指对死者灵枢或灵位的祭奠活动，一般发生在安葬之前，地点多为停放灵枢或灵位以供吊唁的灵堂。1227年七月初九日丘处机仙逝于太极宫宝玄堂。"黎明，具麻服行丧礼，奔走赴丧者万计。……首七之后，四方道俗，远来赴丧，哀恸如丧考妣，于是求训法名者日益多。"[1] 七月十五日，燕京儒学官孙周等以香茶之奠致祭灵前。定庵吴章祭文曰：

> 嗟嗟仙翁，早岁出家，壮而成道，九八仙而五四皓，无书不览，无事不知。九经库而五总龟，天下之老，天子之师，籍在仙班，厌居尘寰，举臂汗漫，骑鹤三山，名满世间，千秋万古，何者为住（当为"往"之误——引者按），何者为去，嗣教门人，结缘道友，衰经满堂，如丧父母。吾属蹉跎，蒙知最重，奠拜灵筵，哭之为恸。呜呼哀哉，君寿国安，师能致之；含灵耳目，师能启之；水旱为沴，师能禳之；

---

① （元）李志常：《长春真人西游记》卷下，《道藏》第34册，第499页上栏。

师为飞仙，何日忘之。呜呼哀哉，尚飨。①

冯志亨（1180～1254），字伯通，号寂照，同州冯翊（今陕西大荔）人。金元易代，兵戈扰攘，其和众多中国北方儒士一样，寄籍全真门下，礼丘处机出家，栖身道门三十余载，先后辅佐尹志平、李志常两位掌教，承诏教授蒙古贵胄，协助李志常兴办全真玄学，位高德著，1254 年八月二十三日证道。次日，虎岩赵著②以祭文致奠礼于灵前。李志常以掌教大宗师身份祭灵，冯氏道行碑载录真常真人祭文云："与公相会三旬有五，不交以势，不聚以富，忆初相见，无言心许。公今假化，境出非人，生死示迹，孰知其神。"③ 可见，李志常与之关系不同一般。元成宗元贞二年（1296）六月，天乐真人李道谦辞世，"公私闻之，咸来吊祭，无不尽哀。葬之日，会者数万人，霞五采覆圹上，群鹤翔云中，观者叹异之"④。

和全真道士为世俗百姓作醮超度一样，停灵期间，全真徒众也会为先师举行醮祭。例如，郝大通再传弟子李志柔（1189～1266），字谦叔，洺水（今属河北邯郸、邢台）人，一生在兴复今河北、河南、陕西等地宫观、纲领教团方面贡献甚著，海迷失后二年（1250），得赐同尘弘妙真人号、黄金冠服，元世祖至元三年辞世，"畏暑流金，颜色如生，醮祭者三日，权瘗于所居之丈室"⑤。

路祭是指出灵过程中生者在沿途祭祀灵柩，以示缅怀敬仰之情。无欲子李志远 1254 年六月二十六日仙逝于长春宫。门人扶柩西归，十一月路过河南卫州，"弟子王志安等以缞绖成礼，哀号凝慕，如丧考妣，醮祭三昼夜

① 《道藏》第 19 册，第 736 页中栏。
② 赵著，号虎岩。元太宗八年（1236）七月，耶律楚材在燕京立编修所，在平阳设经籍所，编集经史。"召儒士梁陟充长官，以王万庆、赵著副之，使释《九经》，进讲东宫，且令大臣子孙执经听讲。"（清）魏源：《元史新编》卷 3，《续修四库全书》第 314 册，第 37 页上栏。
③ （元）李道谦：《甘水仙源录》卷 6，《道藏》第 19 册，第 770 页下栏。
④ （元）宋渤：《玄明文靖天乐真人李公道行铭并序》，陈垣编纂，陈智超、曾庆瑛校补《道家金石略》，第 714 页。
⑤ （元）李道谦：《大元宗圣宫主李尊师道行碑》，陈垣编纂，陈智超、曾庆瑛校补《道家金石略》，第 599 页。

而去，礼也"①。弟子穿戴丧服，醮祭活动长达三昼夜，可见路祭活动颇为繁复。"如丧考妣"不仅透露出全真师徒之间形同父子的亲密关系，而且不难体味丧祭活动的世俗特征。一个"礼"字可知醮祭活动有着严格的仪式程序。因碑记简略，具体细节不可详考。如前所述，金元时期，很多全真道士遗蜕经历过改葬。以披云真人宋德方为例，元定宗二年（1247）仙逝并安葬于祖庭重阳宫仙茔，元宪宗四年（1254），改葬永乐纯阳宫。教俗两界在咸阳至永乐沿途为之举办了络绎不绝、场面盛大的路祭活动，"当灵柩之北行，既道于蒲，又道于绛，抵平阳乃改辕而东。其郊迎路祭之际，自京兆达于河东等处数千里之内，皆向已争挽，日不半舍。及别出古万户下宣差贾侯、参谋知事杨郭辈，乘骑而往逆之，长驱而南，至此莫有敢阻滞之者"②。

## 二 庐墓

庐墓制度非全真道所创，而是周秦以来的一种传统丧葬习俗，指古人在父母或师长死后，服丧期间在墓旁搭盖小屋居住，守护坟墓。《礼记·丧大记》云："父母之丧，居倚庐，不涂，寝苫枕凷，非丧事不言。"③儒家经典对孝子庐墓的居所、言行都有制度化的规定。汉唐以来，子孙、后学为先人先师庐墓守丧的例子，史不绝书。全真道的庐墓守丧之制应该是对世俗庐墓习俗的仿效与发展。

全真道的庐墓制度始于马钰掌教时期。金世宗大定十二年（1172），丘刘谭马四子将王嚞遗蜕从开封护送至咸阳刘蒋村安葬。《终南山重阳祖师仙迹记》称，"四子归其枢，葬于刘蒋故庵之侧。丹阳因庐于墓次，今之祖庭是也"④。庐墓期间，马钰将头发分为三髻，颇为与众不同。之所以束这种发型，是因祖师名号中的"嚞"字由三个"吉"组成，此举主要是为了表达对

---

① （元）李道谦：《甘水仙源录》卷9，《道藏》第19册，第799页上栏。
② （元）李鼎：《玄都至道披云真人宋天师祠堂碑铭并引》，陈垣编纂，陈智超、曾庆瑛校补《道家金石略》，第548页。
③ 李学勤主编《礼记正义》卷45，第1271页。
④ 参见（元）李道谦《甘水仙源录》卷1，《道藏》第19册，第726页中栏。

先师的追念与皈依之情。① 高晔《玄都观碑》云："庐墓制终，分方设教。"②
由此可见，王嚞去世后，四子曾经为之庐墓守坟。另据《终南山祖庭仙真
内传》卷上记载，刘通微曾与四子一起庐墓。当时郝大通也有意同庐墓侧，
但终因谭处端的讥讽而未能如愿。③

　　王嚞之后历代全真道士死后，嗣法弟子恪守庐墓守坟之制。例如，《七
真年谱》记载，金世宗大定二十三年（1183）十二月二十二日马钰于莱阳
县游仙宫辞世。刘处玄、王处一二人共主葬事，守坟百日，之后各归修真
之所。王嚞《结物外亲》诗云："一侲二子一山侗，连余五个一心雄。……
一弟一侲两个儿，和余五逸做修持。结为物外真亲眷，摆脱尘中假合尸。"④
在四大弟子中，丘刘谭马虽均处弟子辈，而马钰在王嚞心目中的地位明显
要高于其他三者。谭处端明确称马钰为师叔，如《赠云阳程仙》诗云："学
取终南师叔马，赤穷穷地堵环中。"⑤ 刘处玄、王处一为马钰守坟，明显是
以师礼待之。又《终南山祖庭仙真内传》卷中记载，马钰登真之后，弟子
自然子任守一曾为其"庐墓三载"。《玄都宫碑铭并序》记载，元太宗二年
（1230），应弟子刘志源之请，郎志清住居澶渊（今属河南濮阳）通真观，
不久羽化于此，享年五十二岁，刘志源为其"庐墓三年而后归"⑥。元定宗
元年（1246），刘真常羽化，史志经"诣浑源哭之，且心丧三年"⑦。玄通
子李志云于元定宗三年（1248）八月初九日辞世，门人刘志山等守坟三
年。⑧ 全真道内甚至有庐墓终身的情况。李志全《清和演道玄德真人仙迹之
碑》记载，尹志平去世后，"门人怀德，皆庐墓终身，甃砖阁，建祠宇，金

---

① （元）王利用：《全真第二代丹阳抱一无为真人马宗师道行碑》，陈垣编纂，陈智超、曾庆
瑛校补《道家金石略》，第639页。王粹《七真赞·丹阳马真人》有"千朝得道，三誓承
师"之赞。（元）李道谦《甘水仙源录》卷2，《道藏》第19册，第741页上栏。
② （元）高晔：《玄都观碑》，王宗昱编《金元全真教石刻新编》，第10页。
③ 徐琰《广宁通玄太古真人郝宗师道行碑》云："（大定）十二年，葬君于祖庭，师欲与四
子同庐墓侧，长真激之曰：'随人脚跟转可乎？'师明日遂行，至岐山，遇神人授今名字及
道号。"（元）李道谦《甘水仙源录》卷2，《道藏》第19册，第739页中栏。
④ （金）王嚞：《重阳全真集》卷1，《道藏》第25册，第691页上栏。
⑤ （金）谭处端：《水云集》卷上，《道藏》第25册，第846页上栏。
⑥ 《玄都宫碑铭并序》，王宗昱编《金元全真教石刻新编》，第200页。
⑦ （元）李道谦：《甘水仙源录》卷8，《道藏》第19册，第789页上栏。
⑧ 《东华观记》，陈垣编纂，陈智超、曾庆瑛校补《道家金石略》，第518页。

碧绘像，辉映千古"①。

全真弟子为先师庐墓，以出世之身行入世之法，既表达了对业已辞世的全真道士的缅怀之情，又以代际传承的方式构建了祖师崇拜。庐墓之制或可称为仙茔祭祀制度的起点。

## 三　茔祭

和中国传统社会重视先人祭祀一样，全真道士为了表达对先师的追念尊崇之情，除构筑仙茔依礼安葬之外，对先师宗祖的祭奠岁时不辍。仙茔祭祖制是全真道重丧厚葬制度的延续。

全真仙茔祭祀制度始自金末。金源璹《长真子谭真人仙迹碑铭》称，1170 年王嚞于开封仙逝后，谭处端与丘刘马"三大士负师遗蜕，径归关中，瘗之于刘蒋村祖庵之西隅，供祭尽师资之礼"②。按照《七真年谱》等教史文献的记载，此事发生在金世宗大定十二年（1172），四子对王嚞仙茔的祭祀开全真道仙茔祭祀制度之先河。受时空和金蒙对峙等时局之限，有些全真道士赴祖庭祭祀祖师往往要历经艰辛。《七真年谱》记载，金世宗大定十五年（1175）夏，孙不二从山东出发，致祭祖庭。虽未经历之后的金蒙易代时局动荡之苦，但也是一次跨越时空的祭师朝圣之旅。对于一位女冠来说，途中艰辛，不难想见。相比而言，祖庭周边宫观道众的祭祖活动则少受舟车之劳。金哀宗正大（1224～1231）初年清明，全阳真人周全道从幽州（今属陕西咸阳）玉峰观出发赴祖庭，祭祀祖师仙茔，并起修葺王嚞"修炼变化成道之地"③之意。李道谦《终南山全阳真人周尊师道行碑》也谈到，

① （元）李志全：《清和演道玄德真人仙迹之碑》，陈垣编纂，陈智超、曾庆瑛校补《道家金石略》，第 540 页。

② （元）李道谦：《甘水仙源录》卷 1，《道藏》第 19 册，第 732 页上栏。

③ 按：周全道辞世之际留下遗言，命门人修葺昔日王嚞在南时村尸居修道之所。元太宗七年（1235），按照清和大宗师尹志平和掌教李志常的法旨（此处碑文所记有误，1235 年李志常尚未担任掌教之职——引者按），在京兆府总管田侯支持下，周氏门人渊虚真人李志源率众建成重阳成道宫。关于修建此观的目的，碑记称"大朝革命，四方道众思其所以报本反始者"，即以之追念祖师修道之意。落成之后的成道观建有三殿，即无极殿、袭明殿、开化殿；五堂，即三师堂、灵官堂、瞻明堂、朝彻堂、虚白堂。斋厨库厩，方丈散室，檐霤户牖，灿然一新。同时还有所属的下院蛇留全阳观、王郭村修真观。元宪宗二年（1252），改观为宫。《重阳成道宫记》，陈垣编纂，陈智超、曾庆瑛校补《道家金石略》，第 526 页。

1182 年，马丹阳东归宁海后，"师（指周全道——引者按）每至清明，必躬诣终南祖庭致祭，岁以为常"①。看来早在金世宗大定末，周全道就形成了清明祭祖的惯例。这也是对世俗社会清明祭祖制度的继承和化用。

再以对马钰仙垄的祭祀为例，与孙不二西行相反，马钰去世后，关中弟子东迈祭师。洪阳子雷大通于金世宗大定十五年（1175）秋赴终南山，礼马丹阳出家。大定二十二年（1182），马钰迫于金廷的限制东归宁海，雷大通继续在祖庭弘道。1183 年马钰辞世，神栖齐鲁。1184 年，"闻丹阳上仙，杖屦游海上，奠祭坟垄"②。据《终南山祖庭仙真内传》卷中《杨明真》记载，杨明真（1150~1228）亦曾赴山东"奠祭坟垄"。1184 年谭处端继马钰掌教。次年四月初一日于洛阳朝元宫辞世，享年六十三岁。《长真子谭真人仙迹碑铭》提到，弟子王道明、董尚志自幼追随他。登真之后数十年，王、董始终居仙茔之侧，岁时醮祭无惰。③

以上为金末全真嗣法弟子祭祀七真仙茔的情况。七真弟子去世后，后学仍遵祖制，致祭仙茔。以马钰一系为例，孟县（今属河南焦作）城南岳云宫，系丹阳席下弟子潘真人率弟子兴建。由于碑记残缺，诸多事迹不可详考，但落成之后的岳云宫"三清有殿，圣真有位，廊庑宾寮，焕然一新"。潘真人八十多岁寿终，"门徒□陇棺椁，四时奠祭，不忘师恩□来百有余年"④。元顺帝至元六年（1340）十一月长至日掌教完颜德明等参与了《重修岳云宫碑》立碑活动。可见潘氏在教内有着不小的影响。按照立碑时间反推百年，估计潘真人逝于金蒙易代之际。也就是说，从那时起潘真人弟子即已形成四时祭奠的传统。

除了安葬之后岁时祭奠之外，笔者还发现了一条全真道士去世三十年之后，弟子为之建衣冠冢、春秋祭祀的例子。赵九渊，号湛然子，金世宗大定十八年（1178）礼马钰出家。《终南山祖庭仙真内传》卷上《赵九渊》未交代其去世时间，只谈到金哀宗正大末年入陇山，莫知所终。《甘水仙源录》卷

①　（元）李道谦：《甘水仙源录》卷 4，《道藏》第 19 册，第 753 页中栏。
②　（元）李道谦：《终南山祖庭仙真内传》卷上，《道藏》第 19 册，第 521 页上栏。
③　（元）李道谦：《甘水仙源录》卷 1，《道藏》第 19 册，第 732 页中下栏。
④　（元）张大谦：《重修岳云宫碑》，陈垣编纂，陈智超、曾庆瑛校补《道家金石略》，第 799 页。

5 收元世祖中统三年（1262）孟攀鳞撰《湛然子赵先生墓碑》称，赵九渊仙逝于金哀宗正大四年（1227），与李道谦所记基本吻合。元世祖中统朝（1260~1264）初年，京兆昊天观赵九渊弟子赵志冲在京兆府城之北置吉地，安葬其衣冠，以礼春秋祭祀。同时请翰林待制孟攀鳞撰作墓碑。

通过上面的阐释可以看出，众多全真弟子对祖师仙茔的祭祀，以亲炙弟子祭祀先师者居多。不过，也有跨代际祭祀的情况，如周全道对教祖王嚞及祖庭仙茔其他先师的祭祀。而孙不二、雷大通、杨明真分别对王嚞、马钰的西、东之祭，则具有跨越时空的特点。这种始自创教之初、绵延金元两代的祖师仙茔祭祀制度①，制造了一种后学弟子与先师的"共时感"。全真仙茔一般会立有已故道士的墓碑，岁以为常的茔祭活动在嗣法弟子表达对先师的感怀之情的同时，也为他们提供了了解学习前辈传法事迹、弘道功行的制度性机制。仙茔致祭制度既是全真道士恪守和传承中国传统社会祭祀礼制的体现，又是增进嗣法弟子与历代祖师"亲近感""共时感"的重要制度化保障。

需要指出的一点是，除了教内弟子仙茔祭祀之外，就像世俗之士参与灵祭活动一样，教外精英为了表达对全真道士的缅怀之情，亦有致祭全真仙茔的情况。仍以马钰一系为例，1250 年十月初三日，于善庆辞世。后九日，葬于祖庭仙茔。《终南山祖庭仙真内传》卷下记载，于善庆遗蜕安葬祖庭仙蜕园后，"故翰林待制孟攀鳞作文，率长安士人特来祖庭致祭，河南转运使杨奂为作道行碑"②。据于善庆道行碑，与之交游者"在汴则尚书左丞张公行信、平章政事侯公挚、司谏许公古、礼部尚书杨公云翼、王府司马李守节、修撰雷渊、应奉翰林文字宋九嘉，在燕则陈漕长时可、吴大卿、张侍读本，在关中则参省王辅臣、郎中邳邦用、讲议来献臣、同德寺丞杨天德、员外郎张徽、中书掾裴宪、经籍官孟攀鳞、署丞张琚。盖当世景慕者也，容力取而言诘之哉"③。其中，张行信，字信甫，莒州日照（今山东日照）人。许古，字道真，献州交河（今属河北沧州）人。杨云翼，字之

---

① 元代以后，全真仙茔祭祀亦有延续，本章主要聚焦于金元时期，后世情况不多谈。
② （元）李道谦：《终南山祖庭仙真内传》卷下，《道藏》第 19 册，第 539 页上栏。
③ （元）李道谦：《甘水仙源录》卷 3，《道藏》第 19 册，第 748 页下栏。

美，平定乐平（今山西昔阳县）人。雷渊，字希颜，浑源（今属山西大同）人。宋九嘉，字飞卿，夏津（今山东夏津）人。以上《金史》均有传。张琚，字子玉，河中（今属山西永济）人，金时人，著有《韦斋集》。张徽，武功（今陕西武功）人。孟攀鳞，字驾之，云内（今属山西忻州）人，徙长安，谥文定，《元史》卷164有传。以上诸君皆为一时之选。孟攀鳞率众致祭与洞真真人在世时的广泛交游直接相关。类似的例子还有马钰再传弟子李志远，1254年仙逝于长春宫。按照全真丧葬礼制，"诸徒奉柩西归，附葬于终南祖茔，礼也"。次年正月二十三日，河南漕长兼廉访致仕奉天杨奂撰祭文并赴祖庭致祭。① 《终南山祖庭仙真内传》卷下记载，李志远安葬祖庭仙茔后，"在燕则主（应为'王'之误——引者按）万庆淡游、赵复仁甫、敬铉鼎臣，在秦则紫阳杨奂、姚左辖枢、来献臣明之、邝郎中邦用辈，皆挽之以诗，及作文致祭，刻石于佑德之静复堂"②。这里再次提到杨奂与全真道士的交游，其致祭李志远祭文自称"友生"，可见二人关系不同一般。众多士人作挽诗、撰祭文，足见李志远交游之广，以及世俗精英阶层对之礼重赏识。教俗两界的仙茔致祭活动，于内增强了后学的祖师认同，于外增进了民众对全真道的社会认可、提高了教团的社会影响。

### 四　祠祭

祠祭是全真祖师祭祀制度的又一重要内容和表现形式，指的是为全真道士建立祠堂、塑绘圣像、岁时祭祀。按照祠祭对象是否在世，全真道祠祭制度可分为阴祠之祭和生祠之祭两种。前者指的是为全真先师构祠设像而祭，后者则是指对仍然在世的全真道士的祠祭。

#### （一）阴祠之祭

孟攀鳞《十方重阳万寿宫记》记载了王嚞创教、丘处机光大教门、京兆总管田德灿一家外护重阳宫发展等全真道早期历史的重要事件，特别是清和真人尹志平和祖庭高道兴修十方重阳万寿宫的历史。碑记撰于元定宗元年（1246），当时的祖庭殿堂供奉三清、五祖、七真等神像，同时还建有

---

① （元）李道谦：《甘水仙源录》卷6，《道藏》第19册，第768页下栏、第769页上中栏。

② （元）李道谦：《终南山祖庭仙真内传》卷下，《道藏》第19册，第541页下栏。

专祀重阳的白云祠："殿于正位，以列三清；堂于后隅，以置五祖。闳七真之宝宇，俨白云之灵祠"①。五祖祭祀之中已然包含重阳，又单独建白云祠，足见祖庭对创教祖师的礼重。

七真辞世之后，嗣法弟子为之建祠塑像者，比比皆是。宋勲《重修丹阳殿记》记载，1183 年马钰登真，门众将其遗蜕安葬莱阳游仙宫，"建祠塑像，岁时行祝"②。1228 年丘处机去世一年后，尹志平将其安葬白云观处顺堂，"设像以奉香火"③。据《元一统志》收王粹撰《玄禧观记》，燕京大长春宫南有一座名为玄禧观的道院，元太宗七年（1235）建，其中建有"长春真人堂"，以奉香火。金宣宗贞祐五年（1217）四月二十三日，王处一辞世。终南山上清太平宫始建于宋太宗朝，元太宗七年（1235）掌教尹志平令王处一法孙清泠子刘志源重修。刘志源仙逝后，门下弟子继踵重修。姚燧《玉阳体玄广度真人王宗师道行碑铭并序》称，"真人（指王处一——引者按）生逝于金，而见赠于皇元，真人生逝皆在山东，其徒教行关西，择胜地以祠其祖，亦事理之不可必究者也"④。可见，上清太平宫建有王氏祠堂，门下弟子四时祭祀，以此彰显对本宗祖师的认同。《广宁通玄太古真人郝宗师道行碑》记载，1212 年郝大通辞世于宁海先天观，并安葬于兹。元太宗十年（1238），郝大通弟子范圆曦东游海上，"谒太古祠，及一觐先垄，径诣真定，筑太古观，又修赵州之天宁观，时时往来其间"⑤。可见先天观建有太古祠堂。按，郝大通在世时曾在真定一带弘道。⑥ 和范圆曦修筑真定太古观一样，玄禧观建长春真人堂、上清太平宫建王玉阳祠，都是为了表达对本门祖师的缅怀之情。另外，王嚞东迈海滨之前，收还元子赵抱渊（1135~1206）为徒。金章宗泰和六年（1206）赵抱渊证道。此人在朝野声望颇高，死后金廷派遣使者与当地官员、信众一同为其在迎祥观经营葬事，

---

① （元）孟攀鳞：《十方重阳万寿宫记》，王宗昱编《金元全真教石刻新编》，第 69 页。

② （明）宋勲：《重修丹阳殿记》，王宗昱编《金元全真教石刻新编》，第 64 页。

③ （元）李道谦：《全真第五代宗师长春演道主教真人内传》，陈垣编纂，陈智超、曾庆瑛校补《道家金石略》，第 637 页。

④ （元）李道谦：《甘水仙源录》卷 2，《道藏》第 19 册，第 738 页上中栏。

⑤ （元）李道谦：《甘水仙源录》卷 4，《道藏》第 19 册，第 754 页下栏。

⑥ 李道谦《七真年谱》云："大定十四年甲午，丹阳真人年五十二。二月，广宁真人至真定，默坐于朝天门外。"《道藏》第 3 册，第 383 页中栏。

并建祠堂，以奉四时香火。①

全真第三代弟子死后建祠祭祀者更是不胜枚举。马钰一系中，金哀宗正大五年（1228）周全道辞世后，门徒道友为其构祠设像，朝暮祠祭。②《终南山祖庭仙真内传》卷下记载，1250 年于洞真去世。元世祖至元十八年（1281），祖庭道众于"白云殿后建思真堂，设像以事香火"。此事发生在于洞真弟子天乐真人李道谦担任陕西五路西蜀四川道教提点兼领重阳万寿宫事一职的第二年。③白云殿系供奉教祖王重阳的祠堂，李道谦在其后建思真堂，凸显了对其师的推崇。此外，雷大通于海迷失后二年（1250）改葬雪山仙茔灵都宫后，弟子为其"构堂设像，以事香火"④。《终南山祖庭仙真内传》卷中记载，金章宗明昌元年（1190）曾赴山东为马钰守三年之丧的任守一羽化证道。金蒙易代之后，门人将其遗蜕移葬登州蓬莱县百涧村（今属山东烟台）重阳观，并构堂设像，岁时祭祀。与乔潜道同礼马钰出家的清虚子李冲道去世后，门人将其安葬于临潼（今属陕西西安）冲虚观，"构堂造像，岁时祭祀"。

丘处机一系弟子按照辞世时间先后，综述建祠立像情况如下。蒲察道渊（1152~1204），道号通微子，家世上京，其祖以金朝开国佐命功封世袭千户，为燕都巨室。金章宗泰和四年（1204），蒲察道渊语其友于善庆曰："长春有阆风之召，吾将归矣。"不久，微疾而逝，享年五十三。于洞真龛其像而事之。李邦献《陇州汧阳县新修玉清观记》亦有类似记载。⑤ 不同于门众建祠祭祀，这是同辈道友龛像祠祭的个案。⑥ 清平子赵志渊（逝于1243

---

① （元）李道谦：《甘水仙源录》卷 8，《道藏》第 19 册，第 793 页下栏。

② 李道谦《终南山全真人周尊师道行碑》云："构祠而设像，暮灯而朝香，纪遗烈而刻贞珉，将为万世而传其芳也"。（元）李道谦：《甘水仙源录》卷 4，《道藏》第 19 册，第 754 页中栏。

③ 关于于洞真、李道谦的师承关系，参见宋学立《全真教史家李道谦法脉传承考论》，《凝眸云水》2017 年第 2 期。

④ （元）李道谦：《终南山祖庭仙真内传》卷上，《道藏》第 19 册，第 521 页中栏。

⑤ 李邦献《陇州汧阳县新修玉清观记》云："同学于善庆与门弟子思师之德，龛其像而事之。"（元）李道谦：《甘水仙源录》卷 10，《道藏》第 19 册，第 809 页上栏。

⑥ 蒲察道渊与于洞真关系莫逆，《终南山祖庭仙真内传》卷下记载，金章宗明昌二年（1191）以后，于善庆按照丘处机指引，曾与蒲察道渊在吴品五峰山修道。《道藏》第 19 册，第 537 页中栏。李道谦《通微真人蒲察尊师传》称，元太宗十年（1238），于洞真掌领重阳宫和陕右教门事，令弟子兴复蒲察道渊昔日所建的玉清宫，并将其遗骨改葬宫北之天池。陈垣编纂，陈智超、曾庆瑛校补《道家金石略》，第 627 页。

年）、清虚真人范全生（逝于 1245 年）、真常子刘道宁（逝于 1246 年）、掌教大宗师清和真人尹志平（逝于 1251 年）、冲和真人潘德冲（逝于 1256 年）、静虚真人乔志嵩（卒年不详）等众多道士去世后，身后道友、弟子都曾为之建祠立像，行岁时之祭。所不同者，有的是在去世后即建祭祠（如刘道宁、尹志平、乔志嵩），有的是在去世多年以后或者改葬后再建祭祠（如潘德冲、范全生）。① 丘处机的两位少数民族女弟子李守坚、奥敦弘道死后，亦行汉法，设像祠祭。元世祖中统二年（1261）春，女冠刘净元、李守真请汾阳李晋为其师李守坚撰写道行记。刘、李二人称："我先师女官玉真清妙真人生平，道门用志，所经所过者，首以兴教善俗为务。今虽恳存音容祭祀，奈无迹可观焉，后之学徒将何传于世？"李守坚，姓斡勒（当为女真人——作者按），讳守坚，上京盖州人，后易李姓，礼太清观女官夹谷大师为师。1224 年，丘处机觐见成吉思汗回燕京后，李守坚赴燕参受道法。之后按照丘的指点，在宣德创庆云观。元太宗十年（1238），新修关中京兆府古真武庙，赐额龙阳观。太宗十三年，尹志平令其担任终南山唐玉真公主延生观住持，提点陕西女冠焚修事，赐号玉真清妙真人。尝与于洞真、宋德方、綦志远、李守宁等祖庭高道谈玄论道，并深得几位真人赞誉。元宪宗元年（1251）七月二十四日辞世，享年七十岁，葬于京兆府东金华落众仙坟刘仙姑之左。② "存音容祭祀"，可见全真道内不仅道士去世后立祠设像，女冠亦不例外。元世祖至元四年（1267）、七年，肃慎人奥顿弘道累奉皇后及贤妃懿旨，得赐圣母金冠、云罗法服以及香信等物。至元十二年（1275）辞世。门人将其安葬于鹿邑（今河南鹿邑）洞霄宫仙茔，"立祠设像，以致祭焉"③。再次体现了全真道祠祭制度的男女平等观。

据相关碑刻记载，刘处玄大弟子玄通弘教披云真人宋德方（1183～

---

① 分别参见（元）李道谦《甘水仙源录》卷 8、卷 6、卷 5，《道藏》第 19 册，第 792 页上栏、第 773 页上栏、第 762 页下栏；（元）王瑞《清虚纯德辅教真人祠堂记》、（元）梁宜《嵩阳崇福宫修建碑》，王宗昱编《金元全真教石刻新编》，第 40～41 页、第 196 页。

② （元）李晋：《龙阳观玉真清妙真人本行记》，陈垣编纂、陈智超、曾庆瑛校补《道家金石略》，第 542 页。

③ （元）任志润：《女炼师玄真通明真人奥敦君道行记》，陈垣编纂、陈智超、曾庆瑛校补《道家金石略》，第 686 页。

1247)、王处一弟子恬然子周庆安等去世后，都有建祠岁时祭祀的传统。①

　　七真再传弟子中，建祠设像者亦不乏人。篇幅所限，兹不胪列。需要指出的是，全真弟子对祖师的祠祭并非仅限于祭祀本系先师，也有跨宗系祭祀的情况。例如，元太宗六年（1234）夏，蒙古军平定关中。马钰再传弟子无欲真人李志远"自卫来燕，致祭处顺堂"。尹志平令其入关招集道侣，兴复刘蒋祖庭。② 元太宗七年秋，洞真真人于善庆赴燕京大长春宫，"致祠处顺堂下，适清和嗣教门事，待之如伯仲"。太宗八年，马钰再传弟子圆明真人李志源赴燕，参谒处顺堂。尹志平令其提点真定路道门。③ 这种跨宗系祭祀表达了后世弟子对不同宗门先师的追悼缅怀之情，更重要的是可以消解门户之见，凝聚教团力量。当然，马钰一系弟子祠祭丘处机，是与后者在金末元初对全真道的巨大贡献密不可分的。祖庭高道致祭处顺堂的时间大都发生在蒙古灭金前后，从金元政教关系角度讲，显现了祖庭高道集团从宗金向宗蒙的政治转向（关于此，第六章第一节详述）。

　　（二）生祠之祭

　　世俗社会为健在者建生祠的情况并不鲜见。赵翼云："其有立生祠者，《庄子》庚桑子所居，人皆尸祝之。盖已开其端。《史记》栾布为燕相，燕齐之间皆为立社，号曰栾公社；石庆为齐相，齐人为立石相祠，此生祠之始也。"④ 生祠祠祭对象不限于有血缘关系的家族成员，以广施德政的官员居多。赵翼《陔余丛考》卷32《生祠》列有历史上立有生祠的诸贤，但立生祠有严格的限制条件。在金元全真道历史上亦有建生祠，以示对在世宗

---

① 李道谦《终南山祖庭仙真内传》卷下称，宋德方于元定宗二年（1247）去世，享年六十五岁。次年迁葬永乐镇纯阳宫，"建祠立碑，以事香火"。李鼎《玄都至道披云真人宋天师祠堂碑铭并引》记载，宋德方祠堂碑于元世祖中统三年（1262）六月初六日立石。碑记文末列有赞助者名单，从中不难看出宋德方在教俗两界的声望。陈垣编纂、陈智超、曾庆瑛校补《道家金石略》，第548~549页。中统二年九月立碑的《崇真大师灵祠记》称，"门下弟子念师训诲之德，庶几张大其功，特建灵祠，慕伸其恳。欲香火不断于四时，冀恭奉无忘于一念，俾后之学者，春秋之祭，瞻□白云，临风拜奠，□兹素节以励其志"。（元）王麟：《崇真大师灵祠记》，陈垣编纂、陈智超、曾庆瑛校补《道家金石略》，第543页。
② （元）李道谦：《终南山祖庭仙真内传》卷下，《道藏》第19册，第533页中下栏。
③ （元）李道谦：《甘水仙源录》卷2、卷7，《道藏》第19册，第748页中栏、第779页下栏。
④ （清）赵翼：《陔余丛考》卷32《生祠》，中华书局，1963，第690页。

师仰慕之意的例子。据陈时可《长春真人本行碑》，丘处机在世时，门众弟子就绘像供奉，即"其生也，四方之门人，丹青其像事之"①。按，丘处机仙逝于1227年，也就是说至迟大蒙古国初期，全真道就已开生祠祭祀的传统。这一传统延续到元末。元末洞阳显道忠贞真人井德用曾居耀州五台山静明宫多年。静明宫建有井德用生祠，塑其像。元顺帝至正元年（1341）夏四月，像前生出一棵槐树，仅数寸长。至闰五月，高至七尺。"其首也秀而为凤形，其身也化而为龙鳞，其颠又齐生七柯，各长尺余，虽画师笔染之弗如，真瑞槐也"②。为纪念这一祥瑞之迹，云溪子王湛然礼请乡贡进士廉维方撰写《静明宫瑞槐记》，并于至正四年立石。记述祠前生瑞槐一事，无疑是想借此进一步抬高井德用有如天助的声望。③

历代传承的同一宗系的祖师祭祀制度，使全真道宗祖崇拜呈现本宗性、本位性的特点。同时，跨代际、跨宗系的祖宗祭祀活动在金元全真道历史上亦不鲜见。这些内容共同构成了酝生教团宗祖崇拜的土壤。作为全真道公认的宗祖——五祖七真——的形成并非一蹴而就。金蒙易代以后，中国北方大大小小的全真宫观供奉祭祀五祖七真的殿堂逐渐增多。④ 五祖七真崇拜本身就是全真祖师祭祀制度的重要内容，它是在本位性、本宗性祖宗祭祀制度基础上的升华，是跨宗系、跨代际祖宗祭祀制度的集约式体现。全真祖宗祭祀制度不仅增进了不同宗系之间的交流，更成为维系凝聚教团整体生命力的制度性保障。

全真道祖师祭祀制度是对世俗社会祭祀制度的继承和创造性发展，是全真宗教礼制的重要内容。庐墓、茔祭、祠祭共同构成教俗两界祭祀制度的核心内容。世俗祭祀制度主要以血缘关系为纽带展开，其重要意义在于报本反始、慎终追远，表达对家族先祖的敬畏缅怀之情，是后世子孙明确宗族传承、

---

① （元）李道谦：《甘水仙源录》卷2，《道藏》第19册，第735页下栏。

② （元）廉维方：《静明宫瑞槐记》，王宗昱编《金元全真教石刻新编》，第91页。

③ 按，何约《皇元制授诸路道教都提点洞阳显道忠贞真人井公道行之碑》交代了井德用一生的弘道活动和在朝在野的社会声望。此人在世时曾先后出任诸路道教所幕官、京兆路都道录、诸路道教都提点、嵩山中岳庙住持提点、大重阳万寿宫住持等职。元英宗至治元年（1321），大哥赤荆王赠洞阳真人号，镇西武靖王待以师礼，上洞阳显道尊号。王宗昱编《金元全真教石刻新编》，第94页。

④ 每逢祖真诞辰或升霞之日，全真道会举行制度性的神位祠祭活动。例如，《清和真人北游语录》卷1记载，七月初九日是长春真人升霞之日，尹志平曾纠集道众在"白鹤观芳桂堂，设祖师七真位致祭"。《道藏》第33册，第156页上栏。

弘扬孝道的重要方式。众多全真道士出家前，一样恪守世俗祭祀礼制。例如，于通清（1162~1217），河东隰州（今属山西临汾）人，自幼好道，早有出尘之志。"年几冠，母氏终天，葬祭尽礼"。吕道安（1142~1221），山东宁海人，"幼年颖悟，志慕玄风。仙姿道骨，禀于天然。事父母孝，闻于乡里。年仅三十二，亲俱丧。尽葬祭礼，慨然捐俗入道"①。王嚞认为，世俗祭祀活动是后嗣尽行孝道的表现。其《满庭芳·未欲脱家》云："与六亲和睦，朋友圆方。宗祖灵祠祭飨，频行孝、以序思量。"② 众多全真道士出家后，将在家的事亲孝行特别是丧祭制度带入教团。全真道祖师祭祀制度之所以能够在世俗祭祀礼制的基础上传承下来，与全真道士出家前对孝亲之道的恪守和全真道的出家制度有密切关系。全真信徒出家后，师父会为他们取法名。从辈分和象征性角度讲，相当于他们进入了一个全新的、由不同宗系组成的"大家族"，有共同的宗祖渊源，教内称之为"方外眷属"。这种组织架构是全真祖师祭祀制度得以开展的重要前提和基础。全真道倡导三教合一，其祭祀制度明显带有儒家世俗祭祀制度的特征。和世俗祭祀一样，庐墓、茔祭、祠祭或为彰显对已故宗师的追念之意，或为表达对在世高道的仰慕之情。

不过，全真祖师祭祀制度已经超越血缘关系的限制，以世俗祭祀形式行出世之法。庐墓、茔祭在教俗两界都有表达对先师、先人哀悼缅怀之意。而世俗祠祭对象很多时候会超越家族成员的界限，但在全真"方外之家"，"家族成员"就可以成为祠祭的对象。同时，世俗之士对祠祭活动的参与，使全真祖师祭祀制度呈现融通教俗的开放性特征，有利于提升教团发展的社会影响力。从教团内部讲，全真祖师祭祀制度是后世弟子学习缅怀历代宗祖弘道功行的制度性机制，增进了后学对前辈的崇敬感、认同感，这种准家族式的祭祀制度有利于全真薪火的代际传承。

## 第二节　金元时期祖真崇拜的四大特征

金元全真道祖真崇拜呈现如下特点：第一，"祖真不分"与"祖真分

---

① （元）李道谦：《终南山祖庭仙真内传》卷上、卷中，《道藏》第19册，第523页上栏、第531页中栏。
② （金）王嚞：《重阳全真集》卷3，《道藏》第25册，第713页上栏。

立"并存;第二,"五祖七真"圣像崇拜襄助宗祖认同构建;第三,尊奉老子,接续传统道教神仙谱系,向传统道教复归;第四,入定遇异是刷新全真神仙谱系和宗祖传承的另类力量。兹分别试述如下。

## 一 "祖真不分"与"祖真分立"并存

### (一)祖真不分

"逆推式"的研究思路,决定了"祖""真"从创教之初即呈现泾渭分明的格局,实则在全真创教早期后世所谓"祖""真"并未分得那么清楚,有时"祖""真"出现在同一梯队,"祖真不分""祖真并称"才符合当时实际。

教内方面,马丹阳、丘处机、于洞真、史志经等第二、三代全真道士的相关记述值得关注,共同特点是将后世所称"五祖"和"七真"的相关成员进行组合,并概括出新称谓。例如,马钰《长思仙·寄长春子丘通密》称正阳、纯阳、重阳为"三师",其云:"遇重阳,梦纯阳。爇起心香礼正阳。三师助我阳。"[1] 丹阳以"阳"字追述法统,自抬身价的意味不难揣度。1188 年四月,丘处机奉金世宗圣旨,"塑纯阳、重阳、丹阳三师像于官庵"[2]。此"三师"组合又有别于马氏"三师"。

金末蒙初,"祖真不分""祖真并称"的传统仍在延续。《重修九真观记》称,金末兴定朝(1217~1222)全真道士张六公购田于民,"买额为九真观,起堂塑东华、正阳、纯阳、海蟾、重阳、丹阳、长真、长生、长春之像以祈"[3]。《大明一统志》云:"九真观,在洛阳县南,旧有东华、正阳、纯阳、海蟾、重阳、丹阳、长真、长生、长春九真塑像。"[4]《(嘉庆)大清一统志》卷 207 承之。金末,九真观毁于战火。元太宗九年(1237)以后,刘真常弟子石德珵重修并恢复金代旧貌。《重修九真观记》出自弘治《河南郡志》,题"佚名"撰。碑记称,元世祖至元十一年(1274),石德珵弟子武志静赴祖庭重阳宫,请撰者撰写碑记。当时撰者寓居祖庭,"与筦

---

① (金)马钰:《渐悟集》卷上,《道藏》第 25 册,第 460 页下栏。
② (金)丘处机:《磻溪集》卷 3,《道藏》第 25 册,第 823 页中栏。
③ 王宗昱编《金元全真教石刻新编》,第 167~168 页。
④ (明)李贤等修撰《大明一统志》卷 29,三秦出版社,1990,第 502 页。

溪公校《玄风庆会图》"①。筠溪公即天乐真人李道谦，他主领重阳宫时曾构筠溪亭。李道谦《长春大宗师玄风庆会图序》称，1274 年七月史志经携《玄风庆会图》请求订正。②《史讲师道行录后跋文》也谈到此事。③ 推知《重修九真观记》作者应该是史志经。史志经（1202～1275），字天纬，绛州翼城（今山西翼城）人。金宣宗兴定五年（1221）礼丘处机弟子恒岳刘真常出家。李志常掌教时任燕京玄学讲师。著有《华山志》《玄风庆会图》等。④《重修九真观记》系为同门所作，可信度较高。

学界普遍认为，教内最早提出全真宗祖谱系的是披云真人宋德方（1183～1247），其《全真列祖赋》、太原龙山石窟（开凿于 1234～1239 年）、山东莱州寒同山石窟（开凿于 1242～1252 年）⑤ 是关于全真宗祖传承谱系文本和刻石实践最集中的体现。关于《列祖赋》的创作时间，1241 年宋德方弟子秦志安编撰《金莲正宗记》时对《列祖赋》有所吸收。此《赋》应该不晚于是年。至于宋德方是用"理论文本"指导了"造像实践"还是相反或同时为之，因赋文碑石残缺，不可妄断。赋文创作的时间上限，当不早于宋德方随侍丘处机西行归来之后。理由有二：其一，1224 年丘处机一行回到燕京，宋德方刚至不惑之年。在此之前撰作如此具有道统理论的宗祖谱系，恐怕资历尚浅。西行归来后，"从师（丘处机——引者按）之众皆躬尘劳，真人（宋德方——引者按）独泰然以琴书自娱。有诉之师者，辄拒之曰：'汝等勿言，斯人以后尘劳不小去也。'"⑥ 尹志平掌教后，他出任教门提点，"一举一措，无偏无私，内外道流，靡不悦服"⑦。此时宋德方更有资格从仙谱理论的角度创作《列祖赋》。其二，丘处机西行之后全真道大兴，从

---

① 王宗昱编《金元全真教石刻新编》，第 168 页。
② （元）李道谦：《长春大宗师玄风庆会图序》，周燮藩主编，王卡分卷主编《中国宗教历史文献集成·三洞拾遗》第 16 册，第 391～393 页。
③ （元）李道谦：《甘水仙源录》卷 8，《道藏》第 19 册，第 789 页中栏。
④ （元）李道谦：《甘水仙源录》卷 8，《道藏》第 19 册，第 788～789 页。
⑤ 两石窟的开凿时间，参看景安宁《道教全真派宫观、造像与祖师》，第 251 页、第 273～280 页。
⑥ （元）李鼎：《玄都至道披云真人宋天师祠堂碑铭并引》，陈垣编纂，陈智超、曾庆瑛校补《道家金石略》，第 547 页。
⑦ （元）王利用：《玄通弘教披云真人道行之碑》，陈垣编纂，陈智超、曾庆瑛校补《道家金石略》，第 753 页。

金末"隐修会"发展成为当时中国北方地区一股强大的宗教力量。如认为道众按照丘处机法旨建宫立观是从实践上弘道的话,《列祖赋》则是从理论上对教团发展大好形势做出的积极回应。赋文只胪列东华帝君至七真第一代弟子的七代传承,并未点明宗祖关系。

如此,张六公建造九真观的时间应该早于《列祖赋》。《重修九真观记》没有交代张六公师承,其以圣像崇拜方式,向金末道众和地方社会展现了全真道的传承谱系和神灵信仰。丘处机—刘真常—石德瑨一系在元太宗朝恢复九真庙貌,不但未质疑"祖真不分"的神仙谱系,而且一以贯之地将其推行至大蒙古国早期的造像实践中。

类似情况亦见于《鄠县秦渡镇重修志道观碑》。该碑称王嚞及四大弟子为"一祖四宗","(于善庆——引者按)命门人骆志通鸠工事材,构殿宇,聚徒众,恢拓乎宗师之迹,增光乎玄教之风,使一祖四宗之德业,为可大可久之基"[①]。于善庆有权命骆志通重修志道观,当发生在其主理重阳宫时期,即元太宗十年(1238)之后。[②] 此时全真道内尚有"一祖四宗"的提法。

教外方面,李俊民《新建五祖堂记》值得关注。李俊民(1176~1260),字用章,号鹤鸣,泽州晋城(今山西晋城)人。金章宗承安五年(1200)进士,授应奉翰林文字。金宣宗朝隐居嵩山。忽必烈潜邸时,尝召问休咎,后皆验。《元史》有传。有《庄靖集》传世。《新建五祖堂记》见于道光《河内县志》,《庄靖集》失收。[③] 署"庄靖先生李俊民撰,进士史秉直校正,进士壬一飞书丹篆额",文末题"乙卯十二月十二日记"。[④] 关于撰写时间,有1195年和1255年仁智之别。[⑤] 金末蒙初是全真祖真信仰形成发展的关键时期。不能准确判定年代,势必影响对祖真形成过程的正确认识。碑文未留下更多可供断定年代的信息。从李氏阅历声望看,1255年撰碑的可

---

① (元)李道谦:《甘水仙源录》卷9,《道藏》第19册,第795页下栏。
② (元)李道谦:《甘水仙源录》卷3,《道藏》第19册,第748页中栏。
③ 《庄靖集》明刻本李瀚序称,先生"生平著述,不下数千万篇,中遭兵燹,遗弃殆尽。当郡侯段公正卿鸠集之日,仅得千百之十一尔"。(金)李俊民:《庄靖集》,吴广隆编审,马甫平点校,三晋出版社,2006,第8页。
④ 王宗昱编《金元全真教石刻新编》,第152页。
⑤ 景安宁:《道教全真派宫观、造像与祖师》,第217页。赵卫东:《金元全真道教史论》,第231页。余嘉锡:《四库提要辨证》卷23,中华书局,2007,第1491页。

能性大。《四库全书总目》称，"俊民抗志遁荒，于出处之际能洁其身。《集》中于入元后祇书甲子，隐然自比陶潜。故所作诗，类多幽忧激烈之音。系念宗邦、寄怀深远"①。大蒙古国时期，蒙古统治者未采用传统皇帝年号纪年法，汉地文士多用干支纪年。这时期李俊民撰写的《重修真泽庙碑》《重修王屋山阳台宫碑》都采用干支纪年法，但碑记中屡现"大朝龙集庚子""大朝己亥岁"等语。《总目》系念旧邦之说不足据，然"祇书甲子"发生于入元之后大体不误。如此，《新建五祖堂记》当撰于1255年。除了王嚞、丘、刘、谭、马，碑文未言及其他人。这里的"五祖"当指王嚞师徒五人。李氏"五祖说"完全不同于后世定型的"五祖说"。但就像差不多同时期称此五人为"一祖四宗"一样，它们代表了大蒙古国时期教内外对全真祖真的不同认知。

"祖真不分"既影响到"祖"的定位，又关涉"真"的构成。就像洛阳九真观祖真均入"真"列一样，王嚞是否列居"七真"，实际上涉及祖真是否分立的问题。从现存文献来看，至张志敬掌教时期（1256~1270），教内仍有将王嚞列为"七真"之首的认识。如王鹗《重修大纯阳万寿宫之碑》（撰于1262年）仍然坚持王嚞加六位男弟子的"七真观"。实则，不包括孙不二应该是张志敬之意，"岁玄默阉茂春三月初吉，诚明状（重修大纯阳万寿宫——引者按）前后事迹以示慎独老人（指王鹗——引者按）"②。诚然，张志敬应该对王鹗的"七真观"有所了解。否则，他不会轻易请其撰碑。③元世祖中统三年（1262）九月，张志敬令虚舟道人李鼎续编《七真仙传》。《仙传》仍未给清静散人设传。④可见张志敬"重男轻女"的"七真观"是一以贯之的。元世祖至元六年（1269）《崇道诏书碑》颁布后，仍有一些文本坚持这一"七真观"。⑤

① （清）永瑢等撰《四库全书总目》卷166，中华书局，1965，第1421页。
② 王宗昱编《金元全真教石刻新编》，第127页。
③ 王鹗是"重男轻女"型的"七真观"支持者，见《玉阳观记》《重修亳州太清宫太极殿碑》。王宗昱编《金元全真教石刻新编》，第104页。陈垣编纂，陈智超、曾庆瑛校补《道家金石略》，第847页。
④ 台湾大学图书馆藏《七真仙传》孤本。
⑤ 如《七真年谱》《金华宫碑》《通真观碑》（以上撰于1271年）、《广宁通玄太古真人郝宗师道行碑》（1286）、《甘水仙源录》（1288）等。

此外，张志敬主教时期，再次出现了"九真"的提法。1256 年以后，张志敬集众扩修长春宫下院真常观，"构三清殿、九真堂"①。1270 年张志敬辞世，推测扩修工程发生在崇道诏书颁布之前。这里的"九真"当不同于洛阳九真观"九真"。从张志敬角度讲，不排除王嚞及六位男弟子再加上尹志平、李志常两位掌教的可能。

（二）祖真分立

历代全真家有着明确的接续钟、吕内丹道脉的归宗意识。王嚞、七真及其弟子三代人在构建祖真认同过程中，发挥了关键性作用。特别是前两代人集祖真认同构建者和构建对象于一身。正是基于这一特点，他们的祖真认同构建表现出明显的"差序"特征，体现在三代道士对历代宗祖的称谓上。在王嚞看来，吕洞宾、刘海蟾长自己一辈，他以弟子自居，分别称吕、刘为师父、师叔，钟离权则为"祖"。《酹江月》云："正阳的祖，又纯阳师父，修持深奥。更有真尊唯是叔，海蟾同居三岛。弟子重阳，侍尊玄妙。"《了了歌》云："汉正阳兮为的祖，唐纯阳兮做师父。燕国海蟾兮是叔主，终南重阳兮弟子聚。"②

弟子们接续王嚞法脉，他们的诗文中多视钟、吕、刘为共同的祖师。不过，三者辈分有高低之别。马钰在《丹阳真人语录》中明确以钟、吕为祖，其云："家风谁是祖，钟吕自亲传。"③《满庭芳·赠姚守清李守静》云："乘云去，访重阳师父，师祖纯阳。"《满庭芳·赴莱州黄箓大醮作》亦有类似提法，其云："师祖钟离传吕，吕公得、传授王公。王公了，秘传马钰，真行助真功。"《赠烛律师拐》以刘海蟾为"叔祖"，其云："叔祖海蟾携宝拐，功成云步超三界。"④ 此外，《赠刘同监》《赠刘公见惠鞋以词赠之》等多次提到海蟾为祖。谭处端《继丹阳师叔丫髻吟韵》以钟、吕、海蟾为"宗祖"："钟吕海蟾为宗祖，系玉钟兮动金鼓。"（从诗题看，马钰在谭处端眼中亦属师辈。）《酹江月》明确提出三者为全真"三祖"："吾门三

---

① （元）李道谦：《甘水仙源录》卷 9，《道藏》第 19 册，第 802 页中栏。
② （金）王嚞：《重阳全真集》卷 3、卷 9，《道藏》第 25 册，第 710 页中栏、第 736 页上栏。
③ （金）王颐中：《丹阳真人语录》，《道藏》第 23 册，第 702 页下栏。
④ （金）马钰：《丹阳神光灿》、（金）马钰：《洞玄金玉集》卷 10、卷 1，《道藏》第 25 册，第 632 页上栏、第 618 页下栏、第 567 页下栏。

祖，是钟吕、海蟾相传玄奥。"① 刘处玄《仙乐集》藏头诗也将钟、吕奉为宗祖："□知汉将逢纯祖，□见扶风遇太原。"② 1183 年马钰登真，王处一所作《满庭芳·丹阳升霞作黄箓醮罢忆师遂作》亦尊吕洞宾为祖："的祖纯阳，随时显异，密传师父仙宗。"③ 马、谭、刘所作上述诗词的具体时间不可详考。三者之中，刘处玄最晚辞世（1203）。王嚞师徒两代人关于钟、吕、刘三祖的认知和论说为全真道"祖真分立"的格局奠定了基础。关于"三祖"如何过渡为"五祖"，以及王处一、宋德方、秦志安等的助推作用，学界已有论述，不再赘言。④

赵卫东考证了金元时期"七真"的"四种组合"⑤。前两种包括王嚞，应入"祖真不分"之列；后两种不包括重阳，展现了"祖真分立"的格局。可以看出，不同的"历史书写者"居于不同的立场给出了不同的答案。补充一点，即便是同一书写者在不同的文本中亦展示了迥异的"七真"组合。对此学界鲜有论及。例如，张邦直是最早一批参与《七真仙传》编纂的文士精英之一，孙不二未入传。而出自其手的《真常子李真人碑铭》却明确将她纳入"作者七人"⑥ 之列。

元世祖中统三年（1262），元廷委任张志敬掌教之职。《崇道诏书碑》明确提到"宜令掌教光先体道诚明真人张志敬执行"。张志敬一向坚持的"七真观"和褒封圣旨明显存在冲突。当时不仅教内尚未形成统一的"七真"认识，而且政教两界的"七真观"也存在一定张力。全真创教以来，"七真"构成一直处于动态变化过程中。最终形成了两大"七真"认知系统。随着王重阳晋升"五祖"之列，六男一女"七真观"逐渐定型。元世祖、武宗崇道诏书的颁发及在各地宫观的刻石立碑助推了六男一女"七真观"的定型和巩固。⑦ 元代中后期，以《历世真仙体道通鉴》（1294）、《天

---

① （金）谭处端：《水云集》卷中，《道藏》第 25 册，第 852 页下栏。
② （金）刘处玄：《仙乐集》卷 1，《道藏》第 25 册，第 427 页上栏。
③ （金）王处一：《云光集》卷 4，《道藏》第 25 册，第 682 页上栏。
④ 赵卫东：《金元全真道教史论》，第 211~220 页、第 228~234 页。
⑤ 赵卫东：《金元全真道教史论》，第 235~244 页。
⑥ （元）李道谦：《甘水仙源录》卷 4，《道藏》第 19 册，第 749 页下栏。
⑦ 例如，元仁宗延祐四年（1317）重阳宫合刻至元六年、至大三年圣旨及《褒封五祖七真制辞》。刘兆鹤、王西平编著《重阳宫道教碑石》，第 122~124 页。

诏加封祖真之碑》（1310）、《金莲正宗仙源像传》（1326）、《上阳子金丹大要列仙志》（1335）等为代表的一系列文本秉承六男一女的"七真观"，使圣像供奉更为明晰。

## 二 "五祖七真"圣像崇拜襄助宗祖认同构建

金元时期，全真道在构建宗祖认同过程中，"祖真不分"与"祖真分立"两种认识经历了长时间共存博弈的过程。有时同一论者关于祖真构成的认识出现前后矛盾的情况并不为奇。不过，"祖真"未形成共识并未阻滞"五祖七真"的造像实践和崇奉。建宫立观、供奉圣像是全真道发展教团的重要组织方式。1188 年，丘处机于金中都官庵供奉"三师"圣像，是现存文献记载最早的圣像供奉先例。随着教团的发展，建殿堂、塑圣像日益普遍。金元时期全真宗祖圣像崇拜呈现以下几个特点。

第一，除宗系不明的宫观外，"七真"各宗中，以马、刘、丘、郝、王五宗"五祖七真"圣像崇拜比较突出。在能够明确宗系归属的 30 座宫观中，丘、郝、马、刘、王各系所建的数量分别是 12 座、8 座、5 座、3 座、2 座。丘处机一系圣像崇拜在五大宗系中最为突出。这当与丘处机较早提出"五祖七真"概念有关。李志全《清虚子刘尊师墓志铭》称，1224 年丘处机向刘志渊讲道时云："五祖证道果于前，七真绍玄筌于后。"[1] 景安宁以《磻溪集》未见"五祖""七真"，认为此语系李志全追述。[2] 张广保给出了相反答案，但未做申述。[3] 因文集未载做出上述判断值得推敲。《磻溪集》最晚的一篇序文作于金章宗泰和八年（1208）。至 1227 年丘处机辞世，还有 20 年时间。这 20 年是全真道从声名鹊起到发展成为统领"天下出家善人"的关键期。李志全所记发生在 1224 年，不见于文集不违背时间逻辑。由表 3-1 可知，丘处机所述的"五祖七真"概念，在其宗系所建宫观圣像崇奉中得到了比较集中的体现。

---

① （元）李志全：《清虚子刘尊师墓志铭》，陈垣编纂，陈智超、曾庆瑛校补《道家金石略》，第 538 页。

② 景安宁：《道教全真派宫观、造像与祖师》，第 83 页。

③ 张广保：《全真教史家与全真教史的建构》，赵卫东主编《全真道研究》第 7 辑，齐鲁书社，2018。

　　第二，丘处机一系的圣像崇拜不仅数量最多，时间也较其他宗系要早。"五祖""七真"圣像进入全真宫观的时间大体在丘处机西行归来以后，与《列祖赋》问世的时间不相上下。宋德方"一灯续三灯"，丘处机"五祖七真"概念是否对其产生影响？圣像崇拜与《列祖赋》创作是何关系？这些都有待新材料的开掘和探究。从现存碑记记载来看，"七真"圣像崇拜略早于"五祖七真"合祀，以1227年山西晋州五岳观供奉"太上七真圣象"最早。这座道观系丘处机门下法孙通微大师朱志希所建。"五祖七真"合祀者，以清虚子刘志渊所建太清观最早。此人系尹志平高弟，1224年赴燕京拜见丘处机。后退居乡里（今河北涉县），利用不到十年的时间，建成太清宫，祀三清、五祖、七真。有学者认为，1241年之前"五祖"概念尚未提出，至元六年以前在一些重要的全真道观中供奉"五祖"的现象并不普遍。虽然有的道观也供奉全真祖师，却没有以"五祖"的形式来供奉。[1] 表3-1、表3-2显示，至元六年以前，"五祖""七真"圣像崇奉在各大宗系中已经比较常见，从金末至元末鲜有间断。全真道虽经历了元宪宗、世祖两朝间断性打压，但宗教政策似乎对"五祖七真"圣像崇拜的影响并不是很明显。金末和大蒙古国时期的"五祖七真"崇拜和造像实践，应该为世祖朝崇道诏书的颁布，奠定了比较坚实的信仰、实践基础。

　　第三，"五祖""七真"圣像多坐落于宫观殿堂之中。这与丘处机掌教以来全真道大兴琳宇以及全真住庵出家制度有密切联系。十二祖真圣像的处所有的称殿，有的称堂，有的称庑，以殿、堂居多。这些殿堂一般不是核心殿堂，这和下面要说的全真宗祖与传统道教神灵的关系有关。还有一些圣像安置于洞窟之中，如大蒙古国早期太原龙山昊天观、山东莱州寒同山万寿宫，以及世祖至元末年重建的山东益都驼山昊天宫，乃至更晚的昆嵛山东华宫紫府洞等。和大殿高堂相比，洞窟空间相对狭小，于中刻石塑像，颇为不易，可见"五祖七真"信仰之深入人心。特别是宋德方及其弟子开凿的寒同山万寿宫，在"五祖"之下，将"七真"分为"六真"和长

---

[1]　赵卫东：《金元全真道教史论》，第230~233页；景安宁：《道教全真派宫观、造像与祖师》，第81页。

生真人，又增以长生弟子披云真人。在共同的祖真崇拜大前提下，他们在狭小的空间中仍不忘突出本宗的意识，可谓匠心独运。

表 3-1 金元时期"五祖七真"圣像合祀一览

| 宗系 | 宫观名称 | 殿堂 | 时间 | 出处① |
|---|---|---|---|---|
| 丘处机 | 涉县太清观 | 建三清大殿，五祖七真正位 | 1224~1234 | D |
| | 栾城县葆真观 | 建殿于前，以奉三清……建殿于后，以奉玉皇，五祖之堂设于左，七真之位置于右 | 1227年以后十余年间 | J |
| 刘处玄 | 莱州神山万寿宫 | 山之间洞有七：曰虚皇、三清、五祖六真、长生、披云…… | 1242~1252 | Q |
| | 宁乡县元都清虚观 | 起三清之邃宇，建五祖之华堂 | 1244年或以前② | J |
| 马钰 | 终南山重阳万寿宫 | 殿于正位以列三清，堂于后隅以置五祖，闳七真之宝宇，俨白云之灵祠 | 1249 | C |
| | 伊阳县丹阳观 | 为三清五祖殿，各三楹，塑仪像威容，严肃完饬 | 1251 | J |
| | 亳州寥阳万寿宫 | 正殿五间，中塑三清，后殿玉帝，左右两庑五祖七真 | 1258年以后 | J |
| | 大都十方昭明观 | 建大殿以祀玄元圣祖及五祖七真 | 1256~1270③ | J |
| 丘处机 | 秦州玉泉观 | 至元丙午，起太上殿，事之以五祖七贞（真） | 1286④ | J |
| 郝大通 | 文登东华宫紫府洞 | 斫白石为五祖七真像，祠其中 | 1304 | J |
| 马钰 | 滕郡雪山云峰万寿宫 | 创建三清大殿五间，五祖□□七真□东西云堂 | 1321年或以前 | D |
| | 寿阳县清微观 | 三清正殿暨五祖七真堂 | 1335年前后 | J |
| | 吴山重阳庵 | 建五祖七真之堂于殿右偏 | 1341~1368⑤ | N |
| | 河内县翠筠观 | 为三门两庑、太上殿、五祖七真二殿 | 1357 | D |

注：①《道家金石略》简称"D"，《金元全真教石刻新编》简称"J"，《重阳宫道教碑石》简称"C"，《江南道教碑记资料集》简称"N"，《道教全真派宫观、造像与祖师》简称"Q"。表3-2出处同。

②碑末题"大蒙古国丁未（1247）岁八月己酉中秋日记"。1244年秦志安辞世。所记时间或传抄有误。

③张志敬赐号昭明，据其掌教时间推定。

④元世祖至元朝无"丙午"年，结合"己丑（至元二十六年，1289）建玉皇殿"，"丙午"恐为"丙戌"（至元二十三年，1286）之误。

⑤至正朝无乙亥纪年，暂断在至正时期。吴亚魁编《江南道教碑记资料集》，第49页。

表 3-2 金元时期"七真"圣像供奉一览

| 宗系 | 宫观名称 | 殿堂 | 时间 | 出处 |
|---|---|---|---|---|
| 丘处机 | 晋州五岳观 | 修盖正殿，塑太上、七真圣象 | 1227 | D |
| 丘处机 | 栾城县太极观 | 位三清于其前，殿玉皇于其后，堂七真于其西 | 1230 年以后 | D |
| 郝大通 | 长垣县岱岳观 | 殿以三清为主，堂以七真为次 | 1232 年以后 | J |
| 丘处机 | 德兴府秋阳观 | 起三清正殿、七真殿 | 1224～1234 | D |
| 丘处机 | 新安县玄元观 | 先以玄元殿，次列真官祠……仍以三清，亚以七真 | 1227～1238① | J |
| 郝大通② | 广宁府大玄真宫 | 七真堂炭炭然已立像于其后，三清殿汲汲然构木于其前 | 1227～1238③ | J |
| 刘处玄 | 昊天观 | 虚皇龛、三清龛、卧如龛、七真龛、辩道龛 | 1234～1239 | Q |
| 丘处机 | 崞县神清观 | 宫宇则三清之殿，七真之堂，真官山祇之祠 | 1235 年以前 | D |
| | 定襄重阳观 | 殿有四，曰三清，曰玉皇，曰三官，曰四圣，曰真官，曰七真，各以次居 | 1236 | J |
| 郝大通 | 顺德府通真观 | 首建大殿于其东，以像三清，次筑祖堂于其西，以祀七真 | 1236 年以后 | D |
| 郝大通 | 广宗县大同观 | 首建三清正殿，次则七真后堂 | 1236 年以后 | J |
| 王处一 | 滑县天庆延寿宫 | 广殿设三清，次殿事祖师七真人 | 1238～1256④ | D |
| 王处一 | 济源太清万寿宫 | 若三清之大殿，七真之崇宇，堂基高爽，栋宇雄□ | 1238～1256⑤ | J |
| | 泾阳延寿宫 | 修殿者三：曰寥阳，曰通明，曰七真 | 1239 | D |
| 郝大通 | 荣河栖云观 | 立元始道君老子像，使□起敬信。后为堂，与殿相称，列七真人于座 | 1240～1281 | J |
| 刘处玄 | 王屋山天坛 | 复将七真仙景，塑绘于翼室 | 1241 | D |
| 丘处机 | 嵩阳崇福宫 | 创构七真堂、钟吕祠 | 1242 | J |
| | 泰安会仙观 | 三清有殿，七真有堂 | 1244 年以前 | D |
| 郝大通 | 长垣县崇真观 | 三清有殿，七真有堂，灵官有位，法篆有司 | 1244 年以前 | J |
| 马钰 | 终南山清阳宫 | 起正殿以塑三清，修后堂以事七真 | 1247 | C |

| 宗系 | 宫观名称 | 殿堂 | 时间 | 出处 |
|---|---|---|---|---|
| 马钰 | 稷山洞神宫 | 起三清、七真之殿 | 1250 年以前 | D |
| | 伊阳县桃园宫 | 增修七真殿一，灵堂一，鬼谷殿一，监坛殿一，灵官殿一 | 1251~1347 | J |
| 丘处机 | 永乐大纯阳万寿宫上宫 | 为殿三，曰无极，以奉三清；曰混成，以奉纯阳；曰袭明，以奉七真 | 1252 | J |
| 丘处机 | 卫州紫极宫 | 建吴（或为"昊"之误——引者按）殿七巨楹，内设三清大像，示至道之原也。中起通明观以奉玉皇黼扆，钦天帝之尊也。后复作七真殿五筵，叙列仙品，见玄教之传也 | 1252~1284 | D |
| 丘处机 | 终南山通仙万寿宫 | 路志进继自长春北来主持，绘七真像以金碧 | 1260 | D |
| | 滑州白马县宁真观 | 起三清之遼宇，建七真之华堂 | 1263 年或以前 | J |
| 丘处机 | 泰山通道宫 | 绘塑七真法师 | 1280 | J |
| 马钰 | 曹州太清观 | 建太清殿于前，七真堂于后 | 1281 年以前 | D |
| | 益都昊天宫 | 凿洞悬崖，绘塑玄元、八仙、七真 | 1290 年或以前 | D |
| 郝大通 | 东平全真观 | 首创殿三楹，中像纯阳真君，列侍七真 | 1296 | D |
| | 澄城玉泉观 | 殿三清于中央，堂七真、灵官于其后 | 1315 年或以前 | J |

注：①清和大宗师赐观额，据其掌教时间推定。

②大玄真宫系栖云真人王志谨弟子杨志谷所建。《大元国广宁府路尖山单家寨创建大玄真宫祖碑》将王志谨记入丘处机门下，实为郝大通弟子。

③清和大宗师题额，据其掌教时间推定。

④李志常赐额号，据其掌教时间推定。

⑤李志常赐额号，据其掌教时间推定。

## 三　接续传统道教神仙谱系

全真道的祖师祭祀制度和五祖七真信仰，都没有超越唐宋内丹道教的"小传统"。这个"小传统"本身就是对传统道教神仙谱系的一种突破。笔者发现，全真道士在构建"小传统"同时，也在努力向传统道教"大传统"回归。现从两个方面阐释全真道接续传统道教神仙谱系的表现。

（一）宫观神像布局

1232 年动工的泰山会仙观落成之后，建有三清殿和七真堂。1234 年之前刘志渊建成武安太清观，"建三清大殿，五祖七真正位"。创建于同时期的德兴秋阳观也建有三清正殿和七真殿。元太宗十年（1238）石德瑄重修洛阳九真观，塑有"玄元十一真"彩像。可见，早在金末蒙初，全真道在宫观建设时除了突出本宗谱系之外，很早就注重通过奉祀三清、老子等传统神灵，接续汉唐道教薪火。

五祖七真是全真道祖真信仰的核心，在传统道教神灵面前，他们只能处于陪祀之位，这一点在全真宫观建筑布局中体现得尤为明显。据《葆真观记》，1227 年，也就是丘处机证道的当年春，葆光大师魏公赴燕谒长春，得赐葆真观额。同年冬开始，魏公领众经营十余年，建成栾城县（今属河北石家庄）龙门村葆真观。其建筑布局明显是突出三清、玉皇等传统神灵的主体地位，而全真道祖真则处于陪祀的位置，"建殿于前，以奉三清，监坛真官，列于东西。建殿于后，以奉玉皇，五祖之堂设于左，七真之位置于右"①。前面提到，孟攀鳞《十方重阳万寿宫记》撰于海迷失后元年（1249），《北京图书馆藏中国历代石刻拓本汇编》误作元定宗元年（1246）。当时的祖庭宫观建筑群供奉有三清、五祖、七真等神像，同时还建有专门供奉创教祖师王嚞神位的白云祠。希皓逸人于元世祖中统元年（1260）为新安县（今属河南洛阳）玄元观撰写重修碑记，记载清平真人赵君②弟子王志希在相传为杨继业女孙玉虚散人杨宗宝所创道观基础上重修玄元观的史事，"先以玄元殿，次列真官祠。西有竹沺，厕以垄阜，仍以三清，亚以七真，二师影祠□倅其中，常生事产，别具公凭。清和大宗师赐号玄元观焉"③。可见，全真道在神像安奉上，太上老子和三清的位置并不固定，因这座道观名为玄元，所以主神太上就被安奉在三清之前。据《寥阳万寿宫碑铭》，寥阳万寿宫在亳州（今安徽亳州）城西南隅，元宪宗八年（1258）之后，通真子刘志义集众创建，"起正殿五间，中塑三清，后殿玉帝，左右

① （元）彭志祖：《葆真观记》，王宗昱编《金元全真教石刻新编》，第 219 页。
② 《玄元观碑记》称，清平真人赵君曾主持神霄洞。结合《甘水仙源录》卷 8《清平子赵先生道行碑》，丘处机高弟清平子赵志渊在长春真人去世后，曾主持洛州神霄万寿宫。因此，正文提到的赵君当为赵志渊。王志希所建玄元观，实为丘处机一系在河南新安一带传法的基地之一。
③ （元）希皓逸人：《玄元观碑记》，王宗昱编《金元全真教石刻新编》，第 156 页。

两庑五祖七真"。三清、玉皇同样位于主神之位，五祖七真则处于陪祀之位。刘志义师事纯真子刘志纯，在创建寥阳万寿宫之前，还曾建亳州玉清万寿宫。一生度弟子千余人，营建道院三十余所，祈晴祷雨，灵应甚多。元武宗至大二年（1309）羽化，享寿一百二十余岁，可谓教内高寿之士。据董朴《修建大同观碑记》，同尘洪妙真人李志柔之兄李志朴曾修建广宗（今河北广宗）大同观，"首建三清正殿，次则七真后堂，散室厩库，罔有不备"①。元世祖至元十八年（1281）何意孙撰《曹州有莘重修太清观碑》记载，马丹阳五传法嗣刘志渊在其师洺州清平开真子赵真人门弟郝先生的基础上，重修太清观，"建太清殿于前，七真堂于后"②。至元二十一年（1284）刘将孙撰《汴梁路栖云观记》记载，郝大通三传弟子李妙元创修汴梁路栖云观，亦采取"前殿奉玄元，后堂祠列祖"的布局。③ 唐仁祖《创建玉泉观记》记述了全真道士梁志通、钟道亮师徒于元世祖朝创建秦州（今属甘肃天水）玉泉观的事迹。碑记称，"至元丙午，起太上殿，事之以五祖七贞。至元己丑，建玉皇殿，事之以风后、牧伯。栋宇宏丽，位置高敞"④。按，世祖至元朝无"丙午"年，结合"己丑（至元二十六年，1289），建玉皇殿"的记载，"丙午"恐为"丙戌"（至元二十三年，1286）之误。碑记交代，梁志通师从张志谨，为丘处机再传弟子，元世祖至元八年（1271）自太原赴秦州弘道。帖木儿大王赐号烟霞无为太师，掌教赐号达玄子。由于碑文残缺，究竟为哪位掌教，不可考。据梁志通在秦州弘道、建宫立观的时间推测，当为祁志诚或张志仙。其中，"太上殿，事之以五祖七贞（真）"即以"五祖七真"陪祀"太上老子"，体现了梁志通等以全真宗祖接续传统神仙谱系的思想。元顺帝至正十七年（1357）住持提点卢德荣率弟子重修河内县（今属河南沁阳）东万比村山王庄翠筠观，工程进展顺利，于当年竣工，"为三门两庑、太上殿、五祖七真二殿、监坛、灵官二祠，房

---

① （元）董朴：《修建大同观碑记》，王宗昱编《金元全真教石刻新编》，第 222 页。
② （元）何意孙：《曹州有莘重修太清观碑》，陈垣编纂，陈智超、曾庆瑛校补《道家金石略》，第 658 页。
③ （元）刘将孙：《汴梁路栖云观记》，陈垣编纂，陈智超、曾庆瑛校补《道家金石略》，第 646 页。
④ （元）唐仁祖：《创建玉泉观记》，王宗昱编《金元全真教石刻新编》，第 244 页。

舍库庖，秩秩有序"①。

结合以上论述和表 3-1、表 3-2 的统计，从圣像和殿堂布局角度讲，全真道接续传统道教神灵谱系的模式大体有四种类型。一是以"五祖七真"陪祀三清、四圣（帝）、太上等传统神灵，突出唐宋内丹道小传统向道教大传统的梯队式回归，符合"五祖七真"的"信仰之真"。"五祖"成为接引"七真"的桥梁，有利于后者融入传统道教神灵体系。二是以"七真"陪祀传统神灵，体现出新道派以真切的历史回归传统道教的集体意识，契合了"七真"传教的"历史之信"。两种模式均以全真宗祖陪祀三清为核心规制。区别是前者"五祖七真"的构成比较明确，后者则不尽然。既然金元时期"七真"有不同组合，那么不同道观供奉的"七真"是否存在差异呢？关节点在于是否包括王嚞或孙不二。笔者认为，不排除存在差异的可能。"七真"认同的构建过程与圣像崇奉的过程同时开展，并未因为认同的差异性而迟滞圣像崇拜的推广。圣像崇拜及其演变的过程亦是"七真"认同发展并最终形成共识的过程。这也不违背新道派创立之初在神灵体系上不断萃取完善、凝聚共识的实际。三是以"五祖"陪祀"三清"，如玄都清虚观、伊阳丹阳观。和前两者相比，这种模式数量上相对较少。四是径直奉祀传统神像，如景州开阳观、亳州太清宫等。

以上列举的全真宫观广泛分布在今天的山东、河南、河北、陕西、山西、安徽、甘肃等地，宫观建筑布局大体是以传统神灵为主，全真宗祖或居于传统三清、太上之后，或分列于传统神灵左右，而且这种前主后（左右）辅的神像殿堂布局由金末一直延续至元末，呈现出全真道一以贯之地向传统道教回归的特征。换个角度讲，这也是唐宋内丹道教向传统道教回归的过程。

（二）真元会与全真"宗老"

全真道自创教之初，即重视对老子及其经典的尊崇和学习。王嚞主张贯通三教，提倡读《般若心经》《道德经》《清静经》《孝经》。② 七真及其

---

① 《重修翠筠观记》，陈垣编纂，陈智超、曾庆瑛校补《道家金石略》，第 813 页。
② （元）李道谦：《甘水仙源录》卷 1，《道藏》第 19 册，第 725 页上栏。

后嗣也沿着这一脉络，通过宗老实现全真道与传统道教的对接。陈时可为丘处机撰写的铭文开篇云："全真一派，道为之源，鼻祖其谁，圣哉玄元。谁其导之，重阳伊始，谁其大之，子长春子。"① 他认为，全真道接续传承了太上老子之学。王道安《崇建会云观记》碑记残缺不全，仅留数字。其中有一句颇为关键，即"长春真人者，太清谪降"②。徐琰认为，道家（教）源自老庄，汉唐术数符篆之学扭曲了老庄本义。王嚞创立的全真之学，力排汉唐道教陈弊，契合老庄之学本旨。③ 日本学者蜂屋邦夫通过研究王重阳诗词中与道教有关的神、仙，指出其中老子最受尊崇。④ 以全真之学、全真宗祖对接老氏之学、之宗的相关论说还很多，兹不胪列。

与从教义思想上宗老相呼应的是，金元时期全真道士重修或创建了众多主祀老子的宫观，例如楼观宗圣宫、亳州太清宫、奉元明道宫、灵宝县太初宫、济源太清宫等。⑤ 此外，刻写《道德经》亦是元代全真道宗老的一大表征。元世祖至元二十七年（1290）三月，掌教宗师张志仙赴关中，参礼重阳万寿宫，令楼观提点聂志元等将《古文道德经》"募刻贞石，署诸说经台上，昭示永久"⑥。

从全真宗老角度讲，元代历时数十载的一件盛事值得关注，此即全真道每年一度的庆祝老子寿诞的"真元会"。按照李道谦《终南山大重阳万寿宫真元会题名记》的说法，老子生于商武丁九年二月十五日。其降生前后充满了神异色彩，如称其母无上元君玄妙玉女下界，吞五色流珠而孕。经八十一载自左腋下生老子于李树之下，"是时，阳景重晖，祥云荫地，万鹤

---

① （元）李道谦：《甘水仙源录》卷2，《道藏》第19册，第736页上栏。

② 《崇建会云观记》，王宗昱编《金元全真教石刻新编》，第176页。

③ （元）李道谦：《甘水仙源录》卷2，《道藏》第19册，第740页上栏。

④ 蜂屋邦夫认为，"对重阳和七真来说，认识自身内在的'本来面目'，比依存于神格更为重要。不过，若说对神格的亲近感，太上老君即老子是他们最崇奉的神祇。"参见氏著《全真教草创期的信仰对象》，《宗教学研究》2000年第4期。

⑤ 分别参见（元）李道谦《楼观大宗圣宫重修说经台记》、（元）朱象先《古楼观系牛柏记》、（元）王道明《重修太初宫碑》、（元）李术鲁翀《大元奉元明道宫修建碑铭并序》，陈垣编纂，陈智超、曾庆瑛校补《道家金石略》，第642~644页、第684页、第703~705页、第789~790页。（元）庞得云《重建太清万寿宫碑铭并序》，王宗昱编《金元全真教石刻新编》，第169~171页。

⑥ 《古文道德经序跋》，王宗昱编《金元全真教石刻新编》，第84页。

翔空，诸天称庆。玉女跪承，九龙吐水，以浴圣姿。龙出之地，化为九井。降生之初，即行九步，步生莲华"。接着谈道，商周时期老子为关尹子、孔子传经讲法的故事，以及汉代以降历代统治者崇奉老子，特别是唐宋诸帝敕封老子尊号和寿诞之日举国庆祝的盛举。元世祖中统二年（1261）忽必烈"持降玺书，敕修太清宫"，继承了汉唐皇家尊礼老子的传统。从教内角度讲，中统五年（1264）二月十五日至至元二十年（1283），李道谦每年在重阳万寿宫组织真元会，"纠集诸宫观师德及乡中善士，备旌节仪卫，迎玄元圣驾就宫，修□灵宝祈恩清醮一百二十分位，端为上祝皇王□算之无极，次以祈各家眷属之有庆"①。真元会内以尊老，外以为国为民祈福之意有机融合。参与庆典的除了重阳宫本宫道众之外，还有周至县、户县、终南县等周边各县村镇大小宫观的头目和信众，历年有增无减。《题名记》录有会众名录，但因碑石破损严重，无法统计道观和道众的具体数量。②

《重阳宫道教碑石》收有一通名为《真元会题名记碑阴》的碑刻，保存相对完好，刻录可以叫得上名字的会众五十七位。其中，比较知名的有玄都至道崇文明化真人宋德方、玄门掌教大宗师存神应化洞明真人祁志诚、玄门演道大宗师凝和持正明素真人苗道一等。另外，刻录上都路、大都路、河中府、河东县、西河县、平晋县、孝义县、莱州、绛州、恒曲县、祯州、完州、顺天府、永平县、易州、洺水县、潞州、沁州、汝州、□州、晋宁路、同县、襄陵县、泽州、解州、夏县、安邑县、冀宁路、文水县、忻州、陕州、河南府、孟州、济源县、虢州、郑州、奉元路、长安县、兴平县、咸宁县、同州、华州郑县、蒲城县、蓝天县、乾州、三原县、周至县、户县、凤翔府、陇州、平凉府、秦州、成纪县、成都府、兴元路褒诚县等五十多个路府州县二百多座大小道观名单。从地理范围来看，已经覆盖今天陕西、山西、甘肃、四川、北京、河南、河北、山东等广大地区。这是一份完全不同于至元二十年碑阴所刻的名录。仅从苗道一头衔来看，这份题

---

① 《终南山大重阳万寿宫真元会题名记》，国家图书馆登记为至元十八年中秋日撰文，恐误。从中统五年（1264）算起，历二十年，当为至元二十年（1283）。王宗昱编《金元全真教石刻新编》，第73页。

② （元）李道谦：《终南山大重阳万寿宫真元会题名记》，王宗昱编《金元全真教石刻新编》，第75~77页。

名录最早刻于武宗至大元年（1308）之后。原因很简单，此年苗道一始任玄门演道大宗师、管领诸路道教商议集贤院事。① 又《重阳宫道教碑石》编者据《永乐宫圣旨碑》（立于 1317 年）碑阴所刻"玄都至道崇文明化真人（中）、存神应化洞明真人（右）、凝和持正明素真人（左）"与该碑大同小异推断，这份题名录亦刻于元仁宗延祐四年（1317）稍前稍后。② 所论是否属实，下文详述。

以上考察了两份真元会题名录道观、信众构成的不同和刻立时间的差异。二者对照，至少可以得出以下几点结论。其一，1264 年至 1283 年，李道谦主持真元会，说明当时的祖庭掌握在马钰一系。根据李道谦担任陕西五路西蜀四川道教兼领重阳万寿宫事的时间推测，1283 年至 1296 年可能仍由其主持真元会庆典。③《真元会题名记碑阴》将宋德方、祁志诚、苗道一三位刘处玄一系的高道列诸碑首，再结合题名记刻录大量冠以"披云"额号的宫观，可以推知，此碑当为宋德方一系弟子掌理重阳宫时举办真元会刻立的。《皇元制授诸路道教都提点洞阳显道忠贞真人井公道行之碑》《鳌屋重阳万寿宫圣旨碑》等碑刻记载，元代中后期宋德方一系的法嗣井德用、焦德润师徒曾先后主持重阳宫。④ 前者于元顺帝至正元年（1341）至至正三年（1343）担任重阳宫提点，后者至少从至正八年（1348）至至正十八年（1358）在重阳宫提点任上。由此推断，《重阳宫道教碑石》版《题名记》很可能是在井德用或者焦德润主持重阳宫时刻立的。其二，从参与的宫观和信众来看，世祖朝时期尚局限于重阳宫周边即终南山一带的道院和徒众。至元朝末年，参与的宫观和道众已经遍布大半个中国，且数量大幅攀升。从宫观的地域分布来看，距离相对比较远的当数大都和山东等地的宫观。

① 《苗公道行碑》，陈垣编纂，陈智超、曾庆瑛校补《道家金石略》，第 787 页。

② 《真元会题名记碑阴》，刘兆鹤、王西平编著《重阳宫道教碑石》，第 127～129 页。

③ 1258 年掌教大宗师张志敬令李道谦担任京兆路道录。1265 年升任京兆路道门提点。1277 年五月，安西王忙哥剌开府陕西，颁布令旨，令李道谦提点陕西五路西蜀四川道教兼领重阳万寿宫事，并赐黄金冠冕法锦服。三年后的 1280 年正月，世祖忽必烈申降玺书，承认安西王授李道谦提点陕西五路西蜀四川道教兼领重阳万寿宫事之职。此职位很可能沿袭至李道谦终老证道（1296 年）。（元）宋渤：《玄明文靖天乐真人李公道行铭并序》，陈垣编纂，陈智超、曾庆瑛校补《道家金石略》，第 714 页。

④ 分别参见王宗昱编《金元全真教石刻新编》，第 92～95 页。陈垣编纂，陈智超、曾庆瑛校补《道家金石略》，第 808 页。

除了距离因素之外，还有一点值得注意，即大都一带属堂下长春宫的直接管领范围。元世祖至元十四年（1277）姚燧撰《洞观普济圆明真人高君碑铭》谈道，堂下视祖庭为"木根而水源""凡四方走币堂下为香火之奉者，必割界而实之祖庭，待以兴化弘教之须"①。实则，自丘处机西行归来之后，全真道历任掌教大宗师均驻跸长春宫，堂下也因此成为掌教管领整个教团事务的衙署，其与祖庭的分庭抗礼之势已悄然形成。然从上都路、大都路、顺天府、永平县等地宫观、徒众参与祖庭真元会的实际来看，祖庭与堂下之间并未形成不可逾越的鸿沟和"铁路警察式"的势力范围。其三，元末的题名录中出现了已故道士的名字，我们知道宋德方辞世于元定宗二年（1247）、祁志诚辞世于元世祖至元三十年（1293）。至于苗道一，元顺帝元统三年（1335）尚在大宗师的位置上。②关于其卒年，因《苗公道行碑》残缺，不可考。在题名录中刊刻已故道士名字，和刊刻实际参与真元会人员名录的做法有所不同。这无疑是想借助真元会凸显本宗力量、构建宗系认同。然从宏观层面讲，全真道在重阳宫举行真元会的历史从元世祖朝一直延续到元末的顺帝时期，历时八九十年之久，基本与元朝的统治相始终。不同时期，虽住持提点各异，但在举办真元会并刻石纪念这一点上，各宗系可谓如出一辙、异曲同工。这种每年一度的节庆活动，成为凝聚教团向心力和教徒心理归属感的重要精神力量。不难看出，全真道对老子的尊崇与归宗是整体性的，而非限于某宗某系。"真元会"宗老，使新道派以整体的面貌向传统道教复归。

## 四　入定遇异是刷新全真神仙谱系和宗祖传承的另类力量

在全真道内，以信仰史、观念史的思路建构神仙传承谱系的做法，由教祖王嚞开创先河。全真教史称，金海陵王正隆四年（1159）王嚞于甘河镇遇异。成文于金代的金源璹《终南山神仙重阳真人全真教祖碑》、刘祖谦

① （元）姚燧：《洞观普济圆明真人高君碑铭》，陈垣编纂，陈智超、曾庆瑛校补《道家金石略》，第619页。
② 《清虚宫铭》立于元统三年，碑末署"持正明素忠纯大真人苗"。陈垣编纂，陈智超、曾庆瑛校补《道家金石略》，第790～791页。

《终南山重阳祖师仙迹记》均未点明遇者为谁。[1] 入元以后，秦志安、李道谦、赵道一、刘天素、谢西蟾等教内史家，按照层垒式建构教史的理路，将所遇真仙聚焦于吕洞宾、刘海蟾两位唐宋内丹道教的重要代表人物身上。[2] 我们知道，王处一、郝大通都有类似的遇异人点化的经历。[3]《终南山祖庭仙真内传》卷上记载，玉蟾真人和德谨在出家之前曾遇一道者点化。后来道者死于和氏家中，和德谨将其安葬之后数月，一老媪登门寻子，称"老身与儿，止是二口"。奇怪的是，发家启圹后，棺内除留有一幅秘旨以外，别无他物。老媪亦失所在。和德谨认为自己经历了真仙点化，遂黜妻弃子，易衣入道。金世宗大定十五年（1175）春，雷大通夜间读书时，忽闻窗外有以杖画地声。同时传来仙语云："可叹愚迷谩用功，浮华一梦转头空。何如立志修仙举，永住三山最上宫。"[4] 雷大通出门察看，唯见所画四句诗文，及岩翁二字。此次遇异经历对雷大通产生了不小的影响，因此弃儒入道，礼马丹阳出家。李道谦对和、雷两位道士遇异经历的记载，无疑是在暗示他们和祖师王嚞一样曾经得到吕洞宾点化。

丘处机去世后，曾经随侍西行的重玄广德弘道真人孟志源"一日，静坐一室，忽于恍惚间见重阳、长真、长春三师真，公拜毕侍立。祖师言：'汝寿当七十五。'长春言：'汝五十后必负教门重任，事虽繁剧，汝勿惮，是皆磨砺汝之砥石，煅炼汝之炉冶也。'言讫，不知所在，寻觉身中百关通畅，真气沂流，升尾闾，入泥丸。是后日复一日，神物变化，金浆玉液，

---

① （元）李道谦：《甘水仙源录》卷1，《道藏》第19册，第723页下栏、第726页上栏。

② 分别参见（元）秦志安《金莲正宗记》卷2、（元）李道谦《七真年谱》、（元）刘天素与谢西蟾《金莲正宗仙源像传》，《道藏》第3册，第348页中栏至第349页上栏、第381页下栏至382页上栏、第372页上栏。（元）赵道一《历世真仙体道通鉴续编》卷1，《道藏》第5册，第415页上中栏。

③ 姚燧《玉阳体玄广度真人王宗师道行碑铭并序》云："七岁，无疾死而复生，由是若知死生说。后遇异人坐大石来前，抚首与言，又闻空中神自名玄庭宫主，归乃敝服赤脚，狂歌市中。"王粹《七真赞》称王处一"幼遇玄庭，再礼重阳。飞伞送号，金莲共芳。迹多神异，名动帝王。高山景行，千载云光。"徐琰《广宁通玄太古真人郝宗师道行碑》云："（大定）十二年，葬真君于祖庭，师欲与四子同庐墓侧，长真激之曰：'随人脚跟转可乎？'师明日遂行，至岐山，遇神人授今名字及道号。"（元）李道谦：《甘水仙源录》卷2，《道藏》第19册，第737页上栏、第741页上栏、第739页中栏。

④ （元）李道谦：《终南山祖庭仙真内传》卷上，《道藏》第19册，第520页下栏、第521页上栏。

黄庭绛宫，灌溉浸渍，非言可及。公因遍考先代师真得道之后，身中之事著见于书者，针芥相投矣"①。按照孟志源碑铭的说法，全真道士能够通过入定修炼的方式，与已经证道的先师实现跨代际、跨时空的会面，并接受点拨。这种穿越代际、时空的会面，有利于后世弟子产生一种与祖师共存的认同感和归属感。

全真道关于遇异的载述并不限于教团内部。例如，姬志真《巢云遇真记》记述了秦朝一个自号巢云的人避世修行，并遇一老仙授以"无名之朴"的遇真过程。自是之后，巢云"精神爽朗，和气横敷，具体恬然，天光内发，清静本然"，为士人荣伯华讲述"存神养生""无用之用"之妙。② 巢云避世修行有年，自秦历经汉魏，是一位长寿的高道。

这种叙述模式的客观性暂且不论，仅从诸家史籍对众多（全真）道士遇真经历的记载来看，就像相信王嚞甘河遇仙一样，全真道众对历史和现实中的遇异现象是深信不疑的。这就为全真道神仙谱系的刷新——跨越客观历史师承——打开了一条绿色通道。实际上，全真道建构的"北宗五祖"本身就是对传统道教神仙谱系的一种突破。

在诸家碑刻中，笔者发现了一通跨越历史师承，直接接续钟、吕、海蟾薪火，从观念史角度重塑全真信仰谱系的碑刻，即王志贵《宁州玉泉观乔真人碑》。该碑记载，元阳蕴道显德乔真人、飞阳坚化自然郭真人，皆为雪山凤林③人。二人曾先后得到钟、吕、海蟾点化。碑记云：

> 二人信诚，偶共适于熙河，思涤尘于大夏。幸契宿缘，获参钟吕。遂诏以修炼之方，明以神仙之道。推蒙法诲，未究其详。期年再会，乃排五色之石，以象五行之数。指示曰："此浮沉之龙虎也，此颠倒之坎离也，此固非身外事也。"言讫，不知所之。而又阅岁，复游诸土，重遇仙祖，备述元旨，仍各赐以火枣，命令食之。方拜谢，忽失所在，

---

① （元）李道谦：《甘水仙源录》卷6，《道藏》第19册，第771页下栏。
② （元）姬志真：《云山集》卷8，《道藏》第25册，第421页中栏。
③ 凤林，山名，在今甘肃临夏县东北。郦道元《水经·河水注》云："河水又东历凤林北。凤林，山名也。五峦俱峙。耆谚云：'昔有凤鸟飞游五峰，故山有斯目矣。'"史为乐主编《中国历史地名大辞典》上，中国社会科学出版社，2005，第479页。

唯见履迹之中题"乌兔海蟾"之字，了然顿悟，心室洞开，擒玉龙于宝鼎，伏金虎于丹台。①

从行文来看，全篇突出诸师内丹修行，与钟、吕、刘为代表的晚唐以来的中国社会内丹修炼传统相契合。乔真人仙化于河洲大隐宫，郭真人登真于襄汉仙源观。席下嗣法弟子有青峰上德无为李真人、元阳洞照虚寂薛真人，皆悟道修真高尚之士。另有高弟含真子郭真人继承先师道业，于宁州（今属甘肃庆阳）创建玉泉观。不同于一般碑刻明确记载道士师承或宫观创建始末，《乔真人碑》对乔、郭两位真人的师承讳莫如深，对李、薛、郭三弟子是师从乔真人还是郭真人语焉不详。对含真子郭真人创建玉泉观的时间更是避而不谈。如果排除碑刻抄录者未完整录文的因素外，恐怕是王志贵故意为之。接下来的问题是，是作者没有弄清楚乔氏一系的法脉传承和弘道活动，还是故意曲笔隐没上述内容呢？全真道士通常都会邀请教内外与本宗系或宫观有密切往来关系的精英之士撰写碑记。《乔真人碑》明确交代，王志贵与玉泉观工程的发起者郭真人交情不一般。玉泉观落成之后，二人品茗闲谈之余，郭真人请王志贵撰写创建碑记。退一步讲，如果王志贵对乔氏一脉的传承了解不甚明确的话，至少郭真人是清楚的。由此可以推定，碑记隐没乔氏一系的师承或为有意之笔，旨在跨越一般知识层面的历史传承，通过观念史的叙述模式，将乔氏一系的传承谱系直接与全真五祖中的钟、吕、刘三祖对接。从这个角度讲，《乔真人碑》是一通与众不同的碑刻，是从信仰史、观念史角度研究全真道宗祖传承谱系的一份重要资料。王志贵的这种叙述模式，无非是为了抬高乔、郭两位道士的丹道传承辈分。一方面，没有突破唐宋以来内丹道神仙谱系的大传统；另一方面，又有跨越金元全真道历史传承的小传统，直接钟、吕、刘的大气魄。这无疑对王重阳以降的历代祖真传承谱系形成了一定的冲击。

除了遇异之外，在宫观神殿布局方面以本门宗师接续道门宗祖的情况，虽与刷新神谱不同，但亦不难体味相关宗系凸显本宗之意。这一点以王志谨一系所建宫观最具典型性。王志谨弟子程志宝在山西吕梁建玄祯观，除

---

① （元）王志贵：《宁州玉泉观乔真人碑》，（清）赵本植纂修《乾隆新修庆阳府志》卷42上，张玺、王立明、齐社祥、马啸点校，中华书局，2013，第522页。

了建有祠祭老子的玄元殿之外，"祖东华，亚栖云，各依传绪之次"①。在祖师谱系中，凸显本宗祖师地位的思想和实践跃然可见。无独有偶，元泰定帝泰定三年（1326），掌教大宗师虚白文逸明德真人孙履道命提点纯素清逸大师黄道真修复上清储祥宫，"道真殚力承命，遂成三殿，尊玄元圣像于前，奉栖云祖师于后，翼以斋序，缭以周垣，庖廥场圃，所资悉备"②。按，孙履道系徐志根弟子、王志谨再传弟子。元成宗大德八年（1304）徐志根去世，孙履道嗣掌王志谨一系本山开封朝元万寿宫。元仁宗皇庆元年（1312）十二月，状其师之道行，请程巨夫撰写道行碑。③泰定元年（1324），孙履道出任掌教大宗师。④据许有壬记载，王志谨在世时，曾由巨提点主持重修上清储祥宫，"崇三清之殿于前，次列真之宇于后，神门坛壝，左右云堂，四周接屋余百楹，虽非其地而名不泯也"⑤。显而易见，黄道真重修后的神殿布局与巨提点时期的布局大不相同。换言之，上清储祥宫前尊太上玄元、后奉栖云圣像的布局是得到了时任掌教大宗师孙履道认可并有意为之的。这与孙履道出自栖云一系有直接关系。此举无疑是为了光耀宗祖、抬高王志谨一系在元末全真教团中的地位。

"道教由后世所造作的祖师系统并不一定符合历史事实，但是这种建构体现了道教有意的自我认同。"⑥全真道祖真认同构建的过程，历史之信与信仰之真两种观念始终交织在一起。从五祖的形成过程、宫观建设和大型仪式中体现出来的对传统道教神仙谱系的归宗，以及跨越代际、时空的神谱刷新角度看，信仰之真的力量呈压倒性态势。从各宗系对本门祖师的祠祭以及七真的形成过程看，历史之信要胜于信仰之真。诚然，任何事情都

① （元）王构：《玄祯观至德真人记》，王宗昱编《金元全真教石刻新编》，第136页。
② （元）许有壬：《上清储祥宫记》，陈垣编纂，陈智超、曾庆瑛校补《道家金石略》，第780页。
③ （元）程巨夫：《徐真人道行碑》，陈垣编纂，陈智超、曾庆瑛校补《道家金石略》，第712~713页。
④ 虞集《河图仙坛之碑》云："泰定元年春，长春掌教真人阙，上用公（指玄教大宗师吴全节——引者按）荐，以汴梁朝元宫孙公履道主之。"陈垣编纂，陈智超、曾庆瑛校补《道家金石略》，第964页。
⑤ （元）许有壬：《上清储祥宫记》，陈垣编纂，陈智超、曾庆瑛校补《道家金石略》，第780页。
⑥ 郭硕知：《边缘与归属：道教认同的文化史考察》，巴蜀书社，2017，第39页。

不是绝对的，历史之信与信仰之真之间也并非泾渭分明。其中，信仰是统合全真道宗祖崇拜、祖真认同的核心力量，只有在信仰史、观念史视角下探讨全真道神仙谱系构建问题，才具有其宗教学意义。

## 第三节　全真像教

　　道教从神道设教角度发扬光大道家思想。二者既有联系，又有区别。以神像为例，原始道家注重对自然法则的尊崇和内在生命境界的提升，不过于属意外在形象。《老子》讲"大音希声，大象无形"。东汉五斗米道的主要经典《老子想尔注》传承了这一思想："道至尊，微而隐，无状貌形像也；但可以从其诚，不可见知也。"① 魏晋以降，随着道教作为一种宗教组织的发展壮大，教内对神像及其意义的认识开始发生转化。特别是南北朝时期，是道教神像从无到有并逐渐在殿堂坛宇中模刻尊奉的过渡期。北魏始光初，太武帝崇道抑佛，支持寇谦之为首的新天师道，"起天师道场于京城之东南，重坛五层，遵其新经之制"②。《隋书·经籍志》对拓跋焘的崇道活动有更为详细的描述，"于代都东南起坛宇，给道士百二十余人，显扬其法，宣布天下。太武亲备法驾，而受符箓焉。自是道业大行，每帝即位，必受符箓，以为故事，刻天尊及诸仙之象，而供养焉"③。

　　唐释法琳《辩正论》虽立足扬佛抑道的立场而撰，然其中对道教神像的发展源流却有比较客观的认识，"梁陈齐魏之前，（道教——引者按）唯以瓠卢成经本，无天尊形像"。同时征引《陶隐居内传》指出，南朝时陶弘景曾在茅山修道，立佛道二堂，隔日朝礼，但尚处于"佛堂有像，道堂无像"的阶段。又据王淳《三教论》指出，道教徒为了吸收信众，仿照佛教造像之制，在道堂内部刻立神像，"假号天尊，及左右二真人，置之道堂，以凭衣食。梁陆修静之为此形也"④。陈国符《道藏源流考》附录二《道教

---

① 饶宗颐：《老子想尔注校证》，上海古籍出版社，1991，第17页。
② （北齐）魏收撰《魏书》卷114《释老志》，中华书局，1974，第3053页。
③ （唐）魏徵、令狐德棻撰《隋书》卷35《经籍四》，第1093~1094页。
④ （唐）法琳：《辩正论》卷6，《大正新修大藏经》第52卷，日本株式会社，1961，第535页上中栏。

形像考原》亦有交代，可参看。①

关于神像的出现，道教内部的相关典籍亦有记载。《洞玄灵宝千真科》云："殿属天尊，堂属道士。"②《道藏提要》推断《千真科》"出于陆修静网罗道书，总括三洞之后"，大体时间在南朝之后、唐之前。《元始洞真决疑经》托元始天尊回答太上道君之语，阐明了道教图像之于大众修行的教化意义，"自我得道以来，经无量劫，常在世间，未曾舍离。若应度者，常见我身；运会迁移，则不能见。此劫众生，机宜所感，当由道君而得度脱。是故我今升玄入妙，汝等肉眼不能见我真实之身，谓言灭尽。但修正观，自当见我，与今无异。若于空相，未能明审，犹凭图像，系录其心，当铸紫金，写我真相，礼拜供养，如对真形，想念丹到，功德齐等。所以者何？身之与像俱非实故。若能明了，非身之身，图像真形，理亦无二。是故敬像随心，获福报之轻重，唯在汝心。贫穷之人，泥木铜彩，随力能办，殿堂帐座，幡花灯烛，称力供养，如事我身。承此因缘，终归正道，必当与我期在大罗"③。《太玄真一本际妙经》、唐孟安排《道教义枢》对上述引文均有载录，但有个别文字出入。④ 按，《元始洞真决疑经》又称《太上决疑经》，唐潘师正《道门经法相承次序》、史崇玄《一切道经音义妙门由起》对此经均有引述。《道藏提要》据此判断"此经盖成于隋唐"⑤。补充一句，《太玄真一本际妙经》又称《本际经》。唐玄嶷《甄正论》卷下称，"至如本际五卷，乃是隋道士刘进喜造，道士李仲卿续成十卷"⑥。如果《本际经》征引《决疑经》的内容出自刘进喜之手，就不排除后者出自隋朝甚至更早的可能。故《道藏提要》对《决疑经》成书时代的判断恐怕是一种"稳妥的保守"。

以《魏书》《隋书》为代表的相关正史，以及以法琳《辩正论》为代

---

① 陈国符：《道藏源流考》，中华书局，2014，第214~215页。
② 《洞玄灵宝千真科》，《道藏》第34册，第373页上栏。
③ 《元始洞真决疑经》，《道藏》第2册，第5页中栏。
④ 《太玄真一本际妙经》，《道藏》第24册，第654页上中栏。（唐）孟安排：《道教义枢·序》，《道藏》第24册，第803页中下栏。
⑤ 任继愈主编《道藏提要》，中国社会科学出版社，1991，第28页。
⑥ （唐）玄嶷：《甄正论》卷下，《大正新修大藏经》第52卷，第569页下栏。

表的佛家典籍对道教神像出现时间的记载，与道教内部的记载是基本吻合的。此外，保存至今的南北朝时期的大量道教造像（碑），更是该时期道教传教方式具象化、神像化最有力、最直接的明证。据李淞调查，仅陕西关中一带北朝至隋初的道教造像就有 40 余处。[①] 唐宋以来，全国各地更是有大量的道教造像流传至今。刘连香《美国波士顿美术馆藏中国道教造像》一文，图文并茂，展现了该馆所藏我国北魏至明代的道教造像，阐释了不同时代造像的内容和特征。[②] 有人认为，道教造像产生是受到佛像的"冲击"而做出的"反应"。从汉末六朝时期佛道交融史角度看，此说不无道理。与此同时，道教内部在传教形式、方式上的方法论自觉，同样不可忽视。

## 一　以像兴教的早期历史

全真道的神像塑绘模刻，是对南北朝以来道教以像传教、以像教化信众悠久传统的继承和延续。全真道士姬志真《滑州悟真观记》（撰于 1257 年）、彭志祖《浚州重修神霄宫碑》（撰于 1264 年）、王道亨《真常宫记》（撰于 1311 年）均称全真道为"像（象）教"。目前学界对这一个概念关注不多，不过这并不是一个难以理解的概念。像教的核心就是以绘图构像的方式，吸引信众，弘道兴教，增进教团凝聚力和认同感。实际上，全真道各宗对本门宗师的祠像之祭、五祖七真殿堂之祀，都是全真像教的重要内容和核心表现。考全真道以像兴教的历史，王嚞有开端绪之功。《终南山祖庭仙真内传》卷上记载，金世宗大定七年（1167）王嚞东赴海滨之前，曾为史处厚留下一幅三髻道者的画像。后来史处厚以之与丘、刘、谭、马四子相认。这既是王嚞预知未来事的体现，又是其以像传

---

① 李淞：《一块北魏羌族的道教造像碑》，《中国道教》1994 年第 3 期。关于南北朝时期道教造像的研究，还可参见张泽珣《北魏关中道教造像记研究——附造像碑文录》，澳门大学出版社，2009；张方《略论关中地区道教造像碑的史料价值》，《中国道教》2009 年第 3 期；肖晓《关中北朝道教造像碑研究》，湖南工业大学硕士学位论文，2012；刘睿《北朝道教造像再考察——以造像碑为中心》，《考古与文物》2015 年第 4 期；包艳、汪小洋《南朝长江流域的宫观碑记与道教造像——南朝十三通宫观碑记的梳理与讨论》，《湖南大学学报（社会科学版）》2015 年第 6 期；等等。
② 刘连香：《美国波士顿美术馆藏中国道教造像》，《中原文物》2013 年第 2 期。

教的开端。

　　此后，全真道十分重视以祖师画像传教的传统。金世宗大定二十二年（1182）莱州丹阳观立"王重阳画象诗刻"，所刻画像"幅巾道袍，曳杖而行"。并题五言诗云："三冬游海上，六出满天涯。为访神仙窟，经过道士家。"① 大定二十八年（1188），丘处机奉旨"塑纯阳、重阳、丹阳三师像于官庵，彩绘供具，靡不精备"②。《重阳祖师之图》（见图 3-1）原在户县（今西安鄠邑区）重阳宫祖师殿后露天放置，1962 年移至该宫后院集中保护。除祖师像之外，还刻录了张邦直撰写的赞文，称王嚞所创、马钰等弟子所传之道，得道之真、道之全。③ 该碑未注明刻立时间。张邦直乃金朝名士，官拜翰林学士。《重阳宫道教碑石》推断这通图像碑应该在元初立石。韩占刚进一步考证认为，应立于 1233～1243 年之间。另外，该碑碑阴刻《玄门七真之像》（见图 3-2），刻立时间不详，额刻阴文篆书"玄门七真之像"六字，字高八厘米。碑面阴刻两株参天劲松，下刻七位真人立像，像高约四十五厘米。右上方竖刻"七真上仙"四字。保存完好。④ 如前所述，"七真"作为一个概念组合在全真道内出现，经历了酝酿博弈的过程。推测《玄门七真之像》应该是后来补刻于《重阳祖师之图》碑阴的。韩占刚认为当在 1241 年前后。⑤ 这一做法体现了全真道以画像碑的形式对宗祖崇拜和宗祖认同一以贯之的构建。刘天素、谢西蟾《金莲正宗仙源像传》，以图像、传记、赞文并举的方式载录五祖七真的形象和传道史事，在金元众多教史文献中别具一格。然从全真道发展史角度讲，以像传教、以像示范并非刘、谢的最先发明。

---

① 《王重阳画象诗刻》，陈垣编纂，陈智超、曾庆瑛校补《道家金石略》，第 431 页。
② （金）丘处机：《磻溪集》卷 3，《道藏》第 25 册，第 823 页中栏。
③ 张邦直赞云："道之用以治身，而世之从事者多得其一，罕有得其全。自重阳子唱全真之道，马丹阳辈从而和之。然后，其教大行乎天下，而习他教者乃衰。呜呼，其盛矣！故昔庄子休有云：'后世之学，不幸不见天地之纯、古人之大体，道术将为天下裂。'惜不及见此公。"《重阳祖师之图》，刘兆鹤、王西平著《重阳宫道教碑石》，第 29 页。另见赵卫东、陈法永主编《金元全真道碑刻集萃》，第 270～271 页。
④ 《玄门七真之像》，刘兆鹤、王西平编著《重阳宫道教碑石》，第 30 页。赵卫东、陈法永主编《金元全真道碑刻集萃》，第 272～273 页。
⑤ 韩占刚：《全真祖师的宗教叙事研究》，华东师范大学博士学位论文，2020。

图 3-1 《重阳祖师之图》

（出自赵卫东、陈法永主编《金元全真道
碑刻集萃》，第 271 页）

图 3-2 《玄门七真之像》

（出自赵卫东、陈法永主编《金元全真
道碑刻集萃》，第 273 页）

　　《绛仙传存真訾仙翁实录之碑》载述马丹阳弟子訾仙翁（1153～1234）在金末环修弘道事迹。据称，金宣宗元光年间（1222～1223），訾仙翁被征入朝。金哀宗正大元年（1224），"蔡州寮属请公赴千籙会"，府掾苏君舍果园为之创立玄真道院。正大四年久旱，訾仙翁应邀祈雨，立获沾足。[①] 此人系金末早期全真高道，声望日重，享誉朝野。研究其人的弘道活动，对于了解早期全真道的历史和教风具有一定的示范意义。《实录之碑》元宪宗元年（1251）立石。上半部刻訾仙翁像，下半部为碑传，此为大蒙古国早期全真道以像传教之又一例证。《终南山全阳真人周尊师道行碑》称，金章宗承安三年（1198），马钰弟子全阳真人周全道在世时曾以神游显化的方式劝化洞虚子张志渊入道，并预言三十年后会有弟子与之相认。金哀宗天兴元年（1232），周全道弟子李圆明于东河县（今属山西永济）筑栖真观。张志渊往之参见，李圆明出示周全道画像，二人递相印可，应三十年前其师之谶。[②] 李圆明以先师画像增进门众的祖师认同和宗系归属，与昔日王嚞留三髻道者像异曲同工。另外，山东长清五峰山洞真观存有一通题为《虚静真人像赞》的碑刻，上赞下像。赞文分别为神川刘祁、清亭杜仁杰、锦川散

---

① 《绛仙传存真訾仙翁实录之碑》，陈垣编纂，陈智超、曾庆瑛校补《道家金石略》，第 511 页。

② （元）李道谦：《甘水仙源录》卷 4，《道藏》第 19 册，第 753 页下栏。

人沈子政题。其中杜氏赞文保存完整，兹录如下："其神莹然如秋江之水，其形枵然如槁木之枝，其韵翛然如辽海之鹤，其光晔然如商岭之芝。此所以礼法不能缚，缯缴无所施，而为玄门之大宗也邪？"结合《戊申岁纪海众信士姓氏之图》，长清洞真观系马钰—崔道演一系法脉所在，因此虚静真人法脉渊源或与此系不无关系。[1]

刘处玄一系以像弘道者当推披云真人宋德方。元太宗六年（1234），他主持开凿太原龙山昊天观，"修葺三年，殿阁峥嵘，金朱丹艧"[2]。其中刻有七真像（见图3-3）。元太宗十三年（1241），主持兴复有道教第一洞天之称的王屋十方天坛大紫微宫，"洎诸圣殿室像设，焕然一新。复将七真仙景，塑绘于翼室"[3]。他还曾率领门人在山东莱州开凿神山洞，"创修三清五真圣像"。乃马真后四年（1245）朝廷下旨，将山前侧佐一带无主荒地给付宋德方支配。[4] 推知宋德方开凿神山洞的时间当不晚于此年。前文谈到，陕西耀州五台山静明宫建有刘处玄四世法孙井德用生祠。廉维方撰《静明宫瑞槐记》于元顺帝至正四年（1344）立石。《续修陕西通志稿》称，碑存陕西耀州，高五尺七寸，宽二尺七寸。分两截，上截忠贞真人像，下截记。可见这种以画像碑弘道的方式一直延续到元末。[5]

丘处机一系弟子在以像传教方面亦不乏其人，继承了长春真人以建宫立观为"外行"的教义思想。《宗主宁神广玄真人像》碑称，元太祖十八年（1223）张志谨在西行觐见成吉思汗的归途中，投于丘处机门下。乃马真后四年（1245）朝廷颁发圣旨，追记张志谨出家源流宗派等事。和众多道像碑不同的是，《宗主宁神广玄真人像》除了刻有张志谨画像外，还录有大蒙古国统治者颁发的圣旨。这一做法无疑是想借助最高统治者的礼遇护持抬

① 《虚静真人像赞》，陈垣编纂，陈智超、曾庆瑛校补《道家金石略》，第498页。
② （元）李鼎：《玄都至道披云真人宋天师祠堂碑铭并引》，陈垣编纂，陈智超、曾庆瑛校补《道家金石略》，第547页。更多内容，参见景安宁《道教全真派宫观、造像与祖师》，第236~273页。
③ （元）李志全：《重修天坛碑铭》，陈垣编纂，陈智超、曾庆瑛校补《道家金石略》，第505页。
④ 《神山洞给付碑》，陈垣编纂，陈智超、曾庆瑛校补《道家金石略》，第484页。
⑤ （元）廉维方：《静明宫瑞槐记》，王宗昱编《金元全真教石刻新编》，第91~92页。

165

**图 3-3　山西龙山石窟《七真中的三真人》**

(出自〔日〕常盘大定《中国文化史迹图版》第 1 辑，法藏馆 1941，Ⅰ-118)

高本门宗师在教内外的声誉。遗憾的是，碑记没有交代刻立时间。① 另外，元太宗四年（1232）李志常弟子何志安创建彰德路汤阴县（今河南汤阴）鹿楼村隆兴观，"崇构圣宇，塑绘像仪"，塑三清、四圣、崇宁、里域、龙虎君、先师等，"以像数二十有奇"②。

　　郝大通一系擅长以石像传教的非栖云真人王志谨一脉莫属。1296 年王鹗撰《重修天长观碑铭》记载，丘处机西行归来后，令王志谨兴复燕京会仙坊天长观（即日后之大长春宫——作者按），"垂二十年，建正殿五间，即旧额曰玉虚，妆石像于其中。层檐峻宇，金碧烂然。方丈庐室，舍馆厨库，奂然一新。凡旧址之存者，罔不毕具"③。据姬志真《盘山栖云观碑》，王志谨重修天长观的时间为元太祖十九年（1224），即"甲申正月，复还燕然，建长春宫"④。姬志真《大元国宝峰观记》记载王志谨女弟子安真散人李

①　《宋披云道人颂》，陈垣编纂，陈智超、曾庆瑛校补《道家金石略》，第 484～485 页。

②　（元）司马德义：《彰德路汤阴县鹿楼村创修隆兴观碑铭》，陈垣编纂，陈智超、曾庆瑛校补《道家金石略》，第 738 页。

③　（元）王鹗：《重修天长观碑铭》，王宗昱编《金元全真教石刻新编》，第 110 页。

④　（元）姬志真：《云山集》卷 7，《道藏》第 25 册，第 414 页中栏。

守迁于元世祖至元三年（1266）之前创建林州（今河南林县）宝峰观史事。《道家金石略》载录该碑时称，碑高三尺七寸，广二尺二寸，正书，篆额题"宝峰观记"。有像。可惜，未交代像者何人。① 至元十八年（1281）张道亨撰《桃花洞记》称，王志谨再传弟子慧通散人张惠全曾于覃怀西北河内宋寨村（今属河南沁阳）小谷重阳观开凿桃花洞，开龛设像，中塑玄元圣祖太上老君，左、右分别为西王金母元君、正□纯阳三真君像。② 元成宗大德八年（1304），李道元于昆嵛山东华宫（位于今山东烟台）开凿紫府洞，"斫白石为五祖七真像，祠其中"③。李道元（1245~1320），自号清贫子，卫辉路淇州朝歌（今属河南淇县）人。年逾不惑，出家礼武当山"□□□栖云玉真人门下袁先生为师"。"栖云玉真人"疑为"栖云王真人"之误。如此，李道元则为王志谨再传弟子。他一生曾先后在邓州、大都、云州金阁山、昆嵛山东华宫、莱阳、文登等多地传道。元成宗大德三年（1299）晋王赐封抱元真静清贫真人。大德九年，李道元赴莱阳迎仙宫，参与马丹阳会葬大典，并为之雕凿石椁。此人弘道的一大特点是善于开凿石洞、石像。邓文原《大东华宫紫府洞记》未交代他开凿东华宫紫府洞的具体细节。李道元道行碑有所补足，称紫府洞的开凿时间是大德六年（1302），"取玉石，于莱州镌五祖七真等法身一十七尊，竭坐洞中。供案瓶炉，皆石为之"。元仁宗延祐元年（1314），李道元赴文登主持迎仙宫重修工程，凿石椁安葬任道士遗蜕，并"立抟阁及造玉石像，安奉于内"。又将马钰所度十解元（原文误作"十界元"——作者按）百仙图旋转刻像，各镌姓名。延祐四年，奉旨护持文登迎仙宫。当年冬十一月，开朝阳洞。次年夏，建石殿奉太上圣像。李道元称得上是元代中后期全真道内屈指可数的以石洞石像兴教的高道之一，可与大蒙古国时期宋德方在山西、山东等地开凿石像相比肩。延祐七年三月，李道元嘱托弟子耿道清来日兴复东华宫石桥后，无疾而逝，享年七十六岁。④ 耿道清

① （元）姬志真：《大元国宝峰观记》，陈垣编纂，陈智超、曾庆瑛校补《道家金石略》，第609~610页。
② （元）张道亨：《桃花洞记》，王宗昱编《金元全真教石刻新编》，第177页。
③ （元）邓文原：《大东华宫紫府洞记》，王宗昱编《金元全真教石刻新编》，第44页。
④ （元）张仲寿：《抱元真静清贫李真人道行碑》，王宗昱编《金元全真教石刻新编》，第47~49页。

继承其师遗范，除了修建东华宫石桥以外，还曾营造东华宫玉皇石阁，工程尚未竣工，耿氏羽化。后继者殷志和、韩道微、董道安在地方官资助下，修成玉皇阁，并刻立白玉玉皇石像。① 栖云一系法脉繁盛，与该系注重宫观圣地建设特别是以像兴教，不无关系。

通过上文的论述可知，全真道士在塑绘供奉本门宗师和以五祖七真为代表的内丹"小传统"神像同时，还通过雕造三清、四圣、玉皇、太上老君、西王母等传统神像的方式，实现"小传统"向传统道教"大传统"的回归。这是全真道神像崇奉的一个显著特点。

除了教内徒众一直致力于以像兴教外，全真像教传统还得到了教外政治精英和民众的广泛支持。元好问《太古堂铭》记载，郝大通曾在赵州（今河北赵县）一带苦修。去世后，真定府参议赵振玉在赵州天宁观建太古堂，左司郎中贾道成立太古像于其中，令其弟子主领之。② 郝大通法孙李志柔于元太祖十六年（1221）重修顺德府通真观，工程开始不久，李志柔应掌教尹志平之请，赴终南山兴复楼观宗圣宫。志柔法弟李志雍、韩志久在郡守安国军节度使赵伯元资助下，继续扩修通真观，"首建大殿于其东，以像三清，次筑祖堂于其西，以祀七真"，屋凡四十间，为像凡二十一躯，占地六十亩。不同于前后式的宫观神殿布局，通真观奉祀三清和七真的殿堂呈东西分布之势。这座道观殿堂布局、以像兴教的思想对李志柔一系的宫观建设具有示范意义。碑记谈到，李志柔"化行一乡，行乎一邑，自为方所者，若宫若观若庵，殆百余区，然犹以通真为指南"③。元代中后期，仁宗对掌教大宗师孙德彧的礼遇，可谓将教外精英支持以像兴教的做法发挥到了极致。虞集《玄门掌教孙真人墓志铭》称，为表彰孙德彧祈雨之灵应，元仁宗亲自召见他并"命图其像，属翰林学士承旨赵公孟𫖮为赞，以玺识之"④。

① （元）崔佐：《东华宫玉皇阁记》，王宗昱编《金元全真教石刻新编》，第59~60页。
② （金）元好问：《太古堂铭》，陈垣编纂，陈智超、曾庆瑛校补《道家金石略》，第483页。
③ （元）宋子贞：《顺德府通真观碑》，陈垣编纂，陈智超、曾庆瑛校补《道家金石略》，第504页。
④ （元）虞集：《玄门掌教孙真人墓志铭》，陈垣编纂，陈智超、曾庆瑛校补《道家金石略》，第767页。

《明胡松与乡中知旧书》云："又四十里至祖庵，元王重阳道场也。有石刻遗像与其手书，书亦飞动奇谲。"[1] 嘉庆《重修一统志》云："积金山在福山县西一里。《县志》：上有通仙宫，内奉王重阳、马丹阳遗像。"[2] 金元全真道的像教传统一直延续至明清。

## 二　像教的意义

道教内部一般认为，道教起源于上古时期，全真道持此说者代不乏人，不过具体兴起于何时未形成相对统一的认识。例如，宋德方认为，全真道自古有之，渊源可以追溯至龙汉、赤明之前，"龙汉以前，赤明之上，全真之教固已行矣"[3]。姬志真《玄教袭明论并序》亦有类似认识，"原夫龙汉纪初，玄中道祖，三洞启关。赤明而下，众真垂训，异代殊时，师师相授，明明相袭，浩浩万古。源源而来，以及于今"[4]。而王复初《兴真宫记》认为，"玄元之教，始立于轩黄，玄风之振，五帝三代，随时播化"[5]。活跃于元代中后期来自茅山的全真道士朱象先提出，道教起源于黄帝时代，宫观发端于周穆王时期，"自黄帝问道于空同，教之所由生也。宫观曷从而兴乎？自尹喜结草为楼，观星望气，此宫观之所由始也"[6]。这是教内徒众为了凸显道教悠久历史，将其起源追溯至上古时代的一种理论自觉。道教起源涉及道教的概念界定等一系列问题，近年学界讨论不少。篇幅所限，兹不展开。

如同认为道教有着上起上古时代的悠久历史一样，教内人士认为，道教像教之兴同样有着久远的历史。上文提到的王道亨《真常宫记》记述了通玄子杨志安、谷神子樊抱一等创建晋宁路解州芮城县下庄（今属山西芮

---

[1]　（明）何镗辑《古今游名山记》卷7，《续修四库全书》第736册，第575页中栏。

[2]　嘉庆《重修一统志》卷173，《续修四库全书》第616册，第442页上栏。

[3]　《玄通弘教披云真人全真列祖赋》，陈垣编纂，陈智超、曾庆瑛校补《道家金石略》，第593页。

[4]　（元）姬志真：《知常先生云山集》卷5，北京图书馆古籍出版编辑组编《北京图书馆古籍珍本丛刊》第91册，书目文献出版社，1988，第143页上栏。

[5]　（元）王复初：《兴真宫记》，陈垣编纂，陈智超、曾庆瑛校补《道家金石略》，第808~809页。

[6]　（元）朱象先：《大元重修泾阳县北极宫记》，陈垣编纂，陈智超、曾庆瑛校补《道家金石略》，第747页。

城）真常宫的历史。其中，将宫观像教的起源上溯至黄帝、周穆王和汉武帝分别供奉玉像天尊、金像道君、银像老君的时代。即是说，在教内人士看来，自道教兴起之日，像教就是道教信仰和传播的重要内容和方式。[①] 同时，教内精英阶层看到了金元时期全真道大发展对道教像教传统弘扬的重要助推作用。王道亨谈道，丘处机西行归来以后，全真像教大兴，远胜于汉唐以来设像崇教的历史。[②] 这一点与丘处机立观度人的思想和实践完全契合。元顺帝至元二年（1336）井道泉撰《大元重修四真堂记》亦有"全真之学既辟，像设之教方弘"[③] 的认识。

按照表现形式的不同，道像大体可以分为平面和立体两种。其中画像一般为平面像，多见于壁画、石碑、教史传记（如《金莲正宗仙源像传》）中。塑像、石像多为立体像，广泛分布于宫观殿堂、神山洞府之中。康豹以壁画和带有插图的仙传为例，指出可视性的介质有时候在传播宗教信仰和实践方面给人留下的印象更深、影响更大。[④] 于君方（Yü Chün-fang）认为，以一些著名的佛教经典为基础刊刻的木版印刷品在加强观音崇拜和信仰方面发挥着非常重要的作用，"这些木版画吸引了众多朝圣者来此朝拜，它们还能告诉朝圣者应该往哪儿看和看什么"[⑤]。应该说以各种图像为核心内容的像教，在吸引信众、加强宗祖崇拜和凝聚全真信仰方面，发挥了不可小觑的作用。对此，金元时期的教内外精英早有揭示。金宣宗贞祐二年（1214）国俦撰《玉虚观记》，记载金章宗承安三年（1198）王处一辞别章宗后，门人为之创建昆嵛山圣水玉虚观的历史。落成之后的玉虚观，"凡所以尊奉经像，颐养高真，安方来，馆宾客，无不审处其当"。碑记未交代尊奉哪些经像，但有一点是非常明确的，即"使游礼之人，瞻像以生敬，学

---

① （元）王道亨：《真常宫记》，陈垣编纂，陈智超、曾庆瑛校补《道家金石略》，第735页。

② （元）王道亨：《真常宫记》，陈垣编纂，陈智超、曾庆瑛校补《道家金石略》，第735~736页。

③ （元）井道泉：《大元重修四真堂记》，陈垣编纂，陈智超、曾庆瑛校补《道家金石略》，第795页。

④ Paul R. Katz, "Writing History, Creating Identity: A Case Study of Xuanfengqinghuitu", *Journal of Chinese Religions* 29（2001）.

⑤ Chün-fang Yü, "P'u-t'o Shan: Pilgrimage and the Creation of Chinese Potalaka", *Pilgrims and Sacred Sites in China*, edited by Susan Naquin and Chün-fang Yü, California University Press, 1992, p. 220.

道之士，因寂以悟玄"①。

关于像教的宗教学意义，大体可以概括为教化迁善说、指导修行说、即妄成真说等几种。首先，关于像教的教化意义，教内人士论述的最多。海迷失后二年（1250）六月，洞真真人于善庆主持修建的祖庭重阳宫通明阁落成。他拽杖逍遥其下，曰：

> 吾焚修祖庭，经营是阁仅十年，今始见成就，岂徒以夸其壮丽为哉？盖常人之情，见其严饰乎外者，而俨敬之心油然而生乎内。夫上达之士，以清静无事绝虑修身者，固不在是。其于弘教度人，此象设崇构之缘，亦不可偏废。教之所以崇，道之所以尊也。②

他认为，建立宫观、构祠设像的意义在于教化常人。李邦献《陇州汧阳县新修玉清观记》引"西省郎中粘割公子阳"之语，从人禀赋各异的角度，指出塑像能够营造对神明的敬畏感，进而达到教化本性非善之人的作用，"常善救人，故无弃人，老氏之微旨也……然人之禀赋各异，天资厚者，善由中出，而易入于道。薄者扞格而不能合，故假神明之像，使日知所敬，以畏其外，由之以厚其中也。师岂好为浮夸侈靡者哉"③。井道泉撰于元顺帝至元元年（1335）的《大元重修聚仙观碑》，从假象明真、立言悟理、迁善远恶等角度阐释像教的教化意义，"若夫假象以明真，立言而悟理，像设熏修之典，科筵肆席之仪，亲之者遏恶扬善之心生，敬之者正心诚意之道立。此先哲所以立观度人之本旨也"④。

其次，关于像教与全真修行的关系，陈致虚《上阳子金丹大要》云："复有得此《金丹大要》，不能明了于中奥旨，便可像绘祖师纯阳、重阳、丹阳三仙真形，晨夕香花，一心对像，诵念是此《金丹大要》一遍，乃至十遍、百遍、千遍，日积月深，初心不退，愈加精勤，自感真仙亲临付授，

---

① （金）国俦：《玉虚观记》，陈垣编纂，陈智超、曾庆瑛校补《道家金石略》，第442页。
② （元）李道谦：《终南山祖庭仙真内传》卷下，《道藏》第19册，第539页上栏。
③ （元）李道谦：《甘水仙源录》卷10，《道藏》第19册，第809页上栏。
④ （元）井道泉：《大元重修聚仙观碑》，王宗昱编《金元全真教石刻新编》，第202页。

是学仙子顿尔开悟，理路透彻，心地虚灵，即时脚跟踏得实际。"① 上阳子陈致虚（1290～？）是元代中后期全真道著名内丹理论家，是大力推动全真道南北二宗合流的代表人物。② 从其对像炼心之法的论述来看，像教除了具有吸引信众、迁善远恶的作用之外，还有指导修行、提升修道者心性境界的作用。实际上，对像炼心的过程，亦是教徒增进祖师认同的过程。陈致虚提出面对纯阳、重阳、丹阳的画像炼心修行，不仅凸显了其对北宗宗祖的认同，更从"知行合一"的高度推进了南北合宗。

最后，即妄成真说的提出者是王志谨弟子知常真人姬志真。他在《滑州悟真观记》中谈道，从存乎日用之间的大道角度看，气象峥嵘之殿宇、金碧辉煌的圣像，皆是土木、彩绘为之，并非真实的存在。然而，从道俗每日上香礼圣角度看，全真圣像又非妄说，理由是信众至诚之心可以感动神明，"从本降迹，即真成妄，摄迹归本，即妄成真，不即不离，非本非迹，亦造物者之无尽藏也"。他借用有无双遣理论，认为像教非真非妄，唐代重玄学对全真道的影响或者说全真道对重玄学理论的吸收和发扬可见一斑。在姬志真看来，唯有心怀至诚之意，感而神应，才能去妄成真。当悟真观徒众请其撰写创建碑记时，他化用《道德经》"大音希声，大象无形"之语，提出"真道无形，真理无言，真人无妄，真语无文"，认为追求外在的形迹、文字，与体悟真善之道性是无关的。③ 这一思想，和本节开篇谈到的原始道家和五斗米道对形象的认识相契合。不过，姬志真还是应邀撰写了创建碑记，即"不得已而应之"。与此形成鲜明对比的是，王道亨的观点更为贴合像教之于全真道发展的"地气"。在他看来，面对日趋浮华的社会，如果不建立高大的宫观，塑立庄严的圣像，就不能使世俗之人萌生肃敬之心。只有构高堂、塑大像，才能使信众反其本心、舍妄入真，"夫道有本末，犹泉有源委。而世逐迷背觉，日趋浮伪，非高堂广宇，不能起其肃，非大像睟容，不能起其敬，故神圣密化，因其肃敬，返其良心，俾人舍妄

① （元）陈致虚：《上阳子金丹大要》卷1，《道藏》第24册，第6页中下栏。
② 关于陈致虚的更多内容，参见何建明《陈致虚学案》，齐鲁书社，2011。
③ （元）姬志真：《滑州悟真观记》，王宗昱编《金元全真教石刻新编》，第153～154页。

入真，以造乎至善之地，兹像教兴行而宫观有尚也"①。两相对照，姬志真的观点更契合道家、道教出有入无、与道合真的形上之论。王道亨的观点则是在正视金元全真道宫观、圣像建设实际基础上，对全真像教教化普通道众甚或世俗民众重要作用的充分肯定。形上之道、形下之教，共同构成了道教教义与实践的双重维度。从形而上角度讲，过多地关注朝山礼圣，往往会只见树木不见森林，在某种程度上迷失修道者心性修为的方向。从形而下角度讲，缺失了必要的宗教仪式实践，则不利于修道者特别是初入道门者心灵的洗礼和净化。从全真道修行和教化角度观之，姬、王二说，并不存在此"妄"彼"真"之争。两说相得益彰，共同推进了信徒对全真像教意义的领悟与实践。

## 第四节　明清民国时期宗祖崇拜新趋势

明代以降，全真道失去了元代特别是大蒙古国早期的政策优渥，经历了"衰而复兴"式的发展路径。近年来，学界围绕全真道与国家社会关系、教团发展、全真典籍等问题，推出了一系列有代表性的成果，改变了明清"衰落说"的旧识。不过，对这一时期的祖真崇拜着墨不多。历史际遇、全真道内在发展理路等诸多因素，使明清以来全真祖真信仰呈现新的发展样态。

### 一　圣像崇拜多元化

明孝宗弘治六年（1493），明第七代秦藩王朱诚泳游览祖庭。当时的重阳宫"虽有黄冠数辈，惜无可问之者。然而叠阁重楼，气象甚都。所谓五祖七真者，其亦乘云驭鹤而来憩于此耶？盖不可知也"②。祖庭道士的修为恐不及元代盛时，朱诚泳的感叹是否间接透漏出"五祖七真"信仰的消退呢？诸家史料记载显示，这一时期"五祖七真"圣像崇奉呈式微之势。除祖庭重阳宫及其周边道观、北京白云观、山西芮城永乐宫、阳曲县元通观

---

① （元）王道亨：《真常宫记》，陈垣编纂，陈智超、曾庆瑛校补《道家金石略》，第735页。
② （明）朱诚泳：《小鸣稿》卷10，《景印文渊阁四库全书》，台湾商务印书馆，1986，第1260册，第351页上栏。

等全真圣地建有"五祖七真"殿堂外①，其他很多宫观则不再单独设立全真祖真堂。有些道观〔如怀庆府（府治在河内县，今属河南沁阳）玄帝庙〕虽供奉"五祖七真"，但位置仅在回廊，未能登堂入室。② 苏州福济观"中建元天之殿为祝釐所，旁作二塑宇，一祠纯阳及南五祖、北七真，一祠长春（指刘渊然——引者按）诸师"③，显现了元末以来丹道南北二宗合宗的迹象。而且，和"七真"相比，"五祖"崇奉更是日益萎缩。

明代以来全真宫观祀神呈现多元化特征，具体体现在传统化、时代化、民间化、三教合一化等方面，很大程度上造成了对"五祖七真"崇拜的消解。传统化是指全真道更加注重对三清、老君等传统神灵的崇奉，系对金元全真宫观仅祀传统神灵模式的承继。例如，陕西终南山集仙观系重阳宫下院，建于元代，华山派第十四代翟正健于清嘉庆初重修，主体建筑包括老君殿、玉皇殿、玄武殿、灵官楼、准提菩萨阁等。④ 时代化是指全真宫观主体建筑供奉"具有时代最强音"的神灵。明初以降，因在"靖难之役"中大显"神威"，真武信仰发展势头强劲。前面提到的怀庆府玄帝庙的命名和"五祖七真"的从属位置即是明证。民间化是指城隍、关帝、财神等民间神灵不断涌现在全真宫观中，如清康熙朝郑一竹主持的山西榆次县城隍庙（按，元代全真道士就有兴复城隍庙的传统⑤）。三教合一是唐宋以降中国宗教发展的重要趋势。全真道主张三教一家。三教诸神进入全真宫观，是明清全真圣像崇奉的又一表现形式。例如，清高宗乾隆三年（1738）重修的山西左权县紫微观奉祀的神灵就有古佛三尊、救苦十王、关公二郎、天王四神等。⑥ 晚清时期，今山东淄博博山区域城镇西域城村白石洞传承着

---

① 明嘉靖三十二年（1553）楼观宗圣宫曾重建"五祖七真"殿。刘康乐、高叶青：《嘉靖三十二年〈重建五祖七真殿碑记〉与明代全真派字谱的新发现》，《世界宗教研究》2020年第6期。
② （明）何瑭：《柏斋集》卷8《重修玄帝庙记》，《景印文渊阁四库全书》，第1266册，第580页上栏。
③ （明）徐有贞：《重建福济观记》，陈垣编纂，陈智超、曾庆瑛校补《道家金石略》，第1254页。
④ 《重阳宫志》编委会编《重阳宫志》，第680~681页。
⑤ （元）孙德彧：《重修巩昌城隍庙记》，陈垣编纂，陈智超、曾庆瑛校补《道家金石略》，第754~756页。
⑥ 刘泽民、李玉明主编，王兵分册主编《三晋石刻大全（晋中市左权县卷）》上编，三晋出版社，2010，第138页。

一支龙门派的法脉。白石洞主殿祀三官，嘉庆初，本村王周氏倡议重修。道光朝，信众在三官殿南创观音殿。清穆宗同治十年至十一年（1871～1872），信众集资重修禹阁龙祠，"其余如三官、观音、团圆等神殿，亦略为补缀"①。至光绪朝，信众再次重修白石洞。道光至光绪朝白石洞先后由孙合德、张教文、孙永魁等三代龙门派道士主持。民国时期，善信之士捐资修庙的传统仍在延续，不过住持道士已经转为华山派。白石洞虽由全真道士住持，但庙内三教神灵集聚。从历次重修施财题名碑看，白石洞香火旺盛，不失为当地的一处宗教圣地。这当与其包容的神灵体系不无关系。

明清时期派字谱的兴起是继"五祖七真"圣像崇拜之后，全真道又一种构建道门认同且颇具中国传统宗族特色的方式。判定上述宫观属全真派的重要依据就是派字谱。以集仙观为例，翟正健等四代道士的法名与华山派字谱"冲和德 正本，仁义 礼智信"相合。② 《榆次县重修城隍庙题名碑记》文末题，"住持署印道官郑一竹，门徒马阳纯、庐阳煜、李阳折，孙徒王来璋、吴来玉、李来玑、赵来璇，重孙王复初"③。"一阳来复"无疑属于龙门派。

## 二　"五祖七真"的文本书写

元代以来涌现了一大批系统书写"五祖七真"传承谱系的文本。从圣像崇拜转向文本书写，成为明清以来传承全真祖真信仰的新途径。

本书利用教内文献、正史、类书、宝卷等资料，搜集整理了元代以来33部集体性（准）仙传文本。④ 其中较为系统的载录"五祖七真"仙传的有12部，次系统性载录"五祖七真"仙传的有4部，载录王重阳及"七真"仙传的有10部，女仙传有1部，基本未体现"五祖七真"的仅有6部。详见表3-3。

---

① 赵卫东等编《山东道教碑刻集·博山卷》上，齐鲁书社，2013，第296页。
② 《重阳宫志》编委会编《重阳宫志》，第680～681页。
③ 樊光春总编《山西道教碑刻（太原晋中卷）》，香港青松出版社，2016，第109页。
④ 这里的仙传指对神仙名号、传承、事迹、封号、贡献等载录相对比较系统的文本。众多派字谱只简要载录各宗支师号、籍贯、升降日期，如《诸真宗派总簿》，未统计在内。

表 3-3 元至民国时期集体性仙传概览

| 序号 | 文本 | 年代 | 作者 | 东华帝君 | 钟离权 | 吕洞宾 | 刘海蟾 | 王嚞 | 马钰 | 谭处端 | 刘处玄 | 丘处机 | 王处一 | 郝大通 | 孙不二 | 备注 |
|---|---|---|---|---|---|---|---|---|---|---|---|---|---|---|---|---|
| | | | | 系统性"五祖七真"仙传 | | | | | | | | | | | | |
| 1 | 金莲正宗记① | 1241 | 秦志安编 | √ | √ | √ | √ | √ | √ | √ | √ | √ | √ | √ | √ | 单人单传，无像 |
| 2 | 历世真仙体道通鉴续编 | 1294 | 赵道一编修 | √ | √ | √ | √ | √ | √ | √ | √ | √ | √ | √ | √ | 单人单传，无像 |
| 3 | 金莲正宗仙源像传 | 1326 | 刘天素 谢西蟾 | √ | √ | √ | √ | √ | √ | √ | √ | √ | √ | √ | √ | 单人单传，有像 |
| 4 | 上阳子金丹大要列仙志 | 1335 | 陈致虚 | √ | √ | √ | √ | √ | √ | √ | √ | √ | √ | √ | √ | 单人单传，无像 |
| 5 | 宝诰卷② | 1454年刊，1586年抄录 | 戴朴素编，海澄抄 | √ | √ | √ | √ | √ | √ | √ | √ | √ | √ | √ | √ | 有像无传 |
| 6 | 广列仙传③ | 1583 | 张文介辑 | — | √ | √ | √ | √ | √ | √ | √ | √ | √ | √ | √ | 单人单传，无像 |
| 7 | 有像列仙全传 | 1600 | 王世贞辑次，汪云鹏辑补 | — | √ | √ | √ | √ | √ | √ | √ | √ | √ | √ | √ | 单人单传，有像 |
| 8 | 续文献通考④ | 1602 | 王圻 | √ | √ | √ | √ | √ | √ | √ | √ | √ | √ | √ | √ | 单人单传，无像 |
| 9 | 古今列仙通纪⑤ | 1640年刊，1649年重刊⑥ | 薛大训重刊 | √ | √ | √ | √ | √ | √ | √ | √ | √ | √ | √ | √ | 单人单传，无像 |
| 10 | 历代神仙史 | 成书于1693年，1881年增订 | 王建章纂辑，真吾清岚增订 | √ | √ | √ | √ | √ | √ | √ | √ | √ | √ | √ | √ | 单人单传，部分有像 |

续表

| 序号 | 文本 | 年代 | 作者 | 东华帝君 | 钟离权 | 吕洞宾 | 刘海蟾 | 王嘉 | 马钰 | 谭处端 | 刘处玄 | 丘处机 | 王处一 | 郝大通 | 孙不二 | 备注 |
|---|---|---|---|---|---|---|---|---|---|---|---|---|---|---|---|---|
| 11 | 古今图书集成⑦ | 1728 | 陈梦雷 | √ | √ | √ | √ | √ | √ | √ | √ | — | √ | √ | √ | 单人单传，无像 |
| 12 | 白云仙表 | 1848 | 完颜崇实 | √ | √ | √ | √ | √ | √ | √ | √ | √ | √ | √ | √ | 单人单传，无像。突出龙门派 |
| | 次系统性"五祖七真"仙传 | | | | | | | | | | | | | | | |
| 13 | 仙佛奇踪⑧ | 1602 | 洪应明 | — | √ | √ | √ | — | √ | √ | √ | — | — | — | — | 单人单传，有像 |
| 14 | 集说诠真⑨ | 1884 | 黄伯禄辑 | — | √ | √ | √ | — | √ | √ | √ | √ | √ | √ | — | 单人单传，无像 |
| 15 | 铸鼎余闻 | 1899 | 姚子成 | — | √ | √ | √ | — | √ | √ | √ | √ | √ | √ | — | 单人单传，无像 |
| 16 | 龙门正宗觉云本支道统薪传 | 1927 | 陆本基编订 | √ | √ | √ | √ | √ | √ | √ | √ | √ | √ | √ | — | 单人单传，无像。突出龙门派 |
| | 王重阳及"七真"仙传 | | | | | | | | | | | | | | | |
| 17 | 七真仙传⑩ | 1268 | 张邦直等 | — | — | — | — | √ | √ | √ | √ | √ | √ | √ | √ | 单人单传，无像 |
| 18 | 海上七真人传拜序⑪ | 1608 | 阎士选 | — | — | — | — | √ | √ | √ | √ | √ | √ | √ | √ | 单人单传，无像 |
| 19 | 历代神仙通鉴 | 1700 | 徐道述，程毓奇续 | — | — | — | — | √ | √ | √ | √ | √ | √ | √ | √ | 章回体，部分有像 |
| 20 | 七真天仙宝传⑫ | 1712 | | — | — | — | — | √ | √ | √ | √ | √ | √ | √ | √ | 章回体，有像 |
| 21 | 七真祖师列仙传 | 1873 | | — | — | — | — | √ | √ | √ | √ | √ | √ | √ | √ | 章回体，无像 |

| 序号 | 文本 | 年代 | 作者 | 东华帝君 | 钟离权 | 吕洞宾 | 刘海蟾 | 王嚞 | 马钰 | 谭处端 | 刘处玄 | 丘处机 | 王处一 | 郝大通 | 孙不二 | 备注 |
|---|---|---|---|---|---|---|---|---|---|---|---|---|---|---|---|---|
| 22 | 长春道教源流 | 1879 | 陈铭珪 | — | — | — | — | √ | √ | √ | √ | √ | √ | √ | √ | 单人单传，无像，突出龙门派 |
| 23 | 金莲仙史 | 1898 | 潘昶 | — | — | — | — | √ | √ | √ | √ | √ | √ | √ | √ | 章回体，无像 |
| 24 | 七真因果传 | 1893 | 黄永亮 | — | — | — | — | √ | √ | √ | √ | √ | √ | √ | √ | 章回体，（1932年版有像） |
| 25 | 重阳七真演义传 | 1899 | 养真子删正 | — | — | — | — | √ | √ | √ | √ | √ | √ | √ | √ | 章回体，无像 |
| 26 | 七真宝卷 | 1907 | 云山烟波氏 | — | — | — | — | √ | √ | √ | √ | √ | √ | √ | √ | 章回体，无像 |
| 女仙传 | | | | | | | | | | | | | | | | |
| 27 | 新镌仙媛纪事 | 1602 | 杨尔曾辑 | — | — | — | — | — | — | — | — | — | — | — | √ | 单人单传，有像 |
| 附：非系统性"五祖七真"仙传 | | | | | | | | | | | | | | | | |
| 28 | 新编连相搜神广记 | 元代中后期 | 秦子晋 | √ | — | — | — | — | — | — | — | — | — | — | — | 单人单传、无像，录至元六年封号 |
| 29 | 搜神记 | 1607 | 张国祥校梓 | √ | — | — | — | — | — | — | — | — | — | — | — | 单人单传，无像，录至元六年封号 |
| 30 | 三教源流圣帝佛祖搜神大全 | 明（西天竺藏版七卷本） | | √ | — | — | — | — | — | — | — | — | — | — | — | 单人单传，有像。录至元六年封号 |
| 31 | 绘图历代神仙传 | 1700年序、道光朝序 | 三鱼书屋主人 | — | — | — | — | — | — | — | — | — | — | — | — | 单人单传 |

续表

| 序号 | 文本 | 作者 | 年代 | 东华帝君 | 钟离权 | 吕洞宾 | 刘海蟾 | 王嘉 | 马钰 | 谭处端 | 刘处玄 | 丘处机 | 王处一 | 郝大通 | 孙不二 | 备注 |
|---|---|---|---|---|---|---|---|---|---|---|---|---|---|---|---|---|
| 32 | 列仙图赞 | 日僧月仙上人 | 1780 | — | √ | — | — | — | — | — | — | — | — | — | — | 单人单像，无传 |
| 33 | 释神 | 姚东升撰辑 | 1813 | — | — | — | √ | — | — | — | — | — | — | — | — | 单人单传 |

注：① 《金莲正宗记》《历世真仙体道通鉴续编》《金莲正宗仙源像传》《上阳子金丹大要列仙志》《搜神记》，参见《道藏》第 3、5、24、36 册。

② 中国社会科学院中国历史研究院图书馆藏本。

③ 《广列仙传》《有像列仙全传》《白云仙表》《铸鼎余闻》《龙门正宗觉云本支道统薪传》《长春道教源流》《释神》，参见《藏外道书》，第 18、31 册。

④ 明万历三十年松江府刻本，见《续修四库全书》第 767 册。

⑤ 《古今列仙通纪》《历代神仙史》，参见《中华续道藏》初辑，台湾新文丰出版公司，1999，第 1、2 册。

⑥ 《四库全书总目》："此书先刊于崇祯庚辰，名《神仙通鉴》，卷数相符。则《序》中所谓壬午者，己丑者，崇祯壬午。己丑者，顺治己丑。盖先刊于明，名《神仙通鉴》。至国朝版段叠更，改此名云。"（清）永瑢等撰《四库全书总目》卷 147，第 1265 页。

⑦ 《古今图书集成》第 51 册，中华书局，1985。

⑧ 哈佛大学哈佛燕京图书馆藏本。

⑨ 《集说诠真》《历代神仙通鉴》《新镌仙媛纪事》《新编连相搜神广记》《三教源流圣帝佛祖搜神大全》《绘图历代神仙传》《列仙图赞》，参见王秋桂、李丰楙主编《中国民间信仰资料汇编》第 1 辑，台湾学生书局，1989，第 2、3、7、9、17、18、23 册。

⑩ 台湾大学图书馆藏本。

⑪ 《中国地方志丛书·华北地方》第 58 号，台北，成文出版社，1968。

⑫ 《七真天仙宝传》《七真祖师列仙传》《七真因果传》《金莲仙史》《重阳七真演义传》《七真金卷》等六部"七真"度化故事在明清以来经历多次传抄刊刻，总计年下 40 多个版本。本表以最早一次刊刻计算。七真度化故事版本问题，参考了前揭秦国帅《明清民国时期七真度化故事的流传及版本研究》一文，并向其诸教了故事的图像表现，在此谨致谢忱。

这些文本主要呈现以下特征。

第一，从元初至民国将近 7 个世纪，诸家史乘续写"五祖七真"修仙事迹的传统鲜有中断。不过，从时代和数量上看，元代仅出现了《金莲正宗记》《七真仙传》《历世真仙体道通鉴续编》《金莲正宗仙源像传》《上阳子金丹大要列仙志》等 5 部仙传，而明清民国时期则有大量"五祖七真"仙传涌现，仙传书写成为传播"五祖七真"信仰的核心载体。

第二，作者群体中既有道门陆本基，佛门海澄等出家之士，更有一大批世俗精英，而且这一群体在推动仙传书写和传承方面发挥了不可小觑的作用。其中有皇室成员也有士大夫，说明元代以降"五祖七真"已经得到社会各界的广泛关注、信奉乃至婉转利用。①

第三，从体例和表现形式上看，出现了《有像列仙传》《历代神仙史》《七真天仙宝传》等多部文本，继承了《金莲正宗仙源像传》的"像传"传统，图文并茂，增加了文本的视觉效果，提高了传播力。按照祖真是否合现，这些文本可分为"祖真合现"、"七真"单体化和女仙文本三类。"祖真合现"是指祖真作为一个整体被写入文本。如表 3-3 所示，这类文本从元至民国均有出现，绝大多数是十二祖真均有传记，也有个别的突出某（几）祖和某（几）宗，如《龙门正宗觉云本支道统薪传》，传记均为单人单传，独立成篇，内容包括传主出身、名号、事迹、著述、封号等。"七真"单体化文本是全真宗祖形成与发展过程中一个新的表现形式，通常将"七真"修仙事迹作为文本的主体，而包括"五祖"在内的其他众仙在文本中不再占有与之等量齐观的分量。最早典型即元世祖朝成书的《七真仙传》。这类文本相对复杂，《七真仙传》《海上七真人传》《长春道教源流》等沿袭了单人单传的传统，而明末清初自《历代神仙通鉴》开始，则出现了多种多版本的章回体小说，"七真"不再单独设传，而是以故事情节为中心，众真事迹交错其中。在《历代神仙通鉴》中，"七真"已经融入历代仙谱。而多部以"七真"命名的度化故事则主要聚焦于王囍及七大弟子的修

① 秦国帅对明清民间宗教参与改编七真度化故事及其用意有所揭示。参见《七真仙传与全真历史：以台湾大学图书馆藏〈七真仙传〉为中心的考察》（《世界宗教研究》2017 年第 3 期）一文。

仙故事。"七真"单体化的文本书写与明清时期圣像崇拜弱"五祖"而相对强"七真"的趋势形成了呼应。女仙文本以明万历朝成书的《新镌仙媛纪事》为代表。孙不二作为全真女仙的代表入传女仙仙史，当与其时女性群体的仙道消费和女丹修行不无关系。

第四，内容上单人单传类型的文本多是杂抄缀合相关仙传、史志、碑记、逸闻故事而成。如《古今图书集成》主要采取摘录《续文献通考》、《集仙传》、志书等方式汇编而成。各家传记之间内容大同小异，很大程度上保证了对祖真事迹的延续性述说，但故事情节相对单一。"七真"度化小说突破了单人单传的书写形式，顺应了明清时期小说繁荣发展的时代潮流，故事情节极大丰富，增强了可读性，对"七真"仙史传播不无裨益。两类文本均存在不少错误甚或戏谑化的情节。如称丘处机仙逝于元世祖至元六年，而王重阳非礼孙不二、刘处玄入烟花柳巷修行、丘处机应诏为元顺帝祈雨等情节多见于"七真"度化小说。这是全真祖真文本世俗化发展取向的表征之一。

第五，从文本用途看，按照是否公开传布可以分为两类。一类是秘传的，例如《龙门正宗觉云本支道统薪传》是为保证龙门派传承而作，是确认宗系归属的依据。而《有象列仙全传》《广列仙传》等一大批文本是在社会上公开传布的。如《宝善卷》从明景泰朝至万历朝先后五次刊布，而景泰本又是在此前社会上流布的"混元子汤道明刊行道德全真祖师图"基础上编纂而成的。明宪宗《御制群仙集序》云："朕于临政之暇，休息之余，检阅群仙修行总要，命工绣梓，以广其传。"① 秘传保证了不同宗系的祖师认同和代际传承，公传则提高了祖真的社会影响力，丰富了世俗民众的精神世界。

除了上述（准）仙传文本的续写促进了祖真认同构建传承外，明清民国时期的一些道教典籍也在巩固这种趋同化的认识。例如，《天皇至道太清玉册》《太平仙记》等皆沿袭了元代褒封圣旨的祖真构成说。② 伴随着十二

---

① 王育成：《明代彩绘全真宗祖图研究》，第 11 页、第 35~36 页。《藏外道书》第 18 册，第 210 页上栏。
② 参见（明）朱权《天皇至道太清玉册》卷 8，《道藏》第 36 册，第 438~439 页。（明）陈自得《太平仙记》，明脉望馆钞校古今杂剧本。也要客观地看到，明初关于"五祖"的构成也存在一些不同的声音。如张宇初在《道门十规》中以太上、东华、钟、吕、海蟾为五祖。《道藏》第 32 册，第 148 页中栏。杨慎《洞天玄记》："五祖是李、张、许、钟、吕"。明脉望馆钞校古今杂剧本。

祖真神格的逐步确立，在诸多道教仪式之中都要礼拜"五祖七真"。例如，元末陈致虚称在撰写《金丹大要》之前"焚香告天，启白圣师七真五祖"①。号、诰乃道门法事中归礼神真师尊唱诵所用。② 成书于元末明初的《诸师真诰》收录"号""诰"41 篇，其中包括"全真五祖诰""北七真诰"。还有一些典籍载录全真祖真修道要诀。如明宪宗成化十九年（1483）成书的《全真群仙集》收有钟、吕、刘、王、马、丘的性命修行丹诀，并配有多幅图像。③ 收入《万历续道藏》的《长生诠》集录了包括吕、王、马、丘、郝等祖真在内的长生修仙之语。1935 年山东烟台慈光社印行的《返魂萃英》系"纯阳祖师念切普渡，特于升云坛中，会集仙佛，飞鸾垂训，用以开化"④ 之书。其中收有东华、正阳、重阳、郝、王、孙以"自述"口吻讲述的修行历程和体悟。如果说仙传文本尚停留在"知"的层面，请神归礼仪式和经典编录则属于"行"的范畴。读经演仪从日用层面进一步强化了全真宗祖认同。

明清民国时期诸家文本对"五祖七真"仙史、修仙要诀的反复申述，使全真祖真在金元时期基础上进一步深度融入"龙汉赤明"以降的道教仙谱，且明末清初以来呈现出祖真再次分立、"七真"凸显的新趋势。金元碑志、史传开"五祖七真"续入传统仙谱端绪，若无明清时期持续的"续仙"书写，在圣像崇拜渐趋多元化的大背景下，全真祖真信仰弱化的可能性并非妄言。⑤

作为金元"新道派"，全真创教与发展的原因是多方面的。祖真信仰和崇拜是构建教团认同、增强教团凝聚力的重要方式。"五祖七真"是全真宗祖崇拜的核心内容。全真祖真信仰的形成发展不是单线性的，而是经历了复杂、屈曲、多元的演变历程。在金元至民国 7 个多世纪中，祖真崇拜从无到有，从不完善到日臻定型，不同阶段表现出形式各异的特征。大体经历了金元时期"祖真不分"与"祖真分立"共存，从金元"五祖七真"圣像

---

① （元）陈致虚：《上阳子金丹大要》卷 1，《道藏》第 24 册，第 3 页中栏。
② 任继愈主编《道藏提要》，第 140 页。
③ 《藏外道书》第 18 册。
④ 《藏外道书》第 35 册，第 508 页下栏。
⑤ 伴随"五祖七真"融入元明以降神仙谱系的还有李灵阳、宋德方、李志方、李钰、张模、赵友钦、陈致虚以及明清时期各宗派诸师。"五祖七真"作为精神领袖，使历代全真高道以整建制梯队式续入道教乃至三教的神谱。

崇拜为主到明清民国圣像崇拜多元化发展、文本书写持续发展的演变过程。"祖真不分"与"祖真分立",说明教俗两界对全真宗祖的认识经历了一个不断萃取深化的过程。"五祖七真"圣像崇拜,与丘处机西行归来以后建宫立观的立教宗旨直接相关,它适应了全真像教教化需要。高堂大像是新兴道派吸引信众、即像生敬、标识本宗神灵特征最直观有效的一种方式。圣像崇奉和文本书写是构建传承"五祖七真"信仰的两大途径。文本书写以"续仙"的方式确保"五祖七真"在圣像崇奉的基础上继续融入传统神谱以及与民间信仰不断融摄的同时,为全真宗派的传承提供了历史依据与合法性,为各宗弟子修行提供指引,为相关仪式活动提供资本。该方式在一定程度上也成为全真派以外的多种教俗力量利用全真文化的重要表现。文本内容、体例、表现形式等的多样化,很大程度上推动了祖真信仰的实用化、社会化、世俗化,同时也丰富了广大民众的精神世界。从圣像崇拜到文本"续仙",原因是多方面的,既是教团内在发展规律使然,又与不同时代的历史环境、宗教政策、不同群体的社会需求有关。借考察祖真信仰的形成演变历程,可以概见教俗各种力量对祖真信仰的构建史、接受史,亦可窥见全真创教以来传承发展的时代特征。

# 第四章　全真教育

玄门教育与世俗教育是金元全真道教育内容的两大领域。玄门教育是培养道门人才的重要方式。更为值得关注的是，全真道积极开展的世俗教育有助于促进汉文化的传播以及统一多民族国家文化格局的形成。本章从教育内容、教学方法、机构、意义和影响等方面，阐述金元时期全真教育的多重面相和实践形式，及其对教俗两界的重要作用和贡献。

## 第一节　教育内容

全真道的成功发迹并最终成为宋元以后与正一派并驾齐驱的两大核心道派之一，原因是多方面的。多年来，围绕全真道传承发展、宗教特征、丹道思想、政教关系等，中外学界推出了一系列成果，为探究其发展历程提供了多维视角。

全真教育是培养道门人才、推动教团发展的重要因素之一。修行观念、修道知识、行为规范等是玄门教育的核心内容。如本书绪论所述，为数不多的几篇成果主要集中于对王嚞、马钰、丘处机、李道纯等个体道士教育思想、方法的阐释，从整体上系统探讨全真道教育内容的成果不足，且主要集中于对教内教育的讨论，对全真道的世俗教育论及不多。本节跳出研究个体道士教育思想的理路，围绕三教经典、全真文集、科仪、史传、世俗教育五方面，尝试从整体上探讨金元全真道的教育内容，揭示其特色和价值。

## 一 三教经典

王嚞开三教融通之风，曾作诗云："儒门释户道相通，三教从来一祖风。悟彻便令知出入，晓明应许觉宽洪。"[①] 范怿《重阳全真集序》称他"博通三教，洞晓百家"[②]。他在山东创立的三州五会均冠以"三教"之名，是其三教会通思想的实践体现。马钰在东牟传道时，路遇僧道，不论是否相识，必先礼拜。从学者问其缘由，他答以"道以柔弱谦下为本，况三教同门异户耳"[③]。"三教一家""同门异户"思想成为全真道融通三教、开宗立派的基点。全真经书教育在很大程度上践行了"三教合一"的思想。

王嚞接引后学，劝诵《心经》《道德经》《清静经》《孝经》，"不主一相，不居一教"[④]。他注重孝谨、正心诚意之说，与其由儒入道的经历有关。众多全真道士高唱三教一家，多与他们出儒入道以及唐宋以来三教混融互摄的思想生态相关。丘处机主张贯通三教，"于道经无所不读，儒书梵典，亦历历上口"[⑤]。其弟子玄靖达观大师刘志厚"于儒书每见涉猎，而于老庄之学，尤得其旨，时人以庄子刘先生称之"[⑥]。刘处玄一系，披云真人宋德方"儒道经书，如春秋、易、中庸、大学、庄、列等，尤所酷好。外虽诗、书、子、史，亦罔不涉猎。于中采其性命之学尤精粹中正者，涵泳履践，潜通默识，光明洞达，动与之会。其日新之□固已不可掩矣"[⑦]。马钰再传弟子、天乐真人李道谦"于三坟五典之正，老氏五千言之微，及所谓内圣外王之说，祠祀上章、金丹玉诀之秘，咸诣精奥"[⑧]。全真道士还通过注经的方式，诠释传播三教合一之旨。例如，刘处玄"注三教经，笔

① （金）王嚞：《重阳全真集》卷1，《道藏》第25册，第693页中栏。

② （金）范怿：《重阳全真集·序》，《道藏》第25册，第689页下栏。

③ （金）王颐中：《丹阳真人语录》，《道藏》第23册，第701页中栏。

④ （元）李道谦：《甘水仙源录》卷1，《道藏》第19册，第726页上栏。

⑤ （元）李道谦：《甘水仙源录》卷2，《道藏》第19册，第735页下栏。

⑥ （元）文道广：《玄靖达观大师刘公墓志铭》，陈垣编纂，陈智超、曾庆瑛校补《道家金石略》，第661页。

⑦ （元）李鼎：《玄都至道披云真人宋天师祠堂碑铭并引》，陈垣编纂，陈智超、曾庆瑛校补《道家金石略》，第547页。

⑧ （元）宋渤：《玄明文靖天乐真人李公道行铭并序》，陈垣编纂，陈智超、曾庆瑛校补《道家金石略》，第714页。

不停缀"①。《正统道藏》收有其《黄帝阴符经注》。郝大通作有《三教入易论》《心经解》《救苦经解》《周易参同契简要释义》等。

有学者统计全真道研习三教经典情况指出，儒书主要有《论语》《孟子》，道经有《周易参同契》《悟真篇》《黄庭经》《阴符经》，佛典有《般若心经》《金刚经》《因果经》《达摩经》。② 全真诸家文集中征引的三教经典不止这些，以《清和真人北游语录》为例，其中至少还谈到了《道德经》《清静经》《南华经》《周易》《孝经》《莲华经》《华严经》等。随着教团发展壮大，全真道对传统道教的归宗意识渐趋明确，七真以下弟子在研习三教经典时不再平均用力，《道德经》《南华经》《黄庭经》等传统道经在经书教育中所占比重不断增强、地位不断提升。如程巨夫所言，"老氏之为道，无为自化，清静自正，其学可以修身，可以治国。遗书具存，为神仙之说者宗焉"③。元好问《通仙观记》称，该观住持袁守素"往年从予小功兄寂然授老子章句"④。丘处机弟子潘德冲（1191~1256）在教内外声望颇高，1246 年宣差河中府、河东南北两路等六部门分别发疏文，邀请他住持永乐纯阳宫。疏文谈道，"潘公大师者，凤禀异骨，早慕真风，栖神玄牝之门，注意黄庭之境""游庄列之虚门，得丘刘之大道，千年纲纪，万代规模"。元世祖中统三年（1262）昌童大王在追赠潘德冲真人号的令旨中称他"平生所志，唯五千字之秘文"。⑤ 可见，潘德冲在修持龙虎丹道同时，尤其属意《道德经》《黄庭经》《南华经》《冲虚经》等经典的研习。李志柔弟子石志坚（1205~1277）"于老庄诸经，罔不涉猎，皆能造其极致"⑥。宋渤

---

① （元）尹志平述，（元）段志坚编《清和真人北游语录》卷 2，《道藏》第 33 册，第 162 页上栏。

② 李延仓：《早期全真道教思想探源》，第 14~17 页、第 47~56 页、第 182~183 页。

③ （元）程巨夫：《徐真人道行碑》，陈垣编纂，陈智超、曾庆瑛校补《道家金石略》，第 712 页。

④ 元好问《太古观记》撰于乃马真后二年（1243），其中交代"小功兄寂然亦为全真道"。分别参见陈垣编纂，陈智超、曾庆瑛校补《道家金石略》，第 477 页、第 482 页。狄宝心考证，小功兄系遗山族兄。（金）元好问：《元好问文编年校注》，狄宝心校注，卷 4，中华书局，2012，第 442 页。

⑤ 《纯阳宫令旨碑及请潘公住持疏》，陈垣编纂，陈智超、曾庆瑛校补《道家金石略》，第 491~492 页。

⑥ （元）李道谦：《终南山宗圣宫主石公道行记》，陈垣编纂，陈智超、曾庆瑛校补《道家金石略》，第 637 页。

曾将刘海蟾诗书于祖庭重阳宫，其中有言"不读黄庭经，岂烧龙虎鼎"①。书刻时间不详，但不难看出全真祖庭对刘海蟾及其经书观的尊崇。中统二年（1261），宁真大师周志明充峄州道教经学教谕，"公职经学醉简编，开演道德玄五千。老氏教法弘敷宣，慈俭为宝积善缘"。能够担当这一教职，与周氏渊博的知识储备密不可分，"该览儒书，尤精庄老""阐扬大教，宣畅玄风，稽太上之金经，订先贤之遗疏，明正心修身之本，究治平体统之原"。② 元世祖至元二十七年（1290）三月，掌教张志仙参礼重阳万寿宫，令楼观提点聂志元等将《古文道德经》"募刻贞石，署诸说经台上，昭示永久"。次年，李道谦撰《古文道德经跋》。③ 此亦是全真道重视以《道德经》为代表的传统道经教育的重要表征。

此外，宋元时期出世的旧典新经也是全真经书教育的重要内容。教史称，金海陵王正隆五年（1160），王重阳于醴泉县再次遇异，并得赐五篇秘语。《金莲正宗记》暗示，传秘语者为吕洞宾。当时，异人令王嚞读后即焚。王嚞读后秘之，并在去世前传予马钰。后来马钰又传给弟子杨明真。④可见，五篇秘语在全真道内是有代际传习的。元太宗三年（1231），有人称在永嘉山中得《关尹子》，并献给掌教尹志平。该书《汉书·艺文志》有著录。⑤ 杜道坚称"寥寥千载而下，求其所谓《关尹》九篇之书，则世莫之见，讨于藏室无有也"，并称其首有刘向《表》，末有葛洪《叙》。⑥ 杜氏此说概源于陈振孙《直斋书录解题》："周关令尹喜，盖与老子同时，启老子著书言道德者。案《汉志》有《关尹子》九篇，而隋、唐及《国史志》皆不著录，意其书亡久矣。徐藏子礼得之于永嘉孙定，首载刘向校定序，篇

---

① （元）宋渤：《神仙刘海蟾诗》，陈垣编纂，陈智超、曾庆瑛校补《道家金石略》，第 715 页。
② （元）林应开：《峄州玄都观碑记》，王宗昱编《金元全真教石刻新编》，第 36~37 页。
③ （元）李道谦：《古文道德经跋》，王宗昱编《金元全真教石刻新编》，第 84 页。
④ 禹谦《终南山重阳万寿宫碧虚杨真人碑》云："（杨明真——引者按）遂捐己资，抵家与诸亲决，往从丹阳于祖庭。谨事既久，赐今之法名道号，并秘语五篇。"王宗昱编《金元全真教石刻新编》，第 70~71 页。《金莲正宗记》载录了秘语内容，使后世学道者得以领略其风貌。
⑤ 《汉书·艺文志》："《关尹子》九篇。名喜，为关吏，老子过关，喜去吏而从之。"（汉）班固撰《汉书》卷 30，中华书局，1962，第 1730 页。
⑥ （元）杜道坚：《大宗圣宫重建文始殿记》，陈垣编纂，陈智超、曾庆瑛校补《道家金石略》，第 710~711 页。

末有葛洪后序。未知孙定从何传授，殆皆依托也。序亦不类向文。"① 南宋时《关尹子》已有流传，宋理宗宝祐二年（1254）道士陈显微曾为之作注。杜道坚"尹氏典教而尹书出世"除了恭维之意，于史无据。② 不过，笔者重点关注的是金元全真道士对《关尹子》的研习，诚如杜氏所言"四方万里之士，有诵其书领其意，犹若亲承而面奉，矧终南万古，声容在兹，而获蹈灵场，登秘殿，瞻晬象，洋洋乎如在其上，如在其左右"③。

## 二　全真文集

全真文集载录了历代全真道士修道诗文，内容涉及修道履历、法脉传承、心传语录、修道规范、修行门径与体验、社会交游等。自创教之初，全真道就认识到宗祖文集在引导点拨后学、求道进道过程中的重要作用，因此十分注重文集的刊布。王嚞在开封辞世前，马钰发下三愿，其中第一愿即"将师父《全真集》印行"④。据范怿《序》，在金末不到二十年时间里，《重阳全真集》至少刊印过两次。先是京兆门众集资刊印，数量不多，仅在陕右一带流布，刊行时间不详。金世宗大定二十八年（1188），山东门人求祖师文集心切，掌教刘处玄命徒众化缘集资，开版刊印，凡9卷。《正统道藏》本《重阳全真集》13卷，与范怿《序》不合，说明金末之后，全真后学对祖师文集又曾整理再版。范怿《序》点明了祖师文集对全真后学的指引作用：

> 真人羽化之后，门人衮集遗文约千余篇，辞源浩博，旨意弘深，涵泳真风，包藏妙有，实修真之根柢，度人之梯航也……广传四方，俾后人得是集者，研穷其辞，如凿井见泥，去水不远；钻木见烟，知火必近；使人人早悟而速成，实仁者之用心也。……今全真文集散落

---

① （宋）陈振孙：《直斋书录解题》卷9，上海古籍出版社，1987，第288页。
② 关于《关尹子》的真伪，有仁智之别。有学者认为是成书于南宋孝宗时期的伪作。戚淑娟：《〈关尹子〉研究》，华东师范大学硕士学位论文，2004。
③ （元）杜道坚：《大宗圣宫重建文始殿记》，陈垣编纂、陈智超、曾庆瑛校补《道家金石略》，第710~711页。
④ （金）马钰：《洞玄金玉集》卷1，《道藏》第25册，第560页上栏。

人间，妙用玄机，昭然易见，学者宗之，大修则大验，小求则小得，士之志于道者，适遇斯时，何其幸也！①

金末，《重阳教化集》也是先在陕右刊印，短时间内又在山东印发。金世宗大定二十三年（1183）马钰弟子灵真子朱抱一组织《教化集》在宁海印行，比《全真集》再版早五年。正文前有营丘府学正国师尹，宁海州学正范怿，学录赵抗，乡贡进士刘孝友、梁栋、刘愚之等文士序文。关于再版的原因，刘孝友称，一是与《全真集》一样，因山水阻隔，关中刊本山东信众难以得见；二是初刻时文字粗糙，多有"舛谬字句"，再版旨在"详加雠正""普传四方"。②诸家序文均谈到《教化集》在教育后学方面的重要作用，如"可垂劝于后人，使修真乐道之士玩味斯文，岂小补哉""俾世人皆得以披览稽考，知趋正而归真""超凡度世之梯航""使栖心向道之士，讽其言辞，味其旨趣，以之破迷解惑"。③《全真集》《教化集》在关中、齐鲁两地的刊刻，一方面体现了两大传道中心对宗祖文集的重视、广大信众的阅读需求；另一方面就像大定二十五年（1185）山东徒众疑丹阳仙骨被陕右门人盗去而启柩复葬一样，两地在争夺祖师灵骨、刊印祖师文集方面的竞争之势已初现端倪，为宗门意识的兴起埋下了伏笔。为《教化集》再版作序的六位文士或为主管世俗教育的官员或为科举考试出人头地者，世俗精英对全真道以宗祖文集推进玄门教育的支持可见一斑。

金世宗大定十五年（1175）《丹阳神光灿》印行。大定二十六年（1186）谭处端《水云集》经板毁于水灾。次年，掌教刘长生命门人在东莱全真堂再版。即《水云集》在1186年之前也曾刊刻过，是由浚州全真庵主王琉辉发起的，时间不详。④据《七真年谱》，1186年至1203年刘处玄出任掌教。权教之初，他先后组织《水云集》《重阳全真集》等再版，颇为重视宗

---

①　（金）范怿：《重阳全真集·序》，《道藏》第25册，第690页中下栏。

②　（金）刘孝友：《重阳教化集·序》，《道藏》第25册，第771页中栏。

③　《道藏》第25册，第769页下栏至第772页上栏。

④　（金）范怿：《水云集序》，《道藏》第25册，第845页中栏。据《水云集后序》，1187年之后，路钤高友、孟常善夫妇曾于山阳城西庵复镂版印行《水云集》。1229年，《水云集》经历第四次再版。《道藏》第25册，第864页下栏至第865页上栏。

祖文集在教育后学方面的作用。金刻本《栖霞长春子丘神仙磻溪集》3 卷，前有玉峰老人胡光谦作于 1186 年的序。《正统道藏》本《磻溪集》6 卷，前有序文四篇，分别作于 1186、1187、1206、1208 年。可见，《磻溪集》也经历过重刻。毛麾、陈大任序都提到了丘氏门人在刊刻文集过程中的用心尽力。移剌霖序强调了传诵歌咏祖师文集在激励后学方面的作用：

> 且夫至道之妙，不得以声色求，而不得以形迹窥，必赖至人为驯致计，摛章摘句，俾得传诵之、歌咏之，而渐能游圣域，而造玄门者也……今见长春子丘公《磻溪集》，片言只字，皆足以警聋瞽而洗尘嚣也。①

据郝大通自序，《太古集》初刊于金世宗大定十八年（1178）。元太宗时期，文集再版，前翰林学士冯璧、浑水刘祁、郝大通弟子范圆曦作序。《太古集》初版时称《昆嵛文集》，文字"蒙裂讹漏极多"。范序称，《太古集》刊刻之后，"世俗抄录，往往讹舛"，以至"鲁鱼莫辨，真伪交杂，疑惑后学"。《太古集》在世俗社会中有着广泛的读者市场，再版之前，世俗民众抄录者不在少数。这当与民众深知郝氏精通易学有关。范圆曦组织再刻时，"补缀阙遗，改正差缪""谨以师后来所正，及世所未见者，点校精审，按为定本，刻而传之"，达到了刊定遗文、开悟晚学的作用。② 1217 年，王处一辞世。"平生唱道偈颂，文字颇多，已尽播四方好事之口，独所著五言长韵《金丹诗诀》一章，希声（辛希声，王处一弟子——引者按）私藏甚久，人无知者……载惟先师玄妙之文，不可终秘不传，谨已刻石，与天下后世修真之士共之"③。

宗祖文集是全真弟子学道悟真的重要指南。诸家文集经历不止一次刊印，在补完订正过程中，我们看到了历代全真弟子对祖师的缅怀、对宗祖文集的重视推崇，其背后的深层次原因在于他们颇为看重宗祖文集的指点

---

① （金）移剌霖：《磻溪集序》，《道藏》第 25 册，第 809 页中下栏。
② 以上引文见《太古集·序》，《道藏》第 25 册，第 865 页下栏至第 867 页上栏。
③ （元）李道谦：《甘水仙源录》卷 9，《道藏》第 19 册，第 803 页中栏。

后学作用，希望从中寻得参悟道妙之方。

## 三　科仪

仪式是包括道教在内的众多宗教本质规定性的核心要素之一。全真不事科仪之说起自金人元好问。他认为，全真道以识心见性、性命双修为本，"本于渊静之说，而无黄冠禳襘之妄，参以禅定之习，而无头陀缚律之苦"①。虽点出了全真道与传统道教的区隔开新之处，但也长期误导了金元以降的全真科仪观。② 20世纪90年代以来，学界开始对元说质疑。③ 实则自王嚞起，

---

① （金）元好问：《紫微观记》，陈垣编纂，陈智超、曾庆瑛校补《道家金石略》，第475页。

② 元世祖中统五年（1264）王恽撰《卫州胙城县灵虚观碑》称，"全真为教，始以修真绝俗，远引高蹈，灭景山林，如标枝野鹿，漠然不与世接"。（元）李道谦：《甘水仙源录》卷9，《道藏》第19册，第799页上栏。王恽《大元奉圣州新建永昌观碑铭并序》云："自汉以降，处士素隐，方士诞夸，飞升炼化之术，祭醮禳禁之科，皆属之道家，稽之于古，事亦多矣。徇末以遗其本，凌迟至于宣和极矣。弊极则变，于是全真之教兴焉。渊静以修己，和易而道行，翕然从之，实繁有徒。其特达者，各相启牖，自名其家。若寂然师弟，弘衍博济，教行山此是也。耕田凿井，自食其力，垂慈接物，以期善俗。不知诞幻之说为何事，敦纯朴素，有古逸民之遗风焉。"陈垣编纂，陈智超、曾庆瑛校补《道家金石略》，第694页。徐琰《广宁通玄太古真人郝宗师道行碑》云："道家者流，其源出于老（原文误写作'若'——引者按）庄，后之人失其本旨，派而为方术，为符箓，为烧炼，为章醮，派愈分而迷愈远，其来久矣。迨乎金季，重阳真君不阶师友，一悟绝人，殆若天授。起于终南，达于昆嵛，招其同类而开导之、锻炼之，创立一家之教曰全真。其修持大略以识心见性、除情去欲、忍耻含垢、苦己利人为之宗。"（元）李道谦：《甘水仙源录》卷2，《道藏》第19册，第740页上栏。明太祖朱元璋亦秉此说，其云："朕观释道之教，各有二徒。僧有禅、有教，道有正一、有全真。禅与全真，务以修身养性，独为自己而已。教与正一，专一超脱，特为孝子、慈亲之设，益人伦，厚风俗，其功大矣哉！虽孔子之教明，国家之法严，旌有德而责不善，则尚有不听者。纵有听者，行不合理又多少？其释道两家，绝无绳愆纠缪之为，世人从而不异者甚广。官民之家，若有丧事，非僧道难以殡送。若不用此二家殡送，则父母为子孙者是为不慈，子为父母是为不孝，耻见邻里。"《大明玄教斋醮立成仪》，《道藏》第9册，第1页上栏。陈垣亦主"全真教不尚符箓烧炼"说。参见其《南宋初河北新道教考》，中华书局，1962，第3页。

③ 朱越利：《有关早期全真教的几个问题》，《中国文化研究》1994年第4期。卿希泰主编《中国道教史》第3卷，第90页。还可看看前揭刘仲宇、张泽洪的两篇文章。主持斋醮科仪的过程既是全真道士利用法术感应上天、通达神灵的过程，也是让徒众、世俗百姓见证自己法力神通的过程。以往学界更多地关注了全真道士是否建斋设醮以及斋醮服务社会的功能，如祈祷风调雨顺、追荐亡灵孤魂等。其实，从全真道自身形象塑造角度讲，修斋设醮的过程也是全真道士树立自身宗教形象，赢得徒众认同、世俗民众社会认可的过程。正如秦志安言，"自后东州醮坛，独师（指刘处玄——引者按）主盟，必有祥风泠泠，卷楮币而上腾，其感应也如神，迄今诸郡石刻犹存"。（元）秦志安：《金莲正宗记》卷4，《道藏》第3册，第358页下栏。

历代全真道士都曾施设科仪。

以往学界主要聚焦于全真道是否施设科仪以及科仪功能的讨论，对全真科仪的渊源与传承关注不够。王嚞宗承钟、吕更多的是一种信仰史、观念史的建构。那么，他的科仪法事是从何处习得的呢？笔者认为，主要有两大来源。一是文本层面的，他倡导三教合一，劝人读三教经典。王嚞经目的三教经书中，必有关于宗教仪式的典籍。这应该是其修习科仪的一个文本来源。二是唐宋以来流传下来的佛道仪式实践。对于一个成长于宋金对峙、战乱频仍时期的新宗派创始人来说，王嚞对这些仪式实践司空见惯。有学者指出，全真道采取拿来主义的办法，继承了灵宝、正一、太乙诸道派的法事仪式，同时还吸收了佛教仪轨。王嚞曾多次向马钰传授追荐科仪。① 创教之初，全真道不过"'苟全性命于乱世，不求闻达于诸侯'之一隐修会"②。施斋设醮处于借用传统道佛仪式的阶段，王嚞和马钰等弟子之间虽有仪式传承，但尚未形成制度化的机制。

全真科仪的广泛实施与七真弘教特别是丘处机掌教时教团的蓬勃发展相伴而行。笔者在梳理史籍时发现了数条全真科仪教育的资料，前人鲜有论及，兹试述之。

七真时代是全真科仪教育发展的关键时期。早在七真传教初期，仪范教育就成为师徒教育的应有之题。金世宗大定十一年（1171），云中子苏铉礼马丹阳出家。在马钰弟子中，苏铉谒师时间是比较早的，"丹阳置诸左右，教以入道仪范。服劳既久，未尝少懈。丹阳付授道妙，及屡以诗词接引，使进真功。以至心源明了，道体冲融。一时羽属皆以小丹阳目之，其造道之深可见矣"③。可见马钰收徒传道的程序一般是先教仪范再授丹道心法。1183 年马钰去世后，洞真真人于善庆（1166~1250）先后从刘处玄、王处一修习科范，"未几，丹阳上仙，长生、玉阳二宗师来主丧事。尝闻丹阳有报德彦升语，乃授师道门仪范"。又，"承安戊午，郡之好事者输赀构造，揭玉清观额，寻礼玉阳，参受经箓，以辅道救物，

---

① 刘仲宇：《早期全真教仪式初探》，陈鼓应主编《道家文化研究》第 23 辑，生活·读书·新知三联书店，2008。
② 陈垣：《南宋初河北新道教考》，第 2 页。
③ （元）李道谦：《终南山祖庭仙真内传》卷上，《道藏》第 19 册，第 522 页下栏。

远近益加崇敬"①。杨奂《终南山重阳万寿宫洞真于真人道行碑》亦有类似记载。②

七真后学在推动科仪教育过程中也发挥了不小的作用。例如，丘处机法孙中孚大师敬真子李善信，十岁礼希真大师渊澄子刘正清出家，"性笃厚，尚气义，以法箓自重，长于斋醮，嗜学而□，虽医卜之书靡不精究，尤善于符水"。元世祖至元十一年（1274）任沂州（今山东临沂）道判，十五年升道正，二十一年重修玉清万寿宫正殿。李善信一系以玉清万寿宫为弘法基地，法脉繁盛，至泰定朝，凡五传。刘正清、李善信、王元亨祖孙三代均曾出任沂州道正，王元亨弟子王道旻任沂州道门提举。③ 李善信"长于斋醮"应该是有承传的。这一系道士多为沂州道门领袖，他们在推动科仪传承与实践方面贡献不小。又如，延安士族陈德定，师事尹志平弟子重阳宫知宫仇志隆，"以修进余力，祭醮符箓皆通习之。居终南四十余年，洁以修己，耕而后食，处岩穴间，妖魔屡梗，德定以正法神力，悉驱除之。由是名著秦雍。至元廿七年，耀州少尹姚某以闻，蒙世祖文武皇帝召至阙下，试验有征，宠膺玉箫貂衣之赉"。元成宗元贞二年（1296），赐号栖玄致道通真法师。次年，宣授秦蜀道教提点。④ 此为七真再传弟子向门人传授斋醮科仪之确证。结合陈德定以法力驱除妖邪及得到最高统治者召见奖掖的记载来看，此人应该深得仇志隆科法真传。除了平日洁身自修之外，陈德定声名鹊起与其精于科仪不无关系。

应该看到的是，历代全真高功建斋设醮、以仪演法本身就是科仪教育活生生的教科书。道门弟子实地瞻礼演礼，是对全真科仪最直接的学习实

---

① （元）李道谦：《终南山祖庭仙真内传》卷下，《道藏》第19册，第537页上中栏。

② 《终南山重阳万寿宫洞真于真人道行碑》云："承安中，好事者请玉清额，礼体玄大师，寻佩受法箓以辅道救物，远近益加崇敬。"（元）李道谦：《甘水仙源录》卷3，《道藏》第19册，第747页下栏。

③ （元）时天锡：《玉清万寿宫记》，陈垣编纂，陈智超、曾庆瑛校补《道家金石略》，第772~775页。

④ （元）王恽：《大元故清和妙道广化真人玄门掌教大宗师尹公道行碑铭并序》，陈垣编纂，陈智超、曾庆瑛校补《道家金石略》，第690页。元仁宗皇庆元年（1312），时任诸路道教都提点的陈德定将武宗加封尹志平清和妙用广化崇教大真人圣旨刻石立碑。陈垣编纂，陈智超、曾庆瑛校补《道家金石略》，第731~733页。

践。元世祖至元十八年（1281）佛道之争白热化，导致《大元玄都宝藏》被焚。姚燧《长春宫碑铭》称，自此之后"禁为醮祠"①。实际上，醮禁之令并没有真正落实。《元史·世祖本纪》记载，至元二十八年春，元世祖曾令玄教大宗师张留孙置醮祠太白、荧惑、镇星三日。② 《成宗本纪》称，元贞初年，元成宗解除醮禁。③ 元代中后期，斋醮祈禳繁盛，全真徒众耳濡目染、身体力行，推动了科仪教育的持续发展。

## 四　史传

早在大蒙古国时期，教门精英之士就非常重视教史编纂。在金元历史上先后出现了《长春真人西游记》《金莲正宗记》《七真仙传》《七真年谱》《玄风庆会图》《终南山祖庭仙真内传》《甘水仙源录》《金莲正宗仙源像传》等一系列史传。关于史传在教育后进方面发挥的作用，元世祖至元八年（1271）李道谦称自己编纂《七真年谱》的目的是"启诸童蒙"④。至元十一年，他为史志经《玄风庆会图》作序，称是书为"后进者照心之镜、释疑之龟"⑤。至元二十一年知常盛德大师、甘河遇仙宫提点王道明为李道谦《终南山祖庭仙真内传》作序，认为该书"可以发潜德之幽光，示后学之楷式"，和《七真年谱》一样可达到使后学"知所宗本"的效果。⑥ 全真史传继承了司马迁开创的优良史学传统，从宗祖信仰、法脉传承、弘道事迹、政教关系等多重维度为后学提供了镜鉴和指导。⑦

此外，阴阳、五行、律历、星纬、百家之学，亦是全真玄学教育内容

---

① （元）姚燧：《长春宫碑铭》，陈垣编纂，陈智超、曾庆瑛校补《道家金石略》，第721页。
② （明）宋濂等撰《元史》卷16《世祖本纪十三》，中华书局，1976，第343页。
③ "五月庚戌朔，太白犯舆鬼。壬子，始开醮祠于寿宁宫。祭太阳、太岁、火、土等星于司天台。"（明）宋濂等撰《元史》卷18《成宗本纪一》，第383页。姚燧《长春宫碑铭》对成宗开醮禁亦有载述，"陛下噓而然之，俾屯者以亨，塞者以通，梗其道者除之，取其业者还之，丛是数美于仙之身，又冠之以宝冠，荐之以玉珪，被之以锦服，皆前嗣教者所亡"。陈垣编纂，陈智超、曾庆瑛校补《道家金石略》，第721页。
④ （元）李道谦：《七真年谱》，《道藏》第3册，第387页上栏。
⑤ 周燮藩主编，王卡分卷主编《中国宗教历史文献集成·三洞拾遗》第16册，第392页下栏。
⑥ （元）王道明：《终南山祖庭仙真内传·序》，《道藏》第19册，第516页下栏。
⑦ 关于全真史传指引后学的作用，参见宋学立《早期全真教以史弘道的教史思想——以〈甘水仙源录〉〈终南山祖庭仙真内传〉〈七真年谱〉为中心》，赵卫东主编《全真道研究》第5辑，齐鲁书社，2016。

的组成部分。郝大通自幼酷爱易学，洞晓阴阳律历之术，仰慕司马季主、严君平之为人，擅卜筮。洞阳显道忠贞真人井德用初事冉尊师，后者曾"教以经书，洞晓大义。旁及星纬之学，无不该通"①。

## 五　世俗教育

在中国历史上，教与俗从来都不是截然对立的。全真教育的推广是在金元社会中展开的。其教育内容既有面向教内的一面，又有面向更广大的世俗群体的一面。这是全真道践行功行双修思想、推行宗教教化的实践体现。值得注意的是，其面向世俗的教育并未囿于道家道教，而是以中华文教传承者的姿态，在继承中弘扬了先秦以来的忠孝仁义之道、善行善政之道、济世度人之道。这一点与众多全真道士出儒入道的经历，以及儒家经典对他们的熏习密不可分。王恽《真常观记》特别点出了金蒙易代之际全真道拯救社会纲纪的作用，"当金季扰攘，纲常文物，荡无孑遗，其时设教者独全真家"②。1237 年元好问作《怀州清真观记》，高度评价了全真道世俗教育在引导民众弃恶从善、恪守伦常、维护社会稳定方面的巨大功效，"今黄冠之人，十分天下之二，声势隆盛，鼓动海岳，虽凶暴鸷悍，甚愚无闻知之徒，久与俱化，衔锋茹毒，迟回顾盼，若有物掣之而不得逞。父不能诏其子，兄不能克其弟，礼义无以制其本，刑罚无以惩其末，所谓全真家者乃能救之荡然大坏不收之后。杀心炽然如大火，聚力为扑灭之。呜呼，岂非天耶"③。换言之，全真道的世俗教育是以恢复社会秩序、安定民心和社会生活为向度的。

全真世俗教育是在金元少数民族政制语境下有序进行的。王处一、丘处机、刘通微、刘处玄、尹志平、李志常、王志坦等曾分别受到金世宗、金章宗、元太祖、元太宗、元宪宗召见，请益咨问之间，进以治国安邦、修身保民之语，将全真道对少数民族精英之士的教化发挥到了极致。如1222 年丘处机在兴都库什山觐见成吉思汗时，除了谏言好生止杀、修德报身之外，还劝导可汗广行孝道，"尝闻三千之罪，莫大于不孝。今闻国俗于

① （元）何约：《皇元制授诸路道教都提点洞阳显道忠贞真人井公道行之碑》，王宗昱编《金元全真教石刻新编》，第 93 页。
② （元）王恽：《真常观记》，陈垣编纂，陈智超、曾庆瑛校补《道家金石略》，第 695 页。
③ （元）李道谦：《甘水仙源录》卷 9，《道藏》第 19 册，第 798 页上栏。

父母未知孝道。上乘威德，可戒其众"①。更重要的是进言了恢复统治秩序的治国保民之道，"山东、河北天下美地，多出禾良美蔬、鱼盐丝蚕，以给四方之用，自古得之者为大国。所以历代有国家者，唯争此地耳。今已为民有兵火相继，流散未集，宜差知彼中子细事务者能干官，规措勾当，与免三年税赋，使军国足丝帛之用，黔黎获苏息之安，一举而两得之，兹亦安民祈福之一端耳"②。1230 年，元太宗窝阔台召见李志常于乾楼辇，"时方诏通经之士教太子，公进《易》《诗》《书》《道德》《孝经》，且具陈大义"，教授时间从当年的七月一直持续到十一月，李志常因此深得窝阔台赏识。③ 1233 年，应元太宗之命，佐玄寂照大师冯志亨在燕京为十八位蒙古贵胄之子讲授《孝经》《论语》《孟子》《中庸》《大学》等书，使明"治国平天下之道，本自正心诚意始。是后日就月将，果皆克自树立，不惟俱获重用，复以才德见称于士人"④。王志坦出任掌教之前曾住居和林（今属蒙古国前杭爱省）。1253 年，元宪宗蒙哥向其咨问养生之术。他回答说："此山林枯槁之士所宜，非天子之急务也。天子代天理物，当顺天心，与民兴利，则天降之福寿。近大赦天下，革故鼎新，民乐生活。"⑤ 全真道士以道人之身言儒家治世之道，且在教化培养蒙古统治精英及其"下一代"方面发挥了深远影响。

地方层面，全真道士通过宣讲中华教化核心价值，弃鄙俗、善民心者亦不在少数。古邠（今属陕西旬邑）地接边鄙，全阳真人周全道曾按照师父马钰指授，在邠地玉峰山结庵，广行教化，"与人子言教之孝，与人弟言告之顺，贪者诲以廉，懦者谕以立，各因其根性浅深，皆蒙启发。至于疲癃残疾、惸独鳏寡而无告者，收养于庵中。由是闾里士庶日益敬仰，邠人

---

① （元）李道谦：《全真第五代宗师长春演道主教真人内传》，陈垣编纂，陈智超、曾庆瑛校补《道家金石略》，第 636 页。
② （元）移剌楚才：《玄风庆会录》，《道藏》第 3 册，第 390 页中栏。
③ （元）王鹗：《玄门掌教大宗师真常真人道行碑铭》，陈垣编纂，陈智超、曾庆瑛校补《道家金石略》，第 579 页。
④ （元）赵著：《佐玄寂照大师冯公道行碑铭》，陈垣编纂，陈智超、曾庆瑛校补《道家金石略》，第 521 页。
⑤ （元）高鸣：《崇真光教淳和真人道行之碑》，陈垣编纂，陈智超、曾庆瑛校补《道家金石略》，第 612 页。

为之迁善"①。1183 年以后，朗然子刘真一曾按照马钰遗言，在平滦、抚宁（今河北唐山、秦皇岛一带）弘道，度门众千余人，创宫观三百余所。上述地区属金中都路②，其中请益受教者当不乏少数民族向道之士。③ 1246 年，于善庆应巩昌总帅汪德臣之请，作醮追荐其亡父。"巩昌地接西羌，居民但习浮屠之教，师以无为清静、正心诚意之道化之，风俗为之一变"④。无欲观妙真人李志远曾出任祖庭重阳宫住持兼任提点陕西教门事，一生笃志行道、解困济贫，道价颇高。1240 年，太傅移剌宝俭欲以二奴婢为母殉葬。李志远以古葬礼正之，契丹人殉之弊俗始罢。⑤《卫州胙城县灵虚观碑》盛赞他在金蒙易代、中原板荡之际助益教化之风，"于是玄风一扇，比屋回心，贪残狠戾，化而柔良，津人跛俗悔过受教于门者，肩相摩而踵相接矣。凶焰燎原，扑杀心于已炽，慈航登岸，夷天险为坦途"⑥。

少数民族慕道之士既是接受中原经教的对象，其中的出类拔萃者又成为宣播中原教化的使者，与汉地全真道士的世俗教化活动形成了良性互动。例如，1191 年，通微子蒲察道渊以爱民崇道之语教授金廷贵戚。金章宗承安初，陇川岁饥，"师罄其所有振济，赖以全活者甚多。里人无赖恶少辈，师以祸福之报劝谕之，不数年，其俗丕变"⑦。此外，奥敦弘道、斡勒守坚、重玄广德弘道真人孟志源都是其中的佼佼者。这些人多出身于名宦望族之家。蒲察道渊祖上以金朝开国佐命功封世袭千户，为燕都巨室。斡勒守坚之父曾任盖州节度使。奥敦弘道祖、父均效力金廷。孟志源宗祖皆为金廷名臣。他们的弘道活动得到了统治者的护持。如太傅也可那延家族曾大力支持斡勒守坚在燕云、关中的宫观建设。⑧ 奥敦弘道深得蒙古王室赏识。

---

① （元）李道谦：《甘水仙源录》卷 4，《道藏》第 19 册，第 753 页上中栏。
② （元）脱脱等撰《金史》卷 24《地理志》，第 575～576 页。
③ （元）李道谦：《终南山祖庭仙真内传》卷上，《道藏》第 19 册，第 521 页中下栏。
④ （元）李道谦：《终南山祖庭仙真内传》卷下，《道藏》第 19 册，第 538 页下栏。
⑤ （元）李道谦：《甘水仙源录》卷 6，《道藏》第 19 册，第 768 页中栏。
⑥ （元）王恽：《卫州胙城县灵虚观碑》，陈垣编纂，陈智超、曾庆瑛校补《道家金石略》，第 564 页。
⑦ （元）李道谦：《通微真人蒲察尊师传》，陈垣编纂，陈智超、曾庆瑛校补《道家金石略》，第 626～627 页。
⑧ 关于也可那延家族，参见刘晓《太傅也可那延家族世系的几点补充》，《中国史研究》2012 年第 1 期。

1255 年，元宪宗令帖哥火鲁赤做功德主，护持她住持的亳州洞霄宫，并赐号玄真通明真人。"至元四年、七年，累奉皇后及贤妃懿旨，赐圣母金冠、云罗法服、兼香信等物。至元八年，赐诏护持宫中事，及中书省禁约榜文"①。苗道一大弟子完颜德明虽目前未见其碑传，但他的女真身份不言而喻。完颜氏在元末执掌全真道，成为少数民族精英入道弘道的典型代表。②这些人的出身、社会地位以及与统治者的密切关系，为在中国北方多民族聚居之地阐扬三教融通的中原文化提供了诸多便利。与汉族道士相比，他们的民族身份更益于中原文化在当地的传播和接受。

全真世俗教育的内容涉及忠孝之道、修身养性之法、治国安民之道等，在很大程度上促进了汉文化的传播、少数民族对中原文化的了解和认同，对于你中有我、我中有你的统一多民族国家文化格局的形成，颇有助益。

总结言之，经书、文集、科仪、史传是有别于世俗教育的重要内容，具体涉及三教经典、教史传承、宗祖谱系、心性语录、修行法门、修道仪轨等，呈现公开性、受众广泛、经教与科仪并重等特点。这些内容的普及适应了全真道门大开、徒众日盛的现实需要。接受了良好玄学教育的道门之士对高妙弘深的三教经典、全真道的渊源所自、神仙信仰体系、规范教门生活的清规戒律、修道传法的基本门径、济世度人的斋醮科范等，有了比较系统的认识。这些内容是全真信仰和实践得以传承发展的关键和重要支柱。

经典、文集、史传共同构成了全真广学的三大文统。全真教育重视传统经典（注疏）③、宗祖文集和史传编撰，与"新道教"创制的道经贫乏直接相关。传习（注解）传统经书、弘扬宗祖文集、追述历代宗祖，在一定程度上可以弥补全真道自身经典不发达之缺。这既是其教育内容的特点也是其短板。

早期全真道发展史上一直存在着文教与实修高下优劣之争。元定宗元年（1246）八月五日，圆明子李志源证道于重阳成道宫。他的辞世遗言为

---

① （元）任志润：《女炼师奥敦君道行碑》，陈垣编纂，陈智超、曾庆瑛校补《道家金石略》，第686 页。

② 关于完颜德明，参见张广保《全真教的创立与历史传承》，第 128 页。

③ 除了刘处玄、郝大通曾注三教经，刘通微、李道纯等还曾为《太上老君说常清静经》《无上赤文洞古真经》《太上大通经》等多部道经作注。

我们提供了全真修学截然不同的认识，其云："吾平生未尝弄笔墨，设强作一语，非留病人间乎！且近世诸师文编，达者犹将以为筌蹄，况万万不相侔者乎！"① 李氏属于实修派，不太属意笔墨文章。同时，他在世时，又有众多信徒以全真文集作为修道指南。从历史发展来看，全真教育经历了从金末蒙初重实修兼重文教到入元以后文教传统不断加强的演变过程。另外，科仪教育培养了一代又一代的全真高功法师，满足了教俗两界施仪演法、祈福纳祥的现实需要。但也要客观认识到，"斋醮祈禳之事，日来而无穷"② 及其带来的负面效应，与科仪教育不无关系。

全真道以性命修持开宗立派，丹道教育是玄门教育的重要组成部分，自王嚞以降的诸家文集对之论述不少。然而，由于心性修炼事关生死大事，虽然包括宗祖文集在内的全真典籍采用隐喻的方式对之所有论及，但道教收徒重"因缘"，讲究"道不传六耳"，因此修炼法门的单传秘授，应当是丹道教育的核心途径。上述四类教育内容不同程度地涉及心性之学，但师徒之间的口传心授才是丹道教育的关键所在。

金元全真道教育的内容并未狭隘地仅局限于教团内部。其世俗教育既有向统治精英宣讲的治政之道，又有向广大民众普及的伦常纲纪之道。它以金元社会为一座"大学校"，世俗教育呈现出多层次、开放性、包容性、时代性等特点。需要注意的是其传承宣播的是基于又不限于道家道教的中华道文化。这里的道文化，不可做狭义的理解，当指融摄儒释道三家的忠孝仁义之道、弃恶扬善之道、济世救民之道。金元全真道传承中华文教教化薪火，其目的在于恢复被战乱摧残的社会秩序。全真世俗教育促进了少数民族对中原文化的了解，有利于统一多民族国家文化格局的形成。这是全真道走出道门、积极参与社会建设的重要体现。

## 第二节　教学方法

教学方法是指围绕教学任务和目标，在教学活动中采取的方式方法的

---

① （金）元好问：《圆明李先生墓表》，陈垣编纂，陈智超、曾庆瑛校补《道家金石略》，第498页。
② （元）李道谦：《甘水仙源录》卷9，《道藏》第19册，第802页下栏。

总称。不同的教育指导思想、教育理念、教育内容，势必形成各具特色的教学方法。儒家主张入世，立言立德立功，培养人才、教书育人的方法围绕"修齐治平"思想展开。释道二教讲出世，其教学法与出世之旨相辅相成。自王嚞创教至丘处机掌教，历时不过短短五六十年，全真道以新道派的形象屹立于中国北方。元好问谈到其时盛况云："南际淮，北至朔漠，西向秦，东向海，山林城市，庐舍相望，什百为偶，甲乙授受，牢不可破。……贞祐丧乱之后，荡然无纪纲文章，蚩蚩之民，靡所趣向，为之教者独是家而已。今河朔之人，什二为所陷没。"① 在如此短暂的时间里，全真道门发展的速度如此之快，原因很多，其中与历代全真道士以弘道为旨趣的玄门教学法有着不可割裂的关系。

## 一 生死处着手

从教义思想上来说，全真道接续晚唐以来兴起的内丹道传统，主张性命双修，最终实现生命形式的转化与超越。这一成仙理路与外丹修仙理论既有联系又有区别，最大的差异就在于抛弃了肉身不死的理论。在这一大的理论预设下，全真道在招收弟子、劝进道业方面，从生死大事入手，教育信众肉身的死亡并不意味着生命的终结，只有抛弃肉身，性命双全，才能实现位列仙班的圆满境界。

王嚞《寿期》诗云："害风害风旧病发，寿命不过五十八。两个先生决定来，一灵真性诚搜刷。"② 刘祖谦《终南山重阳祖师仙迹记》、李道谦《七真年谱》、秦志安《金莲正宗记》等教史文献对其作诗的时间、地点载录不一。但有一点可以肯定，即此诗题于王嚞东赴海滨之前。"寿命不过五十八"显系指肉体的寿命。常人对死亡是充满恐惧的。与此相反，王嚞不仅具有预知归期的能力，而且能够坦然面对肉身之死。《金莲正宗记》卷2称，王嚞临终遗言云："吾归之后，慎勿举哀。"他留下的多篇诗文都充满了歌咏抛弃肉身、真性永存的洒脱意境。如《辞世颂》云："地肺重阳子，呼为王害风。来时长日月，去后任西东。作伴云和水，为邻虚与空。一灵

---

① （金）元好问：《紫微观记》，陈垣编纂，陈智超、曾庆瑛校补《道家金石略》，第475页。
② （金）王嚞：《重阳全真集》卷2，《道藏》第25册，第701页中栏。

真性在，不与众心同。"①

　　有观点认为，宗教孕生于人类对死亡的焦虑和恐惧。人类需要借助宗教慰藉恐惧的心灵，通过向神灵祈祷舒缓对死亡的紧张感。王嚞创教时期，民众虽未经受金蒙易代的摧残，但是生老病死，人之常情，不可避免。除了自己坦然面对死亡之外，他从生死这一事关每个人身家性命的大事入手，教育信众要超脱生死、免于轮回。在《兄去后赠侄元弼元佐》中，他提出"轮回生死如何躲"，《捣练子》说"一身跃出死生波"。《西江月·四苦》云："堪叹生老病死，世间大病洪疴。伤嗟戀卤强添和，怎免轮回这个。"②从生死处入手，既是王嚞及其后嗣教育弟子的重要思想内容，又是他们劝人入道的关键突破口。马钰交代自己入道前对生死问题非常"惊怕"，后来得遇王嚞点化，顿觉沉溺于世俗生活的喜怒哀乐之中最终难逃生死之劫，其云："便说开、些儿妙话。忻然顿觉，猛烈弃家缘，向无中，做经营，烹炼丹无价。投真得趣，自是增惺洒。"③

　　王嚞及其弟子们认为，唯有一心向道投玄，才能超脱生死。王嚞诗云："今日明日，不保死亡。坚心向道，阳助吉昌。诈心诳道，阴降百殃。向道则生，背道则亡。愿公早悟，请公细详。"④ 识心见性投玄，方能跳出生死劫，即"为观俗事愚痴子，妄想难除生与死。回光返照这里来，识心见性投玄旨"⑤。类似的认识还很多，如"早早悟、前途不如意。急回头便许，脱了生死。投玄访妙，搜微密察幽秘"⑥。马钰为表达坚定的向道之心，发下誓言，如果退道，不仅自己会随时死亡，殃及家道，而且鬼魂也会遭受万劫，形骸俱丧，魂魄俱亡。他认为，悟彻是非，才能出离生死关。其《蓬莱阁》谈道，要想跳出时时难料的生死关，就要和他一样入道学真，"死生生死无人测，效予入道能超溺"⑦。

① （金）王嚞：《重阳全真集》卷9，《道藏》第25册，第741页上栏。
② （金）王嚞：《重阳全真集》卷8，《道藏》第25册，第733页中栏。
③ （金）王嚞：《重阳教化集》卷1，《道藏》第25册，第775页下栏。
④ （金）王嚞：《重阳教化集》卷1，《道藏》第25册，第777页下栏。
⑤ （金）王嚞：《重阳全真集》卷10，《道藏》第25册，第744页下栏。
⑥ （金）王嚞：《重阳全真集》卷11，《道藏》第25册，第752页上栏。
⑦ （金）马钰：《洞玄金玉集》卷9，《道藏》第25册，第612页中栏。

对生死观的论述如果仅停留在上述层面，未免空洞，无法指导信徒的修行活动。在此基础上，全真道士对如何投玄进道做出了更为细致的阐述。首先，他们认为，跨越生死轮回，要远俗、舍俗、弃俗。王嚞在赴山东之前就已抛弃妻儿和相对富庶的家业。他在赠给马钰的一首诗中对此有形象的描绘，其云："一别终南水竹村，家无儿女亦无孙。三千里外寻知友，引入长生不死门。"① 马钰入道之后，方悟要避免生死，就不能沉溺于家庭世俗生活，而要猛回头，抛家业，摒名利，弃恩爱，决裂入道，从云水之游："寻思生死如何免，服事妻男怎到头。方欲寻归何事幸，风仙钓出恣云游。"《赠孔庵主昆仲》云："死生生死如何避，早把家缘猛弃。"② 《采桑子·出家入道》云："山侗舍俗投玄趣，结正良因。深谢师真。便做逍遥自在人。 我今誓不东归去，死在西秦。骸骨虽尘。不与儿孙葬海滨。"③ 《和坊州朝虚子曹瑱韵》云："翻身离苦海，远俗免奔波。"④ 王嚞携四大弟子西归关中，其初衷就是通过远游的方式，令他们抛弃生于斯长于斯的生活环境，毫无挂碍，一心学道。金元时期，众多全真道士都有远赴他乡、云游访道的经历。按照全真教义，这是他们了断世俗生活、步入道阶的重要一步。

其次，要修炼清静之心，不受是非人我之扰，不起执念，降服心猿意马。马钰《寄晏公》诗云："休心绝是非，灭意除人我。酒色气财无，生死轮回躲。"他曾赋诗，劝导王嚞侄子王周臣不要贪恋名利、儿女情长，欲免生死轮回之苦，就要秉持清静自然之心。⑤ 谭处端认为，"凡人轮回，生死不停，只为有心"，这里的心指杂念之心、世俗之心。他援引释家《大乘起信论》"心生则种种法生，心灭则种种法灭"，提出要灭除不善心，割情弃爱，摧强挫锐，一念不生即可超脱生死。稍生一念，心为外物所扰，必然不能跨越生死之门。只有坚定修道静心之志，不动不摇，才能由堂入奥，早登仙阶。⑥ 全真道对修心修性的描述极为形象，即心如死灰、形如槁木。

---

① （金）王嚞：《重阳全真集》卷2，《道藏》第25册，第705页上栏。
② （金）马钰：《洞玄金玉集》卷3、卷10，《道藏》第25册，第579页上栏、第616页上栏。
③ （金）马钰：《渐悟集》卷上，《道藏》第25册，第454页下栏至第455页上栏。
④ （金）马钰：《洞玄金玉集》卷5，《道藏》第25册，第588页上栏。
⑤ （金）马钰：《渐悟集》卷下，《道藏》第25册，第476页上栏、第477页中栏。
⑥ （金）谭处端：《水云集》卷上，《道藏》第25册，第852页上中栏。

马钰《劝众道友》诗言："湛湛成恍惚，澄澄生杳冥。死灰比我心，槁木类我形。"《赠华亭县宰明威》云："锻炼这顽心，锻炼这俗意。心死情不生，意灭精自秘。心清气自调，意净神自喜。人能常清净，决证神仙位。"《和胡讲师韵》云："决要炼形如同槁木，决要降心有若死灰。"①

最后，要性命双修，识心见性，超脱生死。王嚞《活死人墓赠宁伯功》诗谈道，在活死人墓中苦修，摒除情欲杂念，修得闲寂虚静之心，服得真丹药，就能隔断凡间尘世，白云接引。② 马钰《悟生死》云："生死都来两字，既生身、有死相临。堪养气，要逃生死，物外去搜寻。心开，通妙用，火中养木，水里生金。把乾坤骨髓，收向朱林。龙虎变成婴姹，灵灵显、岂论阳阴。无生灭，真真了了，跨鹤上瑶岑。"③ 丘处机《达士》诗也谈到，通过经年的修炼，修得金丹大药，即能超脱生死海。④ 当然，修炼的过程并非一蹴而就，有时候甚至要历经千磨万难。谭处端称，他用了六年的时间炼尽无明火，十年才修成换骨丹。"湛湛虚堂无挂碍，已知跳出死生关"⑤。其关键就在于修性修命。马钰《赠陇州染赵先生》云："恶死离死，好生修生。真清真静，性住命停。"⑥ 这里的"住""停"并非终止的意思，而是说通过修炼清静之心，摆脱生死轮回之苦，性命与大道合一、与天地相始终之意。从这个角度讲，"住"和"停"就是永生永恒之意。

结合诸家碑记对众多全真道士证道过程的描述可知，通过内丹性命之学的修炼，他们不仅能够预知归期，而且能够欣然面对惯常意义上的死亡，毫无常人的恐惧和悲伤感。因为在他们看来，归期亦是仙期，归并非死亡的同义语，而是开启了归往仙界的大门。归期将至，也是他们跨越生死轮回、弃壳成仙的开始。因此，他们对此乐此不疲。至于肉身，只不过是皮

---

① （金）马钰：《洞玄金玉集》卷5、卷6，《道藏》第25册，第587页下栏、第589页下栏、第592页下栏。

② （金）王嚞：《重阳全真集》卷2，《道藏》第25册，第703页上中栏。

③ （金）马钰：《洞玄金玉集》卷10，《道藏》第25册，第620页中栏。

④ 丘处机《达士》："随机接物外同尘，应变无方内入神。心地出离三界苦，洞天游赏四时春。金丹大药经年久，火枣交梨逐日新。一服定超生死海，不知谁是有缘人。"（金）丘处机：《磻溪集》卷1，《道藏》第25册，第816页上栏。

⑤ （金）谭处端：《水云集》卷上，《道藏》第25册，第851页上栏。

⑥ （金）马钰：《洞玄金玉集》卷5，《道藏》第25册，第590页下栏。

囊、四假，是他们在尘世生活的躯壳，抛之弃之对一灵真性的永驻毫无大碍。甚或在全真家看来，躯壳本身是无生命的，所以无所谓生死。"死亡"的假象背后蕴意着真生和永生。从这个角度讲，全真道从生死处入手开展对信徒的教育，在劝道、学道方面都是颇有警醒、启发特质的，对全真道的发展壮大也是颇具现实宗教意义的。

## 二　实修经教并重

《道德经》云："道可道，非常道。"除了指出"大道"高妙之外，还有一层意思，即"道是否可说可学"的问题，这实际上涉及的是"言意之辩"的问题。《庄子·外篇》也关注到这个问题。《秋水篇》云："可以言论者，物之粗也；可以意致者，物之精也；言之所不能论，意之所不能察致者，不期精粗焉。"① 从"言意之辩"引申出来的问题随之而来，即读经能否助教，也就是说阅读经书文字能否探其奥旨、得其精密，进而能否有助于修道弘教的问题。金元全真道士对此大体有三种认识。第一种观点认为，读经与进道毫无关系，有些道士终其一生不看经书，成为所谓的纯粹实修者。第二种观点截然相反，认为读经是必要的，经书有助于学道。王磐谈道，张志敬掌教时期（1250~1270）全真道风发生了从创教之初不立经教文字向注重文字经典的转变，"全真之教，以识心见性为宗，损己利物为行，不资参学，不立文字，自重阳王真人至李真常，凡三传，学者渐知读书，不以文字为障蔽。及师掌教，大畅玄旨，然后学者皆知讲论经典、涵泳义理，为真实入门"②。第三种观点，以1326年庐山清溪道士刘志玄所作《金莲正宗仙源像传·序》为代表，其文云："大道之妙，有非文字可传者，有非文字不传者，此《仙源像传》所以作也。"他认为，五祖七真道高德著、丘处机西行觐见等重大事迹，不待文字而后传。而诸真"事迹之详，未易推究"，如不加以载录整理，来日即为不可后传者。正是本着这样一种认识、背负着"鉴往知来"的弘道使命，刘、谢二人"博搜传记，旁及碑

① （晋）郭象注，（唐）成玄英疏《南华真经注疏·外篇》，曹础基、黄兰发点校，卷6，中华书局，1998，第333页。
② （元）李道谦：《甘水仙源录》卷5，《道藏》第19册，第758页下栏至第759页上栏。

碣，编录数年，始得详悉"，旨在使"同志之士览之者，因其所可传求其所不可传"。① 这明显是对前两种经教观的折中。总的来看，全真道士认为，读经不碍道，众多全真道士是比较看重经书的。否则，大蒙古国初期宋德方主持纂修《大元玄都宝藏》就多此一举了。即便是创教早期王嚞、马钰师徒主张刻苦实修，也不妨碍他们对经教的肯定。

王嚞在东迈海滨之前曾在活死人墓筑环苦修。到达山东之后，"百日锁庵"劝化马钰夫妇，亦有"以经书为修道屏障"的认识。② 马钰接掌教事后，于金世宗大定十四年（1174）秋，与丘、刘、谭三道友在秦渡镇真武庙各言修道之志，以"斗贫"为志，归刘蒋后，"构一广庭，为环居之所，手书'祖庭心死'"。③ "斗贫"并非与贫穷抗争之意，而是指全真道早期环堵清修的一种古朴教风。这一点可以在马钰"十劝"文中得到印证，"七劝慎言语，节饮食，薄滋味，弃荣华，绝憎爱。八劝不得学奇怪事，常守本分。只以乞化为生，不惹纤毫尘劳。九劝居庵不过三间，道伴不过三人。如有疫病，各相扶持，你死我埋，我死你埋。或有见不到处，递相指教，不得生意心。十劝不得起胜心，常行方便，损己利他。虽居暗室，如对□（圣）贤。清贫柔弱，敬顺于人。随缘度日，绝尽悭贪。逍遥自在，志在修行。始终如一，慎若怠堕"④。经教与苦修两相对比，王、马师徒心中的天平不约而同地向后者倾斜，相关论述散见于二人文集中。例如，王嚞《西江月》云："堪叹一灵真性，得来笑杀惺惺。不烧香火不看经，走入这条捷径。"⑤ 修得一灵真性，就能实现生命的超越。不烧香火不看经，专注于一灵真性的修行，充分反映了全真道从生死处下手的实修之风。王嚞认

---

① （元）刘天素：《金莲正宗仙源像传·序》，《道藏》第 3 册，第 365 页中栏。

② 王颐中《丹阳真人语录》："师一日呼仆，良久而赴。问：'那里去来？'仆对曰：'午窗睡方足，神情湛然，床头有《庄子》书一册，因拈而读之。所以不在此也。'师曰：'夫道要心契，若复以文字系缚，何日是了期。所以道，悟彻南华迷更迷。'"《道藏》第 23 册，第 702 页上栏。

③ （元）李道谦：《甘水仙源录》卷 1，《道藏》第 19 册，第 729 页下栏。

④ 《丹阳马真人十劝碑》，陈垣编纂，陈智超、曾庆瑛校补《道家金石略》，第 432~433 页。"慎若怠堕"，"若"当为"勿"之误。《真仙直指语录》卷上作"慎勿怠惰"。《道藏》第 32 册，第 435 页上栏。

⑤ （金）王嚞：《重阳全真集》卷 9，《道藏》第 25 册，第 739 页中栏。

为，这是实现生命超越的一条捷径。类似说法还有"休心积善胜看经"①。《重阳真人授丹阳二十四诀》视道、经、师为外三宝，精、炁、神为内三宝。所谓经宝即指道教经籍。从内外之分来看，内三宝即所谓精炁神内炼功夫显然占的分量更重。有学者提出，马钰十分重视老庄之学，将之作为道教教育最重要的内容。同时引《丹阳真人语录》云："学道者，不须广看经书，乱人心思，妨人道业。若河上公注《道德经》、金陵子注《阴符经》，二者时看亦不妨。"② 实际上，这段引文之后还有一句话，更能说明马钰的经教观，"亦不如一切不读，猉卢都地养气，最为上策"③。前后结合起来看，和内在的修炼相比，《道德经》《阴符经》就显得没有那么重要了。

在王嚞、马钰看来，经教相比于实修而言是次要的。次要不等于完全没有、不重要。他们在重实修宏大语境下，关于经教重要性的论述并不鲜见。因此，在阅读王、马文集时，常给人一种困惑感或者说行文之间的内在张力感。

王嚞大量引用《道德经》《清静经》《灵宝经》《黄庭经》甚至众多佛教经典，为徒众答疑解惑，说明他本人曾广阅经书。同时留下多篇论述读经、念经、讲经重要性的诗词文章。例如，《红窗迥》云："五千言，二百字。两般经秘隐，神仙好事。灵中省悟彻玄机，结金丹有自。"《迟法师注道德经》云："遵隆太上五千言，大道无名妙不传。"《苏幕遮·秦渡坊院主僧觅》云："善看经，能礼忏，金面胭脂，正好频频蘸。"《咏眼》："只观粉貌空虚景，肯览黄庭内外经。"《武陵春》："天地唯尊人亦贵，日月与星临，道释儒经理最深，精气助神愔。"儒释道三家经典并重，三教会通思想可见一斑。《南乡子·风琴》云："不入俗人聆，占得仙音讲道经。唯我傍边全善听，叮咛，携尔蓬莱在玉庭。"④《重阳立教十五论》论学书之道时谈道，"不可寻文而乱目"，而要"穷书之本意""舍书探意采理"⑤。

---

① （金）王嚞：《重阳全真集》卷10，《道藏》第25册，第743页上栏。

② 杨兆华：《马钰研究》，第83页。

③ （金）王颐中：《丹阳真人语录》，《道藏》第23册，第704页中栏。

④ （金）王嚞：《重阳全真集》卷8、卷1、卷4、卷10，《道藏》第25册，第735页中栏、第692页上栏、第716页上栏、第743页上栏、第715页上栏、第714页中栏。

⑤ （金）王嚞：《重阳立教十五论》，《道藏》第32册，第153页上中栏。

马钰《满庭芳·赠潍州苗先生》云："闲想轮回生死，闲闲看、丹经子书庄老。"《满庭芳·赠杜公及众道友》云："勤勤香火，谨谨看经，专专供养他人。"他还曾因看《清静经》而为徐司判作词，其云："孤眠独处，不迷外境，常常留心内认。悟彻男清女浊，男动女静。即非世间男女，是无中、些儿结正。谁信道，却元来便是，自家性命。　捉住遮般妙趣，便澄心遣欲，绝乎视听。杳杳冥冥，恍恍惚惚相应。其中有精有物，觉男儿、自然怀孕。常清静，产胎仙出现有准。"① 《渐悟集》收《西江月·赠任守一》云："一不轻师慢法，二遵清静仙经。"《赠解刘仙》云："奉劝须看清静经，脱仙模子好搜寻。"② 按，《清静经》是道教史上一部重要经典，唐宋以来对之注解者不乏其人。金末，王嚞弟子刘通微曾作《太上老君说常清静经颂注》。入元以后，李道纯作《太上老君说常清静经注》。马钰主教时，曾多次应信众之请，主持各类斋醮仪式。念诵道经是斋醮活动的重要组成部分。其《战掉丑奴儿》《赴黄箓醮赠道众》等词都曾谈到举行黄箓醮仪需要念经。③ 需要注意的是，王嚞、马钰关于经教的论述，很多时候呈现"场景化""功利化"的特点。换言之，他们的经教观在不同的场景下，会出现前后不一致甚至截然相反的情况。这一切都是以有利于传法弘道为基本出发点的。

刘处玄、丘处机、王处一等曾在不同场合论述读经、看经的重要性。刘处玄主张闲时看经，看经能保命。类似表述频现《仙乐集》，如"应变悟仙经""心闲看道经""保命悟仙经""闲念真经""未能达道，闲看真经""万卷圣经，忻时频检""念道思真，闲看经卷""有时忻则看仙经，自然理达真明异""无事诵仙经"。修道生活当以琴、剑、仙书为伴，"真乐琴书为伴，忘尘世、趓了熬煎""琴剑仙经为伴，蜕形去、真上云头"，如此方能登紫府，升入大罗天，永住瀛洲。他主张可以广看三教经书，继承了王嚞"三教合一"思想，"三教经书为伴，真闲处、胜似贪忙"。其《十劝》文，

① （金）马钰：《丹阳神光灿》，《道藏》第 25 册，第 628 页下栏至第 629 页中栏。
② （金）马钰：《渐悟集》卷上，《道藏》第 25 册，第 463 页中栏、第 465 页下栏。
③ 《战掉丑奴儿》云："莱州道众修黄箓，各各虔诚。无不专精，邀我加持默念经。"《赴黄箓醮赠道众》云："寻思地狱心寒颤，救拔亡灵经念。枷锁自然脱免，总赴蓬莱宴。"（金）马钰：《洞玄金玉集》卷 7、卷 10，《道藏》第 25 册，第 598 页中栏、第 617 页上栏。

規約道众修行、社交等活动。其中第五劝就是"不得不依经教说道理",第九劝"未达理未开悟,不得不看书"。《清和真人北游语录》录尹志平之语称,刘长生自己并不读书,"长生师父虽不读书,其所作文辞自肺腹中流出,如《瑞鹧鸪》一百二十首,《风入松》六十首,皆口占而成。又注三教经,笔不停缀,文不足而理有余。知者以为脱神仙模范,云虽不读其文,而尽得其理"①。《长生真人刘宗师道行碑》也谈到,刘处玄曾注《道德经》《阴符经》《黄庭经》诸经②。结合刘处玄诗文和留下的注经之作,不看经书之说不攻自破。需要指出的是,刘长生并非一味地执着于读经看书,和其他全真宗师一样,和读经相比,刘处玄更看重心性的修炼了悟。《长生刘真人语录》云:"欲要心无碍,千经万论都要通,却不得执着,心神明都照破也。"③ 金章宗承安二年(1197),王处一第三次受宣赴阙,七月三日曾为章宗讲述《清静经》。④ 除了阅经、讲经外,他还曾买纸墨印经抄经。《莱阳县东长直庵结冬》云:"印经买纸墨,结冬在长直。补接日精华,搜藏玄妙理。"《满庭芳·抄化孤魂经纸》云:"同垂救,巡门拜覆,乞纸复抄经。"⑤《磻溪集》收《次韵银张八秀才》诗,其中提到"经书突奥君常究,返照何须更系东"。丘处机谈道,每年正月都会在关中集众,"午后于圣前礼诵经忏"。这种诵经活动被称为"礼正"。其在《疏慵》诗中痛斥不看经教不烧香的行为,认为行为懒散最终不仅不能成道反倒会身患贫病、无药可医,"懒看经教懒烧香,兀兀腾腾似醉狂。日月但知生与落,是非宁辨短和长。客来座上心慵问,饭到唇边口倦张。不是故将形体纵,养成贫病疗无方"⑥。他提倡贯通三教,道经、儒书、梵典无所不读。其本行碑称,"师于道经无

① (元)尹志平述,(元)段志坚编《清和真人北游语录》卷2,《道藏》第33册,第161页下栏、第162页上栏。

② 秦志安《长生真人刘宗师道行碑》云:"所有遗文,仙乐太虚,盘阳同尘,安闲修真,仍注道德,演阴符,述黄庭,奥涉理窟,条达圣真,足以为万世之规绳。"(元)李道谦:《甘水仙源录》卷2,《道藏》第19册,第734页上栏。

③ (元)玄全子:《真仙直指语录》卷上,《道藏》第32册,第435页下栏。

④ 王处一《云光集》卷1云:"承安丁巳,受第三宣,于六月二十五日到都下天长观。七月初三日宣见,赐坐。帝问《清净经》。师解之。"《道藏》第25册,第648页上栏。

⑤ (金)王处一《云光集》卷3、卷4,《道藏》第25册,第673页下栏、第682页上栏。

⑥ (金)丘处机《磻溪集》卷1、卷2、卷6,《道藏》第25册,第812页上栏、第816页下栏、第841页上栏。

所不读，儒书梵典，亦历历上口"①。

元太宗五年（1233）尹志平应宣差侯公之邀，赴北京（今辽宁锦州）讲道。分章讲解《道德经》是其北游宣道的重要内容，详见《清和真人北游语录》卷3、卷4。太宗五年冬十月，尹志平在义州（今属辽宁锦州）通仙观，命郭志全讲《道德经》。涉及"玄之又玄"一章时，尹志平谈道，"夫人禀元气以生，性中各具一天，若人人能自通明，而所行尽合其道，则虽无经教可也。盖缘众人为物欲所引，迷不能复，是故圣人重哀之，设此教法，以开觉拯救之。学者当因其经而究其用，贵在躬行，行之既熟，从容中道尚何待？为学未至此地，欲弃学亦不可也"②。尹志平以欲扬先抑之法，强调经教对信众修学的重要作用。另外，"贵在躬行"说明全真道是为学与为道合一的宗教，学习经教并非停留在口头讲说层面，而是与躬行实修紧密结合的。栖云真人王志谨将出家入道者分为三个层次：云朋霞友、良朋知友、狂朋怪友。其中第一层次指的是绝尘弃智、专于心地修炼者。第二层次指的是习学经教、弹琴作画、高谈阔论、褒贬是非者。第三层次则指既不炼心又不看经、好起是非、为非作歹者。③ 将学习经教者划入第二梯队，既体现了栖云真人对早期苦修教风的认可，又凸显了其对经教"次重要性"的肯定。

王磐所说的全真创教初期"不资参学，不立文字"是站不住脚的。王嚞、七真时代，诸全真高道留下了众多文集。他们注重环堵苦修的同时，从创教之初即以文字立教传教。随着历史的发展，实修苦修之风呈下滑曲线、经教则呈上行曲线的发展态势。至李志常、张志敬掌教时，伴随着全真玄学（玄门序序）的全面兴起，注重经典文教之势蔚然成风。

张广保指出，经教大兴对心性修炼来说未必是好事。④ 元末明初陆道和编《全真清规》，其中"坐钵规式""钵室赋"对坐钵修行日期、时辰、各时辰活动内容、心性境界以及违反规式的惩罚措施等都提供了"标准答

①　（元）李道谦：《甘水仙源录》卷2，《道藏》第19册，第735页下栏。
②　（元）尹志平述，（元）段志坚编《清和真人北游语录》卷3，《道藏》第33册，第168页中栏。
③　（元）论志焕：《盘山栖云王真人语录》，《道藏》第23册，第719页下栏至第720页上栏。
④　张广保：《全真教的创立与历史传承》，第106~107页。

案"。例如《钵室赋》对心性境界的描述云：

> 入坐时含光默默以虚心，开静时返视徐徐而出定。睡魔倏至，人人不觉头点身摇；昏障忽来，个个鲜知口开气逆。巡行专在于警提，挂牌务存于救正。当自返以谦柔，休昧己而强硬。本为生死修持，毋生人我辩竞。切宜起离昏散，抖搜精神。恭身先拜仙圣，回首次谢志仁。当生欢喜，毋起怒嗔。自然心中安泰，快乐壶内熙春。克己报德，实于上士；强怀反恨，真是小人。莫自是徒为虚诈，当省非厚养朴淳。详夫先圣规矩，祖师钵义。金返本乃钵之源，情归性乃钵之理。钵圆混以象乾元，中虚犹太始。森罗悉备其中，造化皆全个里。因有透漏，不觉而沉；由无点滴，忽然而起。冰澄湛而悟归源，钵浮沉而明返己。大抵以无喻有，假实体虚。琢磨必从师友，了达须下功夫。当参明父母未生之始，常返照身心彻动之初。实纯志士，须谦卑而遵近；怪友狂朋，必柔顺以远疏。壶公瓮牖，真乐无极；颜子箪瓢，至乐有余。体圣仙隐几而密处，效真人圜堵以渊居。得乎安静，乐乎恬如，审乎钵室，连单丛林，知识共处。历劫希逢，宿生难遇。空碧炼真兮，共乐始青；虚室生白兮，同安太素。自始了终，从朝至暮。中期不可改移，圆满任从去住。闲闲上智，心豁畅飘逸白云；戚戚下愚，性执蔽迷蒙黑雾。二时绵密育神灵，百日安常凝气固。旦夕缓舒，食可接气，衣堪御寒。过用则脏腑失理，调停则神气常安。苦志精修，废寝忘餐。常寂照甘心磨炼，返真观舍身努力。养得气神一定，自然性命双全。[1]

元末全真道的坐钵实修活动开始以规范的修行文本为指导，与金末蒙初个体苦修进而形成不拘一格的心性体验形成鲜明的对比。前者未免有"先入为主"之嫌，后者则有"实践出真知"之意。

全真文集、史传发达。相形之下，本派的经书相对贫乏。这与全真道以丹道实修开宗立派的教旨有直接关系。诚如上文所言，《大元玄都宝藏》纂修工程可谓全真道将道教的经教传统发挥到了顶峰。全真家多是通过读

---

[1] （元）陆道和：《全真清规》，《道藏》第 32 册，第 158 页下栏至第 159 页中栏。

经、讲经、抄经、注经的方式，接续传承道教经书、文教传统。应该看到的是，全真道的注经解经之作，并非对传统经书的陈陈相因，而是与丹道心性之学、三教合一思想相融合，对传统经书做出时代性新诠释。以颇受历代注家青睐的《太上老君说常清静经》为例，杜光庭、白玉蟾等对"常能遣其欲而心自静，澄其心而神自清"的注解，主要是采用了训诂、以经（包括《西升经》《了真经》《水火真经》）解经、以圣言仙真（老子、烟萝子、吕洞宾）解经的方式，大体未突破传统的注经方式。刘通微径直以丹道解经，并以全真道习用的诗词唱和方式，对此句做出诠释："若遣诸情欲，澄心妙洞观。同真非物物，归寂弃般般。水远连天静，山高戴月寒。圆融通智慧，壶内衮金丸。"① 李道纯融合南北二宗为一家，吸收借鉴三教心性之论，"中和"思想成为其丹道性命之学的突出特色。他在注解此句时，从"道"和"欲"相对的视角，提出"有道之士，常以道制欲，不以欲制道。以道制欲，神所以清，心所以静"。相反，如果"以欲制道"，就会"失道"，不能"神清心静"。同时还引用《中庸》"致广大而尽精微"、《易传》"山下有泽，损；君子以惩忿窒欲"之语释"以道制欲"，体现了李氏会通儒道、发明心性的注经特点。②

全真道对传统道经的汇纂与多形式传承，不但使道教文脉并未因政权更迭、汉族和少数民族政权的纷争而中断，而且还在很大程度上增进了包括少数民族在内的各族民众对以道家道教为核心的中华文脉的认知，特别是为道门人才的培养奠定了坚实的经藏学基础。

### 三　言教身教并举

用现代话来讲，全真道是一门集理论与实践于一体的实践性学问。历代全真道士在教育弟子时采用了言教与身教并举的方式。言教，也称言传，指的是师父以讲说的方式向弟子传授教理教义。身教，即以身体力行的方式教育弟子，使后学在实践中开悟心性、提升修道境界。二者都包含十分丰富的内容，前人论及较少，兹展开如下。

---

① （金）刘通微：《太上老君说常清静经颂注》，《道藏》第 19 册，第 816 页中栏。
② （元）李道纯：《太上老君说常清静经注》，《道藏》第 17 册，第 141 页中下栏。

（一）言教

划分的标准不同，言教的种类各异。首先，按照听众的多寡，可以分为一对一式的和一对多式的。就前者而言，金末王嚞在招收弟子时，主要是以即景生情的方式，有针对性地向弟子宣讲道妙。例如，马丹阳随其寓居昆嵛山烟霞洞时，曾患头痛病，久病不愈。王嚞以炼心语疗之，告诫他入道必须戒除酒色财气、攀缘爱念、忧愁思虑。马钰头疾立愈。金世宗大定二十一年（1181）冬，马钰因无度牒，被遣返山东老家。路过济南时，韩清甫拜其门下。马钰教导其如何领悟道体、如何修炼心性。① 很多时候，全真道士会采用诗词唱和的方式，教化弟子入道悟道。大定七年（1167），丘处机赴宁海全真庵参礼王嚞时，后者作《赠丘处机》诗云："细密金鳞戏碧流，能寻香饵会吞钩。被余缓缓收轮线，拽入蓬莱永自由。"② 王嚞和七子撰有多篇赠予弟子和信众的劝道诗，详见诸家文集。如王嚞有《赠马钰》《赠孙二姑》《冯先生求问》《赠道友韩茂先》等众多一对一式的教化诗文。全真师徒教育，特别是在传授丹法时往往赋予诗文。据《终南山祖庭仙真内传》卷中，马钰在向冲虚子乔潜道传授心性修炼玄旨时作诗云："乐天知命不愁穷，怀玉身心众莫同。烹炼神丹凭匠手，须教鼎内雪霜红。道中玄妙与谁穷，撞着知音语话同。守黑不教心上黑，丹红胜似面颜红。"在授予李冲道丹诀时，同样赠以修道诗，其云："逍遥物外兴无穷，且恁和光混俗同。堪叹浮生虚幻梦，恰如败叶舞秋红。任人闲笑道家穷，一志修仙俗匪同。三伏洞天霜雪降，灵苗慧草转添红。"③ 自此之后，李冲道笃志于道，十年胁不沾席。"忽夜见神光照室，朗如白昼"，可见其丹道修为之精深。上述两首诗马钰文集未收，列出以补文集之缺。元太祖十二年（1217），通微大师朱志希向丘处机请法，长春云："莫问天机事怎生，惟修阴德念长更。人生返覆皆仙道，日日操持尽力行。"朱志希自此得法，心地开通，性

① （元）李道谦：《甘水仙源录》卷1，《道藏》第19册，第729页中栏、第730页上栏。
② （金）王嚞：《重阳全真集》卷2，《道藏》第25册，第704页下栏。另见（元）李道谦：《全真第五代宗师长春演道主教真人内传》，陈垣编纂，陈智超、曾庆瑛校补《道家金石略》，第634页。"轮"，《道家金石略》作"纶"，以后者为是。
③ （元）李道谦：《终南山祖庭仙真内传》卷中，《道藏》第19册，第527页中栏、第528页上栏。

珠朗耀，后度徒众数十人。① 全真道士以诗文传道，我们不妨称之为言教之中的诗教。

就后者而言，主要是指一位高道同时为多位弟子传道讲法的情况。王嚞文集中的《赠诸生》《赠道友》《京兆道友》等大抵属于此类范畴。除了诗文之外，很多时候，全真师徒会通过问答的方式，有针对性地解决修道过程中遇到的问题。兹引马钰师徒的一段对话加以说明，"师谓门人曰：'一昼夜，凡几时？'对曰：'十二。'曰：'十二时中，天运造化，曾少停息否？'对曰：'无。'师曰：'学道者亦如是矣'"②。通过昼夜十二时天运造化不曾停息的类比方式，教育弟子学道应持之以恒，不可懈怠。集众讲法活动是一对多言教方式的典型表现形式。例如，《七真年谱》记载，金世宗大定二十二年（1182），郝大通"居真定府，升堂演道，听众常数百人"。类似的开坛讲道活动不时而举。李志常掌教时设立玄学，从全国层面将一对多式的言教方式逐步推向专门化、系统化、体制化的轨道。此外，包括王嚞在内的历代高道羽化前为门人留下弘道遗训，或授丹诀，或遗命弘道方向，一对一与一对多者皆有之，也属于全真言教的重要内容。

其次，按照公开程度，言教又可以分为公传与秘传。一对多式的讲道活动，主要讲授经典、修道的基本要求和程序、道门发展的预期方向等，这些内容大体是可以公开宣讲的，我们权且称之为公传。金世宗大定二十二年（1182）郝大通真定府升堂演道即属此类。更多时候，全真师徒教育是通过秘传方式进行的。多家碑记记载，金海陵王正隆五年（1160），王重阳于醴泉再次遇仙，并得赐《五篇秘语》。③ 金源璹《长真子谭真人仙迹碑铭》记载，谭处端在拜师王嚞门下前身患风痹之疾。金世宗大定七年（1167），师礼王嚞。王嚞施法治疾，"公（指谭处端——引者按）拜祷真人（指王嚞——引者按），求道之日用，真人以四字秘诀授之，遂立今之名字焉，又道号长真子"④。这一传法方式与当年王嚞在甘河遇仙时授受之法相

① （元）任毅：《晋州五岳观碑》，陈垣编纂，陈智超、曾庆瑛校补《道家金石略》，第558页。
② （元）李道谦：《甘水仙源录》卷1，《道藏》第19册，第729页下栏。
③ 金源璹《终南山神仙重阳真人全真教祖碑》云："其异轶，留歌颂五，命真人读余火之，文载《全真集》中。"（元）李道谦：《甘水仙源录》卷1，《道藏》第19册，第723页下栏。
④ （元）李道谦：《甘水仙源录》卷1，《道藏》第19册，第732页上栏。

同，简而言之，即秘传之法。秘传有的时候又被称作心传。魏初《重修磻溪长春成道宫记》称，王嚞东赴宁海收徒传法时，"栖霞长春子知其为异人，往师事之，得心传焉"。1232 年刘祖谦撰《终南山重阳祖师仙迹记》称，王嚞在辞世之前，"呼丹阳付密语"。之后，秦志安《金莲正宗记》卷 3《丹阳马真人》亦有"七朵金莲最先放彻，五篇秘语独自传来"之赞。很明显，"五篇秘语"在王嚞、马钰师徒之间的传承是秘密进行的。然而，金源璹《全真教祖碑》（撰于 1226 年前后）称"五篇秘语"载《全真集》中。前文谈到，在金末全真道初兴的近二十年里，《全真集》至少刊印过两次。先在陕右地区刊印，1188 年二次刊印。也就是说金末《全真集》中应该是收有"五篇秘语"的。又成书于 1241 年的《金莲正宗记》卷 2《重阳王真人》中亦收有"五篇秘语"。然而，《正统道藏》本《重阳全真集》未见"五篇秘语"。笔者推测，在 1188 年之后，《重阳全真集》曾再次经历刻印，不排除在这个过程中删去了"五篇秘语"。金末蒙初，至少上述两部全真文献收有"五篇秘语"。其时，秘语的内容已经成为公开的秘密。那么，秘传又从何谈起呢？推测除了"五篇秘语"之外，很可能王嚞还曾得到仙真的口传秘诀。换句话说，只有秘语，没有口诀，"五篇秘语"就是一纸具文。王嚞去世后，马钰掌理全真道。杨明真随侍马钰多年，丹阳赐碧虚子道号及法名，更为重要的是还授予他"五篇秘语"。① 说明涉及全真修炼的核心法门是通过秘传的方式代际传承的。

诸家碑记关于秘传的记载俯拾即是。如玄通子李志云从马丹阳学道时，"授师秘诀，密指玄牝之窍，甘守天倪，顿悟真空之道"②。七真第一代弟子继承先师传统，继续以秘传之法弘道度人。十八大士之一的无为抱道素德清虚大师夏志诚"在玄门六十余年，有所密受于真师者，未易以示人，所谓圣智造迷、鬼神莫测之事，将与天地相终始矣，是岂与人所得而轻议哉"③。王志谨在教授任公、儒志久等弟子时，多是通过经年的考验才最终授予秘旨。姬志真《终南山栖云观碑》记载，"任公先生者，其族相台人

---

① （金）禹谦：《终南山重阳万寿宫碧虚杨真人碑》，王宗昱编《金元全真教石刻新编》，第 71 页。
② 《东华观记》，陈垣编纂，陈智超、曾庆瑛校补《道家金石略》，第 518 页。
③ （元）李道谦：《甘水仙源录》卷 5，《道藏》第 19 册，第 764 页下栏。

也。舍俗投玄，北游燕蓟，师事栖云真人，从道有年，密传其妙"。《咸宁清华观碑》称，儒志久，自幼入道，"师事栖云真人，亲炙有年，密通其奥，杖履诸方，西游吉隰"。① 按，儒志久曾先后于元太祖二十一年（1226）、太宗五年（1233）住居京兆祈真观、迎祥观，之后创建咸宁清华观。元代中后期两度出任掌教大宗师的苗道一，师出刘处玄一系洞明真人祁志诚门下。《苗公道行碑》谈道，祁志诚向其传授道妙时，要"屏人"，"居久之，洞明知为受道之器，与之语，有合，试（下缺）一旦屏人，告以秘奥之语"②。

关于秘传对提升学道者心性水平的作用，唐堃《圆明朗照真人功行之碑》记载，广阳子许真人向圆明朗照真人寇志静密传妙旨后，"公豁然大悟，若河决而注诸海，鉴磨而光彻天，从此智识日加，进修时敏，居环炼性，极深研精，火中识龙，水中识虎，其神妙孰能测焉"③。元阳蕴道显德乔真人、飞阳坚化自然郭真人，跨越历史师承，直接得到钟吕、海蟾点化之后，"了然顿悟，心室洞开，擒玉龙于宝鼎，伏金虎于丹台。挥开万象，剖判三才。运阴阳于指掌，攒造化于胸怀。性丹孤圆，天光内烛。或言人未朕之吉凶，或言人未然之祸福"④。秘传是全真弟子习炼性命之学的重要方式和途径，在开悟心性方面发挥了重要作用。诚然，这一切都是以师父对他们的经年考验和道性认可为前提的。

秘传道妙的传统从创教之初一直延续到元末。多提一句，直至今天，全真道收徒传道亦讲道缘，主张秘法不轻易示人。一方面，秘传之法是全真道传道育人的突出特色，在提升徒众精神境界方面发挥着至关重要的作用。另一方面，秘传大多只能局限于师徒之间一对一式的传承，这种传法方式具有私密性、个体性的特征，虽有因人而异的灵活性，但在很大程度上造成了传法的封闭性。谭处端道行碑云："昔人有言，仙语无词，心传道

---

① （元）姬志真：《云山集》卷7，《道藏》第25册，第412页下栏至第413页上栏、第417页上中栏。

② 《苗公道行碑》，陈垣编纂，陈智超、曾庆瑛校补《道家金石略》，第787页。

③ （元）唐堃：《圆明朗照真人功行之碑》，陈垣编纂，陈智超、曾庆瑛校补《道家金石略》，第625页。

④ （元）王志贵：《宁州玉泉观乔真人碑》，（清）赵本植纂修《乾隆新修庆阳府志》卷42上，第522页。

见。神丹之诀，洞箫之音，流注于玄虚渺漠之间。其得之者，又不知几何人哉？"① 全真道以心性开悟、性命双修开宗立派，秘传教学法在提升个体修道者身心境界同时，在一定程度上制约了丹道修为之学的发展。如何走出这一二律背反式的困境，值得深入思考。

最后，按照讲说者是否在场，可分为实时性言教和异时性言教。前者是指师徒双方均在场的讲道活动，不管是一对一还是一对多、公传还是秘传，都可以列入实时性言教的范畴。笔者注意到，除了向弟子宣讲道法之外，全真道教育活动中还有一项重要内容，即指点弘道方向、规划教团地域化发展。王嚞甘河遇仙时，曾接受异人点化东赴海滨传教。七真时代，诸真亦曾指点门人弘道方向。以丘处机为例，他曾令于善庆在关中弘道、刘道宁在西京传法。金章宗明昌年间，指点苏铉、柳开悟演教燕蓟，乔潜道、李冲道弘道河东。丘处机西行归来后，对宋德方说："汝缘当在西南。"宋德方不辱师命，在平阳玄都观主持修成《大元玄都宝藏》。上述高道分别归属于不同的宗系，其中祖庭高道以马钰一系居多，此外还有刘长生、丘处机等系的弟子。丘处机指点众道士弘道方向，说明当时不同宗系不但没有形成明显的门户之见，也没有形成僵化的教区。换言之，早期全真道的内部交流是十分频繁的。其时，蒙古汗国尚未完成中国北方的统一，关中地区处于金人的统治下，燕蓟一带则是蒙古汗国的管辖区。这种跨政区的弘道活动在很大程度上增进了以祖庭和堂下为核心的不同教区的交流和教团认同，推动了教团的壮大发展。众多高道赴不同地区弘道，具有从理论学习向实践参悟转变的特点。异时性言教，是指讲道者不在场，后学通过文本、转述等多种形式学习宗祖道妙的情况。后学弟子拜读全真文集就属于异时性言教的范畴。

（二）身教

宁神广玄真人张志谨叩问长生修炼之道时，丘处机回答："大道虚无之理，匪在语言。虽然，俺且举其梗概耳。大抵只是要积功累行，外修阴德，内固精神，动则安人济物，静则转要降心。更有证明心地之事，咸符至理，

---

① （元）李道谦：《甘水仙源录》卷 1，《道藏》第 19 册，第 731 页中栏。

不可一一具言。"① 全真道除了注重宣讲教义之外，更是一门实践性极强的学问。仅从弟子教育角度讲，除了言教之外，历代道士身体力行，主张在日常用度中传授教理教义。

禅宗讲"担水砍柴，无非妙道"，主张不能脱离生活参悟禅理。受这一思想的影响，全真道主张对境炼心、境中炼性。他们在招收弟子时，多采用这一思路，先令他们在平日的生活中磨炼心志，调制性情。例如，金世宗大定十三年（1173），周全道赴祖庵，投马钰门下，"丹阳纳之，俾与弟子列，自薪水舂爨，皆使亲历。师恭服勤劳，数年匪懈"。久经磨砺，马钰观其有受道之志，方以秘传的方式付之真诀。丘处机西行论道时，重玄子孟志源曾随侍左右，负责押运辎重。尹志平见其辛苦，请求为其增加人手。丘处机的回答道出了全真教育之所以劳苦在前的缘由，其云："吾知斯人（指孟志源——引者按）之勤矣，但欲先行其人之所难，而后必有大所获耳。"② 颇有《孟子》"天将降大任于斯人"的味道。在辛劳之中悟道体真的教学方式，目的是通过劳作提升修行境界。七真后学继承了先供洒扫后传秘诀的教学法。以马钰弟子为例，杨明真在教育孙志久（1212～1287）时，见其赋性淳谨，遂置诸左右以供洒扫之役累年，察其行止可教，即授以"颐神毓气乃修身之本，积德立功为入道之门"③。

全真道中有一种极端严厉的教育方法，即打骂教育，或可称之为鞭笞之教。王嚞在教育马钰时，曾采用打骂体罚的方式。"师言：'祖师尝使弟子去宁海，乞化些小钱米，我要使用。'弟子道：'教（或为'叫'之误——引者按）别个弟兄去后如何，弟子有愿不还乡里。'祖师怒打，到平旦而止，打之无数。吾有退心，谢他丘师兄劝住，迨今不敢相忘"④。王嚞山东传道时，声望日起，追随学道者众多，为了考验他们的心性，曾采用打骂的方法磨炼意志，"后愿礼师者云集，真人诮骂捶楚以磨炼之，往往散去，得真人道

---

① 《宋披云道人颂》，陈垣编纂，陈智超、曾庆瑛校补《道家金石略》，第485页。
② （元）李道谦：《甘水仙源录》卷4、卷6，《道藏》第19册，第753页上栏、771页中栏。
③ （元）李道谦：《清阳宫孙公道行碑》，刘兆鹤、王西平编著《重阳宫道教碑石》，第113页。
④ （金）王颐中：《丹阳真人语录》，《道藏》第23册，第705页上栏。

者马、谭、丘而已"①。

七真及其后嗣弟子也时常以打骂鞭笞之法考验徒众。按照宗系分，马钰一系最为突出。《终南山祖庭仙真内传》卷中记载，王志达（1150～1210）初礼马钰时，丹阳并未接纳他，还以侮辱责骂的方法考验其求道之心，"丹阳初不纳，至于责辱数日，求教益坚。悯其诚至，留居席下，俾随众执役，教以忍辱炼心。居数年，其勤俭谦退，愈久愈笃。未几，丹阳以道德性命之要付之"。学成之后，王志达卜居云阳县，环堵修行十三年，"乃得心光内发，吐为辞章，吻合玄理"②。杨明真继承师父遗风，也采用棒喝的方式教育后学，出其门下者众多，"如无欲公志远，尤其翘楚者，故师琢磨谴呵之训，益致其严。有愿受度为弟子者，必厉色疾视，而以所执拐杖殴之数下。能忍则受之，察其颇有难色则麾之。其不轻于予进如此"。禹谦总结杨明真一生修道弘法三大特点，其中将其对弟子教育的特点归纳为"棒喝并行，实繁有徒，则有显比之道"。③ 马钰三传弟子曾经出任掌教大宗师的崇真光教淳和真人王志坦在接受卢尊师教育时，也曾经历极其严厉的考验。卢尊师教学严苛，称得上是教内的严师。④ 再举丘处机的例子，十八大士之一的张志素拜师时，丘处机嚼齿大骂，与之同行的其他人先后逃逸，只有张志素恭留席下。之后随侍丘处机四十年之久，深得师父赏识。⑤ 揭傒斯《应缘扶教肇玄崇道真君道行碑》亦有类似记载，"及门，长春箕踞大骂，众皆引去，师独留执灶下"⑥。

应该看到的是，打骂鞭笞之教是一种颇为独特甚至极端的教育方式。

---

① （元）李道谦：《甘水仙源录》卷1，《道藏》第19册，第724页中栏。
② （元）李道谦：《终南山祖庭仙真内传》卷中，《道藏》第19册，第529页下栏。
③ （金）禹谦：《终南山重阳万寿宫碧虚杨真人碑》，王宗昱编《金元全真教石刻新编》，第71～72页。
④ （元）李道谦：《甘水仙源录》卷7，《道藏》第19册，第776页上栏。
⑤ 孟祺《应缘扶教崇道张尊师道行碑》云："长春嚼齿大骂，漫不加省，二三子大惧，皆逡巡遁去，师留请益恭。长春嚗然笑曰：'孺子可教。'遂以备庖爨之列。始于侍海峤之游，赴龙庭之召，迄于环西域之辙，税燕城之驾。艰关数万里，首尾四十年，周旋供养，未尝失长春旨意。暂违几杖，辄有如失一手之喻。"（元）李道谦：《甘水仙源录》卷4，《道藏》第19册，第757页中栏。
⑥ （元）揭傒斯：《应缘扶教肇玄崇道真君道行碑》，王宗昱编《金元全真教石刻新编》，第204页。

中国传统的世俗教育也存在体罚的情况，不过其严厉程度恐怕很难和全真道相提并论。有的时候，全真道士对弟子的打骂惩处甚至超出了人性的范畴。道家讲"反者道之动"。鞭笞教育通过极端严厉的方式，主张在逆境中锻炼心性，"反人性而顺仙性"，与"顺则成人，逆则成仙"的理论互相发明。实践证明，鞭笞教育对于提升修道者的心性水平和弘道能力是有所裨益的。从外行角度讲，张志素曾任燕京大长春宫提点兼燕京路道录、道教都提点等职，主持兴复亳州太清宫。从内功方面，孟祺、揭傒斯都谈到，元世祖至元五年（1268）张志素仙逝时，有神光出顶中，氤氲彻于空际。实际是在暗指张志素内丹功夫了得，羽化之前已经修得内丹之道。师从卢尊师后，王志坦又先后参谒丘处机、尹志平、李志常诸师，"径入金坡，坐而炼化，穷深抵幽，木茹涧饮，人莫见其面。其志愈坚苦，虽晦迹十余年，无贤不肖皆曰：金坡王先生，有道之士也"①。他擅长以祈禳诃禁济人，早在元宪宗元年（1251）就曾辅行李志常祭祀岳渎，修建斋醮颇为神应。除了自身先天的悟性，极其严厉的教学方式也是锻造全真道士坚韧的向道之心、明确的修道之志的后天保障。

　　从身教角度讲，全真道内还有一种与内丹修炼密切相关的、颇为独特的教学方式——显化之教。显化指全真道士修成内丹后能够自如显化法身。与日常的师徒面对面的教育不同，显化之教是指师真的法身进入修道弟子的定中或梦中并对之教导的情况。据称，蒲察道渊在正式出家前，就潜心静修。一日入定之后，见三仙人衣冠整秀，飘然而来，教以拜师学道为得道证真的不二法门。后来，道渊在梦中见一道者"髽头木屐，身披鹿皮"。道渊追随其后，但是始终追而不及。道者回头语之曰："子慕道虽勤，因缘未契，后年三十可相见也。"金世宗大定二十一年（1181），蒲察道渊在陇山礼丘处机出家。初次谋面时，见师父髽头木屐，与昔日梦中所遇道者别无二致。现在看来，李道谦很可能是在暗示丘处机具有进入他人梦中并劝化其入道的神通。② 前文谈到，重玄广德弘道真人孟志源曾在静中得到重

---

① （元）李道谦：《甘水仙源录》卷7，《道藏》第19册，第776页中栏。
② （元）李道谦：《通微真人蒲察尊师传》，陈垣编纂，陈智超、曾庆瑛校补《道家金石略》，第627页。

阳、长真、长春三师点化。尹志平、李志常、张志敬掌教时，孟志源担任教内诸多要职。1261 年二月初二日孟志源辞世，享年七十五岁。从孟志源一生的经历来看，王嚞、丘处机的静中预见一一皆应。更为重要的是，静中显化之教对提振孟氏的心性修为大有助益。此外，《终南山祖庭仙真内传》卷下记载，处理完马钰丧事之后，按照刘处玄、王处一指点，于善庆西赴关中参谒高师。李灵阳"教之栖山林、远鄽市、亲有道、种福田"，并令其赴平凉参礼崔羊头。崔氏道行颇高，曾以梦中显化的方式教化洞真真人。[1] 全阳真人周全道先后于金章宗承安三年（1198）、哀宗正大五年（1228）以显化的方式教化洞虚子张志渊、士人王才卿。[2] 按照全真道的理解，神游显化是全真道士深厚的内丹修行功夫或者说修成大丹圆满境界的体现。从教育角度讲，又是高道先师为嗣法弟子传道解惑、指点迷津的重要方式，更是通过展示显化神通、维系巩固宗祖师徒认同的重要途径。

## 四 其他教学法

全真道在金末蒙初短时间内大兴，也与其兼收并蓄、一灯多传、因材施教的教学方法有关。兼收并蓄是其扩大信徒数量的重要保障，一灯多传是破除门户之见、加强教内交流、增进教团整体凝聚力的有效方式，因材施教是造就道门人才的重要途径。

### （一）兼收并蓄

《终南山祖庭仙真内传》《甘水仙源录》等早期教史文献载录了众多全真道士出家入道的史事。有学者曾专门考察全真道士出家前的身份。[3] 涉及儒家、农家、工商业者等包括精英阶层和普通民众在内的传统四民社会的各个阶层，其中以儒者居多。特别是丘处机西行归来后，蒙古统治者赋予全真道众多特权。为了躲避战争的袭扰、政策法律的规约，大批中国北方民众纷纷加入其中。《金莲正宗记》称，"幸我长春丘仙翁应诏而起，一见而

---

① （元）李道谦：《终南山祖庭仙真内传》卷下，《道藏》第 19 册，第 537 页上中栏。
② （元）李道谦：《甘水仙源录》卷 4，《道藏》第 19 册，第 753 页中下栏。
③ 盖建民、朱展炎：《早期全真道士入道因缘论析——以全真道传记资料为中心所做的考察》，王志民主编《齐鲁文化研究》总第 7 辑，山东文艺出版社，2008。

龙颜稍霁，再奏而天意渐回，诏顺命者不诛，许降城而免死，宥驱丁而得赎，放虏口以从良，四百州半获安生，数万里率皆受赐，所谓展臂拒摧峰之岳，横身遮溃岸之河，救生灵于鼎镬之中，夺性命于刀锯之下，不啻乎百千万亿，将逾于秣穰京垓"①。姚燧《长春宫碑铭》称，"凡为是学，复其田租，蠲其征商……大辟玄门，遣人招求俘杀于战伐之际。或一戴黄冠，而持其署牒，奴者必民，死赖以生者，无虑二三巨万人"②。《元史·释老传》亦有类似之论，"时国兵践蹂中原，河南、北尤甚，民罹俘戮，无所逃命。处机还燕，使其徒持牒招求于战伐之余，由是为人奴者得复为良，与濒死而得更生者，毋虑二三万人"③。从政教生态来看，大蒙古国初期成吉思汗赋予的特权是全真道兼收并蓄招揽人才的外在政策基础。

从教团内部来说，与大蒙古国时期宽松的宗教政策相呼应，全真道士在招揽人才、培养弟子时呈现兼收并蓄、贤愚并化的开放性特征。这一点以创教初期最为突出。全真肇兴，教团急于招揽徒众，扩大势力。因此，在招收弟子时，少有拒纳。金世宗大定二十八年（1188）范怿为王嚞文集作序称，王嚞遇仙之后，在山东创三州五会，"行化度人，利生接物，闻其风者，咸敬惮之；杖屦所临，人如雾集；有求教言，来者不拒"④。《终南山祖庭仙真内传》记载，京兆临潼人赵悟玄（1149~1211）在金世宗大定时期"与母魏氏并姊弟妻侄六人，俱诣终南祖庵，投丹阳出家。丹阳方急于度人立教，俱蒙允纳。各付以修真微旨，及嗣后屡以法言诱掖，皆能为玄门之达者"⑤。除了招收赵悟玄一家六口之外，马钰还曾将杨明真兄弟四人俱收门下。⑥尹志平教育后进时高下不遗，"其觉后进，则高下不遗，蹊径坦明，以谦逊勤约为治心之要，以践履功行为入道之基。及其纵说，则时亦露机缄之妙，所谓穷理尽性以至命者也。得其门者，由堂及奥，其次不

---

① （元）秦志安：《金莲正宗记》卷4，《道藏》第3册，第361页上栏。
② （元）姚燧：《长春宫碑铭》，陈垣编纂、陈智超、曾庆瑛校补《道家金石略》，第720页。
③ （明）宋濂等撰《元史》卷202《释老传》，第4525页。
④ （金）范怿：《重阳全真集序》，《道藏》第25册，第689页下栏。
⑤ （元）李道谦：《终南山祖庭仙真内传》卷上，《道藏》第19册，第523页下栏。
⑥ 刘祖谦《终南山碧虚真人杨先生墓铭》云："先生名明真，其号碧虚子，耀州三原赵曲里人，家世为农，兄弟四人俱入道，先生其伯也，仲曰守珪，余俱早世（当为'逝'之误——引者按）。"（元）李道谦：《甘水仙源录》卷4，《道藏》第19册，第752页中栏。

失为诚谨之士，其成就于人者如此"①。不择门第、提高心性修持成为其教育后学的主要特色。真常子李志源在今天河北、山东、河南等地弘道时，"至则徒众奔走往来，愿受教门下者无虚日，真人一皆接纳饮食，教诲略无倦容，故人人咸自以为有得，而依归之诚益坚"。除了招揽人才的因素之外，王志谨的一番话道出了全真道不分贤愚高下、化导民人的济世情怀，即教化邪正，越是盗跖邪恶之徒，越是教化的矢的所在，"又问：'师所至，日书法名，不知其数。不询其人，不考其素，其中岂无恶少博徒，无乃为累乎？'师曰：'全真化导，正在此耳。使朝为盗跖，暮为伯夷，则又何求？虽千百一人，亦化导之力也。'"②

不过亦有少数例外。以马钰一系为例，《终南山祖庭仙真内传》卷中记载，任守一，出身于京兆鄠县农家，入道前擅射猎。一夕梦见自己被摄入阴府，历见罪囚拷掠之事。梦醒之后有所悟，毁弓折矢，赴祖庵欲投马钰出家。与其他前来拜师学道的弟子得到欣然接纳的结局截然相反，马钰一开始并未接受任守一，反而下了逐客令。后来，丹阳见其求道之心坚不可摧，数日之后，才将其收入门下。之所以如此，或与其出家前从事生灵屠戮之业有关。马钰对日常生活中杀伤蝼蚁这样的小事都非常在意，认为伤害生命即是造孽，影响道业，"叮嘱庵人常作善，殷勤供养人休倦。莫把煎汤倾地面。摊凉冷，恐伤虫蚁行方便""马风子，创置屋三间。动土兴工经一载，杀伤蝼蚁命须还。死堕鬼门关。错中错，追悔亦应难。造下业缘须受苦，刀山剑树定跻攀。怎得列仙班"。③ 和任守一有同样经历的还有玄通子王志达，他初礼马钰时，也未被接纳。后久经考验，方许入道。至于拒纳的原因，《终南山祖庭仙真内传》未做详论。

兼收并蓄着实是全真道在短时间内勃兴的重要原因。然而，从长远发展来看，这种贤愚俱纳的做法利弊共存。李志常主教时，长春宫出现了世俗化或者说去神圣化的苗头，其中有一点就是道众人数众多，"居京师住持皇家香火焚修，宫观徒众千百，崇墉华栋，连亘街衢"。其时的长春宫与王

---

① （元）李道谦：《甘水仙源录》卷3，《道藏》第19册，第743页下栏。
② （元）李道谦：《甘水仙源录》卷4，《道藏》第19册，第749页中下栏、第756页下栏。
③ （金）马钰：《渐悟集》卷上，《道藏》第25册，第456页上栏、第462页中栏。

矗创教初年结庵苦修的状况迥然不同，道家所云的鹑居鷇食俨然不见，"实与一繁剧大官府无异"。李志常身为掌教大宗师，平日疲于应对，因此才有别创下院，以求清静栖身之所的想法。王磐《创建真常观记》称，别院"非以增添栋宇也，非以崇饰壮丽也，非以丰阜财产也，非以资助游观也"①。按照逆向思维反推，引文恰恰是当时的长春宫甚至包括全国上下的众多道教宫观的真实写照。碑记撰于至元十二年（1275），说明元世祖朝全真道已经迈上了世俗化甚至无意中解构其神圣化的道路。应该看到的是，全真道的世俗化与其不分高下的招揽人才的方式不无关系。

（二）一灯多传与因材施教

披云真人宋德方先后师事刘处玄、王处一、丘处机等高道。这种遍参诸师的学道经历，在全真道史上并不鲜见。《终南山重阳万寿宫洞真于真人道行碑》记载，洞真真人于善庆先后师礼马钰、丘处机、谭处端、王处一、刘处玄诸师。同出丹阳一系的碧虚子杨明真始从马丹阳学，后赴山东先后参礼丘处机、王处一诸师。李志源出家时，马钰已经谢世，"丘、刘、王、郝尚无恙，真人历扣四君，见者皆以为可教，乃抽关启钥，不少靳固"②。从历叩诸真的经历来看，尹志平有着众多全真道士无法比拟的丰富经历。相关碑刻记载，尹志平不顾父母阻止，最初私自拜于马丹阳门下。③ 金世宗大定二十八年（1188），十九岁的尹志平投刘处玄门下正式出家。④ 金章宗明昌初年，尹志平赴栖霞，往侍丘处机左右，"长春特器异之，付授无所隐"⑤。弋毅《清和妙道广化真人尹宗师碑铭并序》未明确马钰、丘处机向其授受内容，

---

① （元）李道谦：《甘水仙源录》卷9，《道藏》第19册，第802页下栏、第803页上栏。
② （元）李道谦：《甘水仙源录》卷4，《道藏》第19册，第749页中栏。
③ 弋毅《清和妙道广化真人尹宗师碑铭并序》称，"十四岁遇丹阳真人，遽欲弃家入道，其父难之，潜往"。（元）李道谦：《甘水仙源录》卷3，《道藏》第19册，第742页上栏。贾戭《大元清和大宗师尹真人道行碑》称，"十四遇丹阳真人，遽欲弃家入道，父母难之，往复三返，始从其志"。陈垣编纂，陈智超、曾庆瑛校补《道家金石略》，第680页。《清和真人北游语录》卷2云："十四，遇丹阳师父，出家，父严不许。至十九，复驱入俗中，锁于家。"《道藏》第33册，第165页上栏。
④ 李道谦《终南山祖庭仙真内传》卷下《清和真人》云："（十九岁——引者按）诣武官灵虚观长生宗师席下，执弟子礼。"《道藏》第19册，第532页下栏。
⑤ （元）李道谦：《终南山祖庭仙真内传》卷下，《道藏》第19册，第533页上栏。

但讲到刘处玄"断其首，剖其心，复置之，觉而大有所悟"①，或为传授丹道功夫之隐喻。后又从太古学大易之道，从王处一参受口诀。太古易学之精深享誉朝野。至于王处一所传的口诀，不甚明了。② 也就是说，尹志平曾先后追随马钰、刘处玄、丘处机、郝大通、王处一五真。现在看来，不主一家、不局一系参受道妙应该是早期全真道士拜师学法的共同特征。这种跨越宗门的教育方式，是丰富拓展信徒宗教知识、精进道业的重要保障。同时，也有利于教团内部不同宗系之间交流切磋，破除门户之见。

陈时可《长春真人本行碑》提到了丘处机的教育观，套用孔子的话，即"因材施教"。他将皈依的弟子划分为高、中、低不同层次，进行有针对性的训导，"度弟子皆视其才何如，高者挈以道，其次训以功行，又其次化以罪福，罔有遗者"。周全道曾按照马钰的指点赴家乡邠地弘道，"卜庵玉峰山下，颐神养浩，积德累功，与人子言教之孝，与人弟言告之顺，贪者诲以廉，懦者谕以立，各因其根性浅深，皆蒙启发。至于疲癃残疾、惸独鳏寡而无告者，收养于庵中。由是闾里士庶日益敬仰，邠人为之迁善"③。这种分层分类式的教育方式，时至今日，仍不过时。当然，分别高下的前提是以全真道兼收并蓄招揽人才为大前提的。

## 第三节　讲师与玄学

金元时期全真道涌现了一大批通经之士。他们的经书造诣除了个人博

---

① （元）李道谦：《甘水仙源录》卷3，《道藏》第19册，第742页上栏。

② 李志全《清和演道玄德真人仙迹之碑》（延祐元年岁次甲寅季冬二十有七日立石）作"究道妙于玉阳"。陈垣编纂，陈智超、曾庆瑛校补《道家金石略》，第539页。李道谦《终南山祖庭仙真内传》卷下《清和真人》云："玉阳王宗师，屡握手谈道，授以口诀。"《道藏》第19册，第533页上栏。王恽《大元故清和妙道广化真人玄门掌教大宗师尹公道行碑铭并序》云："传箓法于玉阳。"陈垣编纂，陈智超、曾庆瑛校补《道家金石略》，第689页。《白云仙表·太和尹宗师》云："十四岁遇丹阳真君，遽欲入道，其父难之。逃出再三，始从之。诣长生真君席下，执弟子礼。寻住昌邑县之西庵，常独坐树下，每每达旦。忽一夕静中，见长生飘然而来，剖析大道，顿有所悟。后住福山县，拯救贫苦，功德甚众。明昌初，闻长春真君还栖霞，往侍左右。长春奇其异之，付授无所隐。玉阳王真君屡握手谈道，授以口诀。又受易于太古郝真君。自是道业日隆，四方学者翕然景从。"《白云仙表》，《藏外道书》第31册，第386页上栏。

③ （元）李道谦：《甘水仙源录》卷2、卷4，《道藏》第19册，第735页下栏、第753页上中栏。

览群书之外，其中一个重要的因素在于从创教之初全真道就颇为重视对后学的教育，历代全真道士的讲学活动是塑造道门人才的重要途径。任何人类活动都是以人作为主体，以时空作为依托的。本节重点考察教俗两界通经之士开展的讲道活动、全真玄学的发展历程、教职设置情况。揭示全真玄学与唐宋崇玄学、道学的异同，及其对培养道门人才、推动教团发展、传承中华文脉、促进多民族大一统国家文化格局形成的作用。

## 一　前玄学时代的讲道活动

元宪宗二年（1252），全真掌教李志常在燕京大长春宫起置玄门庠序，时称玄学，系全真教育教学活动的集中展开，标志着全真教育进入制度化、体制化的时代。玄门庠序的设立并非无源之水、无本之木。程越、张广保等学者揭示了全真玄学与唐代崇玄学、北宋道学的承继关系。远承唐宋，这是全真玄学教育的源头活水。近接金元早期全真道的讲道活动，系全真玄学在元宪宗朝以降逐步发展壮大的直接助推器。对此，学界尚无系统研究。按照讲道主体身份的不同，早期全真道的讲道活动有教内高道讲道和教外精英讲道之分。从时间上来讲，这些讲道活动都发生在全真道正式设立玄学之前，权且称作前玄学时代的讲道活动。

（一）高道讲道

创教之初，王重阳经常以诗词唱和的形式与当时社会各界交流。《重阳全真集》收有多篇以"赠、答、求、问、劝"为题的诗文，即是王嚞向社会各阶层宣道的明证。这种宣道方式很多时候属于一对一式的问答，还没有上升到公开讲道的阶段。王嚞东迈海滨后，创立三州五会。伴随着信众的不断增多，① 一对一式的诗词唱和已经不能满足信众的向道之需，公开讲道活动势在必行。《重阳全真集》收《玉花会疏》《玉花社疏》，就包含王嚞向会众讲道的内容。

七真时代，教门大开，讲道活动成为教团生活的重要内容。例如，《七真年谱》记载，金世宗大定二十二年（1182），郝大通曾在真定府升堂讲演

---

① 据赵卫东统计，三州五会的人数有上万人之多。赵卫东：《金元全真道教史论》，第89页。

《道德经》，听众有数百人之多。史籍中明确谈到全真道士开堂讲道者还有王嚞在东赴海滨之前所收的弟子默然子刘通微。和郝大通相比，此人的讲道活动要稍晚几年。所不同的是，他是受金主之命在皇家宫观讲道。《终南山祖庭仙真内传》记载，明昌（1190～1195）初，金章宗召见刘通微，咨以九还七返修炼之事。刘通微对以黄老清静无为、修身治国之要。章宗命其先后住居天长观、永寿道院。在住居永寿道院期间，刘通微开堂演道，三教九流请益咨问者不绝如缕。讲道的具体内容，现已不可详考。

　　1219 年丘处机应元太祖之征，远赴中亚，觐见天颜，具陈止杀保民大义。长春之言深得成吉思汗赏识，全真道因此得到众多特权。自此之后，加入教门者日益，"由一以化百，由百以化千，由千以化万，虽十族之乡，百家之间，莫不有玄学以相师授"。李鼎《大元重修古楼观宗圣宫记》亦有类似描述。① 这里的"玄学"应该指的是全真师徒之间讲论的内容，而非日后"玄门庠序"之意。由此可见，玄学讲授活动是伴随着全真门户的日益壮大而发展起来的。郝大通一系的诸弟子继承先师遗范，对玄门教育出力颇多。元太祖七年（1212）郝大通去世后，席下两位大弟子范圆曦、王志谨分别在东平（今属山东泰安）和燕汴（即今天的北京、开封）"建琳宇，开玄坛，聚徒讲说，贵贱钦仰，宗风大振，道价增崇，不减太古"②。通真子程志保曾赴燕都师事王志谨多年，"（王志谨——引者按）每升堂演法，师必领其缄要"③。关于王志谨阐教燕都的时间，《重修天长观碑铭》称，1224 年丘处机应聘东归后，命王志谨主领兴建燕京天长观，工程历时二十年。④ 换言之，王志谨主持燕都玄坛的时间应在 1224 年之后。范圆曦墓志铭称，元太祖二十一年（1226），东平大行台严实迎请范圆曦修建上清万寿

---

① （元）李道谦：《甘水仙源录》卷 10，《道藏》第 19 册，第 805 页下栏。李鼎《大元重修古楼观宗圣宫记》云："圣朝启运之初，其高弟丘长春征诣行在，当广成之间，以应对契旨，礼遇隆渥，且付之道教，自王侯贵戚，咸师尊之。于是玄元之教，风行雷动，辉光海宇，虽三家聚落，万里邮亭，莫不有玄学以相师授。教法之盛，自有初以来，未有若此时也。"（元）朱象先：《古楼观紫云衍庆集》卷上，《道藏》第 19 册，第 555 页中栏。

② （元）李道谦：《甘水仙源录》卷 2，《道藏》第 19 册，第 740 页中栏。

③ （元）王构：《玄祯观至德真人记》，王宗昱编《金元全真教石刻新编》，第 136 页。

④ （元）王鹗：《重修天长观碑铭》，王宗昱编《金元全真教石刻新编》，第 110 页。

宫，署道教都提点，由此推知其主领东平玄坛的时间当在此年之后。① 当时中国北方，宋、金、蒙三足鼎立。在中原板荡之际，范、王两位高道在山东、河南、河北各自的弘教基地聚徒讲法，足见他们对玄门教育的重视程度。元太祖十六年（1221），身为范、王弟子辈的李志柔在顺德府城隍庙基础上建通真观，"才构一室，以为讲论之所"②。从有明确时间记录的角度看，李志柔的讲道活动还早于范、王二师。元太宗五年（1233）十月，尹志平在义州通仙观讲《道经》上下篇，"微辞奥义，大有发明，及演七真造道根源，殊洒然也，闻者为洗心"③。东北讲道内容见于《清和真人北游语录》，其中以师徒问答的方式，详释《道德经》各章微言大义。

　　全真道大规模的讲经活动是伴随着《大元玄都宝藏》的刻印及其在中国北方众宫观中流布开始的。④ 1244 年宋德方领衔完成《玄都宝藏》纂修工程，"首制三十藏，藏之名山洞府。既而诸方附印者有百余家"，并令知道之士主盟讲席，讲演藏经玄妙。兹举三例。宋德方弟子通真子秦志安（1188~1244）在纂修《宝藏》过程中予力巨甚，是早期全真道著名的文道和通经讲师。出于其笔下的《复建十方重阳延寿宫碑铭并序》《兴真观记》两篇碑记是研究其人讲学活动的重要文献史料。前者记载马丹阳再传弟子辅教真人广阳子许君⑤带领清微大师寇志净、通妙大师贾志玄、常清大师刘志和诸弟子在京兆府泾阳县（今陕西泾阳）三阳观基础上创修十方重阳延寿宫的历史。秦志安撰碑时的头衔是"前玄都宝藏主领校勘三洞讲经弘教

---

① （元）李道谦：《甘水仙源录》卷 4，《道藏》第 19 册，第 754 页下栏。
② （元）李道谦：《甘水仙源录》卷 10，《道藏》第 19 册，第 805 页下栏。
③ （元）王恽：《大元故清和妙道广化真人玄门掌教大宗师尹公道行碑铭并序》，陈垣编纂，陈智超、曾庆瑛校补《道家金石略》，第 689 页。
④ 丘处机在世时曾嘱托宋德方纂修经藏。他对《道经》的重视由来已久。金章宗明昌二年（1191），按照掌教刘长生的指点，虚静子赵九古赴栖霞太虚观，"长春喜其来也，命充文侍，掌经籍典教"。（元）李道谦：《终南山祖庭仙真内传》卷中，《道藏》第 19 册，第 528 页中栏。
⑤ 据《重阳延寿宫牒》，许君即许抱元。海迷失后二年（1250）唐妃唆鲁古与其第六子旭烈兀大王签发懿旨、令旨，追赠重阳延寿宫广阳子许抱元"广阳崇德辅教真人"号。此碑存京兆府泾阳县重阳延寿宫。元英宗至治三年（1323）十月吉日延寿宫住持法赐金襕紫服通玄盛德大师三洞讲经师本santander提点甘志坚重刊。可见，直至元末，重阳延寿宫仍设有三洞讲经师，且由该宫住持兼本宗提点兼任。陈垣编纂，陈智超、曾庆瑛校补《道家金石略》，第 768 页。

大师"，"前"字推测为该碑于元宪宗元年（1251）立石者所加。另外，"璇榜高悬，号曰重阳，彰师祖之无方，表玄门之有自。日以谈虚无，论希夷，黜嗜欲，绝圣智者，若辐辏而聚乎其中矣"①，可以看出，秦志安对许抱元一系对王嚞的祖师认同和谈经论道、传承道家之学颇为看重。这或许是他慨然应允撰写碑记的加分因素。后者记载王处一弟子西山高隐史公上人创建闻喜县（今山西闻喜）兴真观的事迹。尹志平爱其幽致，题额兴真。"落成之日，邑豪里杰乞予文之"，秦志安"辞不获"，撰《兴真观记》。碑记称尹志平为"清和仙翁"，而不言掌教大宗师，推断他题写观额时已经从掌教职位退下来。再结合秦志安的辞世时间，推测碑记当撰于1238年至1244年之间。其时，秦志安的职衔是"寓尧都长春观三洞讲经法师"。② 换句话说，在燕京总部正式设立玄学之前，今陕西、山西等地的全真宫观中就设有三洞讲经（法）师。"寓"字说明，秦志安在尧都（今山西临汾一带）长春观担任三洞讲经法师只是一种临时性的安排，当与其作为"知道之士"巡游宣讲《玄都宝藏》有关。

据《乐全观记》，何志渊（1188~?），字东夫，道号清真子。幼习儒业。元太宗九年（1237），平阳贡举，中甲科③。同年，免俘入道，师事宋德方。乃马真后三年（1244），创居芮城乐全观。宋德方纂修《道藏》时，何志渊担任雠校，"兼领并门钧天局，其余七局皆隶焉，授以讲演之职"。1247年宋德方去世后，奉朝命担任永乐纯阳宫提举。掌教李志常以朝命赐紫衣，加渊靖大师号。祁志诚掌教时，充藏室提点兼领纯阳宫事，同时担任平阳路提点，管领宋德方一系门众。其一生倾心弘道演法，建丰碑、改宅兆、修《宝藏》。元世祖至元十五年（1278），何志渊九十岁，精力不衰，"亲书细字文章，邃于□理，质而不俚，有《水谷代腹》七卷

---

① （元）秦志安：《复建十方重阳延寿宫碑铭并序》，陈垣编纂，陈智超、曾庆瑛校补《道家金石略》，第 512 页。
② （元）秦志安：《兴真观记》，陈垣编纂，陈智超、曾庆瑛校补《道家金石略》，第 533 页。
③ 《元史·选举志》云："太宗始取中原，中书令耶律楚材请用儒术选士，从之。九年秋八月，下诏命断事官术忽䚟与山西东路课税所长官刘中，历诸路考试。以论及经义、词赋分为三科，作三日程，专治一科，能兼者听，但以不失文义为中选。其中选者，复其赋役，令与各处长官同署公事，得东平杨奂等凡若干人，皆一时名士，而当世乃以为非便，事复中止。"（明）宋濂等撰《元史》卷81《选举志》，第 2017 页。

传于世"①。

何志渊撰《玉京观碑》记载薛志熙创建芮城（今山西运城）玉京观的历史。薛志熙，字国宝，芮城人，幼时接受传统儒家特别是宋代以来的朱子学教育，"自丱岁出入朱门，学贯萧曹，权操商杜"。后礼宋德方出家。玉京观落成之后，薛志熙请何志渊撰写创建碑记。由此看出，二人关系不同一般。② 据《乐全观记》，元宪宗二年（1252），作为同门师兄弟的薛志熙也曾在乐全观寓居。其时，何志渊的教内任职为三洞讲经师。何志渊参与《玄都宝藏》的编纂工作，后又出任讲演经师，对《道藏》烂熟于心。因此才有资格担任三洞讲经师之职。③ 他与薛志熙师出同门，而且均在芮城一带收徒传道，彼此颇有交集。从全真玄学教育角度讲，薛志熙和何志渊一样致力于玄门教育。《玉京观碑》称，他"复能立观度人，修仙礼道，曾充道正而阖郡称赏，又辟玄学而一境欢传"④。可以看得出，宋德方一系弟子在开展和推广全真玄学教育方面贡献颇多。何、薛二人均出身儒家，传统儒学教育为他们后来加入道门、开展玄学教育，打下了坚实的文化根基。

李志全（1191~1261），字鼎臣，太原太谷人。少业进士，由河阳张尊师引度出家。丘处机西行归来时，李志全赴奉圣龙阳观参礼，得授道妙、名号。宋德方纂修《道藏》时，"求博洽异闻之士，俾校雠之，乃得讲师，始终十年，朝夕不倦。三洞灵文，号为完书，功亦不细"。李志常掌教时，奉朝命赐纯成大师号，提举燕京玄学。时间不长，返归天坛。元世祖中统二年（1261）辞世，享年七十一岁。有《酎泉集》三十卷行于世，又集七真及以下诸师诗赋二十卷，曰《修真文苑》。⑤ 李志全《天坛十方大紫微宫结瓦殿记》记述了宋德方令门人重修道教第一洞天王屋山上

① （元）杜思问：《乐全观记》，陈垣编纂，陈智超、曾庆瑛校补《道家金石略》，第 652 页。
② （元）何志渊：《玉京观碑》，陈垣编纂，陈智超、曾庆瑛校补《道家金石略》，第 633 页。
③ 参见陈垣编纂，陈智超、曾庆瑛校补《道家金石略》，第 633~634 页。
④ （元）何志渊：《玉京观碑》，陈垣编纂，陈智超、曾庆瑛校补《道家金石略》，第 633 页。
⑤ （元）李道谦：《甘水仙源录》卷 8，《道藏》第 19 册，第 785 页中下栏。另见（元）李蔚《大朝故讲师李君墓志铭》，陈垣编纂，陈智超、曾庆瑛校补《道家金石略》，第 581 页。

方紫微宫的历史，重点阐述了功德主沁州长官保安居士杜德康、悟真散人王体善夫妇为重修工程捐资结瓦的事迹。该碑于海迷失后二年（1250）立石。说明李志全撰写碑记的时间当不晚于是年，其时他的头衔为"三洞讲师"。《结瓦殿记》引杜光庭《道德真经广圣义》，阐述三清之间的关系及其对宇宙万物的主宰作用。看得出李志全对汉唐以来道教经藏驾轻就熟。①

除了个人开坛讲道和宋德方组织弟子积极宣讲经藏之外，大蒙古国早期一些宫观中建有专门讲授道学的讲堂。例如，丘处机女弟子奥敦弘道，曾于乃马真后三年（1244）"炷香终南山祖师重阳公（疑为'宫'之误——引者按）讲堂"②。上一段提到，薛志熙"辟玄学而一境欢传"。这里"玄学"或可作讲授玄学之所解，类似重阳宫讲堂。

可以看得出，全真道开堂讲道的传统是比较悠久的。至少郝大通、刘通微、李志柔、王志谨、范圆曦、尹志平，以及宋德方一系诸弟子等早期高道的讲道活动可以视作1252年开设玄学的一个近水源头。结合秦志安、何志渊、李志全均冠以"三洞讲经""三洞讲经法师""三洞讲师"等头衔来看，全真玄学教育经历了先有"教师"、在地方设立讲学之所，后在中央设立"庠序"的过程。自幼的传统文化熏习、由儒入道的经历，为众多道门通经之士文化底蕴的积淀和日后堪当道学传承大任奠定了根基。

（二）文人精英讲道

以文人精英为代表的教外力量在推动早期全真玄门教育发展中发挥的作用，值得关注。这与金蒙易代，大批文人弃儒入道进而从整体上提升全真教团的文化水平相辅而行。王粹、张本即为其中的代表。王粹（？～1243），字子正，初名元亮，后改粹，平州（今河北卢龙）人。金哀宗正大末年，曾为南阳酒官。后避战乱流寓襄阳。元太宗六年（1234），杨惟中奉朝命召集三教、医卜之士。王粹被迎至燕京，遇李志常，从其出家，居

---

① （元）李志全：《天坛十方大紫微宫结瓦殿记》，陈垣编纂，陈智超、曾庆瑛校补《道家金石略》，第481页。

② （元）任志润：《女炼师奥敦君道行碑》，陈垣编纂，陈智超、曾庆瑛校补《道家金石略》，第686页。

长春宫。乃马真后二年（1243）九月辞世，年仅四十余岁。事迹见元好问《中州集》、李道谦《甘水仙源录》等。王粹诗文早有所成，元好问称其"年十八九作诗便有高趣"①，并将其诗学才能与辛愿、杨宏道、李汾、雷琯等一大批金末蒙初以诗文名世的文人精英比肩。②《恕斋王先生事迹》称他"嗜读书，作文尤长于诗，其五言雅淡，有陶韦之风"③。张本，字敏之，观津（今属河北武邑）人。幼年与李志常为同舍生。金宣宗贞祐二年（1214）进士。④ 金哀宗正大九年（应为金开兴元年，1232年——作者按），以翰林学士从曹王出质蒙古汗国，并出家为全真道士。张本在燕京长春宫住居十年，掌教李志常待之如兄，后仙化于济南。事见《中州集·张内翰本》《甘水仙源录》。和王粹一样，张本擅长辞赋，诗文颇有古意，且书法才能出众。王、张二人加入全真道后，曾奉李志常之命，在张邦直基础上"增饰"《七真仙传》。同时在推动全真玄门教育方面也倾注了不少心血。洞元虚静大师申志贞（1210~1284）、玄门掌教宗师诚明真人张志敬（1220~1270），均为李志常弟子。二人入道之初，曾接受王、张二士教导。《洞元虚静大师申公提点墓志铭》称，"时恕斋王先生、讷庵张内翰以宏才硕学，栖止道宫。公复于暇日就听讲论，由是德日进而名亦彰矣"。《玄门掌教宗师诚明真人道行碑铭》记载，"真常本儒者，喜文学，而师（指张志敬——引者按）性敏悟，善诵习，工书翰，又谨饬如成人，故真常爱之特异。恕斋王先生以诗名当世，而清高绝俗，栖止道宫，真常命师从之学"。⑤ 申志贞曾出任大长春宫提举、宗主天坛上方紫微宫事、太原府天庆宫住持、道教都提点等职。著《濩泽蒙斋集》16卷。张志敬继李志常之后出任掌教大宗师。他们道门成就的取得应该与王、张二人昔日的教导不无关系。

---

① （金）元好问：《中州集》庚集第七，萧和陶点校，华东师范大学出版社，2014，第481页。

② 元好问《陶然集诗序》云："贞祐南渡后，诗学为盛。洛西辛敬之、淄川杨叔能、太原李长源、龙坊雷伯威、北平王子正之等，不啻十数人，称号专门。"（金）元好问：《元好问文编年校注》，狄宝心校注，卷6，第1147~1148页。

③ （元）李道谦：《甘水仙源录》卷7，《道藏》第19册，第784页下栏至第785页上栏。

④ 《中州集》卷7《张内翰本》作"贞祐二年进士"。薛瑞兆考证当为贞祐三年。薛瑞兆编《金代艺文叙录》，中华书局，2014，第646页。

⑤ （元）李道谦：《甘水仙源录》卷8、卷5，《道藏》第19册，第793页下栏、第758页中栏。

## 二 玄学的设立

### (一) 玄门庠序

李道谦《知常姬真人行实》称，"壬子岁，掌教真常李君起置玄学于燕京大长春宫，真人亦与其请，日与四方师德递主法席，后学之士，多赖进益"①。此系全真道在京城或者说全真道总部正式设立玄门庠序的时间。李志常创立玄学的过程得到了冯志亨的大力支持。《佐玄寂照大师冯公道行碑铭》称，"及将立玄学，公复以作成后进之心而赞助之，直至有成"②。按，冯志亨（1180~1254），字伯通，号寂照，同州冯翊（今属陕西渭南）人。自幼聪慧颖悟，修习儒术，二十岁入太学。后因两次科举未中，又遭遇金卫绍王崇庆年间的战乱，还乡以诗书自娱。同州节度使奥屯肃请摄教授事，冯志亨婉言谢绝。丘处机西行归来后，冯志亨礼其出家并深得器重。丘处机去世后，信众曾请其担任掌教宗师之职。冯志亨审时度势，先后支持尹志平、李志常出任掌教。元定宗三年（1248），李志常依恩例赐金襕紫服，迁充教门都道录，权教门事，赐佐玄寂照大师号。冯志亨一生先后辅佐丘处机、尹志平、李志常三代掌教宗师。其道行碑称，三代宗师无一事不与之咨询，无一事不得到他的辅成。此说未免过誉，不过个中也能够体会到冯志亨在蒙元全真道史上的卓著贡献和影响力。仅就其与李志常的关系而言，最初冯氏投礼丘门就是经李志常的引荐。至冯志亨弃世时，二人已有三十五年的道门之交。上文谈到，冯志亨羽化后，李志常以掌教大宗师的身份亲临祭坛。冯志亨积极支持李志常的玄门教育，除了深厚的学养和历事三代的阅历以外，冯、李二人的私交、由儒入道的共同经历、志同道合的弘道志趣，也是襄助其事的重要因素。

1256年至1270年，张志敬担任掌教大宗师。此间，教门多故，佛道之争日益激烈。特别是随着大蒙古国向元朝政治体制的转变，统治者对包括宗教在内的社会管控不断增强。然从全真教育角度讲，此一时期却是全真

---

① （元）姬志真：《知常先生云山集》，北京图书馆古籍出版编辑组编《北京图书馆古籍珍本丛刊》第91册，第169页上栏。另见（元）李道谦《甘水仙源录》卷8，《道藏》第19册，第792页下栏。

② （元）李道谦：《甘水仙源录》卷6，《道藏》第19册，第770页中栏。

玄学走向全国、大起玄化的关键时期。李道谦《终南山宗圣宫主石公道行记》云："掌教诚明张君下教，命随□名山大川，诸大宫观，例起玄庠，教育后进。予尝与公同主祖庭讲筵，公凝然靖空，密若无言，及其扣□，□□（三洞）四辅之奥，重玄众妙之微，历历洞明其要。盖涵养敦厚，所谓良贾深藏若虚者也。"① 全真玄学（玄庠）的设立，有力地推动了玄门教育内容的讲授和传播。面对元朝统治者对佛教一方的袒护、对全真道的阶段性打压，如果没有玄学教育对道门人才的培养，元世祖朝之后的全真道发展也许会呈现另一种样态。

（二）玄学教职

按照职能，元代全真玄学的教职人员可以分为两大体系，一是管理层面的官员，一是教学层面的教师。玄学官员，即全国各大宫观玄学的管理者，称为玄学提举。其中，中央一级的称诸路玄学提举，地方层面的一般称作某某宫观玄学提举。例如，李志全就曾出任燕京玄学提举。元世祖至元二十八年（1291），王道明撰《重修太初宫碑》，当时他的职衔是知常静应玄同大师、诸路道门玄学提举。②《女炼师奥敦君道行碑》记载，元成宗元贞二年（1296），任志润寓居长春宫，主领玄学讲席时，其头衔是诸路玄学提举兼道教所详议事。为该碑书丹并篆额的凝常渊照大师马道逸，其教内担当为道祖太清宫玄学提举。③

现存史料关于全真玄学管理层的记载不是很多。相反，玄学教师的相关资料颇为丰富。以《甘水仙源录》《道家金石略》《金元全真教石刻新编》《重阳宫道教碑石》载录的有关玄学教师信息的50余通碑刻为基础，笔者对金元时期全真道士担任玄学教师情况进行了搜集整理。有些碑刻在正文中明确谈到某年某月某道士担任某宫观讲师，有的则署某年某月某讲师撰书、刻立，共耙梳出36位玄学讲师。详见表4-1。

① （元）李道谦：《终南山宗圣宫主石公道行记》，陈垣编纂，陈智超、曾庆瑛校补《道家金石略》，第637页。
② （元）王道明：《重修太初宫碑》，陈垣编纂，陈智超、曾庆瑛校补《道家金石略》，第703~705页。
③ （元）任志润：《女炼师奥敦君道行碑》，陈垣编纂，陈智超、曾庆瑛校补《道家金石略》，第687页。

表4-1 元代全真玄学讲师举要

| 序号 | 姓名 | 讲师头衔 | 任职时间① | 今天所属地区 | 宗门 | 所在宫观名称 | 出处② |
|---|---|---|---|---|---|---|---|
| 1 | 郝志松 | 道教讲师 | 1230年之后③ | 河北 | 丘处机-尹志平 | 枣强希真观 | J |
| 2 | 何志渊 | 讲演 | 1237~1247 | | 刘处玄-宋德方 | | D |
| | | 三洞讲经师 | 1252 | | 刘处玄-宋德方 | | D |
| 3 | 秦志安 | 寓尧都长春观三洞讲经法师 | 1238~1244 | | 刘处玄-宋德方 | 尧都长春观 | D |
| | | 玄都宝藏主领校勘，三洞讲经、弘教大师 | 1244年之前④ | 山西临汾 | 刘处玄-宋德方 | | D |
| | | 三洞讲师 | 1250年之前⑤ | | 刘处玄-宋德方 | | D |
| 4 | 李志全 | 三洞讲师、赐紫道士 | 1253 | 山西 | 刘处玄-宋德方 | 沁州玄都万寿宫 | D |
| | | 玄学提举、三洞讲经、纯成大师 | | | 刘处玄-宋德方 | | D |
| 5 | 高道宽 | 东平路道士提领及玄坛侍经、东平路道教讲议 | 1254 | 山东 | 郝大通-范圆曦 | 东平上清万寿宫 | J |
| 6 | 周志明 | 嵘州道教经学教谕 | 1261 | 山东 | 马复仁-戎体玄 | 嵘州玄都观 | J |
| 7 | 孙志恭 | 金台讲师 | 1263年或之前⑥ | | | | J |
| 8 | 孙德彧 | 三洞讲经、开玄崇道大师、安西路道门提点、重紫 | 1259~1288⑦ | 陕西 | 马钰 | 重阳万寿宫 | D |
| | | 三洞讲经、开玄崇道大师 | 1274~1275年前后⑧ | 陕西 | 马钰 | 重阳万寿宫 | C |
| | | 金门三洞讲经、开玄大师、都道录、赐紫 | 1280年或之后⑨ | 陕西 | 马钰 | 重阳万寿宫 | D |
| | | 三洞讲经、开玄崇道法师、安西路道录、赐紫 | 1282年或之后⑩ | 陕西 | 马钰 | 重阳万寿宫 | D |
| | | 应召讲经、开玄崇道法师、安西路道门提点 | 1286~1289⑪ | 陕西 | 马钰 | 重阳万寿宫 | J |
| | | 京兆路讲经师 | | 陕西 | 马钰 | 重阳万寿宫 | D |

续表

| 序号 | 姓名 | 讲师头衔 | 任职时间① | 今天所属地区 | 宗门 | 所在宫观名称 | 出处② |
|---|---|---|---|---|---|---|---|
| 9 | 彭志祖 | 葆真大师、燕京大长春宫元学讲经、赐紫 | 1264 | 北京 | | 长春宫 | J |
| | | 大长春宫玄学讲经、提举 | 1271 | 北京 | | 长春宫 | D |
| | | 葆真大师、长春宫玄学讲经、赐紫 | | 北京 | | 长春宫 | D |
| 10 | 欧阳志真 | 龙泉观观主、讲经、赐紫 | 1266 | 河南林县 | 征明大师 | 龙泉观 | J |
| 11 | 常敏 | 玄学讲师 | 1283 | 北京 | | | J |
| 12 | 李志宗 | 玄坛讲师 | 1284年或以后⑫ | 陕西 | 王处一⑬ | 楼观大宗圣宫 | D |
| 13 | 王道明 | 三洞讲经、知常盛德大师、诸路玄学提举兼提点终南山甘河阳重阳遇仙宫事、赐紫 | 1286 | 陕西 | | 重阳遇仙宫 | J |
| 14 | 张好古 | 讲经师 | 1288 | 陕西 | 马钰 | 重阳万寿宫 | D |
| 15 | 高从谦 | 崇政大师、河南府路玄学讲师、陕州道正 | 1291 | 河南 | | | D |
| 16 | 司马德义 | 通玄崇正弘教大师、彰德路坛讲师 | 1303 | 河南 | | | D |
| 17 | 周德洽 | 赐紫金襕、清远明逸弘仁大师、三洞讲经师、九峰纯阳上宫提举 | 1309年之后⑭ | 山西 | | 九峰纯阳上宫 | D |
| | | 大长春宫三洞讲经师、诸路道教详议提点、清远明逸弘真大师 | 1347 | 北京 | | 长春宫 | D |
| 18 | 卫道玄 | 赐紫金襕、冲和隐真通教大师、提点、讲师 | 1309年之后 | 山西 | | | D |
| 19 | 王道亨 | 大长春宫三洞讲经师 | 1310 | 北京 | | 长春宫 | J |
| | | | 1321年或之后⑮ | | | 长春宫 | J |
| 20 | 张道俑 | 洞微弘教讲经师 | 1311 | 山西 | | | D |

| 序号 | 姓名 | 讲师头衔 | 任职时间① | 今天所属地区 | 宗门 | 所在宫观名称 | 出处② |
|---|---|---|---|---|---|---|---|
| 21 | 朱象先 | 清真观妙渊虚大师、教门高士、古楼观大宗圣宫三洞讲师 | 1313 | 陕西 | | 古楼观大宗圣宫 | D |
| | | 清真观妙渊虚大师、教门高士、终南山说经台古楼观大宗圣宫三洞讲经师 | 1315 | 陕西 | | 古楼观大宗圣宫 | D |
| | | 经台讲师 | | | | | D |
| 22 | 佘德仁 | 号通真大师、三洞讲师、知北极宫事 | 1316 | 陕西 | 马钰 | 泾阳县北极宫 | D |
| 23 | 许道坚 | 万寿宫讲经师 | 1322 | 山东 | 刘处玄 | 峰山仙人万寿宫 | D |
| 24 | 甘志坚 | 延寿宫住持、法赐金襕紫服、三洞讲经师、本宗提点、通玄盛德大师、 | 1323 | 陕西 | 马钰（？）㉖ | 泾阳重阳延寿宫 | D |
| 25 | 王道旻 | 讲师、前沂州道门提举 | 1326 | 山东 | 丘处机 | 玉清万寿宫 | D |
| 26 | 段道和 | 崇弘大玄学讲师 | 1340 | 河南 | | | D |
| 27 | 王道清 | 三洞讲经师、赐紫 | 1342 | 陕西 | | | J |
| 28 | 张道和 | 玄学讲经、希真大师 | 1348 | 河南修武 | | | D |
| 29 | 张德容 | 通玄明惠大师、前本县道门提领兼玄学事 | 1348 | 河南修武 | | | D |
| 30 | 陈道源 | 尊宿讲师 | 1349年或之前㉗ | 河南 | | 钧州十方长春观 | J |
| 31 | 王复初 | 绛州玄学三洞讲经师、观妙大师 | 1353年前㉘ | 山西闻喜县 | 王处一 | | D |
| 32 | 赵希颜 | 洛阳大栖霞宫玄学讲师、提点、 | | 河南 | 刘处玄—宋德方 | 王屋山紫微宫 | D |
| 33 | 张大谦 | 赐紫金襕、颐神养素大师 | | 河南 | | 洛阳大栖霞宫 | D |
| 34 | 赵法师 | 三洞讲经 | | | | | D |

续表

| 序号 | 姓名 | 讲师头衔 | 任职时间① | 今天所属地区 | 宗门 | 所在宫观名称 | 出处② |
|---|---|---|---|---|---|---|---|
| 35 | 王尊师 | 三洞讲经、赐紫、正足真人 | | 河南渑池 | | | D |
| 36 | 邓志明 | 冲寂体真统一大师、武当山紫霄元圣宫三洞讲经师 | | 湖北 | | 武当山紫霄元圣宫 | D |

注：①此处的任职时间仅指相关碑记撰作时明确提到某年某道士任某玄学讲师某某的情况。诸家讲师的实际任职时间当与此表中对应的"任职时间"上下浮动。

②《道家金石略》简称"D"，《金元全真教石刻新编》简称"J"，《重阳宫道教碑石》简称"C"。

③姚燧《冲虚真人郝公道行碑》称，元太宗二年（1230），郝志松"过要强，为兵官孟导邀事，伺意以敬，惟恐其无言无求，有言有求无不奔走致之者。知真人将安此，倡是豪杰改筑道庐而师之。南北为殿，东西为序，堂庑广渥，所所皆具，翼深之丽，为其乡冠。至是，始葡所赐希真观者。会试道书，六县道流闲所讲解，曾愿下之，推为冀州道正"。王宗昱编《金元全真教石刻新编》，第138页。

④秦志安是年辞世。

⑤李志全《天坛十方大紫微宫结瓦殿记》于海迷失后二年（1250）立石。陈垣编纂、陈智超、曾庆瑛校补《道家金石略》，第481页。

⑥孙志述撰《大朝蒙古国醇州白马县太平乡岳村创修宁真观碑》于中统四年（1263）立碑。王宗昱编《金元全真教石刻新编》，第158~159页。

⑦李庭《玄门弘教白云宫真人綦公本行碑》撰于元宪宗九年（1259），并于元世祖至元二十五年（1288）立石。刘兆鹤、王西平编著《重阳宫道教碑石》，第88~91页。

⑧李道谦《全阳周尊师碑》撰于元世祖至元十一年（1274）年，并于次年立石。王西平编著《重阳宫道教碑石》，第109~111页。

⑨魏初于元世祖至元十七年（1280）撰写的《重修磻溪长春成道宫记》，孙德彧为碑刻书丹。陈垣编纂、陈智超、曾庆瑛校补《道家金石略》，第629~630页。

⑩王利用《全真第二代丹阳抱一无为真人马宗师道行碑》撰于元世祖至元三十九年（1282），孙德彧为之书丹。陈垣编纂、陈智超、曾庆瑛校补《道家金石略》，第638~641页。

⑪王道明《大元凤翔府岐山县苜村创建通玄观记》撰于元世祖至元二十年（1286），陈垣编纂、陈智超、曾庆瑛校补《道家金石略》，第642~644页。

⑫李道谦《楼观大元宗圣宫重修说经台记》撰于1284年，陈垣编纂、陈智超、曾志曾协助师父，李处一法师刘志源修建终南上清太平宫。（元）李道谦：《甘水仙源录》卷2，第738页上栏。

⑬据姚燧《玉阳体玄广度真人王宗师道行碑并序》，李志曾协助师父，王处一法师刘志源修建终南上清太平宫时间不可详考。陈垣编纂、曾庆瑛校补《道藏》第19册，《创建安逸观碑》，第738页上栏。

⑭周德洽《道家金石略》称，观王志素仙逝于元武宗至大二年（1309），碑末有阙文。因此，周氏属笔时间不可详考。陈垣编纂、陈智超、曾庆瑛校补《道家金石略》，第777~778页。

全真道
历史新探

⑮王道亨《新城县修龙翔观碑》云："至治辛酉、掌教真人篮（应作'蓝'——引者按）公授以本宗门都提点之职。今将勒石纪观，茂扬前烈，由是远近帅姬氏孙总管鉴弟处士泽。由是观之，故元悦之君以润允来谒，既又其事，为轴其实而铭之。"王宗昱编《金元全真教石刻新编》，第224页。

⑯据秦志安《复建十方重阳延寿宫碑铭并序》，马丹阳再传弟子辅教真人广阳子许君提到的"广阳子许抱元"）曾在京兆府泾阳县观的基础上创修重阳延寿宫。陈垣编纂、陈智超、曾庆瑛校补《道家金石略》，第511～512页。据此推测，甘志坚可能出于马钰一系。

⑰《禹县志》引前世县志称此碑立于至正九年，刘信撰，郑陈书"。王宗昱编《金元全真教石刻新编》，第809页。

《复建十方长春观重建玄元殿碑》未交代重建时间，"第212～213页。

⑱王复初《兴真宫记》于元顺帝至正十三年（1353）立石。陈垣编纂、陈智超、曾庆瑛校补《道家金石略》

238

从宗系分布看，马钰、刘处玄、丘处机、郝大通、王处一等五宗的门人弟子在出任道教讲师、推动玄学发展方面发挥了重要作用。其中，又以丘、刘二门弟子贡献最早，马、刘二门培养的讲经之士最多。

从称谓上看，金元全真宫观的玄学教师大概有三洞讲师（三洞讲经、三洞讲经师）、讲师、讲经、讲经师、道教讲师、玄坛讲师、讲演、玄坛侍经、道教讲诵、道教经学教谕、玄（元）学讲经、大玄学讲师、提点讲师等称谓。其中三洞讲师指的是贯通洞真、洞神、洞玄三洞经书者，在诸家经师中属于饱学位尊者。例如，《玄门弘教白云真人綦公道行碑》元宪宗九年（1259）撰文，元世祖至元二十五年（1288）立石。三洞讲经、开玄崇道大师、安西路道门提点孙德彧书丹并题额。《大元凤翔府岐山县官村创建通玄观记》记载，1286 年前后，知常盛德大师、诸路玄学提举兼提点终南山甘河重阳遇仙宫事王道明担任三洞讲经之职。《创建玄逸观碑》《重修东岳岱山庙碑》称，1309 年、1347 年，清远明逸弘仁（真）大师周德洽先后出任九峰纯阳上宫、燕京大长春宫三洞讲经师。

除了上文谈到的发轫于金末的讲道活动之外，郝志松、何志渊、秦志安、李志全等丘处机、刘处玄一系弟子在大长春宫设立玄学之前，就已经出任各地玄学讲师。例如，1230 年郝志松出任希真观道教讲师。何志渊在 1237 年至 1252 年先后出任讲演、三洞讲经师。秦志安于 1238 年至 1244 年担任尧都长春观三洞讲经法师。全真玄学教育自金末至元末一脉相承。相关碑刻记载，元代中后期，王道旻、段道和、王道清、陈道源、王复初分别出任讲师、大玄学讲师、三洞讲经师、尊宿讲师、绛州玄学三洞讲经师等职。元宪宗、世祖时期，教团虽然经历佛道辩论和政府打压，然从玄学讲师传承来看，基本上是无断裂的。从中不难看出全真道对玄门讲道活动和道门人才培养的重视程度及其对教团发展的持久性贡献。

从地域分布来看，这些玄学教师遍布今天北京、河北、河南、山东、陕西、山西、湖北等地大小宫观，张志敬在全国"例起玄庠"之说并非虚言（按，张志敬主教时元朝尚未完成南北统一）。按照经师所处的宫观及其所属的行政管辖级别，玄学教师有中央和地方（路府州县）之分，燕京大长春宫道教经师无疑属于中央层面的讲师，而高道宣、孙德彧、司马德义分别属于东平、京兆、彰德等路一级的讲师，高从谦则兼任路府两级讲师，即河南府路玄学讲师，周志明、王复初分别担任崞州、绛州等州一级讲师。至于县一级的玄学教师，多由道门管理者兼任，通玄明惠大师张德容以修武县道门提领兼玄学事就是一例。可见，元代的全真玄学教育已经延伸至县一级的基层社会，与世俗教育在行政层级设置上是彼此对应的。

在全真玄学创立前后，积极参与玄学建设和讲道活动的全真道士还有不少，但相关史料没有载录他们的"玄学头衔"，如前面提到的冯志亨，在燕京大长春宫、祖庭重阳宫讲道的史志经、姬志真、李道谦、石志坚等。诚然，还有众多全真讲师的名号、师承，受各种因素的制约，我们未能一一考释，他们对全真玄学教育的贡献同样不容忽视。

需要说明的一点是，玄学提举相当于"职务"，能否担当此任，除了个人学养资历之外，还受其他因素影响。李志全在提举燕京玄学时间不长，即南下天坛。任志润担任诸路玄学提举时属"寓居"长春宫。玄学讲师类似于"职称"，孙德彧、彭志祖、周德洽、王道亨等都曾长期担任讲师之职。相比而言，玄学官员的流动性要远远超过讲师。还有一点，就是全真道士担任玄学官员的同时，亦有兼任讲师的情况。例如王道明在担任诸路玄学提举兼提点终南山甘河重阳遇仙宫事的同时，还出任三洞讲经。这样的例子不少，兹不罗列。

关于玄学讲师的遴选机制，由于资料缺乏，不可详论。但至少有一点可以肯定，即他们大都有出入百家、博通经史、精于著述的特点。例如，知常真人姬志真"天文、地理、阴阳、律历之学，无不精究"①。掌教大宗师孙德彧"幼颖慧，甫能言，母氏程教以孔孟书，一过辄成诵……公早弃俗，志老氏学，深有契乎见素抱朴、少私寡欲之旨，卒能以善终始，保其名誉，可谓有德君子者矣。每暇，喜作字为诗文，有《希声集》传于世，榜其室曰履斋"②。著书立说是诸家玄学经师的一个共同特点。秦志安、李

---

① （元）李道谦：《甘水仙源录》卷8，《道藏》第19册，第792页下栏。
② （元）邓文原：《皇元特授神仙演道大宗师玄门掌教辅道体仁文粹开玄真人管领诸路道教所知集贤院道教事孙公道行之碑》，陈垣编纂，陈智超、曾庆瑛校补《道家金石略》，第787~788页。

道谦、史志经等早期全真讲师的"史家"美誉自不待言。元世祖至元朝出任燕京大长春宫玄学讲师的彭志祖撰有《练真子王志渊墓志铭》《葆真观记》《通真观碑》《浚州重修神霄宫碑》等碑记，另书篆碑记多篇。三洞讲经、诸路道门玄学提举王道明撰有《终南山祖庭仙真内传序》《大元凤翔府岐山县官村创建通玄观记》《太白庙碑铭》《重修太初宫碑》《纯正昭慧冲和真人高君道行碑》（此碑见于清宣宗道光二十年《巨野县志》卷20，《道家金石略》失收）。元代后期燕京大长春宫讲师王道亨撰有《真常宫记》《五峰山修真阳观记》《霞峰观记》《新城县修龙翔观碑》等碑记。可以看出，全真玄学讲师弘道的方式是多元的，宣讲道妙只是其中之一。

（三）玄门日课

从道学经典学习的角度，还有一点值得注意，即玄门日课制度，主要是指每日定时的诵经功课。日课之制非全真道所创，而是源自对传统道教的继承。尹志平《葆光集》云："每日诵经报国，终朝念道降魔。福生祸灭养冲和，真静真清证果。"① 元世祖至元十二年（1275）女冠荣守玉主盟彰德修真观，掌教祁志诚赐崇玄大师号。虽年逾花甲，仍然坚持日课制度，"晨起理玄务，课学者毕，焚香垂帘，痛自涤除，湛虑澄心，审物理之自然，悟道体之不息，燕处超然而虚室生白矣"②。关于全真宫观每日诵读的经书，《终南山祖庭仙真内传》记载，金世宗大定十八年（1178）秋，湛然子赵九渊在陇川师事马丹阳出家。"先生作文尚平淡，诗句雅健，得陶谢体。每诵老、庄、黄庭为日课，非法之言，略不出口"③。全真道著名史家兼经师的天乐真人李道谦"晨起日课，取道德经、周易洛诵一通，盛寒暑弗辍"④。综合以上，可将日课制度的特点和作用可概括为以下几点：一是日课诵经以《道德经》《南华经》《黄庭经》等为主；二是使修道者熟悉经书；三是提升他们的心性修持水平。相比熟悉经书，后者恐怕更为主要和

---

① （元）尹志平：《葆光集》卷中，《道藏》第25册，第518页中栏。
② （元）王恽：《崇玄大师荣君寿堂记》，陈垣编纂，陈智超、曾庆瑛校补《道家金石略》，第691页。
③ （元）李道谦：《终南山祖庭仙真内传》卷上，《道藏》第19册，第522页中下栏。
④ （元）宋渤：《玄明文靖天乐真人李公道行铭并序》，陈垣编纂，陈智超、曾庆瑛校补《道家金石略》，第714页。

关键；四是日课诵经还有祈福纳祥、消灾驱祸的象征性意义。日课诵经再次显示了全真道本身经典不甚发达和以传统道经接续道教经教文脉的双重特点。

玄学教育是一种与世俗教育既有联系又有区别的神学教育。它的兴起与教门发展程度、政教关系特别是统治者的重视程度密切相关。唐宋崇玄学、道学离不开其时道教的繁盛以及两朝最高统治者的崇道护持。融通三教、高唱性命双修的教义思想契合了唐宋以降中国文化内向性转向的时代旋律，历代高道为教团发展积极奔走，以成吉思汗为首的大蒙古国统治者的外在护持，大体构成了全真道发展壮大的内外因。这也是全真玄学教育兴起的历史场域。

玄学教育是全真道士增进对以传统道家道教为核心的儒释道三教文化认同的过程。《道德经》《南华经》《黄庭经》《周易》等成为全真玄学教育的核心内容。全真玄学教育是在继承道家、道教、玄学、重玄学基础上展开的。它在继承中弘扬了先秦以来的中华文教传统，从道家道教视角创造性地诠释了唐宋以来三教文化在融合中发展的新理论新实践。

和唐宋时期的崇玄学、道学体制不同，全真玄学教育还呈现如下一些特点：一是崇玄学、道学是唐宋最高统治者颁布的国策，不论是唐玄宗朝的道举考试还是宋徽宗朝的道学，均属国家行为，天下各道派均应奉行。从存续时间来看，二者兴盛于唐或北宋的某一历史时期，或长或短，不具贯通性。全真玄学教育是在金元时期一个道派内部展开的，其内生性明显强于唐宋统治者的外在尊崇性、护持性。金末蒙初的讲道活动、贯通有元一代特别是佛道辩争时期也未间断的教育活动，既是全真玄学教育不同于以往的特点，又是其内在生命力的有力体现；二是唐宋时期虽有出家制度，但并不像全真道那么严格。全真道要求，为全真者须出家。严格的住庵出家制度，是全真玄门教育兴起和制度化发展的前提和必要保障①；三是元代中央和地方宫观中的玄门庠序，设有玄学提举和讲师。这既是全真玄学教

---

① "全真道的出家制度是其各项制度的基础。通过出家来获得道籍，既是成为全真道士的起点，也是全真道区别于传统道教最突出的标志之一""'出家制度'真正成为一种宗教制度，是在金元的全真道出现后确定下来的"。高丽杨：《全真教制初探》，第65、94页。

育纳入元代道教管理体制的表现，更是教育活动持续发展的制度化保证；四是从诸多全真文本入藏以及三洞经师宣讲《大元玄都宝藏》来看，全真玄学教育还具有贯通三洞四辅、突出全真元素的特点。

元代全真宫观刻有众多保护宫观、庙产的公文碑（圣旨、懿旨、令旨）。以祖庭重阳宫公文碑为例，其中最有影响的是元太祖十八年（1223）年三月和九月成吉思汗两度颁降的圣旨，主要内容是授予丘处机神仙称号，并令其管领天下的出家善人，赋予全真道诸多特权。潍县玉清宫、崂山太清宫、亳州太清宫亦有类似的公文碑。磻溪《长春观公据》记载了凤翔总管府颁发给长春观的公据，特别是宫观四至。① 有形庙产是全真宫观发展的重要物质保障。全真玄门教育对道门人才培养的贡献是无形的，对教团发展壮大的影响如涓涓细流、润物无声，重要性不仅不亚于宫观庙产，而且影响之深远要远远超过有形资产。原因很简单，庙产很容易被不可抗力——如战乱、政策因素——摧毁，而玄门人才却一般不会遭受毁灭性打击。以《大元玄都宝藏》为例，李鼎、商挺分别盛赞经藏宣讲对道门人才培养的作用，"每藏立一知道之士主师席，令讲演经中所载圣贤之所以为圣贤之事，庶使一一就博学详说之中，得反说约之妙，得悟同然之理。于中或有推而广之，廓圣人有教无类之妙用，无问在玄门不在玄门，但虚己而来听者，以己之天，印彼之天，天天相印，莫之能止。内外上下，流通混合，其益于天下后世，可胜计耶？""自藏室之兴，玄门之士，登真达道者有之，穷理尽性者有之，明经讲授者亦有之，皆真人作成之力"。② 秦志安、何志渊、李志全等通经之士在各地宫观讲授经藏，个中对道家道教典籍、性命之理、全真开宗立派宗旨等的讲解，使教门弟子掌握了一套"何以全真""何以道教"的权力话语，由表及里地明确了全真道士归宗于道教的身份认同。全真道从最初的"隐修会"最终发展成为金元以降主领道教半壁江山的一大道派，原因是多方面的。其中，玄学教育对于全真人才的培养、提振教团宗风的作用不容忽视。

① 陈垣编纂，陈智超、曾庆瑛校补《道家金石略》，第477~478页。
② （元）李鼎：《玄都至道披云真人宋天师祠堂碑铭并引》、（元）商挺：《玄都至道崇文明化真人道行之碑》，陈垣编纂，陈智超、曾庆瑛校补《道家金石略》，第547页、第614页。

# 第五章　教史书写

全真道继承中国传统史学的优良传统，重史、记史、以史弘道是其有别于太一、大道等同时代道派的重要特征，也是保存其历史记忆、保障其传承发展的重要文化资源和象征性资本。从创教之初，特别是随着教团的日渐壮大，教内有识之士就开始注重教史的书写。金元时期，记载全真道士道行、宫观创修、传道活动的史传、碑志大量涌现。

陈垣《南宋初河北新道教考》言及全真史志之发达时说："全真史料，所在皆有，与大道、太一不同。余昔纂《道家金石略》，曾将《道藏》中碑记，及各家金石志、文集，并艺风堂所藏拓片，凡有关道教者，悉行录出，自汉至明，得碑千三百余通，编为百卷，顾以校雠不易，久未刊行。其金及元初部帙，十之一属道教旧派，十之二属大道、太一，十之七皆属全真，元并江南，始有正一诸碑，与全真对峙，然河北大部仍属全真也。故今考全真，即以此书为基本史料，只患选择不精，考订不审，组织不密，不虞史料阙乏也。且前有《甘水仙源录》《祖庭内传》，近有《长春道教源流》，皆全真旧史，足供参证。"① 此后，随着文献发掘整理工作的陆续开展，全真碑志资料递有增续，进一步印证充实了援庵先生之判断。大量的史传、碑志为深入研究全真道的历史书写奠定了坚实的文献学基础。

---

① 陈垣：《南宋初河北新道教考》，第1~2页。

## 第一节　金元时期教史书写的成就与特点

### 一　全真教史的两大类型

全真教史文献体量庞大，按照承载介质的不同，大体可以分为纸质史传和金石碑志两大类。当然，亦有史传刻诸碑石的情况，下文详述。

（一）史传

史传主要载述全真道士的生平、法脉传承、弘道事迹等内容。按照载述传主数量之多寡，可分为单人单传型和多人集传型史传。按照成书早晚，分别举陈单人单传型、多人集传型传世史传如表 5-1、表 5-2。

1. 传世史传举要

以上择要举陈了部分金元全真史传。总体来看，呈现以下一些特征：单人单传和多人集传型史传在金元时期都是比较常见的。大蒙古国早期丘处机以"雪山论道"为契机赢得元太祖在宗教政策上的大力护持，全真大兴。诸家史传在撰书长春真人一生弘道事迹，特别是与"雪山论道"相关的内容上，着墨颇多。从撰作时间先后来看，全真史传的传主构成与全真宗祖谱系建构呈正比相关性。即大蒙古国时期，多人集传型史传重在客观全面地呈现早期全真道士传法弘道的实态。《七真仙传》初成于金末蒙初，仅撰王嚞及六大男弟子传记。《金莲正宗记》成于元太宗朝，现存《正统道藏》本仅录五祖七真、和德谨、李灵阳共计 14 位仙真传记。貌似凸显五祖七真谱系，实则这是经元代中后期删改后的结果。撰于元世祖至元朝末年的《历世真仙体道通鉴续编》卷 1 收王嚞、马钰，卷 2 收谭处端、刘处玄、丘处机，卷 3 收王处一、郝大通、和德瑾、李灵阳，卷 5 收金蓬头传记。《通鉴后集》卷 6 收孙不二传记。合计 11 人。赵道一《通鉴》"三部曲"仿照儒、释《通鉴》体例，[①]"始自上古三皇，下逮宋末，其得道仙真事迹乃

---

① 赵道一在《历世真仙体道通鉴序》中交代，"常观儒家有《资治通鉴》，释门有《释氏通鉴》，惟吾道教斯文独阙"。因此，发愿编撰道门《通鉴》。《道藏》第 5 册，第 99 页下栏。

# 表5-1 单人单传型全真史传举要

| 序号 | 名称 | 著者 | 撰写/刻立时间 | 内容 | 出处 | 备注 |
|---|---|---|---|---|---|---|
| 1 | 《长春真人西游记》 | 李志常 | 1228年序 | 丘处机率众西行事迹 | 《正统道藏》 | |
| 2 | 《玄风庆会录》 | 耶律楚材 | 1232年序 | 成吉思汗诏请丘处机至兴都库什山问道内容 | 《正统道藏》 | |
| 3 | 《真静崔先生传》 | 杜仁杰 | 1247年立石 | 崔演道事传 | 《道家金石略》 | 立石 |
| 4 | 《玄风庆会图》 | 史志经 | 1274年初版，元明时期曾重刊 | 丘处机一生弘道图传 | 《三洞拾遗》 | |
| 5 | 《通微真人蒲察尊师传》 | 李道谦 | 1280年立石 | 蒲察道渊事传 | 《汧阳志古编》 | 立石 |
| 6 | 《全真第五代宗师长春演道主教真人内传》 | 李道谦 | 1281年 | 丘处机事传 | 《道家金石略》 | 立石 |
| 7 | 《体玄真人显异录》 | 疑为王处一弟子 | 1287以前① | 王处一19则显异故事 | 《正统道藏》 | |
| 8 | 《太华真隐褚君传》 | 姚燧 | 1279年至1288年之间② | 褚志通事传 | 《甘水仙源录》 | |
| 9 | 《终南刘先生事迹》 | | 1288年或之前 | 刘志源事传 | 《甘水仙源录》 | |
| 10 | 《恕斋王先生事迹》 | | 同上 | 王粹事传 | 《甘水仙源录》 | |
| 11 | 《讷庵张先生事迹》 | | 同上 | 张本事传 | 《甘水仙源录》 | |
| 12 | 《知常姬真人事迹》 | | 同上 | 姬志真事传 | 《甘水仙源录》 | |
| 13 | 《圆明真人传》 | | 1277年以后，1293年立石③ | 高道宽事传 | 《北京图书馆藏中国历代石刻拓本汇编》 | 立石 |

续表

| 序号 | 名称 | 著者 | 撰写/刻立时间 | 内容 | 出处 | 备注 |
|---|---|---|---|---|---|---|
| 14 | 《纯阳帝君神化妙通纪》 | 苗善时 | 1310年以后④ | 吕洞宾神化事迹 | 《正统道藏》 | |

注：①萧登福考证，该书约撰成于元世祖至元武宗朝前。参见氏著《正统道藏总目提要》，台北文津出版社，2011，第580页。按，元世祖至元二十四年（1287）秋九月，李道谦请姚燧为王处一撰写道行碑，当时曾参考过《显异录》。

②姚燧在《太华真隐褚君传》中言及至元十六年（1279）元世祖征召褚君道事。（元）李道谦：《甘水仙源录》卷8，《道藏》第19册，第788页中栏。《甘水仙源录》成书于1288年。

③《圆明真人传》言及姚燧撰于1277年的《洞观普济圆明真人高君道行碑》。参见王宗昱编《金元全真教石刻新编》，第86页。

④"帝君"之号，系至大三年（1310）元武宗敕封。《至大诏书碑》元武宗敕封。陈垣编纂、陈智超、曾庆瑛校补《道家金石略》，第730页。

表 5-2 多人集传型全真史传举要

| 序号 | 名称 | 著者 | 撰写/刻立时间 | 内容 | 出处 | 备注 |
|---|---|---|---|---|---|---|
| 1 | 《七真传》 | 张邦直等 | 初成于1237年，至明初多次增益 | 王喆、丘、刘、谭、马、王、郝传 | 台湾大学图书馆藏本 | |
| 2 | 《金莲正宗记》 | 秦志安 | 1241年序 | 和德瑾、李灵阳、五祖七真事传 | 《正统道藏》 | |
| 3 | 《终南山祖庭仙真内传》 | 李道谦 | 1284年序 | 37位祖庭高道事传 | 《正统道藏》 | |
| 4 | 《历世真仙体道通鉴》《续编》《后集》 | 赵道一 | 1294年序 | 上古至元899位仙真事传 | 《正统道藏》 | |
| 5 | 《金莲正宗仙源像传》 | 刘天素、谢西蟾 | 1326、1327年序 | 老子、五祖七真像传 | 《正统道藏》 | |
| 6 | 《上阳子金丹大要列仙志》 | 陈致虚 | 1335年序 | 五祖七真、宋德方、李珏、张模、赵友钦简传 | 《正统道藏》 | |

搜之群书，考之经史，订之仙传而成"①。采取的是将全真仙传融入上古以来仙传通史的书写方式。伴随着元世祖、元武宗朝最高统治者对全真宗祖的持续性褒封，以五祖七真为核心的全真宗祖谱系在教内外的影响力不断攀升。"再造"的《金莲正宗记》以及《金莲正宗仙源像传》《上阳子金丹大要列仙志》等元代中后期凸显五祖七真谱系的全真史传就是这一时代背景下的产物。

2. 散佚史传拾零

受战乱、宗教政策、纸质文本的自然"损耗"乃至教内外各种力量的有意"屏蔽"等诸多因素的影响，和众多古籍文献一样，全真史传也有被动或主动淡出历史舞台的情况。为了较为全面地揭示金元时期全真史传的样貌，在稽考教内外文献基础上，以时间先后为序钩沉已经散佚的部分全真史传（名录或部分内容）如下。

《通真子墓碣铭》记载，除了《金莲正宗记》外，秦志安还将《烟霞录》、绎仙、婺仙等传增入1244年成书的《大元玄都宝藏》。《道家金石略》收有《绎仙传存真訾仙翁实录之碑》，上像下文，载录訾存真（1153~1234）参礼马、丘、刘三师的学道弘道事迹及其与金朝统治者的互动。② 可证，訾存真是《绎仙传》传主之一。

真常子刘道宁（1172~1246）早年师事浑源隐士刘柴头。元太祖十八年（1223），丘处机西行归来后，"执弟子礼""授秘诀，加号真常"，筑室西京，担任一方道官十年之久。丘辞世后，刘道宁继续得到尹志平、李志常两位掌教礼重。著有"《会仙》《随应》《总仙》三录，以道神仙可学之事"。③

颐真冲虚真人毛养素，在金元易代前后，担道职，兴宫观，驱飞蝗，发粮济困，纂修道藏。乃马真后三年（1244），"副提点寂照大师吴志明北上赍皇后懿旨，有冲虚大师之号，继及真常掌教大宗师衔命南下，赐号颐真冲虚真人""于性理之学，克意终世，斯须无少间断，故能透脱融贯，全真正脉，其造之也不为不深""时紫阳杨使君行漕台，暨玉华王元礼、西庵杨相正卿诸

<hr>

① 《道藏》第 5 册，第 102 页上栏。
② 《绎仙传存真訾仙翁实录之碑》，陈垣编纂，陈智超、曾庆瑛校补《道家金石略》，第 511 页。
③ （元）李道谦：《甘水仙源录》卷 6，《道藏》第 19 册，第 772 页下栏至第 773 页上栏。

公，俱在洛，与之游，相得甚厚，道价增重，光耀一时"。元宪宗九年（1259）辞世。"关洛诸公多为作《传》"。① 可知，其时毛养素《传》不止一种。

李鼎《玄都至道披云真人宋天师祠堂碑铭并引》称，"真人（指宋德方——引者按）事实，《本传》具载。略观其十之一二，知其言为不妄矣"②。该碑未明确撰作时间。碑文谈到，1254年宋德方遗蜕改葬于永乐纯阳宫。该碑于1262年立石。推知该碑当撰作于这两个年份之间。其时《宋德方传》仍有流传。

元世祖中统三年（1262）五月，掌教张志敬率众"具状其师（指李志常——引者按）之道行，及持虚舟道人李鼎之和所为《传》"，请翰林学士承旨资善大夫知制诰兼修国史王鹗撰写道行碑。一月之内，凡三次见临，王鹗力不能辞，遂以平日见闻撰述之。③ 可知，王鹗撰写《玄门掌教大宗师真常真人道行碑铭》时，应该参考了李鼎所作的李志常《传》。

1270年至1272年，淳和真人王志坦短暂掌教。嘉议大夫吏礼部尚书高鸣所撰《崇真光教淳和真人道行之碑》对王志坦的师承、在元宪宗至世祖朝的作为，以及丘处机至王志坦之间的掌教传承等载述颇详。其文末言："呜呼，以公平日阴功济物之心，向在阙庭，假之以政，救时行道，焉知不有如行符设醮之功耶？若夫将适辽东也，祷之而愈风痹，又去许昌也，空中传玉帝有命，其灵异若是者甚多，然实非公之本心。且有《淳和真人传》在，兹略而不书。"④ 此碑文撰于1274年，当时《淳和真人传》尚存。

1274年史志经作《玄风庆会图》，着重书写长春真人一生弘道事迹，特别是与成吉思汗的际遇。原5卷，现存卷1。从文献学或史源学角度讲，卷1广泛利用了经王粹增饰的《七真仙传》⑤、马钰《洞玄金玉集》、尹志平

① （元）李道谦：《甘水仙源录》卷7，《道藏》第19册，第777页中栏至第779页上栏。
② （元）李鼎：《玄都至道披云真人宋天师祠堂碑铭并引》，陈垣编纂，陈智超、曾庆瑛校补《道家金石略》，第547页。
③ （元）李道谦：《甘水仙源录》卷3，《道藏》第19册，第747页上栏。
④ （元）李道谦：《甘水仙源录》卷7，《道藏》第19册，第777页上栏。
⑤ 《玄风庆会图》云："按北平王粹作《祖师传》云，大定九年己丑十月，祖师挈马谭刘丘四子至南京，憩于王氏旅邸。至岁终，祖师将化，于钰辈极加锻炼之功，错行倒施，一言一动，悉受诃责。"周燮藩主编，王卡分卷主编《中国宗教历史文献集成·三洞拾遗》第16册，第402页上栏。

《清和真人北游语录》等文献。特别值得一提的是，史志经征引了三部已经散佚的文献，即孙周的《长春真人传》、李道谦的《终南山记》和《筠溪笔录》。现移录相关引文如下。

（1）《磻溪炼形》："孙周作《长春真人传》云：大定十二年，宗师及丹阳于长安化自然钱数十千。复取重阳仙骨西归，葬于终南之刘蒋村风仙故里，庐墓三年。逮甲午岁秋，四师于秦度镇真武庙中，月夜各言其志。"

（2）《振教祖庭》："大定二十六年丙午，师道成，令闻四达。京兆统军迎归终南，振教刘蒋之祖庭。按《终南山记》云：重阳祖师于大定三年癸未秋，填南时村之活死人墓，迁刘蒋别业，与和、李二真同处。至七年丁亥夏四月，将传教海上，遂焚其故庐，人或怪而问之，乃作诗云：'茅庵烧了事休休，决有人人却要修。'诘旦拂袖东行，既达濒海，开化演教者三载。"

（3）《松岛论天》："七月中，再见于长松岛，剖天人之理，应制进词。……《筠溪笔录》云：是冬，仙驾盘于桓山阳、伊洛间，与门人创苏门之资福、马坊之清真、孟州之岳云三观基业。又增置洛阳长生之地。兴定间，并请额为观。考之碑刻，则讷庵张本之纪资福，遗山元好问之纪清真，紫阳杨奂之纪岳云，西庵杨果之纪长生，俱言长春宗师于大定末年以倡其始。"[①]

《长春真人西游记》卷上记载，1220年五月，丘处机西行途中，至德兴龙阳观度夏，以诗寄燕京士大夫云："'登真何在泛灵楂，南北东西自有嘉。碧落云峰天景致，沧波海市雨生涯。神游八极空虽远，道合三清路不差。弱水纵过三十万，腾身顷刻到仙家。'时京城吾道孙周楚卿、杨彪仲文、师谓才卿、李士谦子进、刘中用之、陈时可秀玉、吴章德明、赵中立正卿、王锐威卿、赵昉德辉、孙锡天锡，此数君子，师寓玉虚日所与唱和者也。"[②]可见，孙周与长春真人早有往来。1227年七月九日丘处机辞世。"七月十五

---

① 以上三段引文分别参见（元）史志经《玄风庆会图》卷1，周燮藩主编，王卡分卷主编《中国宗教历史文献集成·三洞拾遗》第16册，第403页上栏、第406页下栏、第411页上栏。

② （元）李志常：《长春真人西游记》卷上，《道藏》第34册，第482页中栏。

日，燕京儒学官孙周等谨以香茶之奠，致祭于长春真人丘仙翁之灵"①。比对《七真仙传·长春真人丘宗师传》与史志经引孙周《长春真人传》的内容，后者相关记载未见于前者。由此推定，孙氏《长春真人传》当为丘处机的另一传记，且在 1274 年前后仍有流布。

宋渤《玄明文靖天乐真人李公道行铭并序》称，李道谦"著述有《祖庭内传》三卷、《七真人年谱》一卷、《终南山记》三十卷、《仙源录》六卷、《筠溪笔录》一十卷、诗文五卷"②。陈垣推断"《终南山记》三十卷，必与全真教史有关"③。《振教祖庭》引《终南山记》史事证实了上述判断，惜援庵先生未之见。上引《筠溪笔录》载述了丘处机率众创建全真宫观之史事。虽不能贸然认为《终南山记》《筠溪笔录》为全真史传类文献，但亦与史传有着密切关联。多提一句，史志经与李道谦同为元代全真道著名史家，而且二人关系不同一般。史志经多次引录天乐真人著述，与二人的密切往来，特别是以史弘道的共同旨趣有很大关系。

元世祖至元十六年（1279），史志经撰《灵神洞明贞晦真人道行记》，载录灵神子孙道古修道事迹。碑记称，孙道古撰有《玉阳内传》和《范无生本行》。④ 孙道古先后师礼王处一、丘处机。作《玉阳内传》彰显本宗之意，颇为明显。范无生，或为范全生之误，济南人，为丘处机弟子，事迹见《清虚纯德辅教真人祠堂记》。《祠堂记》称，"真人灵异感应，具载本《传》，此不烦述"⑤。此处之本《传》或指孙道古《范全生本行》。可见，孙道古颇为属意本宗师长、同门史传之编纂。以上多次提到了全真史家史志经，他不仅本人热衷于教门史传的编纂，而且尤为属意全真高道的史传作品，《灵神洞明贞晦真人道行记》特别点出孙道古《玉阳内传》《范无生本行》两部史传，即是明证。上文谈到，史志经的老师刘道宁就注重通过纂修仙传、仙录的方式阐释"神仙可学之事"。史志经赓续了这一脉的薪

① （元）李道谦：《甘水仙源录》卷 2，《道藏》第 19 册，第 736 页中栏。
② （元）宋渤：《玄明文靖天乐真人李公道行铭并序》，陈垣编纂，陈智超、曾庆瑛校补《道家金石略》，第 714 页。
③ 陈垣：《南宋初河北新道教考》，第 34 页。
④ （元）史志经：《灵神洞明贞晦真人道行记》，王宗昱编《金元全真教石刻新编》，第 30 页。
⑤ （元）王瑞：《清虚纯德辅教真人祠堂记》，王宗昱编《金元全真教石刻新编》，第 41 页。

火。以上提到的史传均已散佚。不过，从中不难看出全真道对史传书写之
重视。

多提一句，《七真仙传》多篇序文中，最早者为元太宗九年（1237）张
本所作。《终南山神仙重阳真人全真教祖碑》记载，"大定丁亥四月，忽自
焚其庵，村民惊救，见真人狂舞于火边，其歌语《传》中具载"。《祖碑》
撰于"后真人五十六年"。王嚞于 1170 年辞世，后五十六年为 1225 年。引
文中的歌语当指《七真仙传·重阳真君王祖师传》所记的，"俄一夕，自焚
其庵，村里惊救之，师方舞跃而歌曰：'数载殷勤，谩居刘蒋，庵中日日尘
劳长。豁然真火暨然开，便教烧了归无上。奉劝诸公，莫生悒怏，我咱别
有深深况。惟留灰烬不重游，蓬莱路上知来往。'"王鹗 1264 年《序》称，
"金朝国史院编修河内张邦直子中尝为作《传》，然略而不详"。换言之，张
邦直早在 1225 年以前就已写就王嚞仙传初稿。[①] 彭志祖 1268 年《序》亦可
佐证此论："《七真仙传》自河内张邦直子中为之，张本、北平王粹子正实
增饰之，太原李鼎之和又从而继述之，前后历二十余稔，始克完备。"[②] 赘
言数语如上，希冀推进王嚞《传》及《七真仙传》成书历程的考证。

（二）碑志

碑志是碑记和墓志的统称，是以石刻为载体，载述志主生平事迹，或
记述某项活动，有的还会通过铭文的形式在文末做出褒扬性评价的一种文
字体裁。碑志在补史、证史乃至开拓相关研究新视域方面，具有不可替代
的作用和价值，近年来尤为学界重视。但将全真碑志这种史志体例本身作
为研究对象的成果，相对不多。

1. 碑志类型

全真碑志按照内容可以分为道行碑、墓表（墓志铭）、法脉传承碑、公
文碑、专事碑（如宫观创修碑、仪式纪念碑）等。在数量可观的全真碑志
中，以道行碑、墓志、宫观创修碑为最多见。此外，还有一些碑志专门载

---

① 第三章第三节"全真像教"部分曾论及《重阳宫道教碑石》之《重阳祖师之图》及张邦
直赞文。然《七真仙传》中未见此赞文。毕竟"河内张子中，虽有所纪，简而不略"（语
出元世祖至元元年孟攀鳞《七真仙传·序》，台湾大学图书馆藏本），或与张邦直之后，全
真道多次对《仙传》增饰补缉有关。

② 《七真仙传》，台湾大学图书馆藏本。

述不同宗系的法脉传承，如长清五峰山洞真观《戊申岁纪海众信士姓氏之图》，四层刻，正书，第一层刻王嚞—七真—真静大师崔道演等全真五代传承法脉。《朝元洞碑阴仙源图》刻录丘处机以下六代法嗣传承。① 还有的碑志刻立某一宗系的门众及其所属的宫观、任职等，如《栖元真人门众碑》。② 也有就某事、某项活动专门刻碑纪念者，陈时可《燕京白云观处顺堂会葬记》、冯志亨《敕建普天黄箓大醮碑》、李蔚《大朝投龙记》、徐世隆《长春宫大醮灵应记》、薛友谅《栖云王真人开涝水记》、赵世延《大元敕藏御服之碑》等大体属于此类。还有一些碑刻载录宫观网络、庙产等信息，旨在护持道门基业。如《纯阳万寿宫提点下院田地常住户记》记载永乐纯阳宫提点师号姓名，以及下院名称、四至、常住户等信息。③

　　道行碑、墓志铭是全真道仿照世俗丧葬制度，为辞世道士刻立的碑碣。通常情况下，道行碑，有的称为本行碑、本行记、仙迹碑、仙迹记、道行碣、道行铭、功行碑、神道碑，有的立于墓前，有的立于祠堂前④，多载录传主生平、事迹、著述、社会交往等。和世俗神道碑不同，道行碑一般会对传主的丹道修行、神异感应之迹、法嗣传承情况有所交代。墓志铭，又称墓表、墓碑、墓碣铭。通常情况下，墓志一般埋于墓中，也有立于地上者。从金元全真墓葬看，立于地上者并不鲜见。李道谦《甘水仙源录·序》交代，他住居祖庭重阳宫五十载，每因教事历览多方，收集了大量福地名山、仙宫道观所立师真、宫观碑铭，集成《甘水仙源录》一书。其中收有《终南山碧虚真人杨先生墓铭》《普照真人玄通子范公墓志铭》《湛然子赵先生墓碑》《冲虚大师于公墓碣铭》《大朝故讲师李君墓志铭》《栖真子李尊师墓碑》《洞元虚静大师申公提点墓志铭》等多篇墓志。从体例上看，道行碑和墓志铭（特别是立于地上者）有很大的相似性。道行碑一般由碑题、撰书者、正文、铭文、刻立时间、立石者等部分组成。不同

---

① 参见陈垣编纂，陈智超、曾庆瑛校补《道家金石略》，第 500 页、第 771~772 页。
② 王宗昱编《金元全真教石刻新编》，第 172~175 页。
③ 参见陈垣编纂，陈智超、曾庆瑛校补《道家金石略》，第 792~794 页。
④ 据王鹗《浑源县真常子刘君道行记》，1246 年刘道宁辞世后，门人史志经持行状，至燕京拟请魏邦彦撰写道行记，"且将刻石祠堂之侧"。（元）李道谦：《甘水仙源录》卷 6，《道藏》第 19 册，第 773 页上栏。

的碑刻，先后顺序略有不同。墓志铭一般也由正文和铭文两部分组成，立于地上者有的也会刻录撰书者、刻立时间、立石者等信息。内容上，从《终南山重阳祖师仙迹记》《长真子谭真人仙迹碑铭》《颐真冲虚真人毛尊师蜕化铭》等题名可见全真道行碑重在揭示传主的仙功仙迹。墓志铭同样旨在揭示墓主的仙道功行。就不同点而言，相比于道行碑，墓志碑的体量要小，所记内容也相对简略些。举例言之，据《重阳宫道教碑石》载录，《全真教祖碑》，螭首方座。通高512厘米（其中首高132厘米、座高46厘米）、宽148厘米、厚50厘米。碑额圭形，额刻阴文篆书"终南山神仙重阳子王真人全真教祖碑"15字。碑文正书，36行，行84字，除空格外共2798字。马钰、宋德方、李道谦、孙德彧等人的道行碑，形制与王嚞碑大体相同，通高多在400～600厘米，宽120～150厘米，厚30～40厘米。马钰碑正文42行，行86字。宋德方碑30行，行65字。李道谦碑33行，行62字。孙德彧碑35行，满行80字。① 可见，道行碑特别是在全真道发展史上位高德著者的道行碑都是比较高大的。相比之下，《玄门掌教孙真人墓志铭》合计1043字。我未见到墓志原物，从篇幅上判断，其体量应该远逊于孙德彧道行碑。

全真道行碑还有一个值得注意且比较有意思的现象，一人多碑。兹以《道家金石略》所收王嚞、宋德方、尹志平道行碑为例，加以说明。王嚞的有金源璹《终南山神仙重阳子王真人全真教祖碑》（1225年撰，1275年立）、刘祖谦《终南山重阳祖师仙迹记》（1232年撰，1276年立）。宋德方的有商挺《玄都至道崇文明化真人道行之碑》（1270年撰，1274年立）、王利用《玄通弘教披云真人道行之碑》（1289年撰，1320年立）。教史上撰有道行碑最多的当数清和大宗师尹志平，分别为李志全（1191～1261）《清和演道玄德真人仙迹之碑》（未记撰文时间，当不晚于1261年②，1314年立）、弋彀《玄门掌教清和妙道广化真人尹宗师碑铭并序》（1262年撰，1264年立）、贾铖《大元清和大宗师尹真人道行碑》（1290年撰）、王恽《大元故清和妙道广

① 刘兆鹤、王西平编著《重阳宫道教碑石》，第14页、第24页、第33页、第43页、第45页。
② 李志全《清和演道玄德真人仙迹之碑》撰作时间，陈垣、张广保有考证。参见陈垣编纂、陈智超、曾庆瑛校补《道家金石略》，第541页；张广保《全真教的创立与历史传承》，第89～90页。

化真人玄门掌教大宗师尹公道行碑铭并序》（1297 年撰）。

重复撰述、刻立的道行碑，内容上大同小异。贾锳《碑》称，"若夫清和之碑，义不可考，今犹阙然，是则嗣教者不敏之过也"①。王恽《碑》记载，元成宗元贞三年（1297），尹志平法孙陈德定称，"（尹志平——引者按）纪行之碑，未克昭建，是殆阙如"②。两碑撰作时间相差七载。《楼观台道教碑石》记载，贾《碑》于元贞元年（1295）在楼观太清宗圣宫立石。③王《碑》未载刻立时间。但是比较清楚的是，王恽被委托撰碑时，贾《碑》在楼观刻立仅两年左右的时间。从引文看，不仅二者互不知情，且对 1264 年已经立石的弋《碑》亦不知晓。确实是时空区隔所致，还是另有隐情，值得进一步探究。而李《碑》、弋《碑》均在尹志平门人马志通所记行状的基础上成之。④ 同样出现了重复性书写以及先撰者后立、后撰者即立的情况。个中原因，当与两碑对尹志平、李志常之间掌教交接的表述有关。李《碑》是现存尹氏碑铭中最早者，行文古朴，颇重史事，少有发挥。关于李志常嗣教，碑文称"戊戌正旦，诸路宿德庆节，师曰：'吾今已七旬，力弱任□，鲜能胜举，欲付有德者久矣。'金言谁可嗣法？曰：'舍权教真常，其畴克之？'众唯唯而退。上元日，作大斋，授大宗师法印，真常再四逊避曰：'弟子与师代劳，尚且不堪，敢膺此托？'时会众昌言，师欲付之非一次，数年来教门巨细事，君常裁制。真常自度不能免，姑从众议，师即退居西越"⑤。弋《碑》是遵照掌教大宗师张志敬之命撰写的，并且次年诚明真人亲自主持了立碑活动。相较于李《碑》，弋《碑》有两个明显的特点。一是从王嚞创教到尹志平嗣教即全真道创立与传承的高度，盛赞尹志平在

---

① （元）贾锳：《大元清和大宗师尹真人道行碑》，陈垣编纂，陈智超、曾庆瑛校补《道家金石略》，第 680 页。

② （元）王恽：《大元故清和妙道广化真人玄门掌教大宗师尹公道行碑铭并序》，陈垣编纂，陈智超、曾庆瑛校补《道家金石略》，第 690 页。

③ （元）贾锳：《大元清和妙道广化真人尹宗师之道行碑》，王忠信编《楼观台道教碑石》，三秦出版社，1995，第 152 页。

④ 李志全称，"仆知遇岩深，据高弟马志通所集行状，次而为传"。弋毅称，"谨按门人马志通所纪行状，仍摭其功德之著，见于耳目者，序述之"。分别参见陈垣编纂，陈智超、曾庆瑛校补《道家金石略》，第 541 页、第 567 页。

⑤ （元）李志全：《清和演道玄德真人仙迹之碑》，陈垣编纂，陈智超、曾庆瑛校补《道家金石略》，第 540 页。

教史上的"功德"，虽亦以马志通所记行状为基础，又"摭其功德之著，见于耳目者，序述之"，对清和真人的评价甚至有超迈历代宗祖之势。如云"自古教法之盛，功德之隆，惟清和师为最，盖天之畀付之道一，而所遇之时异也"①，巧妙地将尹氏之功德归结于时势。二是淡化尹李掌教传承之细节描述，碑文称"戊戌春，忽曰：'吾老矣，久厌劳事。'以正月上日，传衣钵于真常李公，俾主教事"②。此后的尹氏碑传基本沿袭弋《碑》说法。③张为李志常弟子，且由师父亲手扶上掌教之位。颇有为师父避嫌、溢美掌教传承之意。④这应该是弋《碑》后撰先立的原因。元仁宗延祐元年（1314）刻立李《碑》，其时关于尹、李掌教传承之嫌隙，已然不能构成对元代中后期全真道统发展之威胁。先撰者后立，重在揭示尹志平在全真道史上的事迹功行。和其他碑刻一样，一则缅怀宗祖，二则为后学树立修道典范。王嚞的两通碑传成于金末，立碑在元初，且立碑时间仅差一年，立碑者为同一波人。⑤宋德方的两通碑都撰于其迁葬永乐纯阳宫之后。前者为宋德方弟子祁志诚请正奉大夫参知政事同签枢密院事商挺所撰，后者为宋德方法孙杨道祺"偕道录王志明赍秦蜀道教提点天乐真人李君之书"，请前翰林直学士太中大夫西蜀四川道提刑按察使王利用撰。撰文时间相差20年，

---

① （元）弋毂：《玄门掌教清和妙道广化真人尹宗师碑铭并序》，陈垣编纂，陈智超、曾庆瑛校补《道家金石略》，第567页。

② （元）弋毂：《玄门掌教清和妙道广化真人尹宗师碑铭并序》，陈垣编纂，陈智超、曾庆瑛校补《道家金石略》，第568页。

③ 李道谦《终南山祖庭仙真内传》卷下《清和真人》："戊戌春，忽曰：'吾老矣，久厌劳事。'以正月上日会四方耆宿，嗣法于真常李公，俾主教席。"《道藏》第19册，第534页上栏。贾《碑》："至戊戌春，师从容谓众曰：'吾老矣，宜去劳从佚，会诸耆德。'手自为书，付真常李公，俾嗣教。"王《碑》："戊戌，师寿七秩，以教门事付真常李公。"陈垣编纂、陈智超、曾庆瑛校补《道家金石略》，第680页、第690页。

④ 尹、李掌教之间的传承，除了教内因素外，还与蒙古王室对李志常的赏识及其给尹志平的压力有关。参看张广保《全真教的创立与历史传承》，第99页。

⑤ 前者署"至元乙亥岁中元日，陕西五路西蜀四川道教提点兼领重阳万寿宫事洞观普济圆明真人高道宽、重阳万寿宫提点悟真了一袭明真人申志信、衍真复朴纯素真人张志悦立石，长安虚静大（下缺）。功德主昭武大将军京兆路总管兼府尹兼诸军奥鲁营缮司大使赵炳、营缮司副使王海、京兆等路采石提举谢泽、副提举段德续"。后者署"安西王府文学姚燧以至元丙子中秋日书并题额，陕西四川等路道教提点洞观普济圆明真人高道宽、重阳万寿宫提点悟真了一袭明真人申志信、衍真复朴纯素真人张志悦立石，功德主昭武大将军京兆路总管兼府尹兼诸军奥鲁总管营缮司大使赵炳、营缮司副使王海、京兆等处采石提举谢泽，助缘庞德林"。刘兆鹤、王西平编著《重阳宫道教碑石》，第87页、第92页。

立碑相差近 50 年。和王嚞碑一样，旨在通过重复性书写和竖碑活动，缅怀追念宗祖创教传教之功、持续性弘扬道范功行。

2. 金元文人与碑志书写

除了教内史家积极撰作全真史传外，金元文士在全真史事的记载和书写方面，也发挥了不容忽视的作用。这一时期，文人精英广交全真道士，对记录和撰写全真历史表现出很高的热情，撰作了大量的全真文本。众多金元全真道士的道行碑、墓志铭、宫观碑、祠堂记以及元朝统治者颁布的相关政令等多出自一时文人名士之手。记人、记事、记史成为文人全真书写的主要内容。

李道谦"历览多方""既经所见，随即纪录"，纂成《甘水仙源录》一书，其中辑录全真道行碑、墓志铭、祭文、宫观碑等七十余通，十之八九出自文人之手。立足这部碑刻集，阐释金元文人对全真碑刻撰写的参与度，是有说服力和代表性的。详见表 5-3。

表 5-3 《甘水仙源录》所收文人撰作全真碑记一览

| 序号 | 碑记名称 | 作者 | 头衔 | 撰作时间① |
|---|---|---|---|---|
| 1 | 丹阳真人马公登真记 | 张子翼 | | 1185 |
| 2 | 重修太清观记 | 王奂 | | 1192 |
| 3 | 大金陕州修灵虚观记 | 辛愿 | | 1219 |
| 4 | 终南山神仙重阳子王真人全真教祖碑 | 金源璹 | 开府仪同三司上柱国密国公 | 1225 |
| 5 | 陇州汧阳县新修玉清观记 | 李邦献 | | 1225 |
| 6 | 长春真人祭文 | 吴章 | | 1227 |
| 7 | 长春真人本行碑 | 陈时可 | 寂通居士 | 1228 |
| 8 | 终南山重阳祖师仙迹记 | 刘祖谦 | 翰林修撰嘉议大夫同知制诰上轻车都尉彭城郡开国伯食邑七百户赐紫金鱼袋 | 1232 |
| 9 | 怀州清真观记 | 元好问 | | 1237 |
| 10 | 修建开阳观碑 | 张本 | 翰林 | 1237 |
| 11 | 浑源县真常子刘君道行记 | 王鹗 | 前进士 | 1247 |
| 12 | 普照真人玄通子范公墓志铭 | 宋子贞 | | 1250 |

| 序号 | 碑记名称 | 作者 | 头衔 | 撰作时间① |
|------|----------|------|------|-----------|
| 13 | 终南山重阳万寿宫洞真于真人道行碑 | 杨奂 | 宣授河南路转运使兼廉访 | 1251 |
| 14 | 渊静观记 | 高鸣 | | 1253 |
| 15 | 佐玄寂照大师冯公道行碑铭 | 赵著 | | 1254 |
| 16 | 紫阳真人祭无欲真人 | 杨奂 | 河南漕长兼廉访 | 1255 |
| 17 | 玄门弘教白云真人綦公道行碑 | 李庭 | 京兆府学教授 | 1259 |
| 18 | 增修华清宫记 | 商挺 | 参知政事陕西四川等路行中书省事 | 1261 |
| 19 | 清和妙道广化真人尹宗师碑铭并序 | 弋毂 | | 1262 |
| 20 | 玄门掌教大宗师真常真人道行碑铭 | 王鹗 | 翰林学士承旨资善大夫知制诰兼修国史 | 1262 |
| 21 | 湛然子赵先生墓碑 | 孟攀鳞 | 京兆路提举学校官前进士 | 1262 |
| 22 | 栖云真人王尊师道行碑 | 王鹗 | 翰林学士承旨资善大夫知制诰兼修国史 | 1264 |
| 23 | 重玄子李先生返真碑铭 | 高鸣 | 嘉议大夫吏礼部尚书 | 1264 |
| 24 | 卫州胙城县灵虚观碑 | 王恽 | 翰林修撰 | 1264 |
| 25 | 洞玄子史公道行录 | 王鹗 | 慎独老人东明前进士 | 1265 |
| 26 | 应缘扶教崇道张尊师道行碑 | 孟祺 | 承事郎太常博士应奉翰林文字 | 1272 |
| 27 | 玄门掌教宗师诚明真人道行碑铭 | 王磐 | 翰林学士嘉议大夫知制诰兼同修国史 | 1272 |
| 28 | 栖真子李尊师墓碑 | 王博文 | 嘉议大夫河东山西道提刑按察使 | 1273 |
| 29 | 崇真光教淳和真人道行之碑 | 高鸣 | 嘉议大夫吏礼部尚书 | 1274 |
| 30 | 创建真常观记 | 王磐 | 翰林学士嘉议大夫知制诰兼修国史 | 1275 |
| 31 | 洞观普济圆明真人高君道行碑 | 姚燧 | 安西王府文学 | 1277 |
| 32 | 弘玄真人赵公道行碑 | 李谦 | 翰林待制知制诰兼修国史 | 1280 |
| 33 | 清虚大师把君道行录 | 陈楚望 | 翰林侍读学士正议大夫兼国子祭酒 | 1280 |
| 34 | 全真第二代丹阳抱一无为真人马宗师道行碑 | 王利用 | 翰林直学士中顺大夫陕西汉中道提刑按察副使 | 1282 |
| 35 | 洗灯子然先生道行碑铭 | 王利用 | 翰林直学士中顺大夫陕西汉中道提刑按察副使 | 1283 |

续表

| 序号 | 碑记名称 | 作者 | 头衔 | 撰作时间① |
|---|---|---|---|---|
| 36 | 广宁通玄太古真人郝宗师道行碑 | 徐琰 | 嘉议大夫岭北湖南道提刑按察使 | 1286 |
| 37 | 大都清逸观碑 | 商挺 | 正奉大夫参知政事 | 1286 |
| 38 | 玉阳体玄广度真人王宗师道行碑铭并序 | 姚燧 | 前翰林直学士奉政大夫知制诰同修国史 | 1287 |
| 39 | 长真子谭真人仙迹碑铭 | 金源璹 | 开府仪同三司上柱国密国公 | |
| 40 | 七真赞 | 王粹 | | |
| 41 | 真常子李真人碑铭 | 张邦直 | 朝请大夫翰林修撰同知制诰赐紫金鱼袋 | |
| 42 | 离峰子于公墓铭 | 元好问 | | |
| 43 | 终南山碧虚真人杨先生墓铭 | 刘祖谦 | 翰林修撰嘉议大夫同知制诰上轻车都尉彭城郡开国伯食邑七百户赐紫金鱼袋 | |
| 44 | 真静崔先生传 | 杜仁杰 | | |
| 45 | 冲和真人潘公神道之碑 | 徒单公履 | 翰林侍讲学士少中大夫知制诰兼修国史 | |
| 46 | 颐真冲虚真人毛尊师蜕化铭 | 李国维 | 宣授河南府路提举学校官 | |
| 47 | 通真子秦公道行碑铭 | 元好问 | | |
| 48 | 纯成子李君墓志铭 | 李蔚 | 宣授怀孟路提学 | |
| 49 | 太华真隐褚君传 | 姚燧 | 安西王府文学 | |
| 50 | 泰安阜上张氏先茔记 | 杜仁杰 | | |
| 51 | 延安路赵先生本行记 | 张子献 | 朝列大夫守延安治中赐紫金鱼袋 | |
| 52 | 鄠县秦渡镇重修志道观碑 | 俞应卯 | 前鄂州教授雪溪逸人 | |
| 53 | 燕京白云观处顺堂会葬记 | 陈时可 | 寂通居士 | |
| 54 | 邓州重阳观记 | 麻九畴 | | |
| 55 | 燕京创建玉清观碑 | 赵复 | | |
| 56 | 德兴府秋阳观碑 | 张本 | | |
| 57 | 顺德府通真观碑 | 宋子贞 | 平章政事 | |
| 58 | 神清观记 | 王粹 | | |

注：①有明确撰写时间的，按照先后顺序排列在前。未标注时间的，按照原书顺序依次排列在后。

金元文人撰写碑记呈现以下一些特点。一是从时代演进来看，金蒙易代、王朝更迭并未对文人精英与全真道的交往造成影响，文人精英的全真碑刻书写活动一以贯之地贯通金元两代。二是从撰者身份来看，金元文人多出身儒家，并以政府官员的身份撰写碑刻。一方面体现了儒道互通的特点，另一方面也凸显了世俗社会对出世活动的关注和热衷。三是从碑传内容来看，以记载全真道士弘道活动的道行碑、墓志铭、宫观建修碑居多，这些内容是构建全真道历史的重要基础。以史弘道，金元文人的贡献不容忽视。四是从覆盖面来讲，上述碑刻基本涵盖了王嚞创教以来，七真及其后嗣各宗系的传承历史。当然，也有例外，其中对孙不二一系的记载明显不足。这实际上涉及《甘水仙源录》编者李道谦对七真构成的认知问题。五是金源璹、元好问、王鹗、王磐、商挺、高鸣、王利用等为多人、多宫观撰写碑记的情况十分普遍。足见金元文人与全真道有着广泛的交往，在教俗两界享有盛名。最后从教外精英和教内高道撰写教史对比的角度看，前者多是对"点"（如某道士、某宫观）的记载和书写，后者则呈现"点""线""面"相结合的特点。如李道谦不仅撰有多部道行碑、宫观碑，而且从教团传承与发展的高度，一方面致力于搜集整理教内外精英的全真书写，另一方面又编著了多部教史文献，较为全面系统地向教俗两界展现了全真道的历史。秦志安、史志经等也有类似作为，这是教外精英所不能及的。之所以出现这样的区别，原因在于，教外精英可能是源于和某些高道、宫观的友好交往，才慨然应允撰作相关碑记的。而秦志安、李道谦等教内史家则是站在鉴往知来、为全真后学提供修学楷式的高度观照教团整体发展的。二者的动因和书写侧重点不同，但是在推动教团发展上殊途同归。

金元时期中央和地方统治者向全真道颁布了诸多政令公文，虽冠以皇帝、宗王或政府之名，但多出自文人精英之手。在记述、揭示全真道与国家社会的关系方面，金元文人特别是政界精英具有得天独厚的优势。据《玄门掌教孙真人墓志铭》，孙德彧以祈祷灵应著称一时。元仁宗目之为"仙人"，"命图其像，属翰林学士承旨赵公孟頫为赞，以玺识之"①。碑记未

---

① 陈垣编纂，陈智超、曾庆瑛校补《道家金石略》，第767页。邓文原《皇元特授神仙演道大宗师玄门掌教辅道体仁文粹开玄真人管领诸路道教所知集贤院道教事孙公道行之碑》亦云："命翰林学士承旨赵孟頫赞公像，且加御玺其上。"陈垣编纂，陈智超、曾庆瑛校补《道家金石略》，第788页。

载赵孟頫奉敕所撰赞文，笔者在《松雪斋集》中发现，作《长春宫孙真人真赞奉敕撰》。其云：

> 澹兮其若川，油兮其若云在天。虚兮其若谷，粹兮其若玉，冲冲兮而无不足。服文采，冠崔嵬，佩宝璐，人皆美其荣，而我安若素。夫所谓真人者，非斯人其孰与邪？[①]

再如，元泰定帝朝，名儒吴澄（1249~1333）奉敕撰《封孙真人制》，敕封郝大通一系孙履道神仙玄门演道大宗师、泰定虚白文逸明德真人掌管诸路道教所、知集贤院道教事。[②] 按，1324~1328年，孙履道出任全真掌教。程越基于袁桷撰"长春宫提点常某授玄门演道大宗师掌教真人管领诸路道教所商议集贤院道教事"，补陈垣漏考的一位全真掌教。[③] 又，虞集《瑞鹤赞》收入《元人文集珍本丛刊》本《道园类稿》卷15，《道家金石略》《金元全真教石刻新编》等未收。赞文记载，至顺三年（1332）三月，赵国公常不兰奚、中书平章政事亦列赤、御史中丞脱盈纳等，奉元文宗圣旨、皇后懿旨，命苗道一在大长春宫修建罗天大醮。此事发生在苗道一第二次出任掌教期间。赞文记述当时盛况称，"羽盖杂华，雾以缤纷。法曲绕旌，霓而高亮。百官在列，万姓聚观。乃有青鸾白鹤飞舞太空。雅唳长鸣，去人寻丈，若群真之并驾，从列圣以来迎。盘桓后先，及坛而止。众目瞻睹，惊叹神异"。常不兰奚将醮仪盛况绘图上呈文宗，文宗非常重视此事，命虞集为文记之。[④] 按，《元史》卷33记载，天历二年（1329）八月、十月，掌教苗道一两度奉敕在大都建醮。前者和玄教宗师吴全节共举，后者由他在长春宫主持修建。至顺三年长春宫建醮事，《元史》失载。《瑞鹤赞》可补正史之缺。不难看出，文人精英的书写在构建全真道历史乃至正史过程中的重要

---

① （元）赵孟頫：《松雪斋集》卷10《长春宫孙真人真赞奉敕撰》，《景印文渊阁四库全书》第1196册，第737页上栏。
② 参见陈垣编纂，陈智超、曾庆瑛校补《道家金石略》，第768页。
③ 程越：《金元全真道后弘期掌教研究》，《中国社会科学院研究生院学报》1996年第4期。
④ （元）虞集：《道园类稿》卷15，《元人文集珍本丛刊》第5册，台湾新文丰出版股份有限公司，1985，第453页。

作用。

　　和全真道士的史志书写重在褒扬道门的笔法不尽相同，金元文人的全真书写既有弘扬教团历史的一面，也有直书省思的一面。如元好问《紫微观记》回顾全真道在金末的发展盛况后，对金廷的禁罢之策及教团因此微而复兴的历史有客观揭示，"上之人亦尝惧其有张角斗米之变，著令以止绝之。当时将相大臣有为主张者，故已绝而复存，稍微而更炽。五七十年以来，盖不可复动矣"①。元世祖至元二十一年（1284）三月，翰林院唐方、杨文郁、王构、李谦、阎复、王磐等奉敕撰《圣旨焚毁诸路伪道经藏之碑》，对宪宗、世祖两朝的佛道之争以及元廷对道教的限制打压有清晰的交代，对道教创立以来改变道家清静之风、"袭讹成伪，夸诞百出"的状况提出批评警示。王磐等虽为奉敕而作，但是佛道之争因全真道的鹊起膨胀而生，焚经书写亦从一个侧面揭示了全真道在大蒙古国时期和元初的历史境遇。② 如果没有金元文士的书写，就不可能更加全面地了解、构建全真道早期发展的历史。更为重要的是，与教内史家相比，他们的书写展现了世俗社会对全真道的多视角观察，使世人对它的认识更加客观、多元。

　　除了熟知全真道宗祖传承以外，对以道家道教历史、典籍为代表的中国传统文化的熟稔是文人全真书写的文化根基。表5-3中提到的宋子贞（1188~1268），字周臣，号鸠水野人，潞州长子（今山西长子）人。元太宗、世祖朝先后出任行台右司郎中、益都路宣抚使、翰林学士、中书平章政事等职。《元史》卷159有传。他对《道德经》《南华经》《茅君内传》等典籍颇为熟悉，撰有《顺德府通真观碑》《普照真人玄通子范公墓志铭》《全真观记》等多篇全真碑记。丘处机弟子巨阳子韩志具于金章宗明昌朝在山东泰安县上章村创建全真观，并请其撰写碑记。他认为，土木之工、金石之记，并不能传之久远，只有诵读《道德经》，践行老子之言，道家精神才能传承长久。然而，具有讽刺意义的是，他还是应邀为之撰写了创建碑

---

① （金）元好问：《元好问文编年校注》，狄宝心校注，卷4，第363页。
② （元）释祥迈：《至元辨伪录》卷5，《续修四库全书》第1289册，第459页下栏至第462页上栏。

记。杜仁杰（1201～1282），字仲梁，号止轩，字善夫，济南长清人。金末隐内乡山中，至元中屡征不起。追谥文穆。在为崔道演撰写赞文时，杜氏谈到自己尝读《列仙传》，对"乘云气，跨箕尾，解水火，遗冠舄"①之说颇为熟悉。

## 二 教史书写的特点

首先，作为全真教史的两大类型，史传和碑志之间很多时候并非各自为政、互不统属，而是有机互动的。碑、传"套系"配合者，比较普遍。以丘处机为例，既有《长春真人传》《七真仙传·长春真人丘宗师传》《金莲正宗记·长春丘真人》《全真第五代宗师长春演道主教真人内传》《历世真仙体道通鉴续编·丘处机》《金莲正宗仙源像传·长春子》等多部史传，又有《长春真人本行碑》《燕京白云观处顺堂会葬记》《重修磻溪长春成道宫记》等记载其事迹的道行碑、专事碑。马钰弟子湛然子赵九渊是活跃于金末的早期祖庭高道之一，金哀宗正大朝辞世。元世祖中统三年（1262），孟攀鳞撰《湛然子赵先生墓碑》。李道谦又编有《赵九渊传》，收入《终南山祖庭仙真内传》卷上。至元十四年（1277）五月，李道谦状高道宽行实，请姚燧撰《洞观普济圆明真人高君道行碑》。1284年《终南山祖庭仙真内传》成书，卷下收《圆明真人传》，所记比姚燧《碑》更详。这当与高、李同门，且李作为高副手共同管领祖庭的经历有关。1294年门人苟道恭等又请人撰作《圆明真人传》，收入《北京图书馆藏中国历代石刻拓本汇编》。碑文漫漶严重，撰者不可考。

从史传、碑志取材角度看，二者很多时候互为史源。李道谦编写《赵九渊传》时参考了孟攀鳞撰《墓碑》。佚名《圆明真人传》参考了姚燧《高君道行碑》。此为碑志为史传史源的情况。1250年十月二日，于善庆辞世。杨奂《终南山重阳万寿宫洞真于真人道行碑》称，"后九日，葬于宫之西北隅，有《洪钟集》行于世。镇阳冯侍郎璧《传》其事甚悉"。上文谈到，王鹗撰写李志常道行碑时，参用了李鼎所作的《李志常传》。此为史传为道行碑史源的情况。李道谦《终南山全阳真人周尊师道行碑》

---

① （元）李道谦：《甘水仙源录》卷5，《道藏》第19册，第760页下栏。

"谨按藏室所收《金莲记》，及崆峒李公君瑞作师《墓铭》，并向者洞真真人于君常谈师之言行，而编次之"。① 此为史传、墓志铭为道行碑史源的例证。

从整体上看，史传、碑志有重复书写的情况。但从具体行文看，互见法——相同相类的史事参见他文，不做赘述——是碑志之间、史传与碑志之间教史书写的一种常用手法。例如，丘处机辞世后，尹志平易长春宫东甲第为白云观，次年构堂安厝长春遗蜕，并请陈时可撰写《燕京白云观处顺堂会葬记》。关于丘处机一生的事迹，陈时可撰有《长春真人本行碑》。"其岁月事迹已见于《本行碑》"②，故《会葬记》围绕道士死后是否应该厚葬的争论展开，重点阐释大起葬事的"慎终追远"之理。此为专事碑与本行碑互见的例子。1258 年高晔撰《玄都观碑》，记载丘处机令弟子在马钰故宅起建、修复玄都观历史。碑记开篇简要介绍了王嚞与马钰的契遇，对王嚞在山东招收七真的历史一笔带过，"已而度长真长生长春玉阳广宁纯德，其形状之始终，神变之微异，具载于《仙传》，今略而不书"③。此处之《仙传》或指元太宗朝初成书的《七真仙传》。此为史传与碑记互见的例子。王博文《栖真子李尊师墓碑》载述丘处机弟子李志明一生弘道活动。其中关于兴复天庆观一事，《墓碑》未作详论，仅称"具见于荣禄宋公所撰《万寿宫碑》，兹故略"④。此为宫观创修专事碑与墓志互见的例子。还有宫观碑互见的情况。杨奂《重修岳云宫记》载述孟州岳云宫兴建史。此宫系金世宗大定二十八年（1188）丘处机所创。⑤ 金末蒙初全真徒众屡有增葺，其中杨奂点到了栖神子王志祐增修岳云宫一事，"迨国朝，栖神子出，修饰而润色之。栖神讳志祐，姓王氏，林虑人。其至也以乙未，其升也以己亥，寿

① （元）李道谦：《甘水仙源录》卷 3、卷 4，《道藏》第 19 册，第 748 页下栏、第 752 页下栏。
② （元）陈时可：《燕京白云观处顺堂会葬记》，陈垣编纂，陈智超、曾庆瑛校补《道家金石略》，第 458 页。
③ （元）高晔：《玄都观碑》，王宗昱编《金元全真教石刻新编》，第 10 页。
④ （元）李道谦：《甘水仙源录》卷 6，《道藏》第 19 册，第 775 页上栏。
⑤ （元）李道谦：《全真第五代宗师长春演道主教真人内传》，陈垣编纂，陈智超、曾庆瑛校补《道家金石略》，第 634 页。

八十有八，具李翰林《阳台宫碑》"①。经查，《阳台宫碑》指的是李俊民《重修王屋山阳台宫碑》。碑文概述了唐以来阳台宫的历史沉浮。关于王志祐的作为，称"正大四年丁亥，林州先生王志祐，由平水抵王屋，周览胜区，感叹陈迹，慨然有动于心。邑令及司氏昆仲，挽留住持，养道余暇，以起废为事。不募而役集，不鸠而材具，变污以洁，易故而新，宏大殿堂，修直廊庑，复灵官之位，列斋厨之次，接遇则有宾馆，招纳则有道院，其用简，其功速，旋天关，回地轴，华日月而平北斗，其为力也大哉！……先生少业儒术，长慕玄理，年高行积，境灭心休，幽人逸士，望风禀受，号曰栖神子。一日，与余邂逅于山前，颇得其所长……大朝己亥岁三月二十二日壬辰，登真于岳云观，春秋八十有八。其徒曰定、曰忠、曰祥、曰玄、曰温"②。如此，《重修王屋山阳台宫碑》在《道家金石略》分类中就应该从"（五）归属不明者"移入"（一）全真派"。

其次，全真道史的作者大体由教内史家和世俗精英两大群体组成。以秦志安、史志经、李道谦为代表的教内史家比较系统地对教团历史的梳理、宗祖谱系的申论、宗门认同的述说，以杨奂、元好问、王鹗、王恽、姚燧为代表的一大批金元文士对不同宗系全真道士弘道事迹的描绘、各大宫观创建兴修活动的记录、全真道士与世俗社会交通往来的勾勒，共同构成了全真道历史书写的两大系统。在这个过程中，全真道的历史传承与斑斑道业得以再现，全真道士的道行和济世度人的事迹得以传闻，远接上古、近承唐宋的宗祖谱系得以构建，功行双修、性命两全的修道宗旨得以展现。这都与教俗两界的教史书写铺陈无法分隔。

全真道的史志书写是教团的一种自觉的、有组织性的行为。邀请教内外名士撰写史传、碑志已然成为一种不成文的规则。从发起者角度看，全真史志的书写可以分为以下几种类型。

第一为官方委托撰写。如刘道宁的弟子祐德真人褚志通，道行高洁，不问世事，被誉为"太华真隐"。元世祖至元十六年（1279），忽必烈遣使

---

① （元）杨奂：《重修岳云宫记》，陈垣编纂，陈智超、曾庆瑛校补《道家金石略》，第 525 页。

② （金）李俊民：《重修王屋山阳台宫碑》，陈垣编纂，陈智超、曾庆瑛校补《道家金石略》，第 1074～1075 页。

征召，不起。李德辉深知其人，曾请姚燧撰写《太华真隐褚君传》，以彰其行。按，李德辉（1218~1280），字仲实，通州潞县（今北京通州）人。元定宗二年（1247），经刘秉忠荐，征至忽必烈潜藩，侍讲读。后深得器重，忽必烈继承皇位后，先后出任燕京宣抚使、山西宣慰使、太原路总管、右三部尚书、安西王相、安西行省左丞等职。在元初平定川蜀和"西南夷罗施鬼国"过程中屡立功勋。为政以德，颇有政声。辞世后，西南官民深感其德，立庙祠祭。《元史》有传。至元九年（1272）十月，忽必烈封皇子忙哥剌为安西王，赐京兆分地，驻兵六盘山。至元十一年，"（安西王）奏以德辉为辅，遂改安西王相。至则视渭泾营牧故地，可得数千顷，起庐舍，疏沟浍，假牛、种、田具与贫民二千家，屯田其中，岁得粟麦刍稿万计"①。李德辉当时就是以王相的身份请姚燧撰写褚氏传的。姚燧时任安西王府文学，与李德辉为上下级关系。姚燧曾为李德辉撰《中书左丞李忠宣公行状》（收入《牧庵集》卷30），二人关系非同一般。众多护教圣旨、懿旨、令旨等公文，多系政界精英奉官方政令撰作，前文已述，不赘言。

第二是教内领导层组织撰写。这里的领导层既包括掌教大宗师，也包括地方道官。就掌教大宗师言之，1228年八月，掌教尹志平曾请寂通居士陈时可撰作《长春真人本行碑》。上文谈到，1262年张志敬积极推动清和真人尹志平道行碑的"重修"工作，并于元世祖至元元年（1264）以掌教身份刻石立碑。1264年王志谨"门人论志元、魏志言持师行状，洎提点张志格、李志居书，不远数千里"，恳请王鹗作《栖云真人王尊师道行碑》，再结合"予衰朽之人，忝居翰职，应制之外，不宜为人作文字，惟师以同里同宗之分，而掌教诚明真人亦为言之，义不容辞，乃为书其大概"② 可知，张志敬也曾襄助此事。至元九年（1272）三月三日，张志敬遗蜕葬五华山道院东。"襄事毕，提点刘志敦持行状，致嗣教真人王志坦之命"，请王磐撰作《玄门掌教宗师诚明真人道行碑铭》。以上均属于掌教积极推动全真碑志撰写的情况。

就地方道官言之，天乐真人李道谦于元世祖至元十四年（1277）出任

---

① （明）宋濂等撰《元史》卷163《李德辉传》，第3816页。
② （元）李道谦：《甘水仙源录》卷4，《道藏》第19册，第756下栏至第757页上栏。

陕西五路西蜀四川道教提点兼领重阳万寿宫事。作为教内著名史家和地方道官，不仅亲自撰作了诸多史志，而且积极推动全真碑志的撰写工作。如至元十九年（1282）八月，持马钰道行状，请王利用撰《全真第二代丹阳抱一无为真人马宗师道行碑》。至元二十四年（1287），偕终南上清太平宫提点贺志冲、李志真，请姚燧为王处一撰写碑记，理由是"真君并六真既各有传，独是玉阳尚无属笔"①。1289 年十二月，"（宋德方）法孙张道祺来自长安，偕道录王志明赍秦蜀道教提点天乐真人李君之书，径诣成都"，请王利用撰《玄通弘教披云真人道行之碑》。李道谦或为介绍、或亲自撰作行状，为推动全真碑志书写甘居幕后。从补王处一碑来看，宗祖道行碑的撰立并非可有可无，教团是有整体考虑安排的。宫观提点、宗门领导者组织撰碑者，也不在少数。《全真教祖碑》《祖师仙迹记》由"嗣法孙汴京嘉祥观提点真常子李志源、中太一宫提点洞真子于善庆"分别请金源璹、刘祖谦撰写。李志源、于善庆虽同为王嚞法孙，但其宫观提点的身份表明，二碑的撰作并非完全出于李、于私意。至元二十三年（1286），崇玄诚德洞阳真人徐志根请徐琰为其师祖郝大通撰作《广宁通玄太古真人郝宗师道行碑》，"时洞阳掌本宗教，住朝元宫"②。

第三是弟子请人撰写。例如，真常子刘道宁在世时，与学士魏邦彦有交。死后，门人史志经请魏氏撰写道行记。魏邦彦因年老，久不作文字，乃请王鹗代劳。王鹗"初客燕城，殊无文思，重违学士之请，而复嘉志经之不忘所事，乃以临终之言名其堂，因为纪其始末云"③。1259 年毛养素辞世。弟子王志冲、张志性同道判常志久，赍讲师郭从道所作行状，请李国维撰《颐真冲虚真人毛尊师蜕化铭》。元世祖至元九年（1272）掌教王志坦辞世。十一年，弟子梁志安、常志敏等状其行状，请高鸣作《崇真光教淳和真人道行之碑》。至元十一年九月，终南山重阳成道宫提点吴志恒请李道谦为其师周全道撰《终南山全阳真人周尊师道行碑》。乃马真后二年（1243）清平子赵志渊辞世。至元二十五年（1288），华清宫提点李志通、遇仙观尊

---

① （元）姚燧：《玉阳体玄广度真人王宗师道行碑并序》，陈垣编纂，陈智超、曾庆瑛校补《道家金石略》，第 718 页。

② （元）李道谦：《甘水仙源录》卷 2，《道藏》第 19 册，第 738 页下栏。

③ （元）李道谦：《甘水仙源录》卷 6，《道藏》第 19 册，第 773 页中栏。

宿杨志素、提领苏道常等，以其法属讲师吕志真为介绍，持状请祖庭重阳宫讲经师张好古撰《清平子赵先生道行碑》。1292年，济宁路道录徐居仁操其师高道宣行状至大都长春宫寓仙道院，请诸路道门玄学提举王道明撰《纯正昭慧冲和真人高君道行碑》。嗣法弟子为先师、先祖请文立碑的情况非常普遍，不再赘述。

还有同门师兄弟为道友请碑的情况。吕道安与毕知常同师马钰，金宣宗兴定朝辞世。毕知常安厝其遗蜕后，请赵九渊撰《终南山灵虚观冲虚大师吕君墓志》。栖真子李志明与洞元大师申云叟同为丘处机门人。元世祖至元三年（1266）李志明辞世。至元十年四月，从遗命藏之于太原府城东南三里所。"洞元持师之门人郭志修等所纂行实状"，请王博文撰《栖真子李尊师墓碑》。

全真碑志撰写的发起者既有官方力量介入，也有教内大宗师、地方道官、宗门管理者、嗣法弟子、同门道友等多种力量的踊跃推动。呈现教内外共同参与、自觉性与组织性相统一等特点。

最后，简要从两方面谈一谈全真教史书写的价值意义。一是就碑志而言，代际传承的道行碑、墓志铭的组织撰写和刻立，是全真道士以"方外眷属"尽行传统孝悌之道的表现，是儒家孝道思想与实践在道门的延伸展开，是全真道以儒合道的实践性体现。元成宗元贞三年（1297），秦蜀道教提点、栖玄致道通真法师陈德定请王恽为其师祖尹志平撰写道行碑。陈、王二人的对话深刻揭示了树碑立传在光扬宗祖、探原报本以及儒道互通之理方面的重要意义，"'德定自惟托迹草茅，何以致此，盖远藉先荫，思效光扬。师祖清和公之返真，侍郎赵楠已表松台，祖庵之复，实所权舆，今纪行之碑，未克昭建，是殆阙如。提点温某等五人，已砻乐石，幸翰长先生惠之铭，是亦不一书而止之意也。'予曰：'有是哉！探原报本，乃吾儒美事，道虽不同，其理弗异。'"① 二是以史传教乃史传碑志的共同旨向。《恕斋王先生事迹》记载，李志常请王粹续编《七真仙传》的目的是"藏诸秘

① （元）王恽：《大元故清和妙道广化真人玄门掌教大宗师尹公道行碑铭并序》，陈垣编纂，陈智超、曾庆瑛校补《道家金石略》，第690页。

籍，以永其传"①。李道谦以《玄风庆会图》为"后进者照心之镜、释疑之龟""后之学者固当取法是书，朝披夕省"。② 元世祖中统三年（1262）三月，掌教张志敬请王鹗撰作永乐大纯阳万寿宫重修碑记。王鹗先阐述了道家之教的渊源，特别是全真道自东华帝君以降的历代传承。在他看来，不借助碑石，就无法将全真道悠远的历史传承久远，"不假丰碑记述以传永久，则先辈勤勚，泯泯无闻"③。"鉴往事而知来者"。12、13 世纪教俗两界对全真历史的记录和书写也不例外，他们通过教史书写，传承了全真道的历史记忆，增进了教俗两界对教团传承发展的历史认知，巩固了教团凝聚力，增强了修道者对教团的认同感、归属感。

史传、碑志在弘演教史方面发挥的作用是不言而喻的。史传多为纸质介质（当然刻诸碑石的情况也不鲜见），碑志多为金石介质。关于两种介质在保存传承全真历史记忆方面的优劣，教内已有观察。史志经《玄风庆会图·后序》云："宗师（指丘处机——引者按）在陕右日立教弘道之绩有所未明，吾友筠溪天乐先生李君和甫弥而缝之者居多，兼载长春、虚静二传。……或者诘云：'宗师道行已载金石，何以是为？'余曰：'请试论之，凡为臣子欲彰君父之美者，莫不铸于钟鼎，或刻诸琬琰，咸谓得永远之计。是岂知钟鼎有时而镕，琬琰有时而裂。或不镕裂，止照于一方，见于一所。未若锓梓印行，流布四方。纵也东郡之废而西邑之存，北里之藏而南邻之出，使人不离机（当为"几"之误——引者按）席，八荒之事可知，不移暑刻，千年之迹可见。是知锓梓之功不后于铸金刻石者之为模也。'"④ 张好古《甘水仙源录·后序》认为，元代全真大兴，仙乡道馆什百为耦。金石碑刻遍布四方，一己之力很难遍览通观。李道谦将全真碑刻集为一编，不出户庭，即可概见"玄元之心法"。客观地讲，纸质文本和金石碑刻各有利弊，至元焚经之厄、历史上众多碑刻的人为性破坏，均给全真史志的传承造

---

① （元）李道谦：《甘水仙源录》卷 7，《道藏》第 19 册，第 784 页下栏。
② （元）李道谦：《长春大宗师玄风庆会图序》，周燮藩主编，王卡分卷主编《中国宗教历史文献集成·三洞拾遗》第 16 册，第 392 页下栏、第 393 页上栏。
③ （元）王鹗：《重修大纯阳万寿宫之碑》，王宗昱编《金元全真教石刻新编》，第 128 页。
④ （元）史志经：《玄风庆会图·后序》，周燮藩主编，王卡分卷主编《中国宗教历史文献集成·三洞拾遗》第 16 册，第 418 页下栏至第 419 页上栏。

成了不小的影响。不过，二者在记载传承全真道历史方面的价值值得重视。

## 第二节 《金莲正宗记》再造与全真历史书写

《金莲正宗记》（以下简称《金莲记》），收入《正统道藏》洞真部谱录类，为传世文献中最早的版本。据书前"辛丑平水长春壶天序"①，可知该书成书于元太宗十三年（1241）。这是大蒙古国时期的一部具有典范意义的全真仙传，较《终南山祖庭仙真内传》（1284）、《甘水仙源录》（1288）、《历世真仙体道通鉴》（1294）、《金莲正宗仙源像传》（1326）等全真史传都要早。该书在元代中后期经历过一次"再造"。考释其删改情况和"再造"过程，对研究早期全真史书的编纂、宗祖认同巩固及其对教团发展的意义等，具有重要的学术价值。道教史学是中国传统史学的重要组成部分，本节以《金莲记》为切入点，探讨其成书的过程及其意义，希冀为进一步拓展道教史学史贡献绵薄之力。

《金莲记》题"林间羽客樗栎道人编"。张广保最早考证出"樗栎道人"即秦志安。②据元好问《通真子墓碣铭》，秦志安所居之处曰"樗栎堂"，故又号"樗栎道人"。出身于诗书世家，自幼趣尚高雅，累举进士不第。金哀宗正大（1224~1232）中，弃家南游嵩山，好方外书，以求治心养性。天兴元年（1232），蒙古军破河南，秦志安北归，在上党（今山西长治）礼宋德方出家为全真学。作为十八大士之一，披云真人宋德方曾随侍丘处机西行，在大蒙古国教俗两界声望颇高，撰有《全真列祖赋》，较早地构建了全真祖师传承谱系③，还曾主持编纂《大元玄都宝藏》，传承道教

---

① 关于序文作者，见仁见智。分别参见任继愈主编《道藏提要》，第 76 页；Kristofer Schipper and Franciscus Verellen, eds., *The Taoist Canon: A Historical Companion to the Daozang*, University of Chicago Press, 2004, p.1135；萧登福《正统道藏总目提要》，第 178 页；陈国符《道藏源流考》，第 196 页；薛瑞兆编《金代艺文叙录》，中华书局，2014，第 1216 页；张广保《元代全真教关于道教起源、分期的讨论及申论》，《宗教学研究》2018 年第 2 期；韩占刚《〈金莲正宗记〉的成书与修订——兼论其与〈七真仙传〉之间的叙事互补》，《老子学刊》2023 第 1 期。

② 张广保：《金元全真道内丹心性论研究》，台北文津出版社，1993，第 343~344 页。

③ 《玄通弘教披云真人全真列祖赋》，陈垣编纂，陈智超、曾庆瑛校补《道家金石略》，第 593~594 页。

文脉。

修藏工程起始于元太宗九年（1237），讫于乃马真后三年（1244），历时八载。秦志安出力甚巨，可谓纂修《大元玄都宝藏》的实际扛鼎者。元好问对秦志安的贡献有明确交代：

> 通真子校书平阳玄都以总之。其于三洞四辅，万八千余篇，补完订正，出于其手者为多。仍增入《金莲正宗记》《烟霞录》、绎仙、娄仙等传附焉……中间奉被朝旨，借力贵近，牵合补辍，百方并进，卒至于能事颖脱，真风遐布，而通真子之道价益重于一时矣。通真子记诵该洽，篇什敏捷，乐于提诲，不立崖岸。居玄都垂十稔，虽日课校雠，其参玄学，受章句，自远方至者，源源不绝。他主师席者，皆窃有望洋之叹焉。①

秦志安学问精深，博通经史，潜心修藏事业，深受教内尊崇。不幸的是，《宝藏》修成当年，辞世樗栎堂，享年五十七岁。他四十岁入道，栖身道门十七载。其对全真道的贡献不能简单地用入道时间的长短来衡量。他培养弟子众多，著述除了上引仙传外，另有《林泉集》20卷（已散佚）、诗文多篇。②

---

① （金）元好问：《通真子墓碣铭》，陈垣编纂，陈智超、曾庆瑛校补《道家金石略》，第486~487页。

② 如《和清和真人经台十诗》《寄李俊民》《披云仙翁赞》《长生真人刘宗师道行碑》《复建十方重阳延寿宫碑铭并序》《兴真观记》《后魏嵩山登真寇天师传续诗》《唐嵩岳太一观蝉蜕刘真人传续诗》《创建元都清虚观记》《重修玉阳道院记》《老君石像赞》等。分别参见（元）朱象先《古楼观紫云衍庆集》卷下，《道藏》第19册，第568页中栏；阎凤梧、康金声主编《全辽金诗》，山西古籍出版社，1999，第2277页；陈垣编纂，陈智超、曾庆瑛校补《道家金石略》，第469~470页、第511~512页、第533~534页、第717页；王宗昱编《金元全真教石刻新编》，第118~119页、第149~150页。其中《老君石像赞》张金吾据《亳州志》收入《金文最》卷11，其他诸家碑记失载，兹录文如下，以示秦志安对太上老子的认识："绝圣弃智，挫锐解纷，居太初太易之前，隐无象无形之内，五千五百重天藏于卵壳，九十九亿万岁贮在弹丸。此其太上乎？曰：非也。恍兮惚其中有物，物不可得而名；杳兮冥其中有精，精不可得而见。此其太上乎？曰：非也。迎之不见其首，随之不见其后，独立而不改，周行而不殆，能为万象主，而不逐四时凋。此其太上乎？曰：非也。然则孰为太上？曰：凭君试向东风问，惟有黄花翠竹知。"《续修四库全书》第1654册，第216页上栏。

　　"金莲"一词，出自王重阳所传"七朵金莲结子"故事。"正宗"旨在阐释全真道在道教传承发展中的正根正本地位。关于《金莲记》的版本，传世本主要有《正统道藏》本、《重刊道藏辑要》本。二者有个别文字出入，内容基本无差别。不同的是前者分作 5 卷，后者不分卷。明代以来，多部书目题跋对之有载录。① 明清书目的记载主要有以下认识：关于作者，多题"林间羽客樗栎道人编"，但樗栎道人为谁，未能考证。关于篇幅，有 1 卷、1 部 1 册、5 卷等说法。结合《重刊道藏辑要》本和《正统道藏》本，诸家关于篇幅的记载实则并不矛盾。1 卷说、1 部 1 册说和《辑要》本合，5 卷说与《道藏》本合。关于内容，大都认为记载的是五祖七真事迹，以《道藏目录详注》《古今图书集成》为代表。

　　今人的研究成果亦多承袭明清之说。认为《金莲记》秦志安撰，5 卷，内容为五祖七真事迹。如刘师培称，"《金莲正宗记》五卷，题'林间羽客樗栎道人编'……《记》即全真派各师之《传》，由东华帝君至清静散人，计十四人"。《道教手册》《道藏书目提要》《宗教大辞典》《中华道学通典》《道藏提要》所述大体雷同，不再胪列。②

　　兹以《正统道藏》本为基础，对其篇幅和内容做一简要介绍。全书凡 5 卷，收录后世所称的五祖七真、和玉蟾、李灵阳等 14 位全真宗祖传记，主要记载传主入道修真经历，间杂唱和诗文。卷 1 收东华帝君、钟离

---

① 例如，明白云霁《道藏目录详注》卷 1："《金莲正宗记》卷一之五，林间羽客樗栎道人编，皆五祖七真事迹。"周燮藩主编，王卡分卷主编《中国宗教历史文献集成·三洞拾遗》第 17 册，第 808 页上栏。（明）杨士奇《文渊阁书目》卷 4："《金莲正宗记》一部一册"。此条目下又有"《金莲正宗传》一部一册"。《金莲正宗传》出自谁人之手，所录内容为何，待考。《景印文渊阁四库全书》第 675 册，第 202 页上栏。（清）钱大昕《元史艺文志》卷 3："《金莲正宗记》五卷，樗栎道人编。"《续修四库全书》第 916 册，第 263 页上栏。（清）钱曾《钱遵王述古堂藏书目录》卷 9："《金莲正宗记》一卷一本抄。"《续修四库全书》第 920 册，第 522 页下栏。（清）魏源《元史新编》卷 93《艺文志》："《金莲正宗记》五卷，樗栎道人编。"《续修四库全书》第 315 册，第 451 页下栏。《古今图书集成》称："《金莲正宗纪》五卷，林间羽客樗栎道人编，皆五祖七真事迹。"《古今图书集成》第 511 册，中华书局，1934，第 16 页。

② 分别参见刘师培《读书随笔外五种》，万仕国点校，广陵书社，2013，第 122 页；李养正主编《道教手册》，中州古籍出版社，1993，第 345 页；潘雨廷《道藏书目提要》，上海古籍出版社，2003，第 274 页；任继愈主编《宗教大辞典》，上海辞书出版社，1998，第 389 页；吴枫、宋一夫主编《中华道学通典》，南海出版公司，1994，第 1189 页；任继愈主编《道藏提要》，第 76 页。

权、吕洞宾、刘海蟾四传，4000 余字；卷 2 收王重阳、和玉蟾、李灵阳三传，近 5000 字；卷 3 收马丹阳一传，5000 余字；卷 4 收谭处端、刘处玄、丘处机三传，5100 余字；卷 5 收王处一、郝大通、孙不二三传，4100 余字。各卷字数大体平衡。各传之后，以"赞曰"的形式，总结传主的修真经历、贡献或成就。例如，《东华帝君传》后以"贤曰""仆应之曰"对话的形式，解释帝君仙名、道价不见于《汉史》的缘由。《长春丘真人传》的赞颂部分称"仆尝游燕台，见三人相与论丘仙翁之功德"①。这部分内容当出自秦志安之口。最后以"诗云""张神童诗云"形式，唱和传主修道历程。

## 一　被传世本《金莲记》删除的三部道士传记

元世祖至元十八年（1281）佛道之争白热化，《道藏》遭受焚经之噩。我们现在看到的传世本《金莲记》系明《正统道藏》本。明清书目题跋和今人对之的研究，也都源于《正统道藏》本。那么，被秦志安增入《大元玄都宝藏》的《金莲记》即元藏本和传世本是否为同一版本？通过梳理相关碑刻文献，笔者发现元藏本与传世本存在重大差异。张广保、景安宁、吴光正先后注意到这个问题。② 不过，由于各自申论的主题不同，他们并未考释《金莲记》的删改情况及原因。现考述明确被传世本《金莲记》删除的三位全真道士事迹如下。

（一）清和真人掌教大宗师尹志平

尹志平事迹主要见于李志全《清和演道玄德真人仙迹之碑》、弋毂《清和妙道广化真人尹宗师碑铭并序》、李道谦《终南山祖庭仙真内传·清和真人》、贾戫《大元清和大宗师尹真人道行碑》、王恽《大元故清和妙道广化真人玄门掌教大宗师尹公道行碑铭并序》、《终南山说经台历代真仙碑记·掌教大宗师清和尹真人》、《白云仙表·太和尹宗师》等。他曾随侍丘处机

---

① （元）秦志安：《金莲正宗记》卷 4，《道藏》第 3 册，第 360 页下栏。
② 张广保：《金元全真道内丹心性论研究》，第 344 页；景安宁：《道教全真派宫观、造像与祖师》，第 81 页；吴光正：《论元代全真教传记的文体功能》，《文学评论》2020 年第 1 期。

西行，"时从行者十有八人，皆德望素重者，师为之冠"①。丘处机辞世后，于 1227 年至 1238 年担任掌教大宗师。有《葆光集》《清和真人北游语录》传世。学界对尹志平的研究集中于教事、著述、思想、文学创作、宗教实践与贡献等方面，兹不赘述。② 关于尹志平传记收入《金莲记》的证据，见之于贾𫗭《大元清和大宗师尹真人道行碑》：

中统辛酉，诏封清和妙道广化真人，其生平道行具载《金莲记》，并重阳、五华两宫所署之碑，兹特纪其作新故宫，光昭祖道，始终之大要者。③

（二）全阳真人周全道

《重阳成道宫记》云：

全阳周真人、渊虚李公、洞虚张公生前行事，亦各在秦樗栎彦容《金莲记》《烟霞录》中，与祖师以下众师真同载《玄都宝藏》，俱不烦赘述。④

《终南山全阳真人周尊师道行碑》称：

---

① （元）李道谦：《终南山祖庭仙真内传》卷下，《道藏》第 19 册，第 533 页上栏。
② 关于尹志平的相关研究成果，可参看申喜萍《尹志平道教雕塑思想初探》，《美术研究》2002 年第 4 期；詹石窗、张欣《尹志平对全真心性思想的继承和发展》，《宗教学研究》2007 年第 3 期；刘晓《全真教尹志平接任掌教之谜》，陈鼓应主编《道家文化研究》第 23 辑，生活·读书·新知三联书店，2008；张广保《尹志平学案》，齐鲁书社，2010；郑素春《全真道士尹志平（1169~1251）的宗教实践》，《辅仁宗教研究》第 22 期，2011 年春；李虹《丘处机身后嗣教宗师再考辨》，《宗教学研究》2011 年第 2 期；宋晓云《曾从神仙日下游 五千里外水分头——论西域之行对尹志平文学创作的影响》，《西域研究》2014 年第 1 期；赵卫东《尹志平〈道德经〉诠释理论探析》，《宗教学研究》2016 年第 3 期。
③ （元）朱象先：《古楼观紫云衍庆集》卷中，《道藏》第 19 册，第 557 页下栏。
④ 《重阳成道宫记》，陈垣编纂、陈智超、曾庆瑛校补《道家金石略》，第 526 页。卿希泰主编《中国道教》曾引用此条引文，意在证明樗栎道人即秦志安，但未指出《金莲记》的删节问题。卿希泰主编《中国道教》第 2 卷，知识出版社，1994，第 196 页。

至元甲戌岁秋九月壬午，终南山重阳成道宫提点吴志恒来刘蒋祖庭之筠溪，再拜稽首曰："我先师全阳周君，道高德著，福大缘深，愿得子之文刻石，以传来世。"余以不敏辞而弗许也。谨按藏室所收《金莲记》，及崆峒李公君瑞作师墓铭，并向者洞真真人于君常谈师之言行，而编次之。①

周全道传记无疑入选《金莲记》。兹按《终南山全阳真人周尊师道行碑》《重阳成道宫记》，考其事迹如下。②

周全道（1145～1228），古豳（又作"邠"，古邑名，今属陕西旬邑）豪族，自幼语默，神情雅澹。早年丧父，侍母至孝。金世宗大定十三年（1173）赴祖庭礼马丹阳出家，丹阳赐号全阳子。曾奉师命，卜庵玉峰山下，教化邠郡民众。"贞祐间，羌人陷邠，师亦在虏中，虽被俘絷，其精进道业略不少渝。羌识其为异人，遂释之"。后道价日升，度弟子千人。金宣宗元光末，尚书左丞张信甫出镇邠郡，待之甚厚。周全道曾寓居长安县汉高祖庙，统军完颜公待以师礼。金哀宗正大五年（1228）还邠，嘱弟子兴复活死人墓（即日后之重阳成道宫）。言讫而逝，享寿八十四岁，葬玉峰庵侧。元太宗七年（1235）关中甫定，弟子李志源承遗命，率法属兴建重阳成道宫。1241年清和真人尹志平会葬祖师毕，命门人将其移葬刘蒋仙蜕园。元宪宗二年（1252）掌教大宗师李志常奉朝命，追赠全阳广德弘化真人号。周全道天姿英伟，"老氏之三宝，南华之真人行，师兼而有之，可谓圣门之达者"。门下高弟闻于世者五人：圆明子李志源、洞虚子张志渊、明元子梁守一、云外子贾守真、纯和子张志古。《重阳成道宫记》称，周全道、李志源、张志渊师徒生前行事"亦各在秦樗栎彦容《金莲记》《烟霞录》中"，不排除李、张传记入《金莲记》的可能。

（三）纯德妙成真人刘志源

《重修终南山上清太平宫记》云：

---

① （元）李道谦：《终南山全阳真人周尊师道行碑》，陈垣编纂，陈智超、曾庆瑛校补《道家金石略》，第644～645页。

② （元）李道谦：《甘水仙源录》卷4，《道藏》第19册，第752页下栏至第754页中栏。《宫观碑志》，《道藏》第19册，第711页中栏至第713页上栏。

至于太皇太后之追赠、真常宗师所委之命札，近有秦人刘公子云所作本行碑、灵堂记，濩泽秦公彦容作《金莲记》，自生至化，一切所载之功缘，不烦遍举。①

是为《金莲记》收刘志源传记的明证。《玉阳体玄广度真人王宗师道行碑并序》《终南刘先生事迹》《重修蟾房灵泉观碑》《重修天庆延寿宫碑》等对刘志源事迹均有载录。

据《重修终南山上清太平宫记》，刘志源，相台固县（今属河南安阳）人。少年丧父。好读《道德经》《阴符经》。母亲辞世后，"往来于开滑间，衣弊足跣，日惟一食，人视之以为不堪其忧，己则恬愉舒泰，不惟无忧，又且以为乐"。后拜郎尊师为师，王处一赐道号，丘处机赐清泠子号，并提举大名路教门。"由是远近归向，不惟户外之屦常满，其请为弟子者，肩摩踵接也"。1235 年，尹志平掌教时，刘志源曾率徒众百余人，重修创建于北宋初年的终南山上清太平宫。工程历时二十年，"为殿者四，曰通明，曰紫微，曰七元，曰孚佑，为堂者三，曰灵官，曰演法，曰湛然，斋厨库厩，楼阁方丈，檐溜户牖，金碧丹腹，灿然一新"。太平宫有四座下院，包括京兆长春观、郝（古地名，今属陕西周至）之清和观、高陵太一观、郭南灵仙观。这是一组规模宏大的宫观建筑群，较之宋初的规模大有扩建。此系全真道士接续传统道教、成功接管传统宫观并对之发扬光大的一个典型例证。刘志源主持创建的宫观有 200 余所，叫得上名字的有"大名之太清，开州之万寿、洞玄，滑州之天庆，南乐之参天，清丰之洞真，修武之重阳，东明之明真，观县之清真，琅山之东华"②。度门人弟子 3000 余人，见诸碑记者如杜志玄、李志明、杨志纯、李志宗、赵志真等。元宪宗二年（1252），掌教大宗师李志常祀香祖庭，奉朝命追赠纯德妙成真人号。③

《玉阳体玄广度真人王宗师道行碑并序》载录刘志源修建上清太平宫一

---

① （元）李鼎：《重修终南山上清太平宫记》，陈垣编纂，陈智超、曾庆瑛校补《道家金石略》，第 520 页。

② 以上宫观大都分布在今天的河北南部、河南北部，或冀鲁豫交界一带。

③ （元）李鼎：《重修终南山上清太平宫记》，陈垣编纂，陈智超、曾庆瑛校补《道家金石略》，第 518～521 页。

事称，"岁乙未，（尹志平）择其（指王处一——引者按）孙清泠子刘志源俾建上清太平宫……金季荡焚，木灰瓦屑，清泠剪棘诛茅以居。时日薄西山，才构孚佑一殿，卒"。之后，弟子陈志玄、朱志彦等相继为之。重修工程历时四十五年，建成"通明、紫微、七元三殿，虚皇一坛，凌霄一门，灵官、演法、湛然、传应法师祠四堂，钟楼、斋庖，庑廪将二百楹，位置虽劣祖庭，犹足为自关而西名山福地土木之冠"①。可见，刘志源辞世后，弟子们并未终止对上清宫的营建，建筑规模又有所扩大。

《终南刘先生事迹》补充了相关史事。如称，刘志源赴山东谒见王处一的时间是金卫绍王崇庆年间（1212~1213），并得授秘诀。在山东期间，正值蒙古军队南下，他将无辜民众藏于洞穴之中，赖以全活者数百人。元太祖十八年（1223）冬，于宣德谒见丘处机。关于其辞世时间和栖神之所，《事迹》称"癸卯秋九月二十三日，留颂委蜕而逝，享寿七十有四，葬于终南县城之南长春观"。由此推知，其人生于金世宗大定十年（1170），卒于乃马真后二年（1243）。②

又据《重修蟾房灵泉观碑》，李志常掌教后，刘志源曾主持开州玄都万寿宫。还曾涉足蟾房灵泉观重修工程。③

《重修天庆延寿宫碑》称，滑县（今河南滑县）旧有天庆观，毁于北宋靖康之乱。元初，郡将招抚使王仲安集乡里耆宿，请刘志源率众重修。最终建成"广殿设三清，次殿事祖师七真人，左右室监斋、玄中师、灵官丈室"。掌教李志常"易观号曰天庆延寿宫"。④ 可见，刘志源除了经营终南上清太平宫之外，一直对包括开州玄都万寿宫、林虑县蟾房灵泉观、滑县天庆延寿宫等家乡宫观建设和全真道发展颇为支持。

结合上述相关碑刻的记载，可以确证传世本《金莲记》至少删除了尹志

---

① （元）姚燧：《玉阳体玄广度真人王宗师道行碑并序》，陈垣编纂，陈智超、曾庆瑛校补《道家金石略》，第719页。
② （元）李道谦：《甘水仙源录》卷8，《道藏》第19册，第790页下栏至第791页中栏。
③ （元）王志颖：《重修蟾房灵泉观碑》，陈垣编纂，陈智超、曾庆瑛校补《道家金石略》，第531页。蟾房灵泉观，在林虑县，属彰德府，在今天的河南安阳境内，系刘志源的家乡所在地。
④ （元）宋渤：《重修天庆延寿宫碑》，陈垣编纂，陈智超、曾庆瑛校补《道家金石略》，第698~699页。

平、周全道、刘志源三位在金元早期全真道史上有着重要贡献的道士传记。

## 二 《金莲记》的篇幅与特点

元藏本《金莲记》到底收录了哪些道士传记？有多大篇幅？景安宁认为，至少应该收录了《全真列祖赋》谈到的二十位高道。[①]《列祖赋》所收高道的下限为七真第一代弟子。前揭韩占刚文也谈到，传世本《金莲记》删除了王重阳其他弟子及七真弟子的传记。其实，我们可以通过与尹、周、刘三位道士的辈分和贡献对比的方式，推断元藏本所收传记的规模。

尹志平系七真第一代弟子。他虽为十八大士之冠，然宋德方、宋道安、李志常、赵道坚等其余17位从修行实践、教内贡献和社会声望等方面来讲，在早期全真道史上都是出类拔萃的，元武宗至大三年（1310）均加封八字或六字真人号就是最好的说明。[②] 篇幅所限，十八大士事迹不赘述。[③] 特别是宋德方无论从与秦志安的师承关系来讲，还是从对教团的贡献来讲，都没有理由被排除在《金莲记》之外。[④]"举贤不避亲"，秦志安撰作《金莲记》，至少不会遗漏其师。笔者推测，十八大士传记可能均入元藏本《金莲记》。

周全道同属七真第一代弟子。此人行事卓著，但在丹阳众弟子中并非最出众者。《终南山祖庭仙真内传》记载，马丹阳对席下两位弟子评价颇高，"关中已有赵悟玄，河东又得段明源，吾教得所传矣"。赵悟玄，字子深，道号了真子，京兆临潼人。侍丹阳最久，以善修环堵著称，著有《仙梯集》。度弟子数百人。元宪宗二年（1252），得赐弘玄真人号。段明源，法号光普，字明源，道号真阳子，平水人。恭执劳役，事丹阳数年，渐有得于心，著有《明源集》。又，柳开悟、曹瑱、来灵玉、刘真一、李大乘、雷大通、李大荃、赵九渊等弟子，有"玄门十解元"之美誉。从与丹阳关系、社会声望来说，这些人至少不逊于周全道。此外，七真第一代大弟子如于道显、于洞真、李志远、王志谨、范圆曦等在早期教史上对光大教门

---

① 景安宁：《道教全真派宫观、造像与祖师》，第81页。
② 《天诏加封祖真之碑》，陈垣编纂，陈智超、曾庆瑛校补《道家金石略》，第727页、第731~732页。
③ 侯照民：《随侍丘处机西行十八士考》，《中国道教》2011年第4期。
④ 李道谦在编撰《甘水仙源录》《终南山祖庭仙真内传》时，即将其师于洞真的碑传录入其中。

的作用，均不亚于以上诸师。这些人入传《金莲记》的可能性很大。

再就刘志源而言，此人在教内的辈分对研究《金莲记》的删改问题具有重要坐标意义。周、尹均为七真弟子。换句话说，元藏本《金莲记》收录了七真弟子的传记。刘志源是七真亲传还是再传？解决这个问题的关键在于确定郎尊师的辈分。王处一道行碑称，刘志源为玉阳法孙。按照这一逻辑，他的业师郎尊师应该是王处一的弟子。笔者的推断得到了相关碑刻的佐证。光绪《开州志》称，玄都万寿宫在开州城东八蜡庙后，元郎明道真人曾在此修炼。①《玄都宫碑铭并序》详细交代了郎尊师、刘志源的师承关系和教内活动。郎志清，又称明道真人，禹城（今山东禹城）人，少好方外之学，十八岁入道。二十岁礼王玉阳为师。金章宗泰和间（1201～1208），还居红羊（洪洋）山。师礼王处一后，郎志清玄理洞明，声动四方，请教者日众。金哀宗正大七年（1230），仙化于开州通真观，世寿五十二岁。郎真人居红羊山时，刘志源投其门下，"通所志，依止模范。躬樵汲，不惮艰苦"。之后，先后在滑州双庙头、开州雁华台、武州、燕京等地筑庵弘道。后复还开州通真观，改玄都观。②通过考释郎志清的法脉传承，可以看出，元初王处一的法脉在今天的冀、鲁、豫、陕等地传布繁盛，与玉阳本人一生矢志齐鲁形成对比。刘志源在扩大玉阳一系传教地理格局方面做出了显著贡献。

如此元藏本《金莲记》就收录了秦志安辞世前的七真弟子和再传弟子的传记。值得注意的是，和传世本仅录已仙逝祖真传记不同，元藏本还收录了在世高道（如尹志平、刘志源）的传记。上引《重阳成道宫记》称，周全道、李志源、张志渊师徒传记"各在秦樗栎彦容《金莲记》《烟霞录》中，与祖师以下众师真同载《玄都宝藏》"，也间接说明了这个问题。如此，元藏本的篇幅是相当大的。

回到传世本本身，我们也能够看出一些删改的痕迹。在卷次安排上，马丹阳传单独占一卷，虽然字数较长，但是一人分作一卷的情况还是比较少见的。现已不能考证元藏本卷数，后世编订者在删除七真弟子和再传弟

---

① 《中国地方志丛书·华北地方》第 515 册，台湾成文出版社有限公司，1976，第 269～270 页。

② 《玄都宫碑铭（并序）》，王宗昱编《金元全真教石刻新编》，第 200～201 页。

子传记后，将上述诸真传记析分数卷的可能性很大。

元藏本和传世本相比，二者呈现以下联系和区别。首先，元藏本和传世本均没有仅聚焦于五祖七真。特别是前者在尊重教史传承的前提下上溯全真渊源至东华帝君，下录七真再传弟子传记。秦志安关于教团发展传承的记载是梯队性的，呈现上续道统、下记教团发展实际的特点。这一点在传世本中亦可发现相关线索。王嚞传记中借用吕洞宾之语，称七朵金莲之下"将有万朵玉莲芳""十九叶相承于桂树，一万枝不绝于金莲"。梯队式编纂全真史传、当代人编写当代仙传的做法被其后的另外一位全真史家李道谦所继承。①

其次，构建内丹道宗祖传承谱系。《金莲正宗记序》中提到由轩辕黄帝、老子下至周秦汉唐道教发展的历史，但明确将全真之源归于东华帝君。虽然东华帝君传记下"赞曰"称"全真之道酝酿久矣，自太上传之于金母，金母传之于白云，白云传之于帝君"，但又将东华帝君列为全真第一祖、第一花，且没有为老子、金母、白云诸真单独列传。② 这种编排方式，继承了宋德方《列祖赋》的续仙模式，体现了金元全真道祖宗谱系建构的早期特征，即着重对唐宋内丹道教"小传统"的认同和接续。

再次，"五祖"概念不甚明晰，"七真"组合明确。传世本虽有删节，但具体的文字表述应该大体源自元藏本。其中，称东华帝君为"全真第一祖""全真第一花"，钟离权为"金莲正宗第二祖"。但未明确吕、刘的宗祖地位。又将王重阳、和德瑾、李灵阳并称"三祖"，"王公、和公、李公共传秘诀，同炼还砂，终南之丹桂齐芳，海上之金莲并秀，遂使全真门下列以为三祖，而尊祀之"③。关于"七真"的构成，明确以王嚞的六大男弟子和女弟子孙不二为"七真"。④ 如称王重阳为"七真之祖"、孙不二"独分一朵之金莲，得预七真之仙列"，以七朵金莲暗喻七真。王重阳传记称"既得丘、刘、谭、马、郝、孙、王，以足满七朵金莲之数""只凭入圣超凡

---

① 宋学立：《早期全真教以史弘道的教史思想——以〈甘水仙源录〉〈终南山祖庭仙真内传〉〈七真年谱〉为中心》，赵卫东主编《全真道研究》第5辑，齐鲁书社，2016。

② （元）秦志安：《金莲正宗记》卷1，《道藏》第3册，第344页下栏。成书于1326年的《金莲正宗仙源像传》为老子立传，之后为五祖七真传记。

③ （元）秦志安：《金莲正宗记》卷2，《道藏》第3册，第352页上栏。

④ 金元时期，教内对"七真"的构成，一直有不同的认识。除了《金莲记》的"七真观"外，还有一种比较有代表性的"七真"组合，即王嚞加六大男弟子。

手，种出黄金七朵莲"，赞马丹阳为"七朵金莲最先放彻，五篇秘语独自传来"，赞丘处机"修宫立观，传教度人，开全真七朵之莲，种无影三花之树"，称王处一道号"𠈇阳子"，"篇韵中本无此字，盖祖师之所撰也，字作七人，表金莲七朵之数"，孙不二为"金莲第七华"。

最后，传世本《金莲记》着重突出了马丹阳的事迹。不仅单人单卷，而且字数最多。除了马钰之外，其他 13 位均无详尽的家世介绍。马钰传记则详细交代了其祖、父之善举，篇幅占到了传记的 1/10 强。特别是对其祖仗义疏财、济人之困的记载，金元诸多碑记、史传均未见，例如《全真第二代丹阳抱一无为真人马宗师道行碑》未见这种记法。[①] 这种书写方式是出自秦志安之手还是删节之后的增益，现已不可考。又，和马钰道行碑一样，《金莲记》中未出现王嚞打骂马钰的情节。而《丹阳真人语录》《七真仙传》等均有王嚞以鞭笞之法锻炼马钰心性的记载。[②] 元代中后期赵道一《历世真仙体道通鉴续编》承之。另外，《金莲记》丹阳传对其诞、升之日均有明确记载，而吕洞宾传记只记诞日，王嚞、谭、刘、丘、王、郝、孙诸传只记各自升霞之日。这些情节和内容是元藏本未记入在内还是"再造"时有意删除了呢？令人颇生疑窦。丹阳传记在赞颂部分对马钰评价颇高，例如，"七朵金莲最先放彻，五篇秘语独自传来……启迪全真，发挥玄教……海上文章第一儒，重阳曾向醉中扶。古今多少修真者，应比先生一个无"[③]。相比而言，《金莲记》并没有给其他六真如此高的评价。

### 三　《金莲记》的删改与宗祖认同的巩固

关于何人于何时对《金莲记》做了删节、原因何在等问题，同样未引起学界充分的注意。有没有可能元藏本因遭遇 1281 年的焚经之厄才残

---

① 通常来讲，全真碑记很少如此详尽地记载全真道士出家前的家世，大多一笔带过。
② 《丹阳真人语录》云："师言：'祖师尝使弟子去宁海乞，化些小钱米，我要使用。'弟子道：'教别个弟子去后如何，弟子有愿不还乡里。'祖师怒打，到平旦而止。打之无数，吾有退心，谢他丘师兄劝住，追今不敢相忘。"师言：'路上拾得驴契，祖师直打到晓，头面上拳打，有甚数目也。'"《道藏》第 23 册，第 705 页上中栏。《七真仙传·丹阳真人马宗师传》："祖师怒，自夜挞之至旦……久之，祖师于师等尤加锻炼，责骂捶楚，逆顺莫测。"台湾大学图书馆藏本。
③ （元）秦志安：《金莲正宗记》卷 3，《道藏》第 3 册，第 356 页下栏。

缺不全呢？从传世本恰好保存后世所称的"五祖七真"传记来看，焚经残本能够如此巧合地保存祖真传记的可能性不大。换句话说，焚经不会偶合性的只焚毁七真以下弟子的传记。前揭韩占刚文认为，删改时间是1261年前后，目的是与《七真仙传》形成叙事互补。笔者认为，此论尚有进一步商榷的余地。

在上引尹志平、周全道、刘志源的相关碑记中，《大元清和大宗师尹真人道行碑》成文最晚，署"岁敦牂月大吉望日，安西路儒学教授贾袗撰"。迟至元世祖至元三十一年（1294），贾袗还有幸目睹《金莲记》全本。可见，"至元焚经"并没有对《金莲记》造成毁灭性打击。很有可能焚经之策未出大都，并未将分藏于大都以外全真宫观的《道藏》完全付之一炬。①总之，元藏本《金莲记》的删改最早只能发生在1294年以后。

1294年以后，全真掌教大宗师传承世系如下：张志仙—苗道一—常志清—孙德彧—蓝道元—孙履道—苗道一—完颜德明—关德昌—完颜德明。②其中，孙德彧是唯一一位出自祖庭马丹阳一系的大宗师。笔者推测，《金莲记》的删改工作应该是在孙德彧掌教期间（1313~1320）完成的。兹在简述孙德彧事迹基础上，申述理由如下。

孙德彧（1243~1321），字用章。眉山（今四川眉山）人。6岁寄迹祖庭穆真人坐下，11岁投天乐真人李道谦门下，系马钰三传弟子。妙龄阐教，先后出任京兆路讲经师、京兆路道录、京兆道门提点、秦蜀道教提点所通议官（后升任副提点）、重阳宫提举、陕西五路西蜀四川道教提点领重阳宫事、诸路道教都提点等职。元武宗至大二年（1309）加封体仁文粹开玄真人。元仁宗皇庆二年（1313）授"神仙演道大宗师玄门掌教真人管领诸路道教所知集贤院道教事"。事迹见邓文原《皇元特授神仙演道大宗师玄门掌教辅道体仁文粹开玄真人管领诸路道教所知集贤院道教事孙公道行之碑》、虞集《玄门掌教孙真人墓志铭》。③简括其一生弘道活动，主要呈现出以下

---

① 张云江：《至元十八年焚毁道经事考辨》，《世界宗教研究》2014年第4期。
② 陈垣：《南宋初河北新道教考》，第7~8页；程越：《金元时期全真道宫观研究》，第31~49页；张广保：《全真教的创立与历史传承》，第116~130页；刘晓：《元代全真道被遗漏的掌教关德昌——〈井公道行碑〉读后记》，《宗教学研究》2017年第2期。
③ 参见陈垣编纂，陈智超、曾庆瑛校补《道家金石略》，第767页、第787~788页。

三方面特征。

其一，振教祖庭。孙德彧一生大部分时间都在祖庭重阳宫度过。无论其出任地方道官还是担任掌教，作为丹阳一系的弟子，一直支持祖庭发展：元世祖至元十一年（1274）以门下文侍身份为师父李道谦所建祖庭筠溪道院创建碑记书文。至元十六年为《栖云王真人开涝水记》书文，纪念王志谨开涝水护卫祖庭、灌溉沿岸之功。① 至元二十九年组织大修祖庭，"图绘黝垩""悉增旧观"。掌教期间，奉诏建甘河遇仙桥，纪念重阳遇仙之所，寓度济来者之意。② 1280 年至 1321 年先后为磻溪长春成道宫、仕马村清阳宫、宗圣宫说经台、文始殿、岐山官村通玄观、巩昌城隍庙等祖庭下院及陕西五路道教宫观撰书建修碑记。③

其二，光耀宗祖。孙德彧深念"道有统纪"，通过撰书碑记、叙请封号等多种方式，表达对王嚞以降历代宗师的崇奉敬仰之情。元成宗大德三年（1299）至十年间，参与了载录"五篇秘语"的《全真开教秘语之碑》立石。④ 在弘扬本系宗祖方面，曾为周全道道行碑篆额（1275 年立石）。⑤ 元世祖至元二十年（1283）为《全真第二代丹阳抱一无为真人马宗师道行碑》书丹。为于洞真、高道宽、李道谦、穆、王诸师叙请封号，并得到仁宗的支持。大德八年（1304）请集贤学士宋渤撰写李道谦道行碑。⑥ 此外，还曾

---

① （元）郭时中：《筠溪道院记》、（元）薛友谅：《栖云王真人开涝水记》，陈垣编纂，陈智超、曾庆瑛校补《道家金石略》，第 610 页、第 620~621 页。

② （元）邓文原：《皇元特授神仙演道大宗师玄门掌教辅道体仁文粹开玄真人管领诸路道教所知集贤院道教事孙公道行之碑》、（元）虞集：《玄门掌教孙真人墓志铭》，陈垣编纂，陈智超、曾庆瑛校补《道家金石略》，第 787 页、第 767 页。

③ （元）魏初：《重修磻溪长春成道宫记》、（元）李道谦：《楼观大宗圣宫重修说经台记》、（元）杜道坚：《大宗圣宫重建文始殿记》、（元）孙德彧：《重修巩昌城隍庙记》，陈垣编纂、陈智超、曾庆瑛校补《道家金石略》，第 629~630 页、第 642~644 页、第 710~711 页、第 754~756 页；（元）王道明：《大元创建清阳宫记》，刘兆鹤、王西平编著《重阳宫道教碑石》，第 101~102 页；（元）王道明：《大元凤翔府岐山县官村创建通玄观记》，王宗昱编《金元全真教石刻新编》，第 80~82 页。

④ 《全真开教秘语之碑》，陈垣编纂，陈智超、曾庆瑛校补《道家金石略》，第 429 页。

⑤ （元）李道谦：《终南山重阳成道宫全阳真人周尊师道行碑并序》，刘兆鹤、王西平编著《重阳宫道教碑石》，第 88~90 页。

⑥ （元）王利用：《全真第二代丹阳抱一无为真人马宗师道行碑》、（元）虞集：《玄门掌教孙真人墓志铭》、（元）宋渤：《玄明文靖天乐真人李公道行铭并序》，陈垣编纂，陈智超、曾庆瑛校补《道家金石略》，第 638 页、第 767 页、第 714 页。

为丘处机一系的綦志远、孙志久等人道行碑题额。① 其中，十八大士之一的綦志远与于洞真、宋德方、薛太霞、李志远被誉为祖庭五真人，积极为国焚修、提振祖庭声望。

除了组织宗教圣地建设工程，孙德彧在撰书碑记方面也表现突出，文采斐然、书法造诣精湛。其弘道活动呈现突出祖庭马珏一系同时，又兼顾丘处机、郝大通等其他宗系的开放性特征。

其三，融通政教。孙德彧先是与地方宗王建立密切关系，之后逐步融入元中央政府的政制体制。元世祖至元十一年（1274），孙德彧奉昭睿顺圣皇后察必之命，侍安西王掌祠事。元成宗大德七年（1303）"安西王妃大宴兴庆池，赐西锦衣、赤骥。期年，祀于灵宫，于又出绮袍玉钩带以旌之"。他深谙祠祭祝釐之仪，多次在祖庭、长春宫等地为国祷雨、禳星、驱水患。如元仁宗延祐二年（1315）星芒现，孙德彧与玄教大宗师张留孙共同在长春宫设金箓普天大醮三千六百分位，持续九昼夜，统治者和民众深为叹服。因延祐二年祈雨灵应，仁宗命人在长春宫西建法主殿并塑像，礼部尚书元明善撰碑以记之。延祐五年（1318）祷雨有验，仁宗再次命工画像，翰林学士承旨赵孟頫为赞，以玺识之。掌教期间，仁宗频发护教圣旨。例如，延祐元年（1314）圣旨发至军政衙门、中外使者、道士和民众等范围，赋予孙德彧管领教团、会同地方政府处理全真道士作奸犯科权力，同时大力保护全真庙产。② 延祐五年圣旨对孙氏管领全真道的护持有增无减。③ 元朝统治者还通过赐予御物的方式，高其身价。大德七年（1303），元成宗赐御衣一件，宝镇重阳宫"寥阳殿"。孙德彧"钦承欢趋合羽，禩肃坛壝，俨恪祝釐，对扬天休"④。延祐二年，为表达对先

---

① （元）李庭：《玄门弘教白云真人綦公本行碑》，陈垣编纂，陈智超、曾庆瑛校补《道家金石略》，第 662~663 页。（元）李道谦：《终南山清阳宫玄通凝素大师孙公道行碑》，刘兆鹤、王西平编著《重阳宫道教碑石》，第 113~114 页。

② 参见（元）邓文原撰《皇元特授神仙演道大宗师玄门掌教辅道体仁文粹开玄真人管领诸路道教所知集贤院道教事孙公道行之碑》、《大元投奠龙简之记》、《鳌屋重阳万寿宫圣旨碑》，陈垣编纂，陈智超、曾庆瑛校补《道家金石略》，第 787~788 页、第 862~863 页、第 742~743 页。

③ 《宸命王文碑》，刘兆鹤、王西平编著《重阳宫道教碑石》，第 124~126 页。

④ 刘兆鹤、王西平编《重阳宫道教碑石》，第 120 页。

帝感激之情，孙德彧拟请集贤院官员为赞颂之词。仁宗得知后，命正奉大夫中书参知政事赵世延撰《大元敕藏御服之碑》，集贤学士资德大夫赵孟頫书文，翰林学士承旨光禄大夫知制诰兼修国史平章政事秦国公李孟篆额，并于当年三月立石重阳宫。元代中后期，得到几朝最高统治者如此高礼遇的全真掌教恐不多见。①《御服之碑》也注意到了这一点，"洪惟先朝深宠之泽，覆露生养""在嗣教之秋，蒙被非常之宠，数炳蔚乎兹山兹宫，亦岂非寂感之妙能致之者乎""鼓钟万年，帝力是恃，播之颂诗，永诏来世"。②

孙德彧掌教期间，有一件关乎全真宗祖认同和政教关系的事，值得注意。即元仁宗延祐四年（1317）孙德彧撰《褒封全真五祖七真制辞》并于祖庭重阳宫立石。该碑分三截，前两截刻武宗至大三年（1310）敕封五祖七真圣旨。最后一截所刻《制辞》，先是对元历代"神宗圣祖"以道"事天治民"、以善治世的治功大加赞赏。之后，主要谈及武宗崇尚道教，加封五祖帝君、七真真君之事。最后，孙德彧称自己忝居掌教之位，唯有"缮录诰词，□诸翠琰，庶与幽人羽士，时获讽咏天章，沾沐圣泽"，才能"上以祝无疆之休，下以赞升平之化"。③ 此举一是旨在彰显和延续武宗朝对全真宗祖和整个教团的崇奉政策；二从全真道角度讲，张志敬、苗道一掌教期间均请得圣旨褒封全真宗祖，孙德彧掌教时在这方面做文章的空间不大，撰刻制辞重申前朝宠遇，无疑是为了体现自己"忝居簪褐之长"的作为；三从政教关系角度讲，制辞对统治者的溢美之词，对祝釐国祚、祈求升平治世美好愿望的表达，则是为了进一步融摄政教关系，希求元朝统治者一如既往地支持其麾下全真道团的发展。

孙德彧出自眉山书楼孙氏，"诗书故家"，幼习孔孟之书，过目成

---

① 孙德彧道行碑，署集贤侍讲学士中奉大夫邓文原撰，翰林学士承旨荣禄大夫知制诰修国史赵孟頫书，前中书平章政事翰林学士承旨知制诰兼修国史奎章阁大学士银青荣禄大夫鲁国公赵世延篆额。《书画题跋》称，"一道流而能令翰林诸名公为撰文，为写碑，彼时道教之重如此，今时不能尔也"。陈垣编纂，陈智超、曾庆瑛校补《道家金石略》，第787~788页。

② （元）赵世延：《大元敕藏御服之碑》，刘兆鹤、王西平编著《重阳宫道教碑石》，第121页。

③ 《褒封五祖七真制辞》，刘兆鹤、王西平编著《重阳宫道教碑石》，第124页。

诵，"每暇，喜作字为诗文，有《希声集》传于世"。① 他继承了天乐真人李道谦的文教传统，上述诸多弘道碑记都是与师父共同完成撰书、刻立的。

基于孙德彧对祖庭及其高道集团的护持、出任掌教前后与元朝统治集团的良好关系以及几朝统治者对他的器重、自幼及长的诗书文教传统，特别是《金莲记》对嫡祖"丹阳马真人"②浓墨重彩的突出，笔者认为，其掌教期间组织删改《金莲记》的可能性很大。他可能参照至大三年褒封圣旨对《金莲记》进行了删改。删除七真弟子和再传弟子传记，主要是出于平衡七真不同宗系之间关系和力量对比的考虑。保留全真弟子共同尊奉的五祖七真及王重阳创教之初共同修道的两位道友传记，旨在进一步巩固教团共同的宗祖认同和教史传承谱系。同时，就像撰作《褒封全真五祖七真制辞》一样，删改《金莲记》不排除为了讨好最高统治者、为诏封圣旨提供注解和"教史依据"的可能。

元泰定帝泰定三年（1326），刘天素、谢西蟾《金莲正宗仙源像传》成书。该书以元太祖、世祖、武宗诏旨开篇，后录老子和五祖七真传记，篇幅较传世本《金莲记》少约 1/3。13 部传记除王重阳、丘处机传以外，其他相对精简。不过，与《金莲记》一样，都采取先传后赞的形式。笔者认为，五祖七真褒封圣旨和删节后的《金莲记》对《金莲正宗仙源像传》的编纂体例产生了示范性影响。

明王世贞作《金莲正宗记后》，对全真性命双修以及王嚞、马丹阳的早逝和丘处机"以脾疾，至卧团侧而化"，颇有微词。文中提到的《金莲记》所收的祖真未超过传世本的范围。③清文廷式对《金莲记》所收传记

---

① （元）虞集：《玄门掌教孙真人墓志铭》、（元）邓文原：《皇元特授神仙演道大宗师玄门掌教辅道体仁文粹开玄真人管领诸路道教所知集贤院道教事孙公道行之碑》，陈垣编纂，陈智超、曾庆瑛校补《道家金石略》，第 767 页、第 788 页。
② 皇庆二年授予孙德彧神仙演道大宗师玄门掌教真人管领诸路道教所知集贤院道教事《圣旨》云："辅道体仁文粹开玄真人孙德彧，雅师清静，克宝俭慈。探老易之精微，窦经科之灵秘。虽深资于天乐，实光绪于丹阳。提振纲维，恪恭戒律。"《元汉会文圣旨碑》，王宗昱编《金元全真教石刻新编》，第 87 页。
③ （明）王世贞：《弇州续稿》卷 158《金莲正宗记后》，《景印文渊阁四库全书》第 1284 册，第 291 页下栏。

的记载亦然。① 《四库全书总目》称，清人薛大训曾重编明崇祯朝成书的《神仙通鉴》，并定名为《古今列仙通纪》。② 该书卷53分"金莲正宗上""金莲正宗下"，除钟、吕传记从略外，其他12位的传记完全照录传世本《金莲记》，只是删除了"贤曰""赞曰"部分。③ 可见，传世本《金莲记》对后世影响甚或误导之深远。

元藏本《金莲记》除了收录传世本14位全真宗祖传记之外，还收有仙逝的和当时仍然健在的七真弟子、再传弟子传记，采用的是梯队性编写史传的方法。《金莲记》在元代中后期曾经历过删节和重新编订，只保留了五祖七真以及和玉蟾、李灵阳传记，编订时间应在孙德或主教时期。删除七真法嗣，目的是平衡七真各宗系的力量，巩固教团共同的宗祖认同，迎合元政府对全真宗祖的封赠，为至大朝对五祖七真的诏封做出教内的注解和文本呼应。重编时对14部传记并非平均用力，个中对马钰传记的凸显非常明显。这是笔者推定孙德或主教时重编这部仙传的核心依据之一。传世本未留下任何关于删改者的信息，笔者认为，删改工作并非出于个人之手，而是教团的一种集体行为。不同于一般层垒式建构教史的仙传书写模式，《金莲记》重编工作采取"作减法"的方式，展现了掌教大宗师在巩固宗祖认同过程中的"有为"及其与元朝诏封的互动，更凸显了五祖七真在整个全真道史上的传承授受和重要地位，在很大程度上达到了凝聚祖真共识、巩固宗祖认同，增强教团向心力、凝聚力，推动教团发展的作用。

明清以来教俗两界近乎异口同声地误认为《金莲记》记载的是五祖七真传记，其根源在于在他们没有察觉到《金莲记》在元代中后期曾经历

---

① 文廷式《纯常子枝语》卷9云："按元人《金莲正宗记》，王重阳，名中孚，字久卿，咸阳人。入道后，更名嚞，字知明。马丹阳，名从义，字宜甫，宁海人。谭长真，名玉，字伯玉，宁海人。刘长生，掖城人。邱长春，即邱处机，已见生传。王玉阳，名处一，东牟人。郝太古，名璘，号恬然子，亦宁海人。孙清净者，孙忠翊之幼女、马丹阳之妻，亦宁海人。后改法名曰不二，道号曰清净散人。此陈氏所述。然《金莲正宗》所记，尚有和玉蟾、李灵阳，与王重阳并称三祖。陈氏固未数也。"《续修四库全书》第1165册，第125页下栏。
② （清）永瑢等撰《四库全书总目》卷147，第1265页。
③ 周燮藩主编，王卡分卷主编《中国宗教历史文献集成·三洞拾遗》第18册，第825页下栏至第846页下栏。

"再造"。这也说明"再造"工作是颇为成功的。不过，结合对金石碑记以及《金莲记》篇幅和文本的分析，亦可看出"再造"工作留下的蛛丝马迹。在充分肯定《金莲记》删改工作之于全真宗祖认同巩固和教团发展贡献的同时，亦不可否认"再造仙传"使后人失去了领略秦志安时代众多全真道士史事的机会。

# 第六章　全真道与金元明清国家、社会

　　传戒授箓明确了全真道（士）的道教（士）身份，丧葬制度凝聚了教团宗门认同、增强了信众丹道修行的信念，宗祖崇拜的博弈最终确立了以"五祖七真"为核心的神仙谱系及其向传统道教仙谱的归宗，全真教育为教团发展培养了一批又一批道门人才，同时促进了中原文化在北方民族地区的传播，有利于统一多民族国家文化格局的形成，教史书写增进了教俗两界对教团传承发展的历史认知、构建了面向未来的历史记忆和象征性资本。这些都是基于全真道自身的宗教特征展开的论述。开展上述研究，一方面，就教团本身而言，旨在尝试揭示全真道从草创到成功管领道教半壁江山的内在逻辑；另一方面，西方学界多立足于宗教自身特征阐释全真道的发展，重在揭示其相对于其他宗教的独特性。他们的研究对象是中国的，但理论范式和最终的落脚点却难免受到"西学"的影响。全真道作为道教之一派，除了有自身宗教特征的规定性之外，还有其遵从国家政治统治、积极融入参与国家和社会生活的一面。这并非僵硬的理论预设，而是与它和金元明清时期国家、社会发展的实际相一致的。

## 第一节　金元全真道政治认同的历史演进

　　政治认同问题既关系到认同主体（个人、群体）的生存状态及其与认同客体（政治体系）的关系，还关乎认同客体的安危。中西方学界从多学科视角对"政治认同"做了不少探讨。对政治认同的理解经历了心理情感说、实践说、心理与行为结合说等逐步深入的过程。有学者指出，"政治认同是社会成员对一定政治体系、政治运作的同向性或一致性、肯定性的情感、态度和相应的政治行为的总和"，是意识范畴和实践范畴、主观政治心理和现实政治行为的有机统一。① 本书认同此说。就道教而言，国内学界对全真道与金元统治者的关系、政治伦理、政治参与和抉择等有所论及。② 学者们继承了陈垣、姚从吾、钱穆等老一辈学者的学统，从全真道与国家社会的大视野探讨政教关系，注重"自上而下"的观察，如何治理是研究的重点。与政治认同相比，西方学者对宗教认同更感兴趣，如 2001 年美国《中国宗教杂志》（*Journal of Chinese Religion*）集中刊发的五篇探讨全真道宗教认同的专文，立足全真道自我身份的形成发展，探讨其宗教特征，侧重"从无到有、从小到大"之考量，自身如何发展、有哪些宗教特征是关注的焦点。综上可见，目前学界鲜有从政治认同视角对全真道与国家的关系及其对教团发展的意义进行的历史性考察。

政之于教的管理、教之于政的认同，是政教关系一事之两面。不同于西方教权高于政权或政教合一的体制，中国"大一统"王朝体制之下，政权高于教权。道教戒律对遵从政治统治的规定，非全真道所创，乃传统使然。寇谦之《老君音诵诫经》云："老君曰：'吾汉安元年，以道授陵，立为系天师之位，佐国扶命。'"③《洞玄灵宝天尊说十戒经·次说十四持身之品》首言"与人君言则惠于国"④。《太上经戒》有"劝助国王父母，子民忠孝"⑤ 之戒。在佛教传入中土早期，东晋释道安提出"不依国主，则法事难立"的命题。

全真道恪守国法、遵从政治统治，是对佛道尊王传统的延续继承。自创立之初，它的活动就表现出对政治统治的高度认同感和归属感。金元全

---

① 方旭光：《政治认同的基础理论研究》，复旦大学博士学位论文，2006，第 18～19 页；胡建：《政治认同的理论解读：内涵、结构及功能》，《广西社会科学》2021 年第 12 期。

② 如郑素春《全真教与大蒙古国帝室》，台湾学生书局，1987；张广保《金元全真教史新研究》，第 307～430 页；赵卫东《金元全真道教史论》，第 127～149 页；周郢《蒙古汗廷与全真道关系新证——新发现的蒙古国圣旨（懿旨、令旨）摩崖考述》，《中国史研究》2013 年第 1 期；李洪权《金元之际全真教的政治参与和政治抉择》，《史学集刊》2013 年第 5 期；周建强《全真道伦理思想研究》，兰州大学博士学位论文，2018；等等。

③ （北魏）寇谦之：《老君音诵诫经》，《道藏》第 18 册，第 210 页下栏。

④ 《洞玄灵宝天尊说十戒经》，《道藏》第 6 册，第 899 页下栏。

⑤ 《太上经戒》，《道藏》第 18 册，第 225 页中栏。

真道与宋金并立—南宋、金、大蒙古国鼎立—宋元对峙—元朝统一的历史相统一，其政治认同是在与金元王朝政教关系互动中展现出来的，呈现理论性（遵国法、尚王道的论说）与实践性（以教辅政的政治支持行为）相统一、不同历史阶段表现形式既有联系又有区别的特征。

## 一 敬而远之、古朴清修（1159~1183）

教史记载，1159 年王嚞甘河遇异，全真肇兴。关于创教早期的教风，《重阳立教十五论》有所揭示。第五论盖造，茅庵草舍"遮形"即可，"苟或雕梁峻宇，亦非上士之作为，大殿高堂，岂是道人之活计。斫伐树木，断地脉之津液，化道货财，取人家之血脉。只修外功，不修内行，如画饼充饥，积雪为粮，虚劳众力，到了成空。有志之人，早当觅身中宝殿；体外朱楼，不解修完，看看倒塌。聪明君子，细细察详"。第六论合道伴，"道人合伴，本欲疾病相扶，你死我埋，我死你埋"。① 茅庵草舍、三五道众合伴修行、重内行轻外功，是王嚞按照苦修教义对信徒提出的要求，也是创教之初清静教风的真实写照。

1170 年王嚞辞世，马钰掌教。《丹阳真人语录》引王嚞语称，"不得着好衣，不得吃好饭，唱歌打令，只要心头物物不着"②。主张"俗事不挂心，专心至志，始终如一……儿女情多，烟霞志少，则非学道者也""心死则神活"③"清净无为，最上乘法也"④。通过对比内外日用、有为无为等概念，强调内日用、无心无为之于修道的重要作用，"外日用，大忌见他人过，自夸己德，妒贤嫉能，起无明俗念，欲心种种之过。内日用，真清真静，不染不着，调气养神，逍遥自在，暗积功行，不求人知，惟望天察""人若行有心有为之功，尽是术法，若行无心无为之功，乃无尽清虚也"。马钰立《十劝》，规范信徒生活。第九劝规定，"居庵不过三间，道伴不过三人，如有疾病，各相扶持，尔死我埋，我死尔埋。或有见不到处，递相指教，不

---

① （金）王嚞：《重阳立教十五论》，《道藏》第 32 册，第 153 页中下栏。
② （金）王颐中：《丹阳真人语录》，《道藏》第 23 册，第 705 页上栏。
③ （元）玄全子：《真仙直指语录》卷上，《道藏》第 32 册，第 433 页上中栏。
④ （金）王颐中：《丹阳真人语录》，《道藏》第 23 册，第 702 页中栏。

得生异心"。① 手书"祖庭心死"于祖庵，以表环堵苦修、倾心向道之心。环堵修行，仅备几榻、笔砚、羊皮，以供记录心性境界之用。一日早午两餐，一粥一面，至简无他。门人王颐中问及"吾师之道有作为否"，他答以无，主张学道务在养气，汩没名利将适得其反。曹、莱二公描述马钰关右修道生活云："师父冬夏披一布懒衣，食粗取足，隆冬雪寒，庵中无火，兼时用冷水。其神炁和畅，殊无寒意。如此十年，非腹中有道炁，则不能枝捂矣。"② 以上均是他延续王嚞清苦教风的体现。

从当时政教生态看，金世宗大定二十二年（1182）"官中有牒发事"，马钰因未拿到度牒而被遣返山东。丘处机因得到"州中官民同状保申"，才有机会留居关中。此时全真道尚未得到金朝统治者正式认可和充分信任，"不过'苟全性命于乱世，不求闻达于诸侯'之一隐修会"③，主要在民间发展。王、马师徒没有机会觐见最高统治者、表达政治认同，唯有继承北宋以来民间环修传统，古朴清修。

不过，为了规范信众活动、发展教团，师徒敏锐地意识到遵依国法、忠于君王的重要性。这一时期，他们的政治认同思想多通过诗文唱和的形式向信众宣讲。王嚞《赠侄》诗云："一首新诗赠七哥，予言切记莫蹉跎。遵隆国法行思义，谨守军门护甲戈。"《吃酒赌钱》诗亦有类似忠孝之论，其云："饮酒莫教离孝顺，赌钱休要坏居家。道门好入时时重，王法须遵可可奢。"④ 创教早期全真道缺少系统的戒律体系，多以劝道、劝善文劝诫信众。有人请教何谓"五行之法"，王嚞从持戒高度，提出修习五行之法，"第一先须持戒，清静忍辱，慈悲实善，断除十恶，行方便，救度一切众生"，还要"忠君王，孝敬父母师资"⑤。《欲东行被友偷了引相留》亦有"会要修持遵国法"之论。王嚞文集中有多篇与地方官吏（如登州知府、京兆府学正来彦中、知县董德夫等）唱和的诗文，他不仅不排斥而且乐于加强与地方当局的交往，以宣道妙。

马钰关于政治认同的表达也以诗词唱和居多，内容集中于遵依国法、天

① （元）玄全子：《真仙直指语录》卷上，《道藏》第 32 册，第 433 页中栏、第 435 页上栏。
② （金）王颐中：《丹阳真人语录》，《道藏》第 23 册，第 703 页中栏。
③ 陈垣：《南宋初河北新道教考》，第 2 页。
④ （金）王嚞：《重阳全真集》卷 10，《道藏》第 25 册，第 743 页下栏、第 742 页上栏。
⑤ （金）王嚞：《重阳真人金关玉锁诀》，《道藏》第 25 册，第 798 页下栏。

条方面。《十劝》首劝"不得犯国法"①。《十劝》仍然停留在劝道、劝善层次，尚未形成配之以惩处措施的戒条。《清心镜·戒捏怪》云："遵国法、莫犯天条，称修仙活计。"《清心镜·赠鄠县小杨仙》云："谨遵依、国法天条，永不犯不犯。"② 《满庭芳·立誓状外戒》开篇云："专烧誓状，谨发盟言，遵依国法为先。"《满庭芳·示同流》："常处常清常静，莫犯天条。"③ 他曾应邀主持一些斋醮活动，但和王嚞一样，除要求信徒遵从国法之外，鲜有机会主动投靠、依附最高统治者。

## 二 尊王讲道、赢得信任（1184～1219）

1183 年马钰辞世。谭处端于 1184 年至 1185 年短暂掌教。其《游怀川》诗云："为官清政同修道，忠孝仁慈胜出家。行尽这般功德路，定将归去步云霞。"④ 以儒家忠孝仁义、清正廉洁会通道家云霞修仙。假以时日，其在掌教任上融通政教的作为未必无所成就。

伴随着教团日渐发展，全真道开始受到统治者重视。全真高道为寻求政治护持，也主动把握觐见机会，从理论和行动上积极构建政治认同。王处一是七真中被金廷召见的第一人，也是丘处机、刘处玄得见金主的引荐人。1187 年至 1203 年，他先后五次得到金世宗、章宗宣召。1187 年，世宗首次宣召，敕居燕京天长观。《云光集》卷 2 有《大定丁未十一月十三日初奉宣诏》诗。《七真年谱》记载，"帝问延生之理，师曰：'惜精全神，修身之要。端拱无为，治天下之本。'上待以方外之礼"，意味着全真道的发展已经引起金统治者的注意，且在某种程度上显示全真道作为一个宗教派别已经被统治者承认。⑤ 1189 年，王处一奉诏为世宗主持黄箓醮。承安二年（1197）七月，获章宗首次宣见。被问以《清净经》、北征事以及全真门户，一一对答，抵暮方归，深得赏赍。金章宗泰和元年（1201）、三年，两度奉诏在亳州太清宫主持普天大醮。除了对答咨问、奉敕主醮外，玉阳子积极

---

① （元）玄全子：《真仙直指语录》卷上，《道藏》第 32 册，第 434 页下栏。
② （金）马钰：《洞玄金玉集》卷 8，《道藏》第 25 册，第 607 页中栏、第 603 页中栏。
③ （金）马钰：《丹阳神光灿》，《道藏》第 25 册，第 623 页上栏、第 631 页上栏。
④ （金）谭处端：《水云集》卷上，《道藏》第 25 册，第 849 页下栏。
⑤ 参见赵卫东《金元全真道教史论》，第 281 页。

利用诗文表达感念皇恩、圣主之意。1189 年世宗辞世次日，抵燕，作诗哀悼："先帝升霞泣万方，洪恩厚德岂能忘。公卿不敢当今奏，却返云踪入故乡。"承安二年，住燕京天长观，作词云："诏赴天长，敕修堂宇，道弘一布归真。我师玄化，谭马并加恩。七朵金莲显异，清朝喜、优渥惟新。重宣至，车乘驷马，祝谢圣明君。皆成。诸法会，亲王宰职，里外忠臣。遇太平真乐，道德洪因。更望参玄众友，遵三教、千古同欣。齐回向，吾皇万寿，永永御枫宸。"觐见回到修真观后，作诗寄呈老母泊圣水道众，表达正教逢圣主欣喜之情："昔遇明师开正教，今蒙圣帝助玄风。玉阳自此权行化，法众从兹好用功。稽首慈亲毋（应为'母'之误——引者按）少虑，皇恩未许返乡中。"《朝元歌》云："感皇恩，明诏唤，两帝三宣功德案。紫衣师号朝圣明，万灵庆会都来审。"两帝三宣，推测此诗作于 1197 年。《养浩吟》一方面盛赞时逢圣主，得以弘演丹道大教；一方面点出修持丹道可以"忠佐千秋岁，仰祝皇基万万春"。五次受宣，王处一道价日高，政治精英与之交游者甚众。《随朝众官员索》诗云："清时一气静乾坤，万寿无疆祝至尊。四海尽修无上道，普天俱报圣明恩。"《黄箓满散赠众醮首》《谢公主惠香》《诏赴太清宫普天醮作》《宁海太守屡尝书召以诗奉答》等均表达了祝延圣寿、报答皇恩之义。《赠内侍局司丞》以忠孝之心会通丹道修持，认为常怀忠孝之心，在丹道修炼时就会得到神明点拨，其云："常行忠孝无私曲，应有神明指正宗。不觉脱离生死海，十方三界显家风。"在劝诫道众遵规守法方面，亦有"勿违国法莫欺心"之戒。①

1186 年至 1203 年，刘处玄继任掌教。如尹志平所言，长生"无为有为相伴"。既有"心上无私常清静，做彻便是道人""出家不管家"等清静无为之论，又有"混俗心无俗""治政清通，为官忠孝。节欲身安，他年蓬岛"等有为之言。《仙乐集》开篇《天道罪福论》言"顺天条，则免过去罪"。卷 3 有"若犯天条，年灾月病""不犯天条，达理归正，真斋真戒，身心清静"。卷 5 "天条心不犯，归真道光升"。《赠道众》诗云："天条莫

① 本段所引王处一诗词，参见（金）王处一《云光集》卷 1~4，《道藏》第 25 册，第 659 页上栏、第 681 页上栏、第 648 页上栏、第 677 页中栏、第 678 页上栏、第 659 页上栏、第 651 页下栏、第 664 页上栏。

犯，国法遵依。"① 古人认为，"天条"即天地成型后天庭出现的亘古不变的定律法规。因其神圣性，教俗两界都要遵行。全真家主张，触犯天条会招致灾病，谨守天条不仅可以免过去罪，还是依道修行、达归正理的重要前提。按照中国古代"天人一体""法天行事"的宇宙观，守"天条"并非一种外在规约，而是一种"顺天应人"的内在自省。全真道士将"国法""天条"并称，提高了国法的神圣性，培育了信众遵规守法的原生性、自觉性。在全真宗师看来，遵守国法是第一位的，个人的修行在此大前提才能开展。掌教17 载，长生真人有机会在融通政教、以实际行动构建教团政治认同方面有所作为。金章宗承安二年（1197）冬，奉诏赴阙，"帝问以至道，师曰：'至道之要，寡嗜欲则身安，薄赋敛则国泰。'帝曰：'先生，广成子之言乎！'"②三年，"章宗闻其道价铿鍧，乃遣使者征之，鹤板蒲轮，接于紫宸，待如上宾，赐以琳宇，名曰修真。官僚士庶，络绎相仍，户外之屦，无时不盈"③。

1188 年二月，金世宗召见丘处机。"请问至道。师以寡欲修身之要、保民治国之本对。上嘉纳之，蒙赐以巾冠袍系，敕馆于天长观"④。越十一日，奉旨主领万春节醮事。⑤《金史》称，"三月丁酉朔，万春节，宋、高丽、夏遣使来贺。御庆和殿受群臣朝，复宴于神龙殿，诸王、公主以次捧觞上寿。上欢甚，以本国音自度曲"⑥。全真高功主持世宗寿诞醮仪，既表达了全真高道对圣主的臣礼，又昭示了金廷对全真道的认可器重。五月十八日，召见于长松岛。"讲论至道，圣情大悦。命居于官庵，又命塑纯阳、重阳、丹阳三师像于官庵正位"⑦"自此官民信向，往来不绝"⑧。除了在行动上忠于

---

① （金）刘处玄：《仙乐集》卷1、卷3、卷5，《道藏》第25 册，第424 页上栏、第436 页中栏、第439 页中栏、第453 页中栏、第437 页上栏。
② （元）李道谦：《七真年谱》，《道藏》第3 册，第385 页上栏。
③ （元）李道谦：《甘水仙源录》卷2，《道藏》第19 册，第734 页上栏。
④ （元）李道谦：《全真第五代宗师长春演道主教真人内传》，陈垣纂编，陈智超、曾庆瑛校补《道家金石略》，第634 页。《终南山祖庭仙真内传》卷上称，丘处机赴阙之前拜别李灵阳。李真人谈道，"重阳谓汝必能大开玄教，今其时矣"。可见，李师叔对全真道归附金主以及随之带来的发展机遇抱有很大希望。《道藏》第19 册，第518 页上栏。
⑤ （金）丘处机：《磻溪集》卷3，《道藏》第25 册，第823 页中栏。
⑥ （元）脱脱等撰《金史》卷8《世宗本纪》，第200 页。
⑦ （元）李道谦：《甘水仙源录》卷1，《道藏》第19 册，第725 页中栏。
⑧ （元）史志经：《玄风庆会图》卷1，周燮藩主编，王卡分卷主编《中国宗教历史文献集成·三洞拾遗》第16 册，第409 页上栏。

金主、表达政治支持行为外，丘处机也以诗文表达政治认同。《进呈世宗皇帝》诗云："九重天子人间贵，十极仙灵象外尊。试问一方终日守，何如万里即时奔。"次年，金世宗辞世，丘处机"虽道修方外，身处世间，重念皇恩，宁不有感"，致挽词哀悼："哀诏从天降，悲风到陕来。黄河卷霜雪，白日翳尘埃。自念长松晚，天恩再诏回。金盘赐桃食，厚德实伤哀。"另有《中秋诗》十五首，诗引称"八月十日自昌乐县还潍州城北玉清观作"，具体作于何年待考。据《磻溪集》序，可知该书成于金章宗泰和年间。由此《中秋诗》当为世宗或章宗所作。兹录两首，以观其对金主保民安命的赞颂，"年年此际杀生多，造业弥天不奈何。幸谢吾皇严禁切，都教性命得安和""圣主登基万物安，仁风灭杀自朝端。邦君士庶皆修德，好放蟾光与众看"。①

明昌（1190~1196）初，金章宗召见刘通微，咨问九还七返之事，默然子以"陛下居九五之位，四海生民之主，不必留意于此。但对以黄老清静无为、修身治国之要"。章宗大悦，先后敕居天长观、永寿道院，刘通微开堂讲道，三教九流请教者蜂拥而至。②

需要指出的是，世宗、章宗时期，金廷对全真道既有征礼崇奉的一面，也有管控甚或打压的一面。如明昌元年（1190）十一月，章宗"以惑众乱民，禁罢全真及五行毗卢"③。六年，"朝省罢无敕额庵院，悉没于官，祖庭亦在其数。自是门庭萧索，道侣散逸"④。说明当时统治者对全真道的认识和态度随着时局的变化处在动态调整中。然而，章宗朝，王处一、刘处玄、刘通微等屡屡奉诏赴阙，或公开讲道，也证实了统治者的不时推崇。承安三年（1198），章宗召见长生后，敕赐五道观额，令立观度人。同年，王处一为祖庵请得灵虚观额。泰和七年（1207），章宗元妃李师儿向栖霞太虚观、圣水玉虚观施赐《道经》二藏。按，李师儿虽出身微贱，但深得章宗宠幸，明昌四年（1193）封为昭容，次年进封淑妃，后封元妃，"势位熏

---

① （金）丘处机：《磻溪集》卷2、卷3，《道藏》第25册，第818页下栏、第823页下栏、第821页中栏。
② （元）李道谦：《终南山祖庭仙真内传》卷上，《道藏》第19册，第518页下栏。
③ （元）脱脱等撰《金史》卷9《章宗本纪》，第216页。
④ （元）李道谦：《终南山祖庭仙真内传》卷中，《道藏》第19册，第531页中下栏。

赫，与皇后侔矣"。① 可见，明昌禁罢之策并未施之持久。这与诸位全真宗师在思想和行动上积极表达对金朝统治的政治认同，进而赢得统治者的认可不无关系。

### 三　以汉接蒙、体道辅政（1220~1256）

1204 年，丘处机继刘长生掌教，一改此前朴实无为的教风，"存无为而行有为"，大起琳宫观宇，全真道成为金末一股不可忽视的社会力量。1220年，丘处机率众西行觐见成吉思汗。自此，全真道的政治认同在历史进程方面经历了从宗金到宗蒙的转变，在实践形式上呈现以汉制接引蒙制、协助构建大蒙古国政制的特征。

（一）从宗金到宗蒙

1206 年蒙古势力兴起。中国北方逐渐卷入宋、金、蒙乃至西夏的逐鹿之争。此前全真道的政治宗主只有金或宋。从宗教地理角度讲，全真道诞生于金地，信众生于斯长于斯。历任全真领袖不可能带领信众叛金而南渡，否则只会给教团带来灭顶之灾。这是全真道宗金而不归宋的重要原因之一。据《七真年谱》，1216 年、1219 年，金宣宗、宋宁宗先后召请丘处机。当时莱州地区已经被宋人占领，丘处机有机会倒戈归宋。实则在拒绝宋朝礼请之前，他已于 1219 年五月与成吉思汗近侍官刘仲禄接触，并很快于次年春应征西行。在北蒙、南宋、中金之间，全真道宗北而弃南，原因何在呢？

据《金史·宣宗本纪》，1216 年至 1219 年，即金、宋、蒙三股力量争夺全真道宗主权的四年间，三朝政治军事实力对比一目了然。蒙古异军突起，由北向南，长驱直入，先后对大名府、中山府、彰德府、晋安府等地攻、徇、围、下，对金地造成重创。金人三面受敌，北有蒙古进犯、西有党项袭扰、南有宋人争夺。同时还面临干旱、蝗灾以及红袄军、黑旗军袭扰等内忧。从宋金关系角度讲，1127 年金取汴京，北宋灭亡，南宋偏安。面对金人紧逼，南宋统治集团曾多次试图通过议和的方式换取短暂和平。其中距离全真道宗蒙还是宗宋政治抉择最近的一次议和发生在 1208 年，

① （元）脱脱等撰《金史》卷64《后妃传》，第1527~1528页。

"宋请改叔侄为伯侄，增岁币至三十万"①。按，1164 年金宋议和，协定双方为叔侄之国，宋正皇帝号，易岁贡为岁币。② 相比 40 多年前，宋朝地位有降无升。再看 1216~1219 年宋对金的态度：一方面俯首称臣，金重大活动如金宣宗贞祐四年（1216）、兴定元年（1217）三月的长春节皆遣使朝贺；另一方面又不甘于金人欺占，兴定元年四月拒绝缴纳岁币，先后对颍州、泗州、海州、息州等地发起争夺战，但多为金人击败。面对内忧外患，兴定二年（1218）十二月，金廷派开封府治中吕子羽等使宋讲和。这主要是迫于蒙古压力采取的缓南救北之策。面对三股政治势力和时局发展，丘处机已经看透天道、天命所在，宗蒙是护教护生的不二之选。诚如其言，"西北天命所与，他日必当一往，生灵庶可相援"③。1220 年三月丘处机上陈情表，其云："伏闻皇帝天赐勇智，今古绝伦，道协威灵，华夷率服。是故便欲投山窜海，不忍相违。且当冒雪冲霜，图其一见。"④ 十二月，寓德兴府龙阳观，以诗寄燕京道友云："去岁幸逢慈诏下，今春须合冒寒游。"⑤对蒙古大汗的颂扬和认同之感表露无遗。

此外，蒙古人信仰万物有灵的萨满教，全真道主张天地间皆有神灵，二者在信仰层面存在着一定的契合性。又，宋室南渡后，与江南符箓派来往密切。⑥ 丘处机不归宋，与此不无关系。

（二）以汉制接引蒙制、协助大蒙古国政制建设

蒙古人入主中原前，生活于大漠草原，以游牧为生。这是一种与农耕文化迥异的生产生活方式。和大道、太一道士以及汉地儒士相比，全真道最早与蒙古统治者发生接触。以往学界对蒙古军队南下过程中，全真道保民、挽救汉文化的作用关注较多。从统一多民族国家形成角度看，全真道以农耕文化政治传统接引游牧文化政治传统，在协助大蒙古国统治者加强

---

① （元）脱脱等撰《金史》卷 62《交聘表下》，第 1480 页。

② （元）脱脱等撰《宋史》卷 33《孝宗本纪》，中华书局，1985，第 629 页。

③ （元）李道谦：《全真第五代宗师长春演道主教真人内传》，陈垣编纂、陈智超、曾庆瑛校补《道家金石略》，第 634 页。

④ （元）陶宗仪：《南村辍耕录》卷 10，中华书局，1959，第 121 页。

⑤ （元）李志常：《长春真人西游记》卷上，《道藏》第 34 册，第 483 页下栏。

⑥ 卿希泰、詹石窗主编《中国道教通史》第 3 卷，人民出版社，2019，第 93~100 页。

对中原文化认识和汉地统治，最终形成蒙汉合璧的元代政制方面，发挥了不可否认的作用。对此，学界鲜有论之。这是全真道政治认同不同于惯常意义上的被动臣服性而彰显积极建构性的突出表现。这一点在大蒙古国时期表现尤为显著。全真高道主要从推行仁孝、布德施惠、好生爱民、举用贤良、宣播中原文化等维度，向蒙古统治者推广汉地教化、移风易俗。用尹志平的话讲即"以斯道觉斯民"①。"雪山论道"是丘处机向成吉思汗进言修身治国之策的集中体现。《玄风庆会录》《全真第五代宗师长春演道主教真人内传》有详细载录，主要可以概括为两方面：一是修身养命之道，以负阴抱阳及"尚阳"思想劝导大汗节欲保身；二是治国安民之理，包括止杀保民、布德推恩、依仁由义、广行孝道②，重视山东、河北等中土汉地，选官抚治，量免赋役，以供国家之用。这即是长春真人高扬的"中国天垂经教"。姚燧《长春宫碑铭》将其概括为"敬天爱民以治国，慈俭清静以修身"③。

　　1227 年至 1238 年，尹志平继丘处机掌教。这十年是从金蒙对峙走向蒙古统一中国北方的关键时期。1232 年，元太宗征金南还，"师（指尹志平——引者按）迎见于顺天，慰问甚厚，仍令皇后代赐香于长春宫，贶赉优渥"④。尹志平利用宗教认同推动政治统一以及不同地区全真力量的政治归附，是金蒙易代之际全真道政治认同的一大时代特色。1220 年前，全真道的宗教地理与世俗政治地理是重合的。雪山论道之后，全真道仍有共同的宗教认同，但金蒙对峙带来世俗政治地理的对峙，使全真道宗金与宗蒙在地域上出现时间差。山东、河北地区全真道在丘处机领导下率先投蒙，而陕右全真道与金廷一直保持联系。于善庆、周全阳、杨明真等祖庭高道都是在金亡以后才改而宗蒙的。⑤ 蒙古灭金、关中政局稍稍稳定，尹志平即着手以祖

①　（元）李道谦：《甘水仙源录》卷 3，《道藏》第 19 册，第 742 页中栏。
②　（元）陈时可《长春真人本行碑》云："他日又数论仁孝，皇帝以其实，嘉之。"（元）姬志真《长春真人成道碑》云："每召就坐，即劝以少杀戮，减嗜欲，及慈孝之说，命史录之。"陈垣编纂，陈智超、曾庆瑛校补《道家金石略》，第 457 页、第 588 页。
③　（元）姚燧：《长春宫碑铭》，陈垣编纂，陈智超、曾庆瑛校补《道家金石略》，第 720 页。
④　（元）弋彀：《玄门掌教清和妙道广化真人尹宗师碑铭并序》，陈垣编纂，陈智超、曾庆瑛校补《道家金石略》，第 568 页。
⑤　以于善庆为例，直到 1235 年，他才北上燕京参礼长春宫。陈垣编纂，陈智超、曾庆瑛校补《道家金石略》，第 509 页。

庭重阳宫为核心的秦晋道教重建。1236 年尹志平抵达关中，"于榛莽中规度兆域，及宫观基址。终南、太华等处诸观宇，废不能复，咸请主于师。时陕右甫定，遗民犹有保栅未下者，闻师至，相先归附，师为抚慰，皆按堵如故。继而被命于云中，令师选天下戒行精严之士，为国祈福，化人作善。时平遥之兴国观、崞之神清、前高之玉虚白云洞、定襄之重阳、沁之神霄、平阳之玄都，皆主于师。秋，帝命中书杨公召还燕，道经太行山间，群盗罗拜受教，悉为良民"。1241 年正月二十五日，他主持王嘉会葬大典。道众云集，其间不稳定因素的潜在风险仍然存在，"物议恟恟不安，赖师道德素重（原文误作'里'——引者按），镇伏邪氛，故得完其功"。① 清和真人继承丘处机教化抚民传统②，在秦晋地区由金归蒙过程中，借助宗教力量和个人魅力，接续金人统治下的道教宫观薪火，引导民心归向，维护地方稳定，增进了教俗两界对新的统治秩序的归附和认同。第四章谈到，金末蒙初，无欲观妙真人李守宁、栖真子李志明等一大批全真道士都有化导强梁、归附新政、救民保命、革除契丹人殉弊习之举。元好问曾高度肯定了全真道教化冥顽、辅助大蒙古国新政治秩序建设的作为。

　　1255 年，掌教李志常应诏觐见蒙哥，元宪宗多次咨问治国保民之术，"公奏曰：'自古圣君有爱民之心，则才德之士必应诚而至。'因历举勋贤并用，可成国泰民安之效。上嘉纳之，命书诸册。自午未间入承顾问，及灯乃退"③。除了掌教之外，其他高道也抓住觐见咨问之机，主动向最高统治者谏言治国理政之策。例如，1253 年十月十七日，蒙哥诏提点王志坦，咨问养生长寿之道。王志坦提出，延生长寿之术乃修真之士"一己之务"，君主应该代天治民，兴大利，除大害，扫除弊政，与民更始，奉承天心。宪宗深以为然。④

　　以上修身治国之策，多提到"敬天""顺天"的思想。如丘处机提出

---

① （元）李道谦：《甘水仙源录》卷 3，《道藏》第 19 册，第 743 页上中栏。
② 金宣宗贞祐二年（1214）秋，金仆散安贞率精兵入山东镇压红袄军，"时登及宁海未服，公请师（指丘处机——引者按）抚谕，所至皆投戈拜命，二州遂定"。（元）李道谦：《甘水仙源录》卷 2，《道藏》第 19 册，第 734 页下栏。
③ （元）李道谦：《甘水仙源录》卷 3，《道藏》第 19 册，第 746 页中下栏。
④ 《宫观碑志》，《道藏》第 19 册，第 713 页上中栏。

"止杀保民，乃合天心。顺天者，天必眷祐，降福我家。况民无常怀，惟德是怀，民无常归，惟仁是归"①。又以"雷震天威"之说，建议大汗推行孝道。蒙古人信仰长生天，统治者均以"长生天"名义颁布诏旨。全真道以道教"敬天"思想会通游牧文化的"长生天"信仰，为以农耕文化的教化思想接引游牧文化打开了一条"宇宙论"层面的"绿色通道"，也为全真道在构建政治认同中变被动为主动铺设了理论基石。

在向蒙古贵胄传播汉文化方面，李志常、冯志亨功不可没。李志常道行碑称，元太宗元年（1229）七月，"见上于乾楼辇，时方诏通经之士教太子，公进易、诗、书、道德、孝经，且具陈大义。上嘉之"②。孟攀鳞《重修真常宫碑》提到，"师（指李志常——引者按）之朝于天阙也，岁以为常，因米粮果实，献儒家经史"③。太宗五年，李志常承诏在燕京教授蒙古贵胄之子十八人。佐玄寂照大师冯志亨"于名家子弟中，选性行温恭者如其数，为伴读，令读孝经、语、孟、中庸、大学等书，庶几各人于口传心受之间，而万善固有之地日益开明，能知治国平天下之道，本自正心诚意始。是后日就月将，果皆克自树立，不惟俱获重用，复以才德见称于士人。又劝宣抚王公，改枢密院为宣圣庙，命弟子薛德琚修葺武庙而守祀之"④。

历代全真掌教、高道向蒙古统治者进言的以清静节欲、仁义忠孝为核心的儒道会通的治国保民之策，协助蒙古人开展的保命爱民、推行中原教化、维护地方稳定和国家统一的实践之举，是全真道以农耕文化政治传统接引蒙古游牧文化政治传统、积极参与大蒙古国政制建设的具体体现。

## 四　主动臣服、依附发展（1256～1368）

伴随着成吉思汗对全真道的优渥、丘处机以降"建宫立观"立教思想

① （元）李道谦：《全真第五代宗师长春演道主教真人内传》，陈垣编纂、陈智超、曾庆瑛校补《道家金石略》，第636页。
② （元）李道谦：《甘水仙源录》卷3，《道藏》第19册，第745页下栏。
③ （元）孟攀鳞：《重修真常宫碑》，陈垣编纂、陈智超、曾庆瑛校补《道家金石略》，第574页。
④ （元）赵著：《佐玄寂照大师冯公道行碑铭》，陈垣编纂、陈智超、曾庆瑛校补《道家金石略》，第521页。另见《窝阔台立国子学诏书碑》，王宗昱编《金元全真教石刻新编》，第97～98页。《元史》称："太宗六年癸巳，以冯志常为国子学总教，命侍臣子弟十八人入学。"冯志常当系冯志亨之误。（明）宋濂等撰《元史》卷81《选举志》，第2029页。

和实践的开展，全真道迎来了发展史的一大黄金期。作为中国北方一股强大的社会力量，全真道在政治、经济、社会生活等方面，对儒释两家甚至其他道派都产生了不小的影响。宪宗朝的佛道论争为入元以后全真道依附政治、曲折发展做了铺陈。1280 年元世祖主持佛道辩论，全真道再度败北。成宗朝以后全真道呈现末流贵盛和民间化发展特征，和大蒙古国时期不可同日而语。

1256 年李志常辞世，遗命张志敬袭教。元世祖中统三年（1262），忽必烈始颁诏，特封光先体道诚明真人号。此后，一改前四汗时期掌教大宗师由教内自主产生的旧规，历任掌教需由元廷颁诏委任。全真道各级道官被纳入元代政制系统，在中央、地方政府领导下开展教务工作。元朝政府对全真道的管控加强。

金末、大蒙古国早期，最高统治者征召全真宗匠的情况时有发生。张志敬以降共有 11 位掌教，被宣召咨问者凤毛麟角。他们多通过攀附政治精英的方式，进入元朝官僚体制。王志坦出任掌教与其长期留居和林相关，更与以蒙哥为首的蒙古皇室的交往不无关系。祁志诚掌教与中统朝和丞相安童的结交、举荐有关。① 苗道一因驸马高唐王的引荐结识武宗进而权教。② 这既是全真掌教谋取个人和教团发展的表现，也是这一时期教团政治认同新的表现形式。

在教史书写中凸显政治认同成为这一阶段的突出特色。元代出现了多部由全真道士编撰的教史仙传，"以史弘道"成为全真广学的显著特色。大蒙古国时期问世的全真史传不多，较有代表性的如成书于 1241 年的《金莲正宗记》，个中鲜有政治认同的表述。元世祖朝以后，凸显政治认同的全真史传不断涌现。按照表现形式，大体可分为三类。一是在史传篇首载录封赠圣旨。如，李道谦《甘水仙源录》成书于元世祖至元二十五年（1288），10 卷，开篇序文之后录至元六年（1269）世祖敕封五祖七真诏书。之后分卷载录早期全真道士碑传及部分宫观碑刻、诗文。又如，刘天素、谢西蟾

---

① （元）李谦：《玄门掌教大宗师存神应化洞明真人祁公道行之碑》，陈垣编纂，陈智超、曾庆瑛校补《道家金石略》，第 700 页。
② 《苗公道行碑》，陈垣编纂，陈智超、曾庆瑛校补《道教金石略》，第 787 页。

《金莲正宗仙源像传》，成书于元泰定帝泰定三年（1326），不分卷，开篇录《元太祖成吉思皇帝召丘神仙手诏》《元世祖皇帝褒封制词》《武宗皇帝加封制词》。之后，编录老子、五祖七真像传。这种篇章布局当是在《甘水仙源录》基础上的创新性发展。二是在仙传修订过程中增益崇道圣旨，表达教之于政的认同，以《七真仙传》为代表。该书初成于元太宗朝，元世祖、成宗至明永乐朝递补增续。修订过程中，丘处机传记中出现了至元六年（1269）、至大三年（1310）敕封诏书。[①] 仙传中体现的对政治统治的认同与元廷对全真道的认可接纳形成良性互动。三是以政治宣召为主题，编写弘道史传，以史志经《玄风庆会图》为代表。该书成书于元世祖至元十一年（1274），元成宗大德九年（1305）、明宣德朝两度重刊。[②] "总集诸家纪传，起于栖霞分瑞，讫于白云掩枢，定为六十四题，题各立图，图各附以说文"[③]。前有李道谦、宋渤等教俗名士所撰五篇序文。序文异口同声地盛赞长春真人万里应聘之举。赵孟頫甚至将成吉思汗与丘处机的会面比作轩辕黄帝与广成子、周文王与老子的问对，且将二者的关系表述为"君臣相得"。共 5 卷，后 4 卷已佚，仅从卷 4 目录"朝帝雪山、表谏赦叛""三传至道、五复征旨""问雷对孝、入谏畋猎"看，史志经无疑是想通过编撰史传的方式彰显丘处机领导的全真道团对元朝统治的认同。该书在"采海濒遗老之言，文集序传之说洎便宜刘仲禄家藏诏，举记《西游》《庆会录》所载"[④] 基础上编次而成。《西游》即《长春真人西游记》，上下两卷。从谋篇布局上看，重在突出丘处机的弘道事迹，文末附元太祖诏书、圣旨及官员请疏。这与大蒙古国早期政教关系融洽、全真道地位优越不无关系。当时佛道论争、政府对全真道的打压尚未发生，全真道以史传表达政治认同的需要尚未有元世祖朝紧迫。

---

① 秦国帅：《七真仙传与全真历史：以台湾大学图书馆藏〈七真仙传〉为中心的考察》，《世界宗教研究》2017 年第 3 期。

② 张方：《明代全真道的衰而复兴——以华北地区为中心的考察》，第 113~122 页。

③ （元）李道谦：《长春大宗师玄风庆会图序》，周燮藩主编，王卡分卷主编《中国宗教历史文献集成·三洞拾遗》第 16 册，第 392 页上栏。

④ （元）史志经：《玄风庆会图后序》，周燮藩主编，王卡分卷主编《中国宗教历史文献集成·三洞拾遗》第 16 册，第 418 页上栏。

表6-1 金元全真宫观刻立公文碑一览

| 序号 | 名称 | 颁发/立石时间（年）① | 地点 | 内容 | 出处② |
|---|---|---|---|---|---|
| 1 | 玉虚观牒 | 1197发 | 山东宁海州牟平县圣水玉虚观 | 金尚书礼部赐牟平县圣水玉虚观额牒 | D |
| 2 | 真清观牒 | 1209发 | 河南怀州修武县真清观 | 金尚书礼部赐修武县真清观额牒 | D |
| 3 | 大蒙古国累朝崇道恩命之碑 | 1219、1220、1223、1235、1245、1250发、1251立 | 陕西祖庭重阳宫 | 元太祖、太宗、阔端太子、弥里果带太子宣召、护教圣旨、令旨③ | C |
| 4 | 范圆曦封真人敕并延住持上清观疏 | 1226、1274发 | 山东东平府上清万寿宫 | 东平行尚书省严实邀请范圆曦住持上清观疏、元世祖诏赐范圆曦真人号至圣旨 | D |
| 5 | 长春观公据 | 1238发 | 陕西凤翔长春观 | 凤翔总管府开具长春观四至公据 | D |
| 6 | 敕请栖云真人住持嵩阳宫疏 | 1238发④ | 或在河南登封嵩阳崇福宫 | 登封县令马居仁教请栖云真人住持嵩阳宫疏 | J |
| 7 | 北极观懿旨碑 | 1245发 | 不详 | 公主、皇后护持汲县城隍庙北极观、刘村岱岳观、山彪村长春观懿旨 | D |
| 8 | 神山洞给付碑 | 1245发 | 山东莱州神山洞 | 宣差莱登州长官都帅给付神山洞地产公据 | D |
| 9 | 孟州王屋灵都观碑 | 1245发 | 河南孟州王屋灵都观 | 提点陕西教门官綦志远发给文、内容为宁神子出家源流的奏复 | Y |
| 10 | 济源紫源宫懿旨碑 | 1240发、1250立 | 河南济源王屋山天坛十方大紫微宫 | 也可含教大皇后、妃子令今沁州管民官杜丰夫妇规领雕造经藏懿旨 | D |
| 11 | 炼神庵牒文 | 1250发 | 山东祖徕山炼神庵 | 大蒙古国护教圣旨、懿旨、令旨赐炼神庵文 | Z |
| 12 | 灵都宫懿旨碑 | 1250发 | 河南孟州王屋县灵都宫 | 公主、皇后赐灵都宫庙产懿旨、灵都宫护持张志谨真人号并护持神冈观 | D |

续表

| 序号 | 名称 | 颁发/立石时间（年）① | 地点 | 内容 | 出处② |
|---|---|---|---|---|---|
| 13 | 重阳延寿宫牒 | 1250 发，并于同年立石，1323 重刊 | 陕西泾阳重阳延寿宫 | 依奉咬鲁古唐妃、旭烈兀大王懿旨，令旨，护持全真道，追赐许抱元真人牒文 | D |
| 14 | 安邑长春观札付 | 1252 发，或于同年立石 | 山西安邑县长春观 | 掌教李志常札付长春观付李志玉等任意看守护葡萄园，制造干圆送纳 | Y |
| 15 | 太平崇圣宫公据 | 1252、1253 发 | 山西平遥太平崇圣宫 | 李志常发给太平崇圣宫兴修住持执照，李志常颁发的改太平兴国观为太平崇圣宫谕文公据 | D |
| 16 | 亳州太清宫令旨碑 | 1257 发 | 安徽亳州太清宫 | 海都太子护持太清宫令旨 | D |
| 17 | 亳州太清宫圣旨碑 | 1261 发 | 安徽亳州太清宫 | 元世祖护持太清宫圣旨 | D |
| 18 | 万寿宫披云真人制词碑 | 1270 发 | 山东掖县万寿宫 | 元世祖追赠宋德方真人号，赐云州金阁山崇真观额号圣旨 | D |
| 19 | 纯阳宫令旨碑及诸潘公住持疏 | 1246 发，1274 立 | 山西永乐纯阳宫 | 昌童大王追封潘冲真人号令旨，平阳府路、河东南路等六部门敕潘德冲住任纯阳宫疏 | D |
| 20 | 崇道诏书碑 | 1269 发，1302 立 | 甘肃秦州玉泉观 | 元世祖加封五祖七真圣旨碑 | D |
| 21 | 龙门禹王庙令旨碑 | 1275 发 | 不详 | 元世祖护持平阳路荣河临汾县后土庙，尧庙等圣旨 | D |
| 22 | 龙门禹王庙令旨碑 | 1276 发 | 不详 | 安西王忙哥剌护持平阳府尧庙、后土庙、禹庙令旨 | D |
| 23 | 大元崇道圣训王旨碑 | 1277、1280 发 | 陕西祖庭重阳宫 | 安西王忙哥剌，元世祖授子李崇谦道职令旨，圣旨 | C |

| 序号 | 名称 | 颁发/立石时间（年）① | 地点 | 内容 | 出处② |
|---|---|---|---|---|---|
| 24 | 蒙汉文合刻令旨碑 | 1277发，1287立 | 陕西周至县清阳宫 | 口（只）必帖木儿大王护持清阳宫令旨 | C |
| 25 | 万寿宫令旨碑 | 1279发 | 山东莱州神山长生万寿宫 | 势都儿大王封赠石真人九阳保德纯化真人号令旨 | D |
| 26 | 万寿宫披云真人令旨碑 | 1280发 | 山东莱州神山长生万寿宫 | 势都儿大王护持长生万寿宫、武当灵虚观庙产令旨 | D |
| 27 | 户县东岳庙令旨碑 | 1282发 | 不详 | 秦王阿难答护持户县东岳庙令旨 | Y |
| 28 | 加封北岳圣旨碑 | 1291立 | 不详 | 元世祖护持北岳安天大贞玄圣帝令旨 | D |
| 29 | 神清宫圣旨碑 | 1294发⑤ | 山东昆嵛山烟霞洞 | 哈鲁罕大王护持神清宫令旨 | J |
| 30 | 大清宗圣宫圣旨碑 | 1296，1315，1330发 | 陕西楼观宗圣宫 | 元成宗、仁宗、顺帝护持宗圣宫庙产圣旨 | D/Y |
| 31 | 新安县洞真观榜约 | 1301发 | 河南新安县洞真观 | 元中书礼部护持洞真观榜约 | J |
| 32 | 天坛王屋山令旨碑 | 1304发，1306立 | 不详 | 元成宗护持紫微宫庙产圣旨 | D |
| 33 | 霍岳庙令旨碑 | 1306发，1307立 | 山西霍州霍岳庙 | 海山太子护持霍岳庙令旨 | D |
| 34 | 永乐宫圣旨碑 | 1308，1310发，1317立 | 山西永乐纯阳宫 | 元武宗追赠宋德方真人号、加封苗道一掌教大宗师圣旨 | D |
| 35 | 平遥太平崇圣宫圣旨碑 | 1309发 | 山西平遥县太平崇圣宫 | 元武宗护持太平崇圣宫圣旨 | Y |
| 36 | 紫微宫圣旨碑 | 1309，1310发 | 河南济源县王屋山天坛十方大紫微宫 | 元武宗护持紫微宫庙产圣旨 | D |
| 37 | 褒封五祖七真制辞 | 1310发，1317立 | 陕西祖庭重阳宫 | 元武宗褒封五祖七真圣旨 | C |
| 38 | 加封五祖七真、十八大士碑 | 1310发，1317立 | 山西永乐纯阳宫 | 元武宗褒封五祖七真、十八大士圣旨 | D |
| 39 | 天诏加封真之碑 | 1310发，1317立 | 艺风堂拓片 | 元武宗加封十八大士真人徽号圣旨 | D |

续表

| 序号 | 名称 | 颁发/立石时间（年）① | 地点 | 内容 | 出处② |
|---|---|---|---|---|---|
| 40 | 唐四仙姑石龛令旨碑 | 1310发⑥ | 山东牟平 | 宁海州亦思马因封赠唐四仙姑真人号令旨 | J |
| 41 | 加封尹志平大真人碑 | 1312立 | 柳风堂拓片⑦ | 元武宗亦封加尹志平大真人号圣旨 | D |
| 42 | 宸命王文碑 | 1313、1314、1318发 | 陕西祖庭重阳宫 | 元仁宗授予孙德彧峰教大宗师圣旨 | C |
| 43 | 蒙汉文合刻皇帝玺书碑 | 1314发 | 陕西祖庭重阳宫 | 元仁宗护持重阳宫及下院产圣旨 | C |
| 44 | 圣旨加封帝师真之碑 | 1320立 | 陕西耀州 | 元武宗加封五祖帝君、七真真君圣旨 | D |
| 45 | 泰山东岳庙圣旨碑 | 1324发 | 山东泰山东岳庙 | 元泰定帝护持东岳庙圣旨 | Y |
| 46 | 纯阳万寿宫圣旨碑 | 1327立 | 山西永乐纯阳宫 | 元泰定帝护持纯阳宫及下院圣旨 | D |
| 47 | 纯阳万寿宫令旨碑 | 1332、1339发、1347立 | 山西永乐纯阳宫 | 荆王脱火赤、脱帖木儿护持纯阳宫令旨 | D |
| 48 | 邹县仙人万寿宫圣旨碑 | 1335发 | 山东邹县峄山仙人万寿宫 | 元顺帝护仙人万寿宫圣旨 | Y |
| 49 | 纯阳万寿宫札付碑 | 1336发 | 山西永乐纯阳宫 | 恢复燕京长春宫直接管领纯阳宫旧例札付 | D |
| 50 | 宗圣宫设五品级提点所公文碑 | 1341发 | 陕西楼观宗圣宫 | 宗圣宫设五品级提点所公文 | L |
| 51 | 蒙汉文合刻大元宸命碑 | 1341、1351、1358发 | 陕西祖庭重阳宫 | 元顺帝向井德用、焦德润颁发的护持重阳宫庙产、赐授真人号圣旨 | C |
| 52 | 赠五祖七真碑 | 1345立 | 山东掖县 | 元世祖封赠五祖七真圣旨 | D |
| 53 | 重刻崇宗圣旨碑记 | 1347立 | 山西永乐纯阳宫 | 元武宗赠宋德方真人号圣旨 | D |
| 54 | 大元崇道诏书之碑 | 1362立 | 山东掖县 | 元世祖封赠五祖七真、武宗封赠五祖帝君、丘处机真君圣旨 | D |
| 55 | 皇帝圣旨碑 | 1363发 | 陕西祖庭重阳宫 | 元顺帝授予杨德荣荣道职、真人号并护持重阳宫庙产圣旨 | C |

| 序号 | 名称 | 颁发/立石时间（年）① | 地点 | 内容 | 出处② |
|---|---|---|---|---|---|
| 56 | 王清宫摹刻圣旨碑 | 不详 | 艺风堂拓片 | 摹刻元太祖十八年三月、太宗七年七月圣旨 | D |
| 57 | 大清宫圣旨碑 | 不详 | 山东崂山太清宫三官殿 | 刻元太祖十八年九月圣旨 | D |

注：①按照颁发或刻立时间先后排序。

②《道家金石略》简称"D"，《金元全真教石刻新编》简称"J"，《重阳宫道教碑石》简称"C"，《楼观台道教碑石》简称"L"，《元代白话碑集录》（修订本）简称"Y"，周郡《蒙古汗廷与全真道关系新证——新发现的蒙古文圣旨（懿旨、令旨）摩崖考述》（《中国史研究》2013年第1期）简称"Z"。

③其中，元太祖十八年（1223）三月、太宗七年（1235）七月圣旨，王清宫节录摹刻。元太祖十八年九月圣旨，复刻崂山太清宫三官殿壁间。陈垣编纂，陈智超、曾庆瑛补校《道家金石略》，第447页、第450页。

④马居仁《蒙请云真人住持高阳宫疏》，未交代请时间。王宗昱编《金元全真教石刻新编》，第191～192页。据梁自《嵩阳崇福宫修建碑》推定。该碑称："初，戊戌岁，知宫正一起道人因霍讲师志深，将邀留之。二人辞曰：'我辈凉薄寡堪，将邀留之。二人辞曰：'我辈凉薄寡堪，必欲得人，长春大弟子乔公比已渡河，盍此出其右。于是府县僚佐合道宫，相率具疏状恳请。凡四阅岁，王君德明游方至高，王君邀请，王宗昱校补《道家金石略》，第196页。柄云虚静真人乔志高事迹，参见《大元中岳蒿福宫崇真静真人寿官记》，陈垣编纂，陈智超、曾庆瑛校补《道家金石略》，第638页。

⑤关于今旨颁发时间，本书参考〔日〕舩田善之《蒙古诸王、道士、地方官员——蒙古时代华北社会的命令文书及其立碑意义探索》，于磊译，中国政法大学法律古籍整理研究所编《中国古代法律文献研究》第11辑，社会科学文献出版社，2017。

⑥关于今旨颁发时间，本书参考丁刘学雷《唐四仙姑及相关问题考》，王志民主编《齐鲁文化研究》第9辑，泰山出版社，2010。

⑦从功德业主、石匠等信息推断，立碑地点当在山东。陈垣编纂，陈智超、曾庆瑛校补《道家金石略》，第732～733页。

此外，在宫观刻立公文碑，与诉诸史传殊途同归，也是这一时期全真道表达政治认同的一大特征。据《道家金石略》《楼观台道教碑石》《重阳宫道教碑石》《金元全真教石刻新编》《元代白话碑集录（修订版）》等碑刻集的不完全统计，金元时期全真道在宫观刻立公文碑 57 通，录公文 78 篇。详见表 6-1。这些公文碑呈现如下特征。

第一，公文类型包括圣旨、懿旨、令旨、牒文、疏文、札付、榜约、公据等。颁布者包括皇帝、皇太后、皇后、妃子、宗王、中央和地方政府部门、全真道门管理机构等。内容以封赠教门领袖（以至元六年、至大三年封赠五祖七真十八大士最为典型）、授予教职、额号和教门管理权，以及护持宫观类的圣旨、令旨、懿旨最多。① 78 篇公文中，有圣旨 42 篇、令旨 16 篇，成为公文的主体。此外，还有政府公据（如 1238 年凤翔总管府磻溪长春观四至公据、1245 年宣差莱登州长官都帅给付神山洞地产公据）、疏文（如 1238 年登封县令马居仁敦请栖云真人乔志嵩住持嵩阳宫疏）、札付（如 1336 年玄门道教所恢复燕京大长春宫直接管领永乐纯阳宫旧例札付）。以上公文的共同特征是赋予全真道若干权益。亦有少量对全真道提出义务性要求，如 1235 年元太宗下旨令全真道缴纳米粮。

第二，时间上贯通金元，金代 2 篇，元代 76 篇，以 1197 年金尚书礼部赐昆嵛山玉虚观牒最早，1363 年元顺帝授予杨德荣真人号并重阳宫住持圣旨最晚。以 1256 年为界，之前颁发公文 24 道，之后 54 道。从刻立时间看，57 通公文碑中，有 42 通明确立于 1256 年之后，其中还有公文颁发于 1256 年之前，而于之后刻立者，如元定宗元年（1246）平阳府路、河东南路等六部门请潘德冲住持永乐纯阳宫疏，于元世祖至元十一年（1274）与中统三年（1262）昌童大王追封潘德冲真人号令旨同刻一碑。又 1226 年东平行尚书省严实疏请范圆曦主持上清宫，至元十一年元世祖追赐范圆曦玄通普照惠和真人号，疏文、圣旨同刻一碑，故当刻于 1274 年或之后；剩余 15 通中有 4 通立于 1250～1252 年之间，其中《重阳延寿宫牒》1250 年立石后，元英宗至治三年（1323）重刊，其他 11 通未标明刻立时间，不排除有立于 1256 年之后者。42 篇圣旨中除 1 篇颁发年代不详，有元太祖 4 篇、太宗 2

---

① 节录圣旨、令旨、懿旨之牒文、公据，以牒文、公据计。

篇、世祖 8 篇、成宗 2 篇、武宗 11 篇、仁宗 5 篇、泰定帝 1 篇、文宗 1 篇、顺帝 7 篇，其中 35 篇颁发刻立于 1256 年之后。16 篇令旨中有 14 篇颁发刻立于 1256 年之后。

第三，元世祖至元十七年（1280）佛道辩论，全真道继 1258 年之后遭受有元一代最为惨重的打压。然而，元廷通过公文对全真道的利用、管控与全真道刻立公文碑形成互动，继 1256 年之后迎来了金元全真道史上刻立公文碑的一个高峰期。57 通碑刻中，有 35 通刻立于 1280 年及以后。《元史》载，1280 年二月，诏谕焚毁《道藏》伪妄经文及板。次年十月，焚毁《道德经》以外的全部《道藏》。① 元世祖所发六道圣旨，有五道颁于同年二月之前。距此最近的一次，是当年正月授予李道谦陕西五路西蜀四川道教提点兼领重阳万寿宫事圣旨。又于同年十一月五日，颁旨护持李道谦领导的祖庭重阳宫，并赋予其与管民官一同处断教俗纷争的权力。两道圣旨貌似安西王忙哥剌此前三年颁给李道谦的两道令旨的翻版，② 实则是忽必烈收拢权力、限制忙哥剌势力之表现。于全真道而言，年初的焚经之策并未影响年末的封赠之举。至元二十八年（1291）二月元世祖颁《崇祭祀》诏书，加封五岳四渎四海。其中加北岳为安天大贞玄圣帝。③《加封北岳圣旨碑》于同年二月立石，碑末署"玄门掌教大宗师辅元履道玄逸真人张志仙篆额立石"。④ 可见，终元世祖执政之末，忽必烈对全真道仍坚持崇奉与利用并举的国策。1282 年，秦王阿难答颁护持户县东岳庙令旨。1294 年，哈鲁罕大王颁护持昆嵛山神清宫令旨。此又可佐证焚经打压全真之策未出大都之判断。元成宗朝起，统治者对全真道的礼重护持逐渐增强。这与以张志仙为代表的全真道众走出焚经阴影，积极参与元朝政治密切相关。同时，全真教团抓住时机，通过刻立公文碑表达政治忠诚，如至元六年世祖加封

① （明）宋濂等撰《元史》卷 11《世祖本纪》，第 222 页、第 234 页。《圣旨焚毁诸路伪道藏经之碑》："（至元十八年）十月壬子，集百官于悯忠寺，尽焚《道藏》伪经杂书，遣使诸路，俾遵行之。"（元）释祥迈：《至元辨伪录》卷 5，《续修四库全书》第 1289 册，第 461 页上栏。
② 《大元崇道圣训王言碑》，刘兆鹤、王西平编著《重阳宫道教碑石》，第 97~98 页。
③ 陈高华等点校《元典章》圣政卷 2《典章三》，天津古籍出版社、中华书局，2011，第 108 页。
④ 《加封北岳圣旨碑》，陈垣编纂，陈智超、曾庆瑛校补《道家金石略》，第 670 页。

五祖七真圣旨于大德六年（1302）在秦州玉泉观立石。元成宗至顺帝颁发的27篇护教圣旨先后于这一时期在全真宫观中刻立。其中刻武宗圣旨11篇，另有1篇是其以太子身份颁发的护持苗道一住持霍岳庙的令旨。武宗对全真道的崇奉和利用，可见一斑。元末诸帝中，以顺帝颁旨最多，就中不难体味最高统治者试图借助神道力量襄助式微国祚之意。

这些公文碑在全真宫观中的刻立（有的是一文在多地宫观刻立，如至大诏书在祖庭重阳宫、秦州玉泉观、山西永乐宫、山东掖县、陕西耀州等地皆有刻立，节录圣旨略有出入），于全真教团而言，一是为了彰显各地宫观对政令的接受和重视，表达政治忠诚，二是借此证明自身合法性、自高身价、推动教团发展。对此，掌教大宗师孙德彧《褒封五祖七真制辞》有所揭示，"钦惟圣元建国以来，事天治民，动与道合。神宗圣祖，为善孳孳。至于垂裕后昆，既昌而炽。施及武宗皇帝，乃神乃文，英迈盖世，不以万几为劳，尤尚玄元之教。方龙飞之二年，加封五祖帝君、七真真君，玄门诸师，均受恩宠。玉字纶音，曲尽□嘉之实，真令草木泉石，渊□流光而照耀今昔也。臣忝居簪褐之长，敢不缮录诰词，□诸翠琰，庶与幽人羽士，时获讽咏天章，沾沐圣泽，上以祝无疆之休，下以赞升平之化，诚至乐也，诚至愿也"[1]。于元廷而言，一方面体现了统治者对全真道的护持认可，另一方面是将其纳入政治统治的表现。

依附政治，在教史、宫观中书写刊刻政令公文，是全真道经历佛道之争以后积极表达政治认同的时代特色。

除了实践层面的认同外，入元以后，南北二宗渐趋融合。相关代表人物接续创教早期忠孝修道行道思想，融摄儒家忠恕仁义理论，进一步从教义思想上巩固政治认同。李道纯《忠恕而已》诗云："责人之心惟责己，恕己之心惟恕人。忠恕两全方达道，克终克始不违仁。"[2] 陈致虚主张"道不轻传"，传道之前"宜先审其忠孝、正直、善恶、贤愚。大道非正人君子，非素所好善者，端不可与"[3]。同时，全真戒律建设不断完善，一改早期劝

---

① （元）孙德彧：《褒封五祖七真制辞》，刘兆鹤、王西平编著《重阳宫道教碑石》，第124页。
② （元）李道纯：《清庵莹蟾子语录》卷6，《道藏》第23册，第760页上栏。
③ （元）陈致虚：《上阳子金丹大要》卷1，《道藏》第24册，第4页下栏。

而无罚的戒风，以"王律"统合"道律"。《全真清规·教主重阳帝君责罚榜》① 开列十种不守清规的惩处措施，首条规定"犯国法遣出"。其他污迹败行尚可留在道门且有改过机会，犯国法者径被逐出道门，并接受世俗法律的惩处。全真道对违犯国法的重视程度和惩处力度不断加强。

此外，各阶段全真道的政治认同还有一些共通性的特征，在向最高统治者臣服的同时又踊跃向地方统治者归附，并积极承担国家仪典。特别是入元以后，多位全真掌教承担了祀礼岳渎的国家祭祀职能。为国焚修方面，诸全真碑刻异口同声地表达了修道为国为民祈福的宏愿。如姬志真《大元国宝峰观记》（撰于 1266 年）明确点出栖云真人王志谨—李守迁一系对元朝统治的认同，"仅以辰香夕灯，朝参暮礼，祝皇上万安之祚，祈官民百禄之祥，所以报本尊师，安身养命，应世之理也"②。元世祖至元九年（1272）立石的《创建云峰观记》《创建清真庵记》二碑亦有"每遇朔旦，谨集道流，焚香诵经，祝赞当今皇帝圣寿万岁，文武官僚长居禄位，愿成胜事者"③ 之举。元顺帝至正二年（1342）刻立的《大元嵩山崇福宫创建三清殿记》亦有类似之论。④ 报本尊师、安身养命，祝延国祚、国泰民祥，全真道将道门修持与忠君为民的职能有机融合。这些斋醮、祭祀"仪式都是定期重复的，以此来调动情感、强化记忆、规范行为、塑造习惯，进而将对现有权力关系的遵从提升到心理上的政治认同高度，使人们认可、适应和习惯这种权力关系安排，并承认其体现的价值理念"⑤。

综合考察全真道政治认同的理论实践和金元统治者对全真道的优渥管领，可以看出全真道的传承发展是在政教双向认同的语境下展开的。教之于政的认同、政之于教的认可是一个有机互动的过程。诚如元翰林侍读学士正议大夫兼国子祭酒陈楚望所言，"为教者思宠遇之优渥，而归美报上之

---

① "帝君"之号系元武宗至大三年（1310）所封，《责罚榜》当为元代中后期之作。
② （元）姬志真：《大元国宝峰观记》，陈垣编纂，陈智超、曾庆瑛校补《道家金石略》，第609 页。
③ （元）茅志宣：《创建云峰观记》、（元）茅志宣：《创建清真庵记》，陈垣编纂，陈智超、曾庆瑛校补《道家金石略》，第 604、第 605 页。
④ 《大元嵩山崇福宫创建三清殿记》，陈垣编纂，陈智超、曾庆瑛校补《道家金石略》，第803 页。
⑤ 杨雪冬：《重构政治仪式 增强政治认同》，《探索与争鸣》2018 年第 2 期。

念，亦与国家相为无穷"①。前者有归附、寻求政治护佑、佐国护民的宏愿，后者有借之稳固统治、教化民众的需求。胡其德梳理了 1244～1304 年可汗令道士做法事情况，指出元世祖至元十三年（1276）以前，奉可汗之命作醮者以全真派为主。② 实则，早在金末，丘、刘、王、马等就曾应不同层级统治者之邀，住持道宫、主持祈禳斋醮。如，金世宗大定二十年（1180），马钰应长安僚庶之请祈雨。二十四年五月，刘处玄应登州太守之请，主醮祈雨。二十六年冬，京兆统军夹谷公请丘处机居祖庭，载扬玄化。又如，金卫绍王大安元年（1209），应孛术鲁参政之请，王处一驻居北京（今辽宁锦州）华阳观。丘处机东归燕京，宣差相公剖八传旨，令"门人恒为朕诵经祝寿"③。1246 年宣差平阳府路都达鲁花赤等六部门疏请冲和真人潘德冲住持永乐纯阳宫，为国焚修、祝延圣寿。1277 年安西王令旨、1280 年势都儿大王令旨也均有类似要求，"倾心报国，精意告天，朝夕诵持，殷勤进道，无负我朝敬天崇道之心，祖师立教度人之意""依时告天与皇帝、皇后、太子、大王子子孙孙根底祝延圣寿者"。④ 与个人进道相比，统治者看重的是全真道的倾心报国。说明统合宗教力量、以宗教仪式维系精神秩序、表达对元朝统治的认可臣服、祝延国祚，也是统治者的政治需要。

全真道在很大程度上落实了统治者的政治诉求，历朝护教公文碑即是统治者认可全真道的表现。元武宗至大三年（1310）加赠尹志平清和妙用广化崇教大真人圣旨开篇云："昔贤有言，尽忠于君，致孝于亲，归诚于天，敷惠于下，有才以济其用，有学以裕于人，秩可列于仙阶，道可弘于当世。"⑤ 忠君、孝亲、诚于天、惠于下，既是对尹志平道行的高度肯定，也间接体现了对其领导的全真道团的认可。政治认同的持续性理论论说与政治支持实践活动为金元全真道发展提供了良好的政教环境。

全真道构建政治认同的过程并非一帆风顺，特别是元宪宗、世祖朝的

---

① （元）李道谦：《甘水仙源录》卷7，《道藏》第19册，第780页中栏。
② 胡其德：《蒙元帝国初期的政教关系》，台湾花木兰文化出版社，2009，第121～123页。
③ （元）李志常：《长春真人西游记》卷下，《道藏》第34册，第496页中栏。
④ 《鳌屋重阳万寿宫令旨碑》《万寿宫披云真人令旨碑》，陈垣编纂，陈智超、曾庆瑛校补《道家金石略》，第619页、第631页。
⑤ 《至大诏书碑》，陈垣编纂、陈智超、曾庆瑛校补《道家金石略》，第730～731页。

几次佛道论争导致教团遭受打压。同时，教内污迹败行者有之，如金末的乌古论先生。① 长春西行归来之后，教门大开。一些民众为保命谋生混迹教门，个中犯戒违法者并不稀见。辛愿对全真道中的败迹劣行做出了相对公允的品评："（全真道）异于畔岸以为高，黠滑以为通，诡诞以为了，惊聋眩瞽，盗取声利，抗颜自得，而不知愧耻者远甚。间有去此而即彼者，皆自其人之无良，非道之有不善也。"② 他肯定了全真道及其思想实践的高妙出众，同时认识到其间德行低下者和玄妙高尚的全真大道是两回事。包括宗教在内的任何社会组织中，污名败迹者不乏其人。但这些都发生在"尊王"的大前提之下，上述劣行不足以消解全真教团从整体上对金元政治统治的臣服认同。佛道论争全真败北，元世祖朝打压声势浩大。但从实际执行情况来看，陈垣等前贤早已做出了"雷声大雨点小"的客观评价。③ 说明全真道的壮大并没有否定自身的政治认同，更未达到危及元朝统治的程度，否则就不是简单的打压，而会是彻底取缔。元朝诸帝中，忽必烈颁发的护教圣旨数量仅次于武宗，居第二位，很大程度上反映了入主中原后的这位元朝初祖对全真道采取的是认可和管控双管齐下的政策。

超越以往的正统、异族二分说，从中华民族形成发展的整体观视角，审视金元时期的政教关系，才能正确认识全真道的政治认同问题及其对统一多民族国家建设的积极贡献。金元时期，全真道经历了从无到有、从"隐修"到高调发展、从初期不被信任到被尊崇、遭受间断性打压再到常态化发展的过程。全真道政治认同的构建是在金元两朝政教生态语境中循序展开的，呈现集理论性与实践性于一体、动态性与时代性相结合、不同阶段表现形式有联系也有区别等特征。值得称道的是，全真道以汉制接引蒙制，在一定程度上推动了农耕文化与游牧文化有机结合的元代统一多民族国家政制建设。和被动臣服相比，全真道以农耕文化、中原教化使者的身份，在大蒙古国政制、文化建设过程中表现出主动认同、积极建构的一面。

---

① （元）脱脱等撰《金史》卷119《乌古论镐传》，第2602~2603页。
② （元）李道谦：《甘水仙源录》卷9，《道藏》第19册，第803页下栏。辛愿，字敬之，福昌人，号溪南诗老。传见《金史》卷127。
③ 陈垣：《南宋初河北新道教考》，第59~65页。不过，全真道的膨胀在一定程度上对自身构建的政治认同也造成了一定的威胁。

全真道政治认同的构建是对长期以来中国大一统历史语境下佛道佐国扶命、崇尚王道传统的赓续。创教早期和元统一中国北方之后，全真道对金元两朝的政治认同非限于一宫一观、一地一宗，整个教团都在政权大于教权的大前提下开展宗教活动。金亡之际，全真道不同地区、不同宗系存在着从宗金向宗蒙转变的问题，此与其时政治地理和宗教地理的区隔、元朝统一中国的历史进程有关。文化认同是政治认同的基础，文化不认同，政治认同难一致。在国家的政治体制中，认同在本质上表现为个体成员基于共同文化对国家政治体系和文化制度的认可和赞同。① 以丘处机为代表的全真高道们向金元统治者宣播的"天垂经教"及其贯通金元两代的以教辅政的政治支持行为，实则是全真道对中国传统遵依国法、忠于王道的政治思想和文化在金元时期的践行和具体展开。在金元少数民族政治语境下，全真道成为以忠孝思想为代表的中国传统政治文化基因的重要传承者。这与众多全真道士的儒家出身密切相关。教祖王嚞"始于业儒，其卒成道，凡接人初机，必先使读《孝经》《道德经》，又教之以孝谨纯一。及其立说，多引六经为证据"，收徒演法，皆以"明正心诚意、少私寡欲之理"。马钰"世业儒……祖觉，字莘叟，以孝行称……昆季五人，以仁、义、礼、智、信命之，故号五常马氏"。② 全阳子周草窗"幼而敏锐，习于程朱事业，持己以方正，为德先孝友，主乎忠信，立其敬义，可谓君子矣"③。上文谈到的，谭处端、刘处玄、王处一诸君以忠孝会通修行，丘处机谏言成吉思汗以仁德怀民、推行孝道的思想，皆是全真道融通儒道的具体体现。

## 第二节　融入社会文化生活

全真道对金元明清中国传统社会的影响，是以其实现向道教大传统的归宗汇流为基本前提的。道理很简单，道教是中国传统社会精神文化生活的重要组成部分。全真道作为道教的一分子，其对后者的融入与影响，实

---

① 詹小美、王仕民：《文化认同视域下的政治认同》，《中国社会科学》2013 年第 9 期。
② （元）李道谦：《甘水仙源录》卷 1，《道藏》第 19 册，第 725 页下栏至第 726 页上栏、第 728 页中下栏。
③ （元）陈致虚：《上阳子金丹大要》卷 12，《道藏》第 24 册，第 47 页中栏。

际上就是小传统归宗大传统、小传统汇流大传统的过程。唐宋以降，儒释道融合互摄成为三教关系的总趋势。全真道顺历史潮流而动，融通儒释成为其传承发展的重要特征之一。精英和市井生活中，亦随处可见全真道的身影。

## 一 汇流道教、融摄三家

### （一）汇流道教

作为一个新兴的宗教组织，创教初期，包括社会精英在内的金元民众对全真道宗教属性的认识尚不够明晰。如我们所熟知的，以辛愿、元好问为代表的世俗精英对它的认识尚停留在"出入百家、介于佛老"的水平上，遑论文化水平比较低的社会大众。[①] 诚然，这与全真道高扬"三教合一"的旗帜不无关系。伴随着全真道的发展，教团内部通过宗祖谱系构建、教史书写等多种方式，逐步实现向传统道教的回归和身份认同。教外精英对全真道道教身份的认识不断明晰。如，元世祖至元二十三年（1286）徐琰撰《广宁通玄太古真人郝宗师道行碑》，其中明确谈到全真之学继承了以老庄为代表的道家传统[②]：

> 噫，道家者流，其源出于老（原文误作"若"——引者按）庄，后之人失其本旨，派而为方术，为符箓，为烧炼，为章醮，派愈分而迷愈远，其来久矣。迨乎金季，重阳真君不阶师友，一悟绝人，殆若天授。起于终南，达于昆嵛，招其同类而开导之、锻炼之，创立一家之教曰全真。其修持大略以识心见性、除情去欲、忍耻含垢、苦己利人为之宗。老氏所谓"知其雄守其雌，知其白守其黑，知其荣守其辱，

---

① （金）辛愿：《大金陕州修灵虚观记》、（金）元好问：《紫虚大师于公墓碑》、（金）元好问：《太古观记》，陈垣编纂，陈智超、曾庆瑛校补《道家金石略》，第443页、第464页、第484~484页。
② 古人一般不会像现代人一样做出"道家""道教"的区分，多用"道家"一语代指现在所称的"道教"。"道家者流，以清净为宗，檜禳禜醮其末也。太祖初，有全真丘（原文误作'兵'——引者按）处机者，亦劝上以好生止杀之事，中原之人至今称道之，此道之一门也。其他如正一、大道之类，皆有所因起，其事有关于朝廷者则录之"。（元）苏天爵辑《国朝文类》卷41《道》，《四部丛刊》初编，第330册，上海书店，1989。

316

为道日损，损之又损以至无为"。庄生所谓"游心于淡，合炁于漠，纯纯常常，乃比于狂，外天地，遗万物，深根宁极，才全而德不形者"。全真有之，老庄之道于是乎始合。重阳唱之，马谭刘丘王郝六子和之，天下之道流祖之，是谓七真。[①]

徐琰的认识与全真道的身份及其教旨思想、修行门径等是基本吻合的。全真道是金元以降中国道教发展的新形态，其传承发展呈现既向传统道教回归又在回归中对之做出创新性塑造的双重特征。

一是充实重塑了道教神仙谱系。道教认为，道教的最高神是由道衍化而成的三清。早在六朝时期，陶弘景撰《真灵位业图》，建立了等级分明的神仙谱系。不过，道教神仙谱系是一个开放的体系。不同历史时期，各道派对之不断有所增损。道派不同，神灵体系也不同。伴随着全真道的兴起，特别是宗祖认同的确立，"五祖七真"成为元代以来道教仙谱的重要组成部分。元代中后期，陈致虚撰《上阳子金丹大要列仙志》，在"五祖七真"基础上，增加宋德方、李珏、张模、赵友钦、陈致虚的传承，旨在以北宗为基础整合内丹南北二宗。一方面，体现了北宗在心性理论、教团发展势头方面的强大影响力；另一方面，经上阳子整合后的这一全真神仙谱系对明清内丹道神仙谱系影响甚大。众多史志、仙传均沿着这一脉络，阐述全真道的传承发展。需要强调的一点是，和汉唐神仙谱系不同的是，全真神仙谱系是以内丹的炼养和传承为核心特色的。这也是全真道归宗传统道教之后，道教神仙谱系逐步嬗变的一个突出特点。

二是极大地推动了道教宫观建设。学界一般将全真道大兴宫观之举归功于丘处机。的确，丘处机掌教时曾在多种场合劝导弟子建宫立观，真行辅真功。如商挺《大都清逸观碑》称，丘处机西行南归至盖里泊，夜间宣教，"今大兵之后，人民涂炭，居无室，行无食者，皆是也。立观度人，时不可失。此修行之先务，人人当铭诸心"[②]。李道谦《终南山楼观宗圣宫同尘真人李尊师道行碑》记载，元太祖十八年（1223），李志柔前往宣德朝元

---

① （元）李道谦：《甘水仙源录》卷2，《道藏》第19册，第740页上栏。
② （元）李道谦：《甘水仙源录》卷10，《道藏》第19册，第809页中栏。

317

观拜见东归途中的长春真人。丘处机"赐号同尘子，教以立观度人，将迎往来道众为务"①。李志柔遵法旨，带领弟子在今天河北、河南、陕西等地建立大小庵观二百余所。李道谦《长春大宗师玄风庆会图序》盛赞长春真人"观其振教祖庭、构观滨都也，则知道成德著，必当建宫立观，济物度人，以衍真教之无穷也"②。诸此种种，均很好地诠释了尹志平对丘处机的评价，"至长春师父，有为十之九，无为虽有其一，尤存而勿用焉"③。需要更正的一点是，全真道的立观度人活动在王嚞仙逝不久就已陆续开展。《终南山祖庭仙真内传》记载，默然子刘通微和"四子"完成为王嚞的庐墓后，"北游岚管，内全道妙，外应世缘，抠衣请教者日不虚席。于是立观度人，玄风大振于西山矣"④。又《七真年谱》记载，承安三年（1198），金章宗召见刘处玄，并赐五道观额，"令立观度人"。同年，王处一为祖庵请得"灵虚"观额，并请吕道安主持观事。元代中后期，全真宫观林立，不胜枚举。像祖庭重阳宫、大都长春宫之类的十方丛林，还拥有众多下院。有些宫观群的核心宫观和下院之间甚至是跨地域的，下院并不一定分布于总院周边。据乃马真后四年（1245）颁发的《北极观懿旨碑》，汲县（今属河南新乡）城隍庙北极观、刘村岱岳观、山彪村长春观，均是隶属于燕京大长春宫的下院。代州神岗观、孟州王屋县灵都宫，也是属于大都长春宫李志常所管领的下院。⑤ 按照是否新建的标准区分，全真宫观可以分为以下几种情况。第一种是重修唐宋道观，如山西永乐宫、甘肃崆峒山大十方问道宫等。第二种是在金元及以前其他建筑遗存基础上改建道宫。永乐《顺天府志》记载，丘处机西行归来以后，栖云真人王志谨命弟子李志方在孝靖宫（金世宗嫔御老而无子者之所居）基础上建成真元观。⑥ 第三种是新建宫观。

① （元）李道谦：《甘水仙源录》卷7，《道藏》第19册，第781页中栏。
② （元）李道谦：《长春大宗师玄风庆会图序》，周燮藩主编、王卡分卷主编《中国宗教历史文献集成·三洞拾遗》第16册，第392页下栏。
③ （元）尹志平述，（元）段志坚编《清和真人北游语录》卷2，《道藏》第33册，第166页下栏。
④ （元）李道谦：《终南山祖庭仙真内传》卷上，《道藏》第19册，第518页中栏。
⑤ 《北极观懿旨碑》《灵都宫懿旨碑》，陈垣编纂，陈智超、曾庆瑛校补《道家金石略》，第486页、第508页。
⑥ 《真元观记》，王宗昱编《金元全真教石刻新编》，第113页。

这类的例子很多，最典型的当数祖庭重阳宫。这些全真宫观实际上是对传统道教宫观的继承与发展。从殿内奉祀的神像来看，三清、太上、五祖、七真，主辅错落，相得益彰。从建筑布局和神灵信仰双重维度，搭建了新道派与道教大传统融会贯通的桥梁。

三是重构了道教宗教地理格局。全真道兴起前，终南山楼观台、王屋山天坛、嵩山中岳庙、亳州太清宫等道教圣地一直是定格中国北方传统道教宗教地理的重要坐标。以楼观为例，相传老子曾在此为关令尹喜传经讲道，汉唐以来备受道俗两界尊崇，宫观殿堂代有兴替，钟鼓香烟鲜有中断。李鼎《大元重修古楼观宗圣宫记》对终南山在中国道教历史、地理上的地位评价颇高，"终南山者，中国之巨镇也，稽之古典，《书·大禹》《诗·小雅》，皆所称美焉。亦曰中南，以其在天之中，居都之南也。至若盘地纪，承天维，奔走群仙，包涵玄泽，灵气浮动，草木光怪，则又为天下洞天之冠。故古之闳衍博大真人，以游以处，谓之仙都焉。古楼观者，真人尹氏之故宅，终南名胜之尤者也。按《史记》，真人当姬周之世，结楼以草，望气徯真，已而果遇太上老君，延之斯第，执弟子礼，斋熏问道，遂受《道》《德》二篇五千言焉。真经既传，大教于是乎起矣"①。元顺帝至元元年（1335）井道泉撰《大元重修聚仙观碑》，记述刘处玄一系弟子重建河内（今属河南沁阳）宋寨村聚仙观事迹。碑记开篇高度肯定了王屋山在道教洞天福地中首屈一指的地位，"名山之在天下多矣。是皆有以宅仙真、府神明，佐阴阳而时风雨，赞景运以福生民者也。道书列其尤者，品而叙之。故三十六其洞天，七十二其福地。而洞天大者有十焉，王屋为之冠"②。《重修天坛灵都万寿宫碑》云："天坛福地，亚于蓬莱，四望佳趣，□言可纪。凡为一游者，如士子之登龙虎榜，实天下人向慕之所也，岂山野鄙儒得以称道哉！"③张琬《重修天坛上皇殿记》亦有类似认识，"天下名山为岳镇者十。道经载大洞天数，称王屋即其一也，故号天坛，乃历代列仙修真之所。其形势视诸山耸拔不群，若王者车盖，故名

---

① （元）李鼎：《大元重修古楼观宗圣宫记》，陈垣编纂，陈智超、曾庆瑛校补《道家金石略》，第 549 页。

② （元）井道泉：《大元重修聚仙观碑》，王宗昱编《金元全真教石刻新编》，第 201 页。

③ 《重修天坛灵都万寿宫碑》，陈垣编纂，陈智超、曾庆瑛校补《道家金石略》，第 585 页。

王屋，乃有影随日月运移"①。

全真道兴起之后，道教圣地的地理格局因新鲜血液的加入而悄然发生改变。以陕西祖庭重阳万寿宫、大都长春宫、开封朝元宫、山东牟平玄都宫、莱州武官灵虚观、滨都太虚观、圣水玉虚观为首的一大批全真宫观，不仅有机融入传统道教宫观地理之中，而且更为重要的是成为当时全国或者某一地区具有领导权的核心宫观，传统道教宫观甚至成为它们的附属宫观、下院。最显著的例子就是祖庭重阳宫，金末元初，从最初的三间草屋一跃成为全真祖庭，昔日的楼观亦成为其辅翼。诚如郭时中所云："关中以山水甲天下，终南以明秀甲关中，重阳宫之胜绝，尤终南之冠也。"② 大都长春宫，仅在祖庭面前谦称"堂下"，实则是历任全真掌教驻跸和处理教务之所，其在当时道教宫观地理中的突出位置自不待言。开封朝元宫是王嚞升霞之地，丘处机主教时，曾命王志谨主领兴建近三十载，"构筑规制之大，甲江北诸宫观"③。除了新建宫观之外，元朝时期，全真道还通过重修楼观宗圣宫、骊山华清宫、天坛紫微宫、山西永乐宫、亳州太清宫、嵩山崇福宫等传统道教宫观的方式，成功接管了这些传统道教圣地，并将之纳入"祖庭—堂下"这一新的宗教管领机制之下。

全真道的兴起，还在很大程度上推动了丹道心性之学的传承发展、南北融通，传承了道教斋醮、符箓等科仪活动以及内炼外法的进一步深度融合。对此，学界已有不少研究，不再赘言。质言之，全真道与传统道教之间的影响是相互的，全真道认同了传统道教，传统道教也认同了全真道作为新道派的兴起与创新性发展。

（二）融摄三家

从王嚞创教开始，全真道就倡导"三教一家"、三教融合。融通三教、性命双修，成为全真道开宗立派的一大特色。全真道融摄三家的思想与实践主要体现在以下几个层面。

其一是教义教理层面。全真文集中充满了关于三教一家、三教平等的

---

① （元）张琬：《重修天坛上皇殿记》，王宗昱编《金元全真教石刻新编》，第 208~209 页。

② （元）郭时中：《筠溪道院记》，陈垣编纂、陈智超、曾庆瑛校补《道家金石略》，第 610 页。

③ （元）许有壬：《龙德宫记》，陈垣编纂、陈智超、曾庆瑛校补《道家金石略》，第 780 页。

论说。举例言之，孙公曾向王重阳求问三教关系。王嚞说，三教互通，本为一家，其云："儒门释户道相通，三教从来一祖风。"① 弟子请教"何谓三乘之法"，王嚞以小儿成长过程喻之，其云："下乘者如新生孩儿，中乘者如小儿坐地，上乘者如小儿行走。"并谈到能通此三乘者，即可超越欲界、色界、无色界。关于"三界"的说法，明显是受到了佛教的影响。在此基础上，王嚞提出，三教如鼎之三足，一棵树生出的三根枝条。② 七真及其后学继承祖师高唱三教融合的理论，大谈三教同源、三教一家。例如，谭处端曾专门以《三教》为名赋诗云："三教由来总一家，道禅清静不相差。仲尼百行通幽理，悟者人人跨彩霞。"③ 刘处玄在《仙乐集》中谈到"三教归一，弗论道禅"。丘处机有"儒释道源三教祖，由来千圣古今同"④ 之论。姬志真以《三教》为名作诗云："为道为儒为释，水月镜中三影。皆从此处传来，选甚黄冠圆顶。"⑤ "黄冠""圆顶"分别代指道士和僧人。知常真人化用"月映万川"之说，阐释三教同源、僧道无别之理。元代中后期，李道纯提出，"中道"思想是三教之根本，以《中庸》"执两用中"思想贯通儒、道、禅三教，"中是儒宗，中为道本，中是禅机。这三教家风，中为捷径，五常百行，中立根基"⑥。他甚至提出佛教的涅槃和道教的脱胎别无二致，借此阐释"三教一理"的思想。应该予以肯定的是，历代全真道士关于三教合一思想的论述和宣传，在很大程度上丰富拓展了全真道的理论视域，为新道派的发展提供了理论和实践上的生存空间。不过，虽然以上诸家均倡导"三教一家"，但从王嚞时代起三教在"一家"中的地位即有高下之分，"太上为祖，释迦为宗，夫子为科牌"。这种本位性思考和护教立场，其他两家亦有之，无可厚非。

其二是修行弘道实践层面。首先表现在对三教经典的重视和研习。上文谈到，王嚞教育弟子读经时，除了道经，还推荐了《孝经》《心经》等儒

① （金）王嚞：《重阳全真集》卷1，《道藏》第25册，第693页中栏。
② （金）王嚞：《重阳真人金关玉锁诀》，《道藏》第25册，第802页中下栏。
③ （金）谭处端：《水云集》卷上，《道藏》第25册，第849页上栏。
④ （金）丘处机：《磻溪集》卷1，《道藏》第25册，第815页下栏。
⑤ （元）姬志真：《云山集》卷4，《道藏》第25册，第394页中栏。
⑥ （元）李道纯：《中和集》卷6，《道藏》第4册，第516页下栏、第517页上栏。

释典籍。刘处玄认为，三教经书对于提高修道者的精神境界至关重要，还曾为三教经作注。郝大通著有《三教入易论》《心经解》《救苦经解》《周易参同契简要释义》等出入三教的著述。全真家对三教经书的注释研习，在很大程度上提升了他们的思想境界，为修行弘道活动提供了丰厚的理论储备。其次是在修道理论上对三教思想的借用。王嚞《暮山溪》词云："玉堂三老，唯识王三操。复许辨三台，更能润、三田倚靠。自然三耀，攒聚气精神，运三车，依三教，永没沉三道。　须通三宝，方见三清好。真性照三峰，陡免了、三焦做造。休论三世，诸佛现前来，得三乘，游三昧，莹莹归三岛。"又如"悟理莫忘三教语，全真修取四时春""稍能悟三教秘诀，也无生无灭"等类似的论说还很多，兹不赘言。① 刘处玄"三教无分别，修真第一功"②，从丹道修炼理论与目标的角度对三教关系做出了精练的概括总结。全真道内丹修炼理论在很大程度上受到了佛教特别是禅宗的影响。最后是在弘道活动中体现的对三教一家思想的践行。王嚞在山东弘道期间，创立"三州五会"，均冠以"三教"之名，体现了对三教一家思想的贯彻。此举有利于"五会"吸纳三教信众，征得教俗两界的认可。在平日的弘道活动中，全真道士与三教信众有着广泛的接触。如，马钰曾"与僧烛律师、殿试范寿卿，于郡城之北三教堂"焚香宴坐。王大师鼓琴，马钰因作《归山操》，寓意归真之意。又如，金章宗明昌初年，刘通微奉敕在京城天长观讲道，"三教九流请益问话者户外屡满"③。与三教人士的接触，说明全真道并非"唯我独尊"的排他性宗教，而是积极倡导与二教融合相处。多家碑记谈到全真道士为先师庐墓守丧、附葬先师墓侧的情况，这亦是全真道吸收利用儒家孝道思想的体现。

其三是教规戒律层面。马钰《清心镜·劝僧道和同》云："道毁僧，僧毁道。奉劝僧道，各休返倒。出家儿、本合何如，了性命事早。　好参同，搜秘奥。炼气精神，结为三宝。真如上、兜率天宫，灵明赴蓬岛。"④ 可见，

---

① （金）王嚞：《重阳全真集》卷5、卷10、卷13，《道藏》第25册，第720页中栏、第741页中栏、第766页中栏。

② （金）刘处玄：《仙乐集》卷5，《道藏》第25册，第453页下栏。

③ （元）李道谦：《终南山祖庭仙真内传》卷上，《道藏》第19册，第518页下栏。

④ （金）马钰：《洞玄金玉集》卷8，《道藏》第25册，第607页下栏。

丹阳真人对当时僧道龃龉不合的情况颇为关注，专门作诗词倡导僧道和同相处。他论三教关系并非停留在彼此不发生矛盾的低级层面，而是提出了三教平等、以三教门人为师的思想。其《苏幕遮·自戒》云："一切女男同父母。三教门人，尽是予师父。"① 刘处玄沿袭其说，提出"三教高真，便是师父"②。王处一亦有"敬三教""遵三教"③ 之论。陆道和《全真清规·长春真人清规榜》规定，"见三教门人，须当平待，不得怠慢心"④。可以看出，元末明初，全真道已经从戒律清规的高度对如何处理三教关系，做出了制度化的安排和规定。

诚如蒙元时期全真道与佛教关系的发展实际所示，释道二教之间亦存在着矛盾和争执，元宪宗、世祖朝的几次大规模的佛道论争就是最为集中的体现。客观地讲，佛道门户利益之争与理论实践上的融合互摄都符合蒙元时期佛道关系发展的实际。作为新兴道派，全真道在大蒙古国早期深得统治者护持。它之所以能够在很短的时间内取得长足的发展，与当局的支持是分不开的。换言之，佛道之争与以成吉思汗为代表的最高统治者的政策导向不无关系。当然，也不能否认全真道利用统治者支持圈占地盘的因素。然从全真道与儒释关系的角度讲，三家之间的融合发展是主流。元明以来直到今天，全真道成为与正一派并驾齐驱的两大道派之一，与儒释二教大体能够和谐相处、再未发生像蒙元时期的大规模冲突。这与全真道成功汇流道教大传统、积极融摄三家的理论与实践是分不开的。

## 二　世俗精英好丹道养生

唐宋以降，内丹炼养开始逐步受到道教信众和世俗民众特别是精英阶层的青睐。北宋末年高道刘卞功曾居家环修。⑤ 金末，郝经的舅父许德怀

---

① （金）马钰：《渐悟集》卷下，《道藏》第 25 册，第 473 页下栏。
② （金）刘处玄：《仙乐集》卷 3，《道藏》第 25 册，第 438 页上栏。
③ 王处一《敬三教》诗云："三教同兴仗众缘，真空无语笑声连。放开法眼全玄理，莲叶重重作渡船。"又有"更望参玄众友，遵三教、千古同欣。齐回向，吾皇万寿，永永御枫宸"的词句。（金）王处一：《云光集》卷 1、卷 4，《道藏》第 25 册，第 657 页下栏、第 681 页上栏。
④ （元）陆道和：《全真清规》，《道藏》第 32 册，第 160 页中栏。
⑤ （金）张孝纯：《高尚处士修真记》，陈垣编纂，陈智超、曾庆瑛校补《道家金石略》，第 1007~1008 页。

"弃家为道士，于长垣坐死圙者七年矣。其子国昌赍是书隔墙投之，舅氏遂排墙以出，从之归，父子如初"①。金元时期，全真道作为内丹道法传统的代表，异军突起，以性命双修、生命超越为得道的终极目标。相比于传统的肉体飞升理论，内丹学在很大程度上弥补了外丹理论实践层面的缺环，深得教俗两界青睐。金元时期教内信众的内丹炼养与传承，自不待言。世俗精英对丹道之学亦表现出不小的热情。

文人精英对丹道养生学的关注，是以他们与全真道士的接触为前提的。如，元代著名理学家吴澄（1249~1333）作《送道士刘道圆序》，记载刘道圆在湖口建碧霞观一事，并对刘道士的法脉渊源大为赞赏，其云："道圆从全真师学全其真，岂俗间酒肉道士比！"② 吴门学子亦有改学全真者。据刘崧《长春道院记》，蒲衣道者方丘生"早游临川吴文正公之门。既而师事李西来于武夷山，学全真之学，百（西）来者故金蓬头之高弟子也"③。金蓬头，即金志阳（1276~1336），号野庵，浙江永嘉人。师承李月溪。相关史料记载，李月溪先后从白玉蟾、李志常学道。可见金志阳学脉兼及全真南北二宗。④

（一）因医道而结缘

与其他宗教更多关注人的往生问题不同，道教从创立之初就以延寿长生，甚至永生不死、与道合一作为最高追求。相应的，救死扶伤、医世济人、服食炼养等诸多理论与实践应运而生，教内悬壶济世者代不乏人。王嚞，马丹阳弟子陈知命、毕知常，王处一弟子孙道古，于善庆弟子马志希，云真渊静明道真人武道彬等一大批全真道士对医道颇为精通。王嚞就是以医术度化谭处端的。诸多金元文人多是通过全真道士精湛的医术与全真道结缘的，个中也体现了包括文人精英在内的世俗社会对健康长生的关切和追求。

---

① （元）郝经：《陵川集》卷23，北京图书馆古籍出版编辑组编《北京图书馆古籍珍本丛刊》第91册，第679页上栏。

② （元）吴澄：《吴文正集》卷26，《景印文渊阁四库全书》第1197册，第273页上栏。

③ （明）刘崧：《槎翁文集》卷5，《四库全书存目丛书》集部24，齐鲁书社，1997，第447页下栏。

④ 关于金志阳及其法脉的更多内容，参见卿希泰主编《中国道教史》第3卷，第370~371页。

元初名儒郝经就是因为全真道士刘茂之为其父治愈了顽疾，而与之结交的。刘茂之颇擅医道。郝经记述了他为其父疗疾的相关细节，"昔岁，余先子避兵淇卫间。久雨坏垣，压其腰股，懑绝不知人者数日，医者以良剂饮之而愈。甲寅夏，故疾复作，号呼昼夜，殆不能堪。全真者刘茂之，饮之以药，便血数斗而愈。丙辰夏，得风疾，而小便结塞十余日，脐周左如覆杯状。医者殚技，莫之能瀹。茂之视之曰：'是针不能达，药不能及，有一术可愈。'乃以手按摩，自章门至于气海。顷之，血溺并出，出数斗乃愈。先子生平疾病者三，而愈于茂之者二。是先子数年之命，茂之延之也。茂之，满城人，名至临。尝遇异人，授之方技，而不自售。遇有疾者，哀其苦，而闵其穷，即为治之，无不愈。颠连无告者，日塞其门而不惮也。虽为全真道，而喜交游。洒落通敏，不滞于物，胸次洞豁，廓无梗碍，而其蕴蓄，有非凡夫所能见者。余嘻先子之事，且嘉茂之之为人，乃为赋诗"①。

文人精英与全真道士的接触和交往，是他们认识全真养生、内丹炼养理论与实践的前提。元末明初人贝琼（？~1379），字廷琚，一名阙，字廷臣。嘉兴崇德（今浙江桐乡）人。明洪武初，聘修《元史》。与张美和、聂铉齐名，时称"成均三助"。传见《明史》卷137。其人对传统医学属意颇多，并对金元全真医道传承有着自己的观察。按照他的记载，金元时期精通行针之术的有金季的赵魔哥、元代的丘长生：

> 通其术者，金季则有全真赵魔哥，皇元则有丘长生真人。真人以授窦文贞公，有所著《标幽》《指迷》二赋及《玉龙歌》《龙髓经》行于世。而赵魔哥之徒，则有洞玄李公、高山陈公，再传至于王通甫先生、霍丘李清隐，然皆不若文贞公之际遇世祖而大显于中朝也，故四方学者咸称北窦。若兰溪之镜潭王公，则出入其门二十余年，为得所传之的，在当时已有道南之叹。逮镜潭之子瑞庵，益精于术，往往治人之疾，不啻大将统六师以剪小寇，殆非一时众工之所及。于是南北之明针道、克继文贞者，独推王氏父子焉。②

---

① （元）郝经：《郝经集校勘笺注》，田同旭校注，卷3，三晋出版社，2018，第321~322页。
② （元）贝琼：《清江贝先生文集》卷11，《四部丛刊》初编，第250册。

窦默（1196～1280），字子声，初名杰，字汉卿。广平肥乡（今属河北邯郸）人。元世祖朝先后出任翰林侍讲学士、昭文馆大学士。后累赠太师，封魏国公，谥文正。《元史》卷158有传。贝琼在《玉泉隐居图序》亦曾谈到，兰溪王镜潭早年从窦汉卿学习九针补泻之法。①　其在《医镜密语序》中谈道：

> 在皇元时，窦文贞公得丘长生之传，大显于中朝，而四方咸宗之，且推其所得述《标幽》（《指迷》）二赋行于世，复注《铜人针经密语》一卷，未成而没。其徒有兰溪王镜潭及其子瑞庵者，增注而成之，则三百六十五穴之分寸，不可有一过不及之差，渊乎微哉！②

据陈基记载，王镜潭系金华人，曾在窦文正门下学医十六载，学成之后南归，因医术精湛，有江南"窦公"美誉。③　贝琼本人并不认识王镜潭，但与其子王瑞庵有交。故其对金元九针道医传承的认识，很可能是通过王瑞庵知晓的。当然，这是以贝琼本人对传统医学——特别是养生术感兴趣为前提的。他在《送王瑞庵序》中谈道："呜呼！人之死生制于天，而针能通其逆顺。屈者信之，危者安之，虚者充之，弱者强之，寒者燠之，则其死生之制于天者，且制于医矣。"④　因此他才会熟读《针经》，对八穴、九针之术了然于胸。⑤　关于引文中提到的赵魔哥，我推测可能是赵抱渊（1135～1206）。此人道号还元子，俗呼曰魔哥，延安鸡川人。事迹见张子献《延安路赵先生本行记》。⑥　然而《本行记》没有记载他在医道方面的建树。如上

---

① （元）贝琼：《清江贝先生文集》卷10，《四部丛刊》初编，第250册。
② （元）贝琼：《清江贝先生文集》卷10，《四部丛刊》初编，第250册。
③ （元）陈基：《夷白斋稿》卷28，《四部丛刊》三编，上海书店，1986，第70册。
④ （元）贝琼：《清江贝先生文集》卷11，《四部丛刊》初编，第250册。
⑤ "余读《针经》而知针之要不出于八穴，曰公孙、内关、临泣、外关、后溪、中脉、列缺、照海。八穴治证，凡二百一十有三，而九针补泻之用，由是行焉。复参太乙飞腾之术，其法有八，曰迎之于前，以杀其势；随之于后，以解其结；提而升之，以补其不足；按而抑之，以损其有余。左之上引以导阳，右之下引以通阴；虚之于中以生其气，实之于内以散其血。二家之说，实相表里，皆本于岐伯、雷公与黄帝问答之书。考之《灵枢》《素问》，可见已"。（元）贝琼：《清江贝先生文集》卷11，《四部丛刊》初编，第250册。
⑥ （元）李道谦：《甘水仙源录》卷8，《道藏》第19册，第793页。

述推测不错，贝琼的记载可补教史之缺。至于丘长生，有学者认为是丘处机、刘长生的误写，也有人认为就是丘处机。但是窦汉卿师从丘长生学医的证据略显不足。①《元史》卷158明确谈到，窦汉卿早年曾从蔡州名医李浩学铜人针法。② 不过有一点可以肯定，全真道行医济世的思想与实践，已经深入人心，受到精英阶层的广泛关注。

（二）诗文歌咏丹道

金元文集中有众多以歌咏丹道修炼为主题的诗文，从中不难看出广大精英阶层对丹道理论与实践活动的热衷。王义山（1214～1287），字元高，号稼村。富州（今江西丰城）人。学工词赋。宋理宗景定朝进士。入元后，曾提举江西学事。著有《稼村类稿》。③ 其《寄题黄静斋》诗云："明镜无尘佛关掞，内丹养火夜工夫。梅花窗下参同契，翠草庭前太极图。探得黄庭真诀了，不须更看养生符。"④ 方回（1227～1307），字万里，一字渊甫，号虚谷，别号紫阳山人，歙县（今安徽歙县）人。宋理宗景定三年（1262）进士，累官至严州知府。入元后，任建德路总管。著有《桐江集》《桐江续集》。其《全真教随喜》云："全真遗教契清宁，萧散无为养性灵。百岁萍蓬无定迹，一身土木已忘形。陈言不用参同契，秘法何须急律令。中有异人殊未测，倏然轻举上青冥。"⑤ 不凭外力、用心修行、无为养性，足见作者抓住了内丹修行的关键。

除了汉族精英之外，少数民族文人歌咏丹道的诗文，也值得关注。兹举一例。丁鹤年，回族。《明史》称，元顺帝至正十二年（1352）丁鹤年十八岁，由此可知其生年为元顺帝至元元年（1335）。关于卒年，《明史》称

---

① 孙孟章：《窦汉卿师承与传人考略》，《中华医史杂志》2011年第41卷第2期。
② 《元史·窦默传》云："大兵复至，遂南走渡河，依母党吴氏。医者王翁妻以女，使业医。转客蔡州，遇名医李浩，授以铜人针法。金主迁蔡，默恐兵且至，又走德安。孝感令谢宪子以伊洛性理之书授之，默自以为昔未尝学，而学自此始。适中书杨惟中奉旨招集儒、道、释之士，默乃北归，隐于大名，与姚枢、许衡朝暮讲习，至忘寝食。继还肥乡，以经术教授，由是知名。"（明）宋濂等撰《元史》卷158《窦默传》，第3730页。
③ （清）王梓材、冯云濠编撰《宋元学案补遗》，沈芝盈、梁运华点校，卷88，中华书局，2012，第5244页。
④ （元）王义山：《稼村类稿》卷1，《景印文渊阁四库全书》第1193册，第6页上栏。
⑤ （元）方回：《桐江续集》卷26，《景印文渊阁四库全书》第1193册，第569页下栏。

卒于永乐中。他曾从豫章（今江西南昌）名儒周怀孝习儒。《宋元学案补遗》称，"时寓武昌。执经问难者比肩立。然（怀孝——引者按）独器重鹤年"，并对其诗文才学赞赏有加，称他"不混于尘俗。年九十终于家。有诗集传世"。① 由此推知，其卒年为明成祖永乐二十二年（1424）。父职马禄丁，以世荫为武昌县达鲁花赤，全家徙居武昌。至正十二年（1352），红巾军徐寿辉部攻克汉阳、武昌。丁鹤年流离失所，先后客居镇江、四明等地，以教授私塾学生为生。元明易代之后，回到武昌，深得朱桢、朱孟烷两代楚王赏识。"鹤年自以家世仕元，不忘故国，顺帝北遁后，饮泣赋诗，情词凄恻。晚学浮屠法，庐居父墓"②。晚年落魄凄凉，但心系故元，且其忠节孝行并没有因为生活困窘而减。明英宗正统时期，楚宪王朱季埛刻其遗文行世。今有《鹤年诗集》4卷传世。《明史》称其晚年悉心佛法，当与其郁郁不得志有关。柯劭忞《新元史》卷238《文苑下》收《丁鹤年传》亦有类似记载。③ 张廷玉、柯劭忞等均忽略了丁鹤年与道教特别是全真道的往来关系。兹据丁氏文集，考其与道教交流，以补正史之缺。《鹤年诗集》收有多篇与（全真）道士往来的诗文，例如《赠李全真》《方外集赠刘全真》《观郑高士坐圜》《寄郑高士》等。此人对道教环修、七返九还内丹之道颇为精通。《寄郑高士》诗云："闭门凝坐学长生，七返还丹一息成。"《赠李全真》云："袖中宝剑雌雄合，鼎内金丹大小还。"④（按，迟至元末明初，"全真"已经成为全真道士的一种称呼方式，包括文人精英在内的中国传统社会对全真道士的认可，可见一斑）。作为元末的一位回族精英，其对儒、释、道三教文化的钟爱及熟稔程度着实令人叹服。换个角度讲，丁鹤年与道门的往来过程，也是少数民族接受汉文化的过程。

（三）诠释丹道养生理论

有些文人并不满足于丹道诗文唱和，又在此基础上对道教养生理论做

---

① （清）王梓材、冯云濠编撰《宋元学案补遗》，沈芝盈、梁运华点校，卷74，第4310页、第4321页。
② （清）张廷玉等撰《明史》卷285《丁鹤年传》，中华书局，1974，第7313页。
③ 柯劭忞：《新元史》卷238《丁鹤年传》，上海古籍出版社，2018，第4551页。
④ （明）丁鹤年：《鹤年诗集》卷2，《景印文渊阁四库全书》第1217册，第530页上栏、第516页下栏。

出了进一步的观察和诠释。元英宗至治元年（1321）九月，袁桷（1266~1327）撰《野月观记》，将道教养生理论分为南北二宗，并对全真自为自修、境中炼性、超越惯常意义上的生死等特点做出了比较精到的概括：

> 养生说有二焉。北祖全真，其学首以耐劳苦、力耕作，故凡居处服食，非其所自为不敢享。蓬垢疏粝，绝忧患慕羡，人所不堪者能安之。调伏摄持，将以复其性。死生寿夭，泊然无系念，骎骎乎竺乾氏之学矣！东南师魏伯阳，其传以不死为宗，本于黄帝。韬精炼形，御六气以游夫万物之表。其寿命益长者谓之仙，而所传确有派系，先儒深有取焉。①

在元代文人中，对内丹炼养做出精彩诠释的人还有很多。例如，吴澄撰有《丹说赠陈景和》《丹说赠罗其仁》《丹说赠刘冀》《丹说赠吴生》等多篇阐述丹道理论的作品。在《丹说赠吴生》中，他提出丹分两种，即神仙延年之丹、神医愈疾之丹。二者"实殊而名一"。"实殊名一"道出了普罗大众对健康与长生的互通性、一以贯之的追求。在《丹说赠罗其仁》中，吴澄认为丹是"至阳之气所成"，并对丹色、丹德、内丹、外丹做出诠释和区分：

> 丹也者，至阳之气所成也。似朱非朱，似赤非赤，丹之色也。似玉非玉，似石非石，丹之德也。古之真人，阳纯阴绝。方其初也，以无象有，用铅非铅，用汞非汞，成之而温养，使精神魂魄混合不离，可以长久者，内丹也。及其究也，以有象无，用铅为铅，用汞为汞，成之而服食，使骨肉血髓消铄俱融，可以升举者，外丹也。

同时，对药丸别名为丹做出了解释：

---

① （元）袁桷：《袁桷集》上卷，李军、施贤明、张欣校点，吉林文史出版社，2010，第316页。

九之别，或名为丹，何哉？盖以其匹配阴阳，依放造化，可以愈沉痼，可以扶危急，可以救卒暴，可以起死回生，可以延年益寿。虽医之用，而有仙之功焉。其名之曰丹也，不以此乎？[①]

以吴澄为代表的文人精英对全真内丹养生理论的关注，是以祛病延年、扶危济世为出发点的。这也是在全真道的助推下，内丹养生理论在元代以降大有市场的重要原因之一。此外，《正统道藏》收有吴澄《道德真经注》，分道经上、下，德经上、下 4 卷，将经书原文分为 68 章。吴澄在元代理学史上享有崇高地位，与许衡并称"南吴北许"。传见《元史》卷 171。《宋元学案·草庐学案》视吴澄为"朱熹之四传""象山私淑"，可谓深得理学、心学真传。以往大家更多地注意到了吴澄在理学、经学方面的成就，对其在道教特别是内丹炼养方面的关注不够。吴澄治学、实践的多重面相，解构了通常所认知的儒家以正统自尊而视道家道教为异端的通识。其实，其师祖朱熹就是在贯通三家的基础上昌明理学的。

内丹养生理论与实践并未伴随着全真道在明代的"衰而复兴"而走向沉寂。相反，在丹道养生书籍的撰注刊刻、内丹养生理论的改进与创新、社会各阶层习炼内丹的风气等诸多方面都有很大发展，也因此带来了一些负面的社会问题。[②] 这是元代以降中国传统社会接纳以内丹修炼为突出特色的全真道，或者说全真道创立之后将内丹炼养进一步社会化的重要体现。

### 三　与元明清社会文化生活的互动

包括宗教在内的任何一种文化现象，判断其影响力的重要因子之一就是看社会民众的接纳程度。如果无甚影响，就如泥牛入海，漫无痕迹。反之，则会对民众的思想观念、价值取向、日常消费产生历久弥新的影响。文人精英对内丹修炼理论与实践的喜好是全真道影响精英阶层的重要表征。实际上，全真道对金元以降中国传统社会的影响，涉及范围之广、程度之

---

① （元）吴澄：《吴文正集》卷 6，《景印文渊阁四库全书》第 1197 册，第 78 页上栏。
② 分别参见王岗《明代藩王与内丹修炼》，秦国帅译，赵卫东主编《全真道研究》第 5 辑，齐鲁书社，2016；寇凤凯《明代道教文化与社会生活》，巴蜀书社，2016，第 298～409 页；张方《明代全真道的衰而复兴——以华北地区为中心的考察》，第 250～253 页。

深，非文人群体所能涵盖。

接下来，笔者从元明清世俗文化对全真道的接纳、文化艺术生活中全真形象的嬗变两个方面，揭示全真道对中国传统社会的深刻影响，以及二者之间的良性互动。

（一）世俗文化对全真道的接纳

汉唐时期，中国传统社会重出身、论门第，政治制度中的举孝廉、九品中正制，是对"身份论"最直接的诠释。隋唐以降，随着科举制的兴起，"身份论"式微，科举不论出身，人口社会流动性不断增强。与之相伴的是，市井文化日益发达，昔日阳春白雪般的汉赋、唐诗，开始逐渐演变为雅俗共赏的散曲、小说等艺术形式。① 伴随着全真道的兴起，元明清的史志、曲艺、小说中有关全真的主题屡屡出现。

元明清地方志中开始大量涌现关于全真历史、人物、宫观的记载。例如成书于元成宗大德七年（1303）的《元一统志》收吴章《清都观记》。碑记载述了大都清都观的历史，"提点长春宫大师宋德方得紫微之故地，立混元像于中，名其观曰清都。清都紫府乃上界神仙之所居也。观宇既成，大集道侣，与京城士大夫共落之"②。仍以今天北京地区的宫观为例，《元一统志》对玄禧观、龙祥观、明远庵、静远观、兴真观、玉阳观、固本观、玉真观、玉华观、冲微观、丹阳观、十方昭明观、烟霞崇道宫、崇元观、清本观、洞真观等十几座全真宫观的兴建传承多有载录。除了像《元一统志》等全国性方志之外，地方府州县志、各地山志、宫观志对各自辖区内全真道士、宫观的记载最为集中。方志对全真道的记载大体可以分为两类。一类是在原始资料基础上整合加工，形成概括性描述；一类是直接抄录前代金石碑刻。众多道教碑刻集录自方志者不少。这些史料成为研究全真道传承与发展的重要文献学基础。兹录笔者在康熙《鄠县志》发现的延祐四年（1317）元仁宗追封高道宽为"洞观普济圆明玄德大真人"的圣旨：

---

① 明代宁王朱权阐述戏曲的发展源流称，"戏曲至隋始盛，在隋谓之康衢戏，唐谓之梨园乐，宋谓之华林戏，元谓之升平乐"。（明）朱权：《涵虚子论曲》，《续修四库全书》第 1760 册，第 211 页下栏。

② （金）吴章：《清都观记》，王宗昱编《金元全真教石刻新编》，第 97 页。

敕曰：上天眷命，皇帝圣旨，洞观普济圆明真人高道宽，早知读书，富而好礼，推择为吏，其初心寤寐，求仙大有所得，尚恋晨昏之养，克终父母之丧。即弃家为黄冠，冀飞升于白日，井臼之役曾不告劳，堂构之勤久而弥笃，肯负平生之志，诚为不世之逢。事洞真而实继其传，受秘箓而式弘其教，以真常、诚明之荐，领重阳、甘河之宫。道价益隆，玄风大振，不有追崇之号，曷明始卒之功。可加赠洞观普济圆明玄德大真人，主者施行。①

高道宽师从于洞真，系早期祖庭高道之一。事迹见《甘水仙源录》之《洞观普济圆明真人高君道行碑》、《终南山祖庭仙真内传》之《圆明真人》、《金元全真教石刻新编》之《圆明真人传》。虞集《玄门掌教孙真人墓志铭》记载，元仁宗推恩封孙德彧师祖于洞真为真君，高道宽、李道谦、穆、王四师为真人。然《道家金石略》《金元全真教石刻新编》等诸家碑记均未收录追封圣旨，2012 年《重阳宫志》出版，录《敕封圆明真人圣旨碑》，文字与《鄠县志》略有出入。② 相关史志资料在很大程度上可补教史之缺。

史志对全真道士的记载还有一个特点，即将全真高真纳入历代仙真的传承体系之中。这一做法与同时期的神仙列传交相辉映，下文展开。

曲艺方面，元明时期杂剧大兴。神仙道化剧成为其中的一个重要主题。元末夏庭芝《青楼集》列当时杂剧名目有驾头、闺怨、花旦、绿林、公吏、神仙道化等类别。明朱权《太和正音谱》将杂剧分为十二科，首列神仙道化科：一曰神仙道化，二曰隐居乐道，三曰披袍秉笏，四曰忠臣烈士，五曰孝义廉节，六曰叱奸骂谗，七曰逐臣孤子，八曰铍刀赶棒，九曰风花雪月，十曰悲欢离合，十一曰烟花粉黛，十二曰神头鬼面。③ 之后，李开先（1502～1568）、臧懋循（1550～1620）、梁清远（1606～1683）等基本沿袭朱权说，神仙道化科在杂剧诸科中始终列居首位。宁王朱权将神仙道化科

<hr>

① 谢林、徐大平、杨居让主编《陕西省图书馆藏稀见方志丛刊》第 3 册，第 8 页。
② 《重阳宫志》编委会编《重阳宫志》，第 556～557 页。
③ （明）朱权：《太和正音谱笺评》，姚品文点校笺评，卷上，中华书局，2010，第 38 页。

置于杂剧诸科之首，与其人生经历特别是对道教的推崇有关。① 从元明时人对杂剧的分类来看，神仙道化剧在杂剧诸科中的地位处于不断上升的位置。傅惜华搜集整理了元明清杂剧全目，包括元代 737 种，明代 523 种，清代约 1300 种。② 其中，神仙道化剧占有相当不小的篇幅，且呈现时代越往后数量越多的发展趋势。仅就全真度化剧而言，就出现了《开坛阐教黄粱梦》《王祖师三度马丹阳》《马丹阳三度任风子》《马丹阳度脱刘行首》等剧目③。这与全真道在中国北方进而在大江南北的流布，特别是世俗精英对其的了解和接纳有着密不可分的关系。至于包括神仙道化剧在内的杂剧教化人心、感移风化之作用，李开先《改定元贤传奇后序》已有阐释，"传奇几十二科，以神仙道化居首，而隐居乐道次之，忠臣烈士、逐臣孤子又次之，终之以神佛烟花粉黛。要之，激劝人心，感移风化，非徒作，非苟作，非无益而作之者。今所选传奇，取其辞意高古，音调协和，与人心风教，俱有激劝感移之功"④。

仙传小说方面，从大蒙古国时期起，围绕全真宗祖崇拜的仙传开始不断涌现。归纳起来，全真仙传小说呈现三种发展样态。

第一种是一人一传，比较有代表性的如《体玄真人显异录》《纯阳帝君神化妙通纪》。前者收入《正统道藏》洞玄部记传类，1 卷，不著撰者，载录王玉阳 19 则显异故事。撰作年代不详。至元二十四年（1287）秋九月，姚燧为王处一撰写道行碑时，曾参考过《显异录》。可见，《显异录》在元世祖朝已经行世。⑤ 后者收入《正统道藏》洞真部记传类，包含序言、制词

---

① Richard G. Wang，*The Ming Prince and Daoism：Institutional Patronage of An Elite*，Oxford University Press，2012. 中文版参见王岗《明代藩王与道教——王朝精英的制度化护教》，秦国帅译，上海古籍出版社，2019。邓永胜：《宁王朱权的崇道及其道教贡献》，湖南师范大学硕士学位论文，2013。

② 傅惜华：《元代杂剧全目》，作家出版社，1957；傅惜华：《明代杂剧全目》，作家出版社，1958；傅惜华：《清代杂剧全目》，人民文学出版社，1981。

③ 傅惜华据《录鬼簿续编》，著录《丘长三度碧桃花》。"题目：《玉重巧谤青云竹》，正名：《丘长三度碧桃花》，简名：《碧桃花》。此剧不见于其他戏剧书目著录。今亦未见传本"。傅惜华：《明代杂剧全目》，第 43 页。有人据《录鬼簿续编》，称贾仲明著有《丘长春三度碧桃花》。因未见传本，不知此剧是否与丘处机或全真道有关，暂列于此。

④ （明）李开先：《李中麓闲居集》卷 5，《续修四库全书》第 1340 册，第 667 页下栏。臧懋循亦有同样表述。

⑤ （元）李道谦：《甘水仙源录》卷 2，《道藏》第 19 册，第 737 页上栏。

和正文 7 卷，苗善时编，分为 108 化（现缺第 26 至 33 化），记载吕洞宾身世、修道、度化故事。该书收录至大三年（1310）武宗加封五祖七真诏书，当为元代中后期作品。

第二种是在一部传记中集中描述多位全真宗祖的修道历史。如大蒙古国时期和元代的《七真仙传》《金莲正宗记》《金莲正宗仙源像传》，明清时期的《七真祖师列仙传》《七真天仙宝传》《七真因果传》《金莲仙史》《重阳七真演义传》《七真宝卷》等多部多版本的以七真度化故事为主题的仙传小说。仅以《七真天仙宝传》为例，从清宣宗道光初年至民国 15 年（1926），至少有 18 个版本在全国多地刊刻流传。民间宗教和世俗民众对《宝传》的接纳和利用，可见一斑。<sup>①</sup> 从这类仙传作品的演变历史来看，金元时期更多的是突出五祖七真的弘道故事。明清以降，五祖形象开始淡化，七真作为一个整体，逐步成为度脱故事的主体。

第三种是将历代全真高真传记编入通史性仙传、仙史之中。元赵道一《历世真仙体道通鉴》、明王世贞《有象列仙全传》、清王建章《列代仙史》、徐衜《历代神仙演义》、《古今图书集成·博物汇编·神异典》等都是这种类型的典型代表。赵道一《历世真仙体道通鉴》收录 899 位上古至元代仙真传记，其中收有王嚞、七真、和德瑾、李灵阳、金蓬头等 11 位全真高真传记。《历代神仙演义》《有象列仙全传》《列代仙史》秉承"续仙"的书写模式，将王嚞、李灵阳、七真、秦志安、宋德方、李志方、李钰、张模、赵友钦、陈致虚等全真道士史传，编入历代神仙传记之中。如果说单人传记或者全真集体传记的消费对象是以有着（准）全真信仰的群体居多的话，全真历代仙真进入仙传通史及其流行，其受众至少是有着道教信仰或者对道教发展有所关注的更广大群体。全真高真进入仙传通史的过程，正是全真道得到更广泛的社会群体关注和认识的过程。

（二）文化艺术生活中全真形象的嬗变

从作者群体角度讲，方志、曲艺的作者多为世俗精英。全真仙传小说的作者构成则呈现教、俗两界均有参与的特点。从主题特色角度讲，方志

---

① 关于明清七真小说的版本及流传的更多内容，参见秦国帅《明清民国时期七真度化故事的流传及版本研究》，赵卫东主编《全真道研究》第 6 辑，齐鲁书社，2017。

中的全真主题记史的成分相对多一些；曲艺中的全真戏在满足市侩娱乐生活基础上亦在一定程度上反映了创作者和消费者互动性的全真信仰；历代仙鉴及七真度化小说相比于消遣娱乐，（多元）信仰的力量呈压倒性态势。从表现形式上说，方志的文字、行文风格受"正史"影响，相对正统、欠灵活；神仙道化剧多以文白相间、白胜于文的形式，利用诙谐俏皮的对白、旁白，展现人物个性，揭示跌宕起伏的剧情；小说则以传记体、传奇体、章回体等多种形式，演义主人公的修道弘道故事。受几千年来强大的史学传统影响，众多仙鉴小说亦呈现虚实结合、旨在"求真"的特点。

1. 由凡而仙：全真道士身份的变化

道教认为，神仙即道的化身，超越轮回，无生无死。然从神仙信仰的生成理路来看，众多得道者都经历了刻苦修行最终得道成仙的过程。伴随着五祖七真的证道以及元世祖、武宗朝的两次加封，全真宗祖身份悄然发生了由凡而仙的变化。更准确地讲，前四祖的神仙身份并非在金元时期才确立，全真道的创立与发展进一步强化了中国社会对以前四祖为代表的内丹神仙谱系的认可。助推这个身份变化的力量，光靠政府的几篇敕封政令是远远不够的。因为神仙信仰是一个涉及宗教情感、观念、实践等颇为复杂的综合系统。仅就全真道与中国文化关系角度讲，史志、曲艺、小说等在推动全真宗祖从凡至仙的身份转变过程中，发挥了不小的作用。世俗文化在塑造全真仙真形象方面的作用不容忽视。

《金莲正宗记》对东华帝君、正阳子、纯阳子、海蟾子的描述都有一个共同的特点——超越时空。如称东华帝君为天上谪仙，钟离权、吕洞宾、刘海蟾的生活时代或从汉至唐，由唐至宋，或在同时异地泼墨挥毫。诸此种种均是在诠释四祖的神仙身份。王嚞及其以下全真法脉，从书写模式角度讲，都经历了从俗界的苦修到最终证道登真的过程。特别是其中关于下界显化的描述，更是对诸真神仙身份的再次确认。如称王嚞去世后，四子负枢西归，"程途所到，将酬馆谷之资，逆旅主人必曰：'先有道者偿价已讫。'竭力追之，终不能见。问其状貌，乃祖师之化身也"。又"继有文登县作醮于五色云中，见白龟甚大，背有莲花，祖师端坐于莲蕊之上，须臾侧卧而归"。①

《金莲正宗仙源像传》《历世真仙体道通鉴》，以及出自明清世俗精英笔下的《有象列仙全传》《列代仙史》等均承袭了这种由凡而仙的叙述模式。例如《全传》《仙史》均谈到，马钰去世后，"进士徐绍祖等见重阳云冠绛服，丹阳三髻素衣，现于云际，移时方去"②。《仙史》提到，"真君（指王嚞——引者按）升霞后，又屡见人间，神化无穷，不能备录"③。

徐衜《历代神仙演义》编录上古至明代历代神仙事，其中第 20 卷集中描述了全真诸仙的修行经历。第一节在简要介绍王嚞身世和终南遇仙经历后，谈到文始真君邀集群圣，于丁亥春三月十八日，齐往临汝山，与老君共商救度因宋金兵燹造成的枉死无辜之命。群圣包括空同诸真、老徒七子、南华蒙庄子、老氏流派十人、灵感教召者十九人、道承真系四十人、传经度世五十三人、老氏羽翼七十四人、要语警世者二十七人、觉言度缘者二十一人。其中王嚞和钟离权、吕洞宾等均在觉言度缘之列。老君凭飞来座，慰劳曰："诸君早临，乘众真尚未毕集，盍各言迩来学识，以益吾聪乎！"在众真各言玄奥之后，王重阳曰："行住坐卧，一切动中，心似泰山，不摇不动。谨守四门，眼耳鼻舌，不令内出外入，此亦养寿紧要。"④王嚞与群圣并坐，与太上老君谈论养寿之道，诸此种种均是在一个大前提下展开的，即王嚞已从一个凡间的普通修道者晋升为天界有位的神仙。第三节主要讲述王嚞度化马钰夫妇的事迹。开篇云："还辞东海，来度马钰。""还"指的是王嚞经钟吕提携，"得觐道祖"之后，重返人间。不同于王嚞从陕西东迈海滨收徒的全真教史，《历代神仙演义》认为王嚞是从天界下凡山东海滨弘道度人的，即以神仙的身份下凡人间接引七真的。

在神仙道化剧中，王重阳也是以神仙的身份下凡度化七真的。《马丹阳

---

① （元）秦志安：《金莲正宗记》卷 2，《道藏》第 3 册，第 350 页上中栏。

② （明）王世贞编次，王云鹏校梓《有象列仙全传》卷 8，郑振铎《中国古代版画丛刊》三，上海古籍出版社，1988，第 280 页下栏。（清）王建章纂辑《列代仙史》卷 5，周燮藩主编，王卡分卷主编《中国宗教历史文献集成·三洞拾遗》第 17 册，第 156 页下栏。

③ （清）王建章纂辑《列代仙史》卷 5，周燮藩主编，王卡分卷主编《中国宗教历史文献集成·三洞拾遗》第 17 册，第 155 页下栏。

④ （清）徐衜撰，程毓奇续《历代神仙演义》，周晶等校点，卷 20，辽宁古籍出版社，1995，第 1133～1135 页。

度脱刘行首》第一折开场，王重阳正末扮上场，并讲述甘河遇仙、得钟吕点化，下界度脱丘刘谈（谭）马郝王孙的历史：

> 吕祖引贫道至东海之滨，将金丹七粒撒去水中，化成金莲七朵。云此金莲七朵，乃是丘刘谈马郝孙王，恁七人可传俺全真大道。你可化作一凡人，下人间度此六人成道。贫道奉师父法旨，化作一先生，行乞于市。凡人不识贫道，问某曰："师父出家人，只以酒食为念，不看经典。可是为何？"贫道云："若说神仙大道，岂有不看经典之理。但要心坚念重，何愁不到蓬瀛。我想做神仙的，皆是宿缘先世，非同容易也呵。"①

七真度化小说大都以七真修成正果、位列仙班结局。《七真因果传》最后一回，以七真跨鹤登紫府、得授仙曹封赠结尾。《七真天仙宝传》以"逍遥物外七真人同登瑶天"煞尾。这些作品对全真道士由凡至仙转变的描述大同小异。一个非常明显的趋势是，元明清以来，随着时间的推移，全真诸真的凡间身份在渐趋淡化，神仙形象在逐步跃升。

2. 对全真教史的正说与演义

清宣宗道光元年（1821），乐山子作《七真天仙宝传》序云："流芳年远而丹书之更易，未免无讹；遗后岁深而道情之添改，更多虚杳。清其首尾而不符，查其前后以难考。古传抄写，月卧以花眠；老本誊录，酒醉而肉饱。天宫岂容酒色之狂徒，皇殿焉蓄藤蔓之贱草？故耳出家为僧为道者而颇多，因而修道成佛成仙者以稀少。呜呼！劳劳平生落空亡。哀哉！碌碌岁月枉待老。帝君不忍演正道以垂，乩鸾开化；将旁门而扫，不辞苦辛，何畏烦恼！飞鸾笔于朝阳，降宝传于蓬岛，取名天仙之宝传，垂德千古之妙道……遵此书，地狱可逃；修此道，瑶池能步。钟吕二祖造法船，诸仙七真指云路。"② 清德宗光绪三十年（1904）台南青阳道人潘昶《金莲仙

---

① （明）臧晋叔编《元曲选》第 4 册，中华书局，1958，第 1321 页。

② （清）乐山子：《七真天仙宝传·序》，林世田等编校《全真七真传记》，宗教文化出版社，1999，第 388～389 页。

史》自序云："余见旧本《七真传》非独道义全无，言辞紊乱，兼且诸真始末、出典仙迹一无所考，犹恐曳害后世，以假乱真。因是遍阅鉴史、宝诰，搜寻语录、丹经，集成是书……厥中事事有证，语语无虚，乃登天之宝筏，渡世之慈航也。惟愿有志于道者宜细细静玩，不可当作小书世文而论。果能达此书中意义，道德之门可入，修真之路可寻矣。"① "事事有证，语语无虚"，遍扫旁门，诸此种种，无不在论说仙鉴、仙史的真实可信。在强大的史学传统惯性助推下，诸家记载的很多内容都是有据可查的。例如，对历代全真道士弘道历史，全真道代际传承谱系，全真道与蒙元政府关系特别是元朝统治者对诸真的历次加封，元明杂剧描写的舍己度人、戒除酒色财气的全真教义，方志对全真修道场所、宫观等的记载，都是源于历史之真的。《七真祖师列仙传》记载，"钟离爷头挽（绾）双髻，赤红面皮，落（络）腮胡须，身穿八卦衣；洞宾爷头戴纯阳巾，身穿淡黄袍，腰系九股丝绦，背上一口宝剑，面如青粉，三绺长须，手拿拂尘，丰采过人"②。小说对钟吕二仙形象的描写与人们通常所熟知的二仙形象基本相符。《马丹阳三度任风子》开篇对马丹阳形象的描述如下：

> 贫道祖居宁海，莱阳人也。俗姓马，名从义，乃伏波将军马援之后。钱财过万倍之余，田宅有半州之盛。家传秘行，世积阴功。初蒙祖师点化，不得正道。把我魂魄，摄归阴府，受鞭笞之苦。忽见祖师来救，化作天尊，令贫道似梦非梦，方觉死生之可惧也。因此遂弃其金珠，抛其眷属。身挂一瓢，顶分三髻，按天地人三才之道。正一髻受东华帝君指教，去其四罪，是人我是非。右一髻受纯阳真人指教，去其四罪，是富贵名利。左一髻受王祖师指教，去其四罪，是酒色财气。方成大道，正授白云洞主丹阳抱一无为普化真人。③

其中，对马钰的名号、籍贯、家世、道家装扮的交代，和史实基本吻合。

---

① （清）潘昶：《金莲仙史·序》，林世田等编校《全真七真传记》，第 189 页。
② 《七真祖师列仙传》，林世田等编校《全真七子传记》，第 7 页。
③ （明）臧晋叔编《元曲选》第 4 册，第 1670 页。

笔者还注意到，诸家文本还从多视角对全真道及其历史做了演义。最直接的例子，就是上段引文对马钰三髻形象的阐释。束三髻发饰是马钰为了表达对王嚞的追念之义，"师居庐，头分三髻。三髻者，三吉字，祖师之讳也"①。王粹《七真赞·丹阳马真人》亦有"千朝得道，三髻承师"之赞。而在杂剧中，三髻分别与东华帝君、纯阳真人、重阳真人相对应，以发饰构建与三祖的对应关系，同时又分别与戒除人我是非、富贵名利、酒色财气等教义思想结合起来。一方面体现了马致远对全真祖宗传承和教义戒规的熟稔；另一方面，更为重要的，无疑是为了进一步高扬马钰的神性，为度化任风子做好了教义思想层面的铺陈。这种源于历史又高于历史的创作手法，把马钰的形象和使命演义得恰到好处。

不可否认的是，有些作品在演义全真历史方面走得更远，甚至做出了错误的甚或歪曲性的描述。从误记角度讲，如《有象列仙全传》《列代仙史》称，丘处机于元世祖至元六年（1269）六月九日登真，在随侍丘处机西行的十八大士之中"公（指宋德方——引者按）为首焉"。徐衜《历代神仙演义》卷20第三节称，王嚞成功度化马钰夫妇后，西至华山访道，还曾参与瘗殓道光禅师，之后又返回登州栖霞，度化丘处机。第四节称，金世宗大定二十五年（1185）春，"金太子允恭有疾，遍求医药不得。金主宴宗戚于会宁。或言龙门山丘处机有道。往召，辞不赴，允恭遂薨。重阳至山谓处机曰：'子之道业，当为诸子之冠。然行道济时，廊庙更易，言行之间福及群生，自后有召，弗却可也。'处机领命，重阳遂回宁海"。又称，1188年丘处机接受礼请，觐见金主。接着谈到王嚞留颂返真。"白鹤翔空，青鸾绕汉，仙仪冉冉，高出云端""师于升遐之后，浚仪桥下谈玄，诱臧老之心。刘蒋溪头赐药，愈张公之病。或舞蹈于昆明池右，或吟咏于终南境中，皆以表其不死也。继在文登县作醮，于五色云中见白鼋甚大，皆有莲花，师端坐于上，神变无穷"。这些记载在时间先后上是矛盾的。按照教史记载，1170年王嚞辞世于开封，并无在山东、陕西往返弘道的记载。类似的还有，第五节谈到，金章宗泰和三年（1203）二月六日，刘处玄去世。"长春、披云、灵阳等俱来会葬"。据《终南山祖庭仙真内传》，李灵阳

---

① （元）李道谦：《甘水仙源录》卷1，《道藏》第19册，第729页下栏。

于 1189 年辞世。第六节称，丘处机升仙之前，留颂曰："道德通玄静，真常守太清。一阳来复本，合教永圆明"。这显系依托后世龙门派字谱。第七节称，"庚申改元景定，烈即位。以僧八思马为国师，主统天下释门。封宋有道为通玄弘教披玄真人，主教事，与八思马并礼"。① 以上记载均与史实不符。从歪曲性演义角度讲，《历代神仙演义》《七真祖师列仙传》等在谈及王嚞度化马钰夫妇时，都采取"欲扬先抑"手法，增加了王嚞非礼孙不二的情节。

《七真因果传》出自龙门派黄永亮之手，撰作于清德宗光绪十九年（1893）。自序借道会王公之口称，"取此书为第一者，盖此书无妄诞之言，不引诱人心，步步脚踏实地，句句言归正理，乃世上必有之事，非人间不经之文"。因而被称作"修真第一书"。② 照此说来，讹误演义之处当少之又少。实则不然，全传与史实不符之处甚多。兹择取部分情节，简述如下：就王嚞而言，第三回称他在终南山得遇钟吕之后，在家修行 12 年，大丹成就。一夜，太白星君空中传玉诏："念尔重阳苦志修行一十二载，毫无过失，今则道果圆满，特地封尔为开化真人，速往山东度世，早使七真上升，功成之后，另加封赠，尔其钦哉。"③ 王嚞领命，以土遁之法赴山东寻找七真未果，仍回陕西，遁土修行。后经钟吕点拨催促，复回山东度化。第十三回，王嚞带领刘长生、谭长真、郝太古、王玉阳赴江南访道，留马钰照理家园。第十五回，王嚞在山东羽化之后，丘、刘、王、谭、郝五人遵遗命将其棺椁抬回陕西终南山，并安葬于绳索断处。就七真而言，第四回，马钰夫妻年近四十，膝下无儿。第五、六回，孙不二劝说马钰将家财舍予王嚞，马钰夫妇为了签订舍约，贿赂族人，百费周折。第十回，孙不二为表虔诚修道之心而不惜毁容。第十八回，谭长真在泰山修道三年，得成正果，飞升天界，参拜王母。终因"将仙女瞧了一眼"，被贬凡间。第二十回，刘处玄为炼色魔，赴苏杭烟花院修炼，并施展火功，在肚皮上煮水煎饼。第二十二回，丘处机道心不坚，请赛麻衣测算是否有成仙之命。第二

---

① 以上引文分别参见（清）徐衜撰，程毓奇续《历代神仙演义》卷 20，第 1153 页、第 1154 页、第 1159 页、第 1167 页、第 1175 页。

② （清）黄永亮：《七真因果传·序》，林世田等编校《全真七子传记》，第 70 页。

③ （清）黄永亮：《七真因果传》，林世田等编校《全真七子传记》，第 83 页。

十六至二十八回，丘处机与白云禅师斗法，偷龙换凤，终以讲和收场。第二十六回，丘处机应诏为元顺帝祈雨。此外，全传还多次出现了王母、太白星君、三官大帝、先天灵祖、张三丰等神仙。

诸此种种，都是与金元全真道的历史存在张力的。与本真的历史相比，《七真因果传》更多是想借助七真度化故事论说修道之艰辛（例如对丘处机艰难修道经历的夸张性描述）、修行之门径（如王嚞对心猿意马、静的论说，王玉阳对真阴真阳的论说），特别是重在阐明苦心修道终得正果的道理。换言之，作者着重论述的是全真而仙的信仰。依循观念史的理路，上一段举陈的王嚞及其弟子在时空上的错位、天界与凡间的交融互动、修道过程中种种"愚昧"甚或极端的行为，就比较好理解了。之所以做出这样的情节设计，无疑是想向世人揭示以下几个方面的蕴意：（准）神仙的超越时空性，天人一体视域下的神仙可学可修，修仙历程之艰辛、向道之心之坚定对于修成正果的重要意义。全真小说采取"层垒式"的叙述手法，以观念史覆盖信史，旨在增加诸真的神性，以及信众对之的信仰和认同。

此外，在明清文人游记、世俗节庆活动中，亦随处可见全真道的影响。明世宗嘉靖二年（1523），张治道"游祖庵宫，访仙人王重阳故事"①。清于敏中等编《日下旧闻考》对北京白云观以及丘处机等全真道士的弘道活动有着详细的交代。② 明清多部游记、文集对每年一度热闹纷繁的燕九节多有载述，文人雅士留有多篇歌咏燕九节的诗文。文人创作呈现集纪实记景、凭吊怀情、历史演义于一体的特点。《帝京景物略》记载，"今都人正月十九，致浆祠下，游冶纷沓，走马蒲博，谓之燕九节，又曰宴丘。相传，是日真人（指丘处机——引者按）必来，或化冠绅，或化游士冶女，或化乞丐。故羽士十百，结圜松下，冀幸一遇之"③。沈德符《万历野获编》误将明初全真道人邱玄清自宫之事作为"阉九节"的缘起，称"京师是日不但游人塞途，而四方全真道人不期而集者，不下数万。状貌诡异，衣冠瑰僻，分曹而谈出世之业。中贵人多以是日散钱施斋。闻京都无赖，亦有趁此时

---

① （明）何镗辑《古今游名山记》卷7，《续修四库全书》第736册，第570页下栏。
② （清）于敏中等编纂《日下旧闻考》卷94，北京古籍出版社，1985，第1575~1586页。
③ （明）刘侗、于奕正：《帝京景物略》卷3，北京古籍出版社，1983，第138页。

腐其童稚者。则阉九之说，亦似不妄。全真有南北二宗，起于金海陵王中孚。其后有谭、马、邱、刘之属，其教始盛。大抵以收摄精气为主，今并阳具去之。不知何以谋长生也"①，笔记小说的演义程度可见一斑。明吴宽《燕九日诗》云："京师胜日称燕九，少年尽向城西走。白云观前作大会，射箭击球人马蹂。古祠北与学宫依，箫鼓不来牲醴稀。如何义士文履善，不及道人邱处机。"② 又，莆田陈音《重九白云观诗》云："长春宫殿锁寒烟，驻马斜阳古树边。白鹤不归人影外，黄花仍发酒杯前。龙山岘石参军帽，蓝水寒山子美篇。聚散几回时序别，令人对此一茫然。"③

全真道对金元以降国家、社会的影响是多维度的，既有对精英阶层、精英文化的影响，又有对市井日常的影响。这个过程既是全真道融入中国文化传统的过程，亦是国家、社会、文化生活接纳全真道的过程。以上列举的诸多方面，便是二者互动共生、和谐相处的缩影。

---

① （明）沈德符：《万历野获编》补遗卷 3，中华书局，1959，第 902 页。
② （清）潘荣陛：《帝京岁时纪胜》，《续修四库全书》第 885 册，第 607 页。
③ （清）郑方坤：《全闽诗话》卷 6，《续修四库全书》第 1702 册，第 240 页上栏。

# 结　语

全真道创立于金中期，在金末蒙初的半个多世纪里，成功发迹、逐步壮大。元统一南北后，与真大、太一两支"新道教"逐渐被道教大宗吸收的发展结局不同，全真道成为丹道道法传统的扛鼎者，包括金丹南宗在内的南北诸家丹道宗派纷纷融入其中。全真派一跃成为与正一派并驾齐驱的道教正宗，重构了元明以降的中国道教生态格局。

本书着重从戒箓传授、丧葬制度、祖真崇拜、全真教育、教史书写、全真道与金元明清国家社会关系等六大方面，对全真道的历史进行了较为系统的梳理阐释。六大方面是一个整体，共同推动了全真道宗教身份的建构、教团的发展和社会影响力的提升。从教团的传承发展来看，贡献最大者当数历代全真道士围绕上述六大方面，开展的集理论与实践于一体的系列护道弘道活动。同时，也不可忽视教外民众特别是文人精英阶层的作用，他们在提升全真道士的文化素养、参与教史书写方面的贡献值得肯定。

本书尝试提出了一些具有一定创新意义的认识：一是不同于明清以降全真传戒、正一授箓的道教传法格局，金元时期全真道戒箓并传，从双重维度界定了全真道的道教身份。二是从身体观上讲，全真道重法身轻色身。丧葬制度展现出全真道身体观二元对立的内在张力。一方面高唱法身高妙实相、色身空幻虚无。另一方面全真道的丧葬活动又体现了儒家重丧厚葬的观念与实践。全真道形神俱妙的修证理念、重丧厚葬的丧葬制度看似矛盾，实则共同增进了教团认同和信众向性命双全丹道理论与实践的归向。三是全真宗祖崇拜经历了从最初的宗门本位性向教团共识性、从"祖真不分"到"祖真分立"、从丹道"小传统"到道教"大传统"演进的过程。这个过程本身就是全真道以宗祖神仙谱系构建教团信仰体系、信仰认同的过程。四是从教团人才培养的视角,梳理了全真教育的内容、方法、机构、教职人员等。提出全真教育既包括神学教育的一面,也包括世俗教育的一面。探讨了几种具有全真道宗教特色的教学方法,考察了全真教育从"前玄学时代"向"玄学时代"演变的历程。指出全真玄学教育在金末已经逐步展开,在李志常掌教以后开始系统化、规范化。全真教育是培养道门人才的重要途径,促进了少数民族对中原文化的了解,有利于统一多民族国家文化格局的形成。五是以教史文本为中心,阐述了教史书写的类型、特点及其对构建巩固教团认同的重要意义。归纳了世俗社会特别是精英阶层参与全真历史书写的内容、特点。以秦志安《金莲正宗记》为核心,阐释了教内史家"以史弘道"、以史构建教团认同的思想与实践。提出《正统道藏》本《金莲正宗记》是元代中后期经过教内有意删减的节本,其目的在于辅翼元世祖至元六年(1269)以后渐趋在教内外形成共识的"五祖七真"认同。六是在金元明清国家社会大历史语境中审视全真道的传承发展,阐述了全真道发展壮大以来,与国家社会和谐共处、影响丰富民众社会生活的表现特征。指出全真道根植于中国传统社会和文化传统。自创立以来,在教义思想、戒规戒律、宗教实践等诸方面都明显体现出对政治统治的认同和臣服。同时,又与儒释道三教、社会生活、文化艺术融通互摄、和谐发展。全真道能够在金元以降的中国社会取得长足发展,除了自身的制度建设、理论建设外,从宗教与国家、社会关系角度讲,其对政治统治的遵从、世俗社会对之的接纳和认可,亦是至关重要的因素。全真道并非独立于国家和社会生活的"自组织",其成功发迹后,与国家社会生活互融互摄,和谐发展。基于宗教自身特征,探究阐释宗教生成发展的内在机理,进而揭示宗教与国家社会和谐共生的关系,应该是中国宗教学研究的出发点和落脚点。

本书仅是择取了全真道历史上比较具有典型意义且前人关注相对不多的要素,做了尝试性的梳理和研究。随着文献史料的不断发现、理论方法论的更新,还有诸多问题应该逐步被纳入研究视域,比如全真授箓淡出历史舞台的历程、原因，全真服饰的历史演变及其意涵，宗门意识、宗系分化的历史及其与教团发展的关系，明清全真道对早期全真道的继承与突破，全真派与其他道派的比较，全真道独领道教半壁江山的原因等等。受资料、学力等因素所限，未能论及。

从更为宏观的层面看，全真道研究已有百余年的历史，日益成为道教研究领域的一门国际性"显学"，但仍然有长足的发展空间。例如，避免问题意识的"内卷化"，打破学科壁垒，开展整合性、纵贯性研究；深入思考新的学科增长点，合力推动理论、方法论创新；进一步融通内外史，深刻揭示全真道对教俗个体生命史、国家社会教化史的意义；总结提炼全真文化在道学文化、中华传统文化、国际汉学中的地位价值；建立既有本土特色又兼具国际交流互鉴机制的全真学自主知识体系；在推动中华优秀传统文化创造性转化与创新性发展的时代语境中凝练优秀的全真道学文化，发挥其时代价值和社会价值；等等，都有待国内外学界的共同努力。

# 参考文献

## 一　古籍

1. （元）夏文彦：《图绘宝鉴》，（上海）商务印书馆，1930。

2. （明）臧晋叔编《元曲选》，中华书局，1958。

3. （元）陶宗仪：《南村辍耕录》，中华书局，1959。

4. （明）沈德符：《万历野获编》，中华书局，1959。

5. 《大正新修大藏经》第52卷，日本株式会社，1961。

6. （汉）班固撰，（唐）颜师古注《汉书》，中华书局，1962。

7. （清）赵翼：《陔余丛考》，中华书局，1963。

8. （唐）魏徵、令狐德棻撰《隋书》，中华书局，1973。

9. （唐）房玄龄等撰《晋书》，中华书局，1974。

10. （北齐）魏收撰《魏书》，中华书局，1974。

11. （清）张廷玉等撰《明史》，中华书局，1974。

12. 《中国地方志丛书·华北地方》第515号，台北成文出版社有限公司，1976。

13. （明）宋濂等撰《元史》，中华书局，1976。

14. 唐圭璋编《全金元词》，中华书局，1979。

15. （汉）司马迁：《史记》，中华书局，1982。

16. （明）刘侗、于奕正：《帝京景物略》，北京古籍出版社，1983。

17. 《顺天府志》，北京大学出版社，1983。

18.（清）陈梦雷等编《古今图书集成》，中华书局、巴蜀书社，1985。

19.（元）脱脱等撰《宋史》，中华书局，1985。

20.（清）于敏中等编纂《日下旧闻考》，北京古籍出版社，1985。

21.（元）虞集：《道园类稿》，《元人文集珍本丛刊》第 5 册，台北新文丰出版股份有限公司，1985。

22.《四部丛刊》三编，第 70 册，上海书店，1986。

23.《景印文渊阁四库全书》，台湾商务印书馆，1986。

24.（宋）陈振孙：《直斋书录解题》，上海古籍出版社，1987。

25. 陈垣编纂，陈智超、曾庆瑛校补《道家金石略》，文物出版社，1988。

26. 北京图书馆古籍出版编辑组编《北京图书馆古籍珍本丛刊》，书目文献出版社，1988。

27.《道藏》，文物出版社、上海书店、天津古籍出版社，1988。

28. 郑振铎编《中国古代版画丛刊》，上海古籍出版社，1988。

29.《四部丛刊》初编，第 250 册，上海书店，1989。

30. 孙希旦：《礼记集解》，沈啸寰、王星贤点校，中华书局，1989。

31. 王秋桂、李丰楙主编《中国民间信仰资料汇编》第 1 辑，台湾学生书局，1989。

32. 北京图书馆金石组编《北京图书馆藏中国历代石刻拓本汇编》，中州古籍出版社，1990。

33.（明）李贤等修撰《大明一统志》，三秦出版社，1990。

34.（元）骆天骧撰《类编长安志》，黄永年点校，中华书局，1990。

35. 饶宗颐：《老子想尔注校证》，上海古籍出版社，1991。

36. 胡道静等编《藏外道书》，第 31 册，巴蜀书社，1994。

37. 王忠信编《楼观台道教碑石》，三秦出版社，1995。

38.（清）徐衜撰，程毓奇续《历代神仙演义》，辽宁古籍出版社，1995。

39.《四库全书存目丛书》集部 24，齐鲁书社，1997。

40. 刘兆鹤、王西平编著《重阳宫道教碑石》，三秦出版社，1998。

41.（清）黄永亮：《七真传》，团结出版社，1999。

42.（明）李濂：《汴京遗迹志》，周宝珠、程民生点校，中华书局，1999。

43. 李学勤主编《礼记正义》，北京大学出版社，1999。
44. 林世田等编校《全真七真传记》，宗教文化出版社，1999。
45. 《中华续道藏》初辑，第1册，台湾新文丰出版公司，1999。
46. 阎凤梧、康金声主编《全辽金诗》，山西古籍出版社，1999。
47. （清）黄虞稷：《千顷堂书目》，瞿凤起、潘景郑整理，上海古籍出版社，2001。
48. （元）李志常：《长春真人西游记》，党宝海译注，河北人民出版社，2001。
49. 《续修四库全书》，上海古籍出版社，2002。
50. 周燮藩主编，王卡分卷主编《中国宗教历史文献集成·三洞拾遗》，黄山书社，2005。
51. 王宗昱编《金元全真教石刻新编》，北京大学出版社，2005。
52. 谢林、徐大平、杨居让主编《陕西省图书馆藏稀见方志丛刊》，北京图书馆出版社，2006。
53. 《中国地方志集成·陕西府县志辑》9，凤凰出版社，2007。
54. 吴亚魁编《江南道教碑记资料集》，上海辞书出版社，2008。
55. （唐）吕洞宾：《吕洞宾全集》，刘体恕汇辑，华夏出版社，2009。
56. （元）李道纯：《李道纯集》，张灿辉点校，岳麓书社，2010。
57. （明）朱权：《太和正音谱笺评》，姚品文点校笺评，中华书局，2010。
58. （元）袁桷：《袁桷集》，李军、施贤明、张欣校点，吉林文史出版社，2010。
59. 刘泽民、李玉明总主编《三晋石刻大全》，三晋出版社，2010~2014。
60. 赵卫东主编《山东道教碑刻集》（青州昌乐卷、临朐卷、博山卷、肥城卷），齐鲁书社，2010~2020。
61. 陈高华等点校《元典章》，天津古籍出版社、中华书局，2011。
62. （清）刘名瑞：《道源精微》，山西科学技术出版社，2011。
63. （清）刘名瑞：《瀊熻易考》，山西科学技术出版社，2011。
64. （清）刘名瑞：《敲蹻洞章》，山西科学技术出版社，2011。
65. （清）刘一明：《刘一明栖云笔记》，孙永乐评注，社会科学文献出版社，2011。

66. 佟洵主编《北京道教石刻》，宗教文化出版社，2011。

67. （明）章潢：《图书编》，广陵书社，2011。

68. （清）王梓材、冯云濠编撰《宋元学案补遗》，沈芝盈、梁运华点校，中华书局，2012。

69. 黎志添、李静编著《广州府道教庙宇碑刻集释》，中华书局，2013。

70. 萧霁虹主编《云南道教碑刻辑录》，中国社会科学出版社，2013。

71. 杨镰主编《全元诗》，中华书局，2013。

72. （清）赵本植纂修《乾隆新修庆阳府志》，张玺、王立明、齐社祥、马啸点校，中华书局，2013。

73. 潘明权、柴志光编《上海道教碑刻资料集》，复旦大学出版社，2014。

74. （金）元好问编《中州集》，萧和陶点校，华东师范大学出版社，2014。

75. 高丽杨点校《钟吕传道集 西山群仙会真记》，中华书局，2015。

76. （元）李志常：《长春真人西游记校注》，尚衍斌、黄太勇校注，中央民族大学出版社，2016。

77. （明）朱见深辑《御制全真群仙集》，文物出版社，2016。

78. 樊光春主编《山西道教碑刻》（阳泉卷、太原晋中卷、长治卷、晋城卷、运城卷），香港青松出版社，2016~2020。

79. 蔡美彪编著《元代白话碑集录（修订版）》，中国社会科学出版社，2017。

80. 柯劭忞：《新元史》，上海古籍出版社，2018。

81. 湖北省十堰市档案局编《武当山碑刻档案选录》，湖北人民出版社，2018。

82. 吴受琚编著《宝鸡道教碑石记》，社会科学文献出版社，2019。

83. 高丽杨集校《全真史传五种集校》，中华书局，2020。

84. （清）闵一得：《金盖心灯》，王卡、汪桂平点校，中华书局，2020。

85. 赵卫东、陈法永主编《金元全真道碑刻集萃》，山东大学出版社，2020。

86. 黎志添编著《香港庙宇碑刻志：历史与图录》，香港中文大学出版社，2023。

87. （明）陈自得：《太平仙记》，明脉望馆钞校古今杂剧本。

88. （明）洪应明：《仙佛奇踪》，哈佛大学哈佛燕京图书馆藏本。

89. 《七真仙传》，台湾大学图书馆藏本。

90. （明）杨慎：《洞天玄记》，明脉望馆钞校古今杂剧本。

## 二 专著

1. 〔日〕常盘大定：《中国文化史迹图版》第 1 辑，法藏馆，1941。

2. 陈垣：《南宋初河北新道教考》，中华书局，1962。

3. 陈国符：《道藏源流考》，中华书局，1963。

4. 郑素春：《全真教与大蒙古国帝室》，台湾学生书局，1987。

5. 闵智亭：《道教仪范》，中国道教学院印制，1990。

6. 任继愈主编《道藏提要》，中国社会科学出版社，1991。

7. 李养正主编《道教手册》，中州古籍出版社，1993。

8. 吴枫、宋一夫主编《中华道学通典》，南海出版公司，1994。

9. 张广保：《金元全真道内丹心性学》，生活·读书·新知三联书店，1995。

10. 闵智亭、李养正主编《中国道教大辞典》，台湾东久企业（出版）有限公司，1996。

11. 任继愈主编《宗教大辞典》，上海辞书出版社，1998。

12. 张泽洪：《道教斋醮科仪研究》，巴蜀书社，1999。

13. 王志忠：《明清全真教论稿》，巴蜀书社，2000。

14. 郭武：《全真道祖王重阳传》，香港蓬瀛仙馆，2001。

15. 刘宁：《刘一明修道思想研究》，巴蜀书社，2001。

16. 任继愈主编《中国道教史》，中国社会科学出版社，2001。

17. 孙尚扬：《宗教社会学》，北京大学出版社，2001。

18. 陶然：《金元词通论》，上海古籍出版社，2001。

19. 杨建波：《道教文学史论稿》，武汉出版社，2001。

20. 詹石窗：《南宋金元道教文学研究》，上海文化出版社，2001。

21. 张广保：《唐宋内丹道教》，上海文化出版社，2001。

22. 张松辉：《元明清道教与文学》，海南出版社，2001。

23. 钟肇鹏主编《道教小辞典》，上海辞书出版社，2001。

24. 李安纲：《西游记奥义书》，中国社会科学出版社，2002。

25. 李如森：《汉代丧葬礼俗》，沈阳出版社，2003。

26. 李叔还编纂《道教大辞典》，台湾巨流图书有限公司，2003。

27. 李养正编著《新编北京白云观志》，宗教文化出版社，2003。

28. 潘雨廷：《道藏书目提要》，上海古籍出版社，2003。

29. 张泽洪：《道教礼仪学》，宗教文化出版社，2003。

30. 王育成：《明代彩绘全真宗祖图研究》，中国社会科学出版社，2003。

31. 梁丽萍：《中国人的宗教心理 宗教认同的理论分析与实证研究》，社会
科学文献出版社，2004。

32. 赵卫东：《丘处机与全真道》，山东文艺出版社，2004。

33. 牟钟鉴等著《全真七子与齐鲁文化》，齐鲁书社，2005。

34. 史为乐主编《中国历史地名大辞典》，中国社会科学出版社，2005。

35. 吴国富：《全真道与元曲》，江西人民出版社，2005。

36. 李艳：《明清道教与戏剧研究》，巴蜀书社，2006。

37. 吴亚魁：《江南全真道教》，香港中华书局，2006；上海古籍出版社，
2012，修订版。

38. 伍成泉：《汉末魏晋南北朝道教戒律规范研究》，巴蜀书社，2006。

39. 严一萍编《道教研究资料》第 2 辑，台湾艺文印书馆，2006。

40. 张亦农、景昆俊主编《永乐宫志》，山西人民出版社，2006。

41. 陈宏铭：《金元全真道士词研究》，台湾花木兰文化出版社，2007。

42. 〔日〕蜂屋邦夫：《金代道教研究——王重阳与马丹阳》，钦伟刚译，中
国社会科学出版社，2007。

43. 黄勇：《道家笔记小说研究》，四川大学出版社，2007。

44. 卢国龙：《道教哲学》，华夏出版社，2007。

45. 萧霁虹、董允：《云南道教史》，云南大学出版社，2007。

46. 胡军：《当代正一与全真道乐研究》，华中师范大学出版社，2008。

47. 任宗权：《道教戒律学》，宗教文化出版社，2008。

48. 王婉甄：《李道纯道教思想研究》，台湾花木兰文化出版社，2008。

49. 萧军编著《永乐宫壁画》，文物出版社，2008。

50. 唐怡：《道教戒律研究》，巴蜀书社，2008。

51. 张明学：《道教与明清文人画研究》，巴蜀书社，2008。

52. 左洪涛：《金元时期道教文学研究：以全真教王重阳和全真七子诗词为中心》，人民出版社，2008。

53. 胡其德：《蒙元帝国初期的政教关系》，台湾花木兰文化出版社，2009。

54. 卢国龙、汪桂平：《道教科仪研究》，方志出版社，2009。

55. 任颖卮：《崂山道教史》，中央编译出版社，2009。

56. 申喜萍：《南宋金元时期的道教美学思想》，四川出版集团、巴蜀书社，2009。

57. 张泽珣：《北魏关中道教造像记研究——附造像碑文录》，澳门大学出版社，2009。

58. 赵益：《丘处机：一个人与一个教派的传奇》，凤凰出版社，2009。

59. 朱展炎：《驯服自我：王常月修道思想研究》，巴蜀书社，2009。

60. 岑孝清：《李道纯中和思想及其丹道阐真》，宗教文化出版社，2010。

61. 樊光春：《西北道教史》，商务印书馆，2010。

62. 〔美〕康豹：《多面相的神仙：永乐宫的吕洞宾信仰》，吴光正、刘玮译，齐鲁书社，2010。

63. 刘恒：《心性灵明之阶——早期全真道情欲论思想研究》，巴蜀书社，2010。

64. 刘永海：《元代道教史籍研究》，人民出版社，2010。

65. 卢国龙：《马丹阳学案》，齐鲁书社，2010。

66. 〔美〕巫鸿：《黄泉下的美术：宏观中国古代墓葬》，施杰译，生活·读书·新知三联书店，2010。

67. 夏当英：《中国传统社会宗教的世俗化研究——以金元时期全真教社会思想与传播为个案》，巴蜀书社，2010。

68. 张广保：《尹志平学案》，齐鲁书社，2010。

69. 章伟文：《郝大通学案》，齐鲁书社，2010。

70. 赵卫东：《金元全真道教史论》，齐鲁书社，2010。

71. 常大群：《全真脊梁丘处机大传》，宗教文化出版社，2011。

72. 唐代剑：《王嚞丘处机评传》，南京大学出版社，2011。

73. 丁原明、白如祥、李延仓：《早期全真道教哲学思想论纲》，齐鲁书社，2011。

74. 郭武：《丘处机学案》，齐鲁书社，2011。

75. 何建明：《陈致虚学案》，齐鲁书社，2011。

76. 孔令宏、韩松涛：《江西道教史》，中华书局，2011。

77. 李志鸿：《道教天心正法研究》，社会科学文献出版社，2011。

78. 尹志华：《王常月学案》，齐鲁书社，2011。

79. 于国庆：《甘水仙源——王重阳的全真之路》，宗教文化出版社，2011。

80.《重阳宫志》编委会编《重阳宫志》，陕西出版集团、三秦出版社，2012。

81. 程越：《金元时期全真道宫观研究》，齐鲁书社，2012。

82. 戈国龙：《道教内丹学溯源》，中央编译出版社，2012。

83. 元好问：《元好问文编年校注》，狄宝心校注，中华书局，2012。

84. 景安宁：《道教全真派宫观、造像与祖师》，中华书局，2012。

85. 〔美〕罗纳德·L. 约翰斯通（Ronald L. Johnstone）：《社会中的宗教：一种宗教社会学》，袁亚愚、钟玉英译，四川人民出版社，2012。

86. 强昱：《刘处玄学案》，齐鲁书社，2012。

87. 孙继民等：《俄藏黑水城汉文非佛教文献整理与研究》，北京师范大学出版社，2012。

88. 赵玉玲：《悟道修道弘道——丘处机道论及其历史地位》，巴蜀书社，2012。

89. 白娴棠：《道与化——传播视域下早期全真教的教化思想与实践》，四川大学出版社，2013。

90. 陈耀庭：《全真道的文学研究》，香港青松出版社，2013。

91. 廖敏：《元代道教戏剧研究》，巴蜀书社，2013。

92. 刘科：《金元道教信仰与图像表现——以永乐宫壁画为中心》，巴蜀书社，2013。

93. 佟洵、孙勐：《北京道教史》，宗教文化出版社，2013。

94. 张广保编《多重视野下的西方全真教研究》，宋学立译，齐鲁书社，2013。

95. 张美樱：《全真七子证道词之意涵析论》，台湾花木兰文化出版社，2013。

96. 朱越利主编《理论·视角·方法——海外道教学研究》，齐鲁书社，2013。

97. 程群：《道教生死观研究》，宗教文化出版社，2014。

98. 〔日〕蜂屋邦夫：《金元时代的道教——七真研究》，金铁成、张强、李素萍、金顺英译，齐鲁书社，2014。

99. 李延仓：《早期全真道教思想探源》，齐鲁书社，2014。

100. 刘仲宇：《道教授箓制度研究》，中国社会科学出版社，2014。

101. 汪桂平：《东北全真道研究》，中国社会科学出版社，2014。

102. 薛瑞兆编《金代艺文叙录》，中华书局，2014。

103. 尹志华：《清代全真道历史新探》，香港中文大学出版社，2014。

104. 孔令宏、韩松涛、王巧玲：《浙江道教史》，中国社会科学出版社，2015。

105. 〔日〕五十岚贤隆：《道教丛林太清宫志》，郭晓锋、王晶译，齐鲁书社，2015。

106. 张广保：《全真教的创立与历史传承》，中华书局，2015。

107. 赵芃：《山东道教史》，中国社会科学出版社，2015。

108. 赵卫东、王光福：《王志谨学案》，齐鲁书社，2015。

109. 寇凤凯：《明代道教文化与社会生活》，巴蜀书社，2016。

110. 黎志添编著《道教图像、考古与仪式：宋代道教的演变与特色》，香港中文大学出版社，2016。

111. 刘庆文、高丽杨：《河北道教史》，宗教文化出版社，2016。

112. 程乐松：《身体、不死与神秘主义：道教信仰的观念史视角》，北京大学出版社，2017。

113. 郭硕知：《边缘与归属：道教认同的文化史考察》，巴蜀书社，2017。

114. 李伟刚、郭清礼编著《民国周宗颐〈劳山太清宫志〉校注》，宗教文化出版社，2017。

115. 刘固盛、梅莉、胡军等：《湖北道教史》，华中师范大学出版社，2017。

116. 聂大江主编《中国古代的知识阶层》，兰州大学出版社，2017。

117. 杨兆华：《马钰研究》，复旦大学出版社，2017。

118. 高丽杨：《全真教制初探》，巴蜀书社，2018。

119. 李大华：《香港全真教研究》，人民出版社，2018。

120. 牟钟鉴：《儒道佛三教关系简明通史》，人民出版社，2018。

121. 张方：《明代全真道的衰而复兴——以华北地区为中心的考察》，中国社会科学出版社，2018。

122. 钟海连：《金元之际全真道兴盛探究：以丘处机为中心》，江苏人民出版社，2018。

123. 付海晏等：《国家、宗教与社会——以近代全真宫观为中心的探讨（1800~1949）》，华中师范大学出版社，2019。

124. 梁淑芳：《全真七子修行之道》，台湾文津出版社，2019。

125. 卿希泰、詹石窗主编《中国道教通史》，人民出版社，2019。

126. 吴端涛：《蒙元时期山西地区全真教艺术研究》，文物出版社，2019。

127. 〔日〕小柳司气太：《白云观志附东岳庙志》，刘莹整理，北京联合出版公司，2019。

128. 李远国、李黎鹤编《道教神仙谱系史》，四川大学出版社、成都时代出版社，2022。

129. 山西省永乐宫壁画艺术博物馆、山西博物院永乐宫壁画保护工作站：《山西省永乐宫壁画艺术博物馆馆藏一级道教纸质文物保护修复研究》，山西人民出版社，2022。

130. 吴光正：《金元道教文学史》，北方文艺出版社，2022。

## 三　论文

1. 山西省文物管理委员会、考古研究所：《山西芮城永乐宫旧址宋德方、潘德冲和"吕祖"墓发掘简报》，《考古》1960年第8期。

2. 姚从吾：《成吉思汗信任邱处机与这件事对于保全中原传统文化之贡献》，《台湾大学文史哲学报》第15期，1966。

3. 姚从吾：《金元全真道的民族思想与救世思想》，姚从吾编著《东北史论丛》下册，台湾正中书局，1976。

4. 李宇峰：《辽宁喀左元代道士康泰真墓碑调查记》，《北方文物》1990年第2期。

5. 齐东方：《三国两晋南北朝时期祔的葬墓》，《考古》1991年第10期。

6. 李凇：《一块北魏羌族的道教造像碑》，《中国道教》1994年第3期。

7. 张金涛、张青剑《天师道的符、箓、斋、醮初探》，《江西社会科学》1994年第4期。

8. 朱越利：《有关早期全真教的几个问题》，《中国文化研究》1994年冬之卷（总第6期）。

9. 曹大为：《中国古代的庵观女子教育》，《中国史研究》1995年第3期。

10. 姜生：《道教法服的伦理符号价值》，《中国典籍与文化》1995年第4期。

11. 程越：《金元全真道后弘期掌教研究》，《中国社会科学院研究生院学报》1996年第4期。

12. 张应超：《李道谦与全真道》，《中国道教》1996年第3期。

13. 钱穆：《金元统治下的新道教》，收入《中国学术思想论丛》（六），《钱宾四先生全集》第20册，台湾联经出版事业公司，1998。

14. 姜守诚：《全真道三州五会考略》，《宗教学研究》2000年第2期。

15. 戈国龙：《从性命问题看内丹学与禅之关系》，《宗教学研究》2001年第2期。

16. 胡其德：《王重阳创全真教的背景分析》，《台湾宗教学会通讯》第8期，2001。

17. 李安纲：《〈西游记〉与全真道文化》，《运城高等专科学报》2001年第2期。

18. 汪桂平：《清代全真道授戒的珍贵文存》，《世界宗教文化》2001年第1期。

19. 张松辉：《〈西游记〉与丘长春西游》，《中华文化论坛》2001年第2期。

20. 张泽宏：《全真道的传戒仪式》，《世界宗教文化》2001年第4期。

21. 郑素春：《元代全真教主与朝廷的关系》，萧启庆主编《蒙元的历史与文化：蒙元史学术研讨会论文集》下册，台湾学生书局，2001。

22. 范立舟：《理学在南宋宁宗朝的境遇》，《暨南学报（哲学社会科学版）》2002 年第 3 期。

23. 高良荃：《略论金元之际全真道的社会影响》，《甘肃社会科学》2002 年第 3 期。

24. 胡义成：《〈西游记〉定稿人与全真教关系考》，《杭州师范学院学报（社会科学版）》2002 年第 5 期。

25. 李华瑞：《南宋时期新学与理学的消长》，《史林》2002 年第 3 期。

26. 李珉：《论王常月的宗教美学思想》，《四川大学学报（哲学社会科学版）》2002 年第 6 期。

27. 申喜萍：《尹志平道教雕塑思想初探》，《美术研究》2002 年第 4 期。

28. 王宗昱：《早期全真道史料》，《中国道教》2002 年第 5 期。

29. 杨讷：《丘处机“一言止杀”辨伪》，《揖芬集：张政烺先生九十华诞纪念文集》编委会编《揖芬集：张政烺先生九十华诞纪念文集》，社会科学文献出版社，2002。

30. 于兴汉：《刘一明道教教育思想述论》，《教育史研究》2002 年第 1 期。

31. 陈洪、陈宏：《论〈西游记〉与全真教之缘》，《文学遗产》2003 年第 6 期。

32. 丁原明：《丘处机道教思想中的老庄情结》，《东岳论丛》2003 年第 6 期。

33. 〔美〕康豹（Paul R. Katz）：《元代全真道士的史观与宗教认同——以〈玄风庆会图〉为例》，《燕京学报辑刊》第 15 期，2003。

34. 孙亦平：《“全真而仙”：论全真道对道教仙学的发展》，《社会科学战线》2003 年第 5 期。

35. 袁志鸿：《道教正一派授箓与全真派传戒之比较研究》，《世界宗教研究》2003 年第 4 期。

36. 唐明邦：《一言止杀，功垂万代——读〈长春真人西游记〉》，《宗教学研究》2004 年第 1 期。

37. 丁常云：《道教戒律建设的历史发展与特色》，《中国道教》2004 年第 6 期。

38. 樊光春：《〈全真列祖赋〉所述人物考》，《中国道教》2004年第1期。

39. 李珉、潘显一：《论闵一得的道教美学思想》，《西南民族大学学报（人文社科版）》2004年第5期。

40. 刘仲宇：《近代全真仪式初探》，卢国龙编《全真弘道集：全真道——传承与开创国际学术研讨会论文集》，香港青松出版社，2004。

41. 申喜萍：《全真教王重阳教育思想研究》，《北京化工大学学报（社会科学版）》2004年第4期。

42. 王汉民：《全真教与元代的神仙道化戏》，《世界宗教研究》2004年第1期。

43. 余虹：《丘处机"济世"人格的审美意蕴——全真道审美人格建构（之二）》，《宗教学研究》2004年第4期。

44. 朱越利：《丘处机对民族团结和元朝统一中国的贡献》，《中国民族报》2004年2月13日版。

45. 〔法〕马颂仁（Pierre Marsone）：《七真各自的思想特色、活动的再评价——兼论四哲、七真说的出现过程》，卢国龙编《全真弘道集：全真道——传承与开创国际学术研讨会论文集》，香港青松出版社，2005。

46. 唐怡：《浅析全真道戒律的社会控制功能》，《世界宗教研究》2005年第3期。

47. 余虹：《王重阳"狂颠"人格之审美意蕴——全真道审美人格建构（之一）》，《四川师范大学学报（社会科学版）》2005年第3期。

48. 张凌波：《〈□□神清宫记〉校记》，《中国道教》2005年第5期。

49. 张兴发：《道教全真派的传戒仪式》，《中国宗教》2005年第1期。

50. 陈敬阳：《丘处机佚〈鸣道集〉考略》，《中国道教》2006年第3期。

51. 盖建民：《丘处机与〈长春真人西游记〉的地理学价值》，丁鼎主编《昆嵛山与全真道：全真道与齐鲁文化国际学术研讨会论文集》，宗教文化出版社，2006。

52. 姜生：《栖真观碑记所见沂蒙山区早期全真道》，《世界宗教研究》2006年第4期。

53. 李丰楙：《仙游：全真道的求道、访道与体道》，（台湾）《中国文哲研究通讯》第 16 卷第 4 期，2006。

54. 申喜萍：《〈长春真人西游记〉的艺术特征》，《宗教学研究》2006 年第 4 期。

55. 王宗昱：《全真教的儒教成分》，《文史知识》2006 年第 12 期。

56. 唐怡：《全真道戒律的发展历史与特征》，《云南民族大学学报（哲学社会科学版）》2006 年第 2 期。

57. 张廷杰：《俄藏黑水城文献中的元佚词》，《宁夏大学学报》2006 年第 1 期。

58. 周立升：《全真道的创建与教旨》，《文史哲》2006 年第 3 期。

59. 朱亚非：《丘处机与〈长春真人西游记〉》，丁鼎主编《昆嵛山与全真道：全真道与齐鲁文化国际学术研讨会论文集》，宗教文化出版社，2006。

60. 常大群：《山东半岛全真七子碑刻、摩崖石刻寻真》，《中国道教》2007 年第 1 期。

61. 黎志添：《近代广东罗浮山全真教道观考》，（香港）《中国文化研究所学报》第 47 期，2007。

62. 李洪权：《论金元全真教经济生活方式的衍变》，《史学集刊》2007 年第 6 期。

63. 全真道研究中心编《全真道与环保：从全真道看现代人的生命、生活与生态学术研讨会论文集》，香港青松出版社，2007。

64. 汤君：《西夏全真教佚词十一首考释》，《宗教学研究》2007 年第 2 期。

65. 杨讷：《丘处机"一言止杀"再辨伪》，《中华文史论丛》2007 年第 1 期。

66. 詹石窗、张欣：《尹志平对全真心性思想的继承和发展》，《宗教学研究》2007 年第 3 期。

67. 樊光春：《碑刻所见陕西佳县白云观全真道龙门派传承》，陈鼓应主编《道家文化研究》第 23 辑，生活·读书·新知三联书店，2008。

68. 盖建民、朱展炎：《早期全真道士入道因缘论析——以全真道传记资料为中心所做的考察》，王志民主编《齐鲁文化研究》总第 7 辑，山东文艺出版社，2008。

69. 戈国龙：《〈大丹直指〉非丘处机作品考》，《世界宗教研究》2008 年第 3 期。

70. 赖贤宗：《宋常星〈道德经讲义〉与龙门丹道》，（台湾）《中正大学中文学术年刊》第 11 辑，2008。

71. 李洪权：《金元之际全真教道观的社会经济来源》，《郑州大学学报（哲学社会科学版）》2008 年第 2 期。

72. 刘晓：《全真教尹志平接任掌教之谜》，陈鼓应主编《道家文化研究》第 23 辑，生活·读书·新知三联书店，2008。

73. 刘仲宇：《早期全真教仪式初探》，陈鼓应主编《道家文化研究》第 23 辑，生活·读书·新知三联书店，2008。

74. 吴亚魁：《论清末民初的江南全真道"坛"——以上海觉云为中心》，《弘道》2008 年第 2 期。

75. 尹志华：《全真教主东华帝君的来历略考》，王志民主编《齐鲁文化研究》总第 7 辑，山东文艺出版社，2008。

76. 赵卫东：《东华帝君与全真道》，王志民主编《齐鲁文化研究》总第 7 辑，山东文艺出版社，2008。

77. 赵卫东：《青州全真修真宫考》，《宗教学研究》2008 年第 4 期。

78. 左洪涛：《金庸〈射雕英雄传〉〈神雕侠侣〉中的尹志平与历史上的尹志平之比较》，《宁波大学学报（人文科学版）》2008 年第 1 期。

79. 包世轩：《金元道教全真派五华观与元末卧佛寺相关史事考略——兼及元末卧佛寺法洪和尚行实》，北京联合大学编著《北京学研究文集 2009》，同心出版社，2009。

80. 郭武：《金章宗元妃与早期全真道》，《宗教学研究》2009 年第 4 期。

81. 黄信阳：《道教全真派的传戒科仪》，《中国宗教》2009 年第 8 期。

82. 李刚：《道教的身体观初探》，《天府新论》2009 年第 6 期。

83. 李洪权：《论金元时期全真教的财产观念》，《西南大学学报（社会科学版）》2009 年第 5 期。

84. 陆凌霄：《论〈西游记〉为元代全真教道士所作》，《中央民族大学学报（哲学社会科学版）》2009 年第 4 期。

85. 史冰川：《王重阳人才教育思想分析》，《民族教育研究》2009 年第 4 期。

86. 王晓颖：《全真道研究综述》，《才智》2009 年第 3 期。

87. 吴成国：《丘处机和谐观与老庄思想论略》，《宗教学研究》2009 年第 3 期。

88. 闫欢：《全真教影响与神仙道化剧》，《才智》2009 年第 7 期。

89. 〔意〕莫尼卡（Monica Esposito）：《一部全真道藏的发明：〈道藏辑要〉及清代全真认同》，赵卫东主编《问道昆嵛山——齐鲁文化与昆嵛山道教国际学术研讨会论文集》，齐鲁书社，2009。

90. 尹志华：《北京白云观藏〈龙门传戒谱系〉初探》，《世界宗教研究》2009 年第 2 期。

91. 张方：《略论关中地区道教造像碑的史料价值》，《中国道教》2009 年第 3 期。

92. 陈明、吕锡琛：《全真道研究综述》，《世界宗教研究》2010 年第 5 期。

93. 陈明：《全真道修炼方式与精神健康》，《求索》2010 年第 2 期。

94. 侯慧明：《七朵金莲最先放 海上文章第一儒——论马丹阳与早期全真教的发展》，《甘肃社会科学》2010 年第 1 期。

95. 李俊芳：《平民化新道教产生于两宋之际原因探析——以全真教为中心》，《世界宗教研究》2010 年第 5 期。

96. 牟钟鉴、赵卫东：《全真精神及其当代价值》，《文史哲》2010 年第 4 期。

97. 孙亦平：《论全真道龙门派在江南地区的传播与发展》，《宗教学研究》2010 年第 3 期。

98. 吴真：《华北地方社会中的全真道士：以华山法派赓续与公共庙宇经营为中心》，《道教研究学报：宗教、历史与社会》第 2 期，2010。

99. 杨讷：《早期全真道与方技的关系及其他》，《中华文史论丛》2010 年第 4 期。

100. 张强：《开凿石窟与续修道藏——宋德方对金末元初全真道发展的贡献》，《东岳论丛》2010 年第 4 期。

101. 张琰：《金元之际泰山全真道的兴衰》，《中国道教》2010 年第 2 期。

102. 郑素春：《金元全真道中原地区以外的传教活动》，（台湾）《成大历史学报》第 39 号，2010。

103. 钟海连：《复归与超越：王重阳修道论与老庄思想的关系》，《宗教学研究》2010 年第 1 期。

104. 陈明、吕锡琛：《全真道精神境界的后人本主义心理学解读》，《宗教学研究》2011 年第 4 期。

105. 陈耀庭：《清代全真道派适应低潮时期的三项历史经验——全真三大师王常月、刘一明、闵小艮的启示》，赵卫东主编《全真道研究》第 2 辑，齐鲁书社，2011。

106. 高丽杨：《〈钟吕传道集〉与〈西山群仙会真记〉版本考述》，《中国道教》2011 年第 4 期。

107. 郭健：《百回本〈西游记〉作者非元代全真教道士辨》，《社会科学战线》2011 年第 5 期。

108. 侯照民：《随侍丘处机西行十八士考》，《中国道教》2011 年第 4 期。

109. 姜生：《青州马丹阳祖师打坐摩崖造像考》，《中国道教》2011 年第 1 期。

110. 李虹：《丘处机身后嗣教宗师再考辨》，《宗教学研究》2011 年第 2 期。

111. 李洪权：《论金元时期全真教的物质消费特征》，《求是学刊》2011 年第 4 期。

112. 李良：《从〈穹窿山执事规范〉看清初全真道与正一道的融合》，《中国道教》2011 年第 3 期。

113. 刘迅：《护城保国——十九世纪中叶清廷抵御太平军时期的南阳玄妙观》，宋学立译，赵卫东主编《全真道研究》第 1 辑，齐鲁书社，2011。

114. 梅莉：《民国〈湖北省长春观乙丑坛登真箓〉探研》，《世界宗教研究》2011 年第 2 期。

115. 〔意〕莫尼卡（Esposito Monica）：《清代全真三坛大戒仪式的创立》，赵卫东主编《全真道研究》第 2 辑，齐鲁书社，2011。

116. 孙孟章：《窦汉卿师承与传人考略》，《中华医史杂志》2011 年第 2 期。

117. 王昊：《论金代全真道士词人对柳词的接受》，《兰州大学学报（社会科学版）》2011 年第 1 期。

118. 王锦萍：《宗教组织与水利系统：蒙元时期山西水利社会中的僧道团体探析》，《历史人类学学刊》2011 年第 1 期。

119. 吴亚魁：《江南全真道门所见之诸真宗派与传承谱系》，赵卫东主编《全真道研究》第 2 辑，齐鲁书社，2011。

120. 胥洪泉：《清代宗室词人奕绘与全真教》，《西南大学学报（社会科学版）》2011 年第 5 期。

121. 徐庆康、冯培林：《烟台昆嵛山哈鲁罕大王令旨考》，《聊城大学学报（社会科学版）》2011 年第 2 期。

122. 尹志华：《清代全真道传戒初探》，赵卫东主编《全真道研究》第 1 辑，齐鲁书社，2011。

123. 尹志华：《清初全真道新探》，赵卫东主编《全真道研究》第 2 辑，齐鲁书社，2011。

124. 张方：《全真女冠与元代社会》，《宗教学研究》2011 年第 1 期。

125. 郑素春：《全真道士尹志平（1169～1251）的宗教实践》，（台湾）《辅仁宗教研究》第 22 期，2011 春。

126. 周冶：《沿袭与建构：〈金丹大要〉中的马钰形象略析》，《宗教学研究》2011 年第 2 期。

127. 陈杉：《〈纯阳帝君神游显化图〉图像解构》，《宗教学研究》2012 年第 1 期。

128. 方玲：《全真道与祝由——从〈轩辕碑记医学祝由十三科〉谈起》，方立天主编《宗教研究 2012》，宗教文化出版社，2012。

129. 胡传志：《略论全真教教徒的诗学观》，《江苏大学学报（社会科学版）》2012 年第 5 期。

130. 李安：《全真教龙门中兴与满清王朝的关系》，《齐齐哈尔大学学报（哲学社会科学版）》2012 年第 5 期。

131. 李洪权：《全真教与女真和蒙古统治集团之关系探析》，《陕西师范大学学报（哲学社会科学版）》2012 年第 5 期。

132. 李玉用：《略论儒家思想对早期全真诸子的影响——以王重阳、马钰和丘处机为中心》，《孔子研究》2012 年第 4 期。

133. 刘江：《元代全真教的岳渎代祀》，《湖南科技学院学报》2012 年第 1 期。

134. 刘晓：《太傅也可那延家族世系的几点补充》，《中国史研究》2012 年第 1 期。

135. 刘中玉：《蒙元前期佛道之争下全真教图像志的建构》，中国社会科学院历史研究所文化史研究室编《形象史学研究 2012》，人民出版社，2012。

136. 梅莉：《变动时代背景下的全真道与地方社会——侯永德与民国二三十年代的长春观》，《华中师范大学学报（人文社会科学版）》2012 年第 5 期。

137. 强昱：《初期全真道的自由平等观念》，《世界宗教研究》2012 年第 3 期。

138. 乔新华：《借儒兴道：从元代全真教改造山西尧舜禹庙看其兴盛的独特路径》，《世界宗教研究》2012 年第 4 期。

139. 夏志前：《岭南"新全真道"的历史衍变与当代境遇》，《宗教学研究》2012 年第 2 期。

140. 宋晓云：《论〈长春真人西游记〉在蒙元时期丝绸之路汉语文学中的价值》，《西域研究》2012 年第 1 期。

141. 于东新：《论金词之别宗：全真道士词》，《求是学刊》2012 年第 2 期。

142. 周郢：《新发现的祖徕山炼神庵摩崖考》，《中国道教》2012 年第 3 期。

143. 朱俊：《〈栖云真人盘山语录〉中的重玄思辨》，《中国道教》2012 年第 4 期。

144. 蔡志刚、于春洋：《民族、宗教与国家：多元认同视野中的考察》，《新疆社会科学》2013 年第 3 期。

145. 陈洪：《从孙悟空的名号看〈西游记〉成书的"全真化"环节》，《中国高校社会科学》2013 年第 4 期。

146. 陈文龙：《住庙与住家：山西朔州县家族化全真教的历史和生存方式》，《世界宗教研究》2013 年第 6 期。

147. 付海晏：《安世霖与 1940 年代北京白云观的官观改革——以〈白云观全真道范〉为中心的探讨》，《华中师范大学学报（人文社会科学版）》2013 年第 1 期。

148. 郭武：《有关全真道宗派"字谱"研究综述》，熊铁基、梁发主编《第二届全真道与老庄国际学术研讨会论文集》上册，华中师范大学出版社，2013。

149. 胡春涛：《版刻本老子八十一化图的流传及相关问题》，《宗教学研究》2013 年第 2 期。

150. 胡春涛：《元明时期老子八十一化图的传播与图像意义》，《南京艺术学院学报（美术与设计版）》2013 年第 1 期。

151. 姜生：《千真洞的变迁：槎山全真道迁佛史迹考》，《历史研究》2013 年第 6 期。

152. 李安：《〈长春真人西游记〉中的农业状况考》，《齐齐哈尔大学学报（哲学社会科学版）》2013 年第 1 期。

153. 李洪权：《金元之际全真教的政治参与和政治抉择》，《史学集刊》2013 年第 5 期。

154. 刘连香：《美国波士顿美术馆藏中国道教造像》，《中原文物》2013 年第 2 期。

155. 汪超：《俄藏黑水城文献 A20V 金元全真教诗词补说》，《文献》2013 年第 1 期。

156. 王辉刚、梅莉：《〈成都二仙庵壬午坛登真箓〉初探》，熊铁基、梁发主编《第二届全真道与老庄学国际学术研讨会论文集》上册，华中师范大学出版社，2013。

157. 詹小美、王仕民：《文化认同视域下的政治认同》，《中国社会科学》2013 年第 9 期。

158. 张秀清：《俄藏黑水城文献全真教佚词跋》，《宗教学研究》2013 年第 4 期。

159. 张琰：《明清士绅支持泰山全真道行为探析》，《宗教学研究》2013 年第 3 期。

160. 赵玉玲：《金元全真道社会功能探析》，《河南师范大学学报（哲学社会科学版）》2013 年第 6 期。

161. 周郢：《蒙古汗廷与全真道关系新证——新发现的蒙古国圣旨（懿旨、令旨）摩崖考述》，《中国史研究》2013 年第 1 期。

162. 何建明：《东北全真华山派在家道源流——以旅顺口长春庵、老爷庙为例》，《华中师范大学学报（人文社会科学版）》2014 年第 3 期。

163. 刘固盛、王闯：《全真龙门派在清初的另一种生存境遇——对潘静观及其〈道德经妙门约〉的考察》，《华中师范大学学报（人文社会科学版）》2014 年第 6 期。

164. 刘中玉：《〈玄风庆会图〉政治在形象之后》，《中国社会科学报》2014 年 9 月 12 日第 A05 版。

165. 骆忠军：《尹志平掌教全真事迹考》，《菏泽学院学报》2014 年第 4 期。

166. 汪桂平：《明末道士马真一生平行实考》，《世界宗教研究》2014 年第 1 期。

167. 王宗昱：《目前全真道研究的几个问题》，赵卫东主编《全真道研究》第 3 辑，齐鲁书社，2014。

168. 宋晓云：《曾从神仙日下游 五千里外水分头——论西域之行对尹志平文学创作的影响》，《西域研究》2014 年第 1 期。

169. 尹志华：《北京白云观藏历代律师方丈监院画像的史料价值》，《中国道教》2014 年第 1 期。

170. 张琰：《泰山全真道与元代东岳祭祀》，赵卫东主编《全真道研究》第 3 辑，齐鲁书社，2014。

171. 张云江：《至元十八年焚毁道经事考辨》，《世界宗教研究》2014 年第 4 期。

172. 章伟文：《太古真人郝大通及盘山派的全真内丹心性学》，《世界宗教研究》2014 年第 6 期。

173. 赵卫东：《李常明一系龙门派传承考》，赵卫东主编《全真道研究》第 3 辑，齐鲁书社，2014。

174. 白娴棠：《刘一明金丹论对阳明良知论的融摄》，《宗教学研究》2015

年第 3 期。

175. 包艳、汪小洋：《南朝长江流域的宫观碑记与道教造像——南朝十三通宫观碑记的梳理与讨论》，《湖南大学学报（社会科学版）》2015 年第 6 期。

176. 陈洪：《〈西游记〉与全真教之缘新证》，《文学遗产》2015 年第 5 期。

177. 侯慧明：《论宋德方对山西全真教发展的贡献》，《山西档案》2015 年第 6 期。

178. 黄太勇：《〈西游录〉与〈长春真人西游记〉所载"马首形瓜"名称考——兼论甜瓜与哈密瓜名称源流》，《中国农史》2015 年第 1 期。

179. 林巧薇：《全真道与玄教在元代中后期发展之比较研究》，赵卫东主编《全真道研究》第 4 辑，齐鲁书社，2015。

180. 刘固盛、涂立贤：《明代全真道在武当山的传承与发展》，《宗教学研究》2015 年第 4 期。

181. 刘睿：《北朝道教造像再考察——以造像碑为中心》，《考古与文物》2015 年第 4 期。

182. 聂清：《全真道与禅宗心性思想比较》，赵卫东主编《全真道研究》第 4 辑，齐鲁书社，2015。

183. 申喜萍：《王重阳绘画作品考述》，《世界宗教研究》2015 年第 1 期。

184. 王雪：《李道纯的教育方法和学习理念探析》，《教育文化论坛》2015 年第 4 期。

185. 吴光正、王一帆：《钟吕传说与金代全真教的谱系建构》，赵卫东主编《全真道研究》第 4 辑，齐鲁书社，2015。

186. 吴学国、徐长波：《梵道之间：从印度吠檀多思想到全真道的心性学》，《中国高校社会科学》2015 年第 3 期。

187. 杨讷：《丘处机"一言止杀"三辨伪——兼评赵卫东〈丘处机"一言止杀"辨正〉》，《中华文史论丛》2015 年第 1 期。

188. 尹志华：《清代全真道传戒史料补述》，《中国道教》2015 年第 5 期。

189. 张方：《明末全真道士郭静中生平考略》，《宗教学研究》2015 年第 3 期。

190. 张方：《〈玄风庆会图〉残卷版本考》，《中华文化论坛》2015 年第 2 期。

191. 张泽洪：《元明清时期全真道在西南地区的传播》，《文史哲》2015 年第 5 期。

192. 赵卫东：《碑刻资料与全真道研究》，王均林主编《海岱学刊》第 1 辑，齐鲁书社，2015。

193. 北京大学中国考古学研究中心编《两个世界的徘徊——中古时期丧葬观念风俗与礼仪制度学术研讨会论文集》，科学出版社，2016。

194. 高丽杨：《王重阳"三州五会"的组织特点及社会作用》，《中国道教》2016 年第 3 期。

195. 郭武：《陈复慧与兰台派——兼谈清代四川全真道与地方社会之关系》，赵卫东主编《全真道研究》第 5 辑，齐鲁书社，2016。

196. 贺信萍：《内府修道秘本〈御制全真群仙集〉》，《中国道教》2016 年第 1 期。

197. 胡胜：《〈西游记〉与全真教关系辨说——以"车迟斗圣"为中心》，《社会科学辑刊》2016 年第 6 期。

198. 李蕊芹：《论〈历世真仙体道通鉴〉的史料编撰方式》，《湖北理工学院学报（人文社会科学版)》2016 年第 5 期。

199. 罗争鸣：《关于早期全真道诗词研究的若干问题》，《宗教学研究》2016 年第 1 期。

200. 马海燕：《明清佛教与全真道传戒研究发微》，《法音》2016 年第 4 期。

201. 王岗：《明代藩王与内丹修炼》，秦国帅译，赵卫东主编《全真道研究》第 5 辑，齐鲁书社，2016。

202. 宋学立：《早期全真教以史弘道的教史思想——以〈甘水仙源录〉〈终南山祖庭仙真内传〉〈七真年谱〉为中心》，赵卫东主编《全真道研究》第 5 辑，齐鲁书社，2016。

203. 张广保：《全真教研究的回顾与前沿问题》，盖建民主编《回顾与展望：青城山道教学术研究前沿问题国际论坛文集》，巴蜀书社，2016。

204. 赵卫东：《丘处机与〈摄生消息论〉》，赵卫东主编《全真道研究》第 5 辑，齐鲁书社，2016。

205. 赵卫东：《全真道宗派问题研究回顾与展望》，盖建民主编《回顾与展望：青城山道教学术研究前沿问题国际论坛文集》，巴蜀书社，2016。

206. 赵卫东：《尹志平〈道德经〉诠释理论探析》，《宗教学研究》2016 年第 3 期。

207. 郭武：《〈金莲正宗仙源图赞〉碑文与明清全真道宗派"字谱"》，《世界宗教研究》2017 年第 2 期。

208. 李大华：《论华南全真道教的宗派关系》，《宗教学研究》2017 年第 4 期。

209. 刘晓：《元代全真道被遗漏的掌教关德昌——〈井公道行碑〉读后记》，《宗教学研究》2017 年第 2 期。

210. 马小鹤、杜远东：《高涛藏本〈老子八十一化图〉初探》，《美术学报》2017 年第 5 期。

211. 马晓林：《碑刻所见蒙元时期全真掌教印章及相关史事研究》，《西北师大学报（社会科学版）》2017 年第 4 期。

212. 钱敏：《〈历世真仙体道通鉴〉与〈金莲正宗记〉之比较研究》，邓正兵主编《人文论谭》第 9 辑，武汉出版社，2017。

213. 秦国帅：《明清民国时期七真度化故事的流传及版本研究》，赵卫东主编《全真道研究》第 6 辑，齐鲁书社，2017。

214. 秦国帅：《七真仙传与全真历史：以台湾大学图书馆藏〈七真仙传〉为中心的考察》，《世界宗教研究》2017 年第 3 期。

215. 王闯：《元代及明初武当山五龙宫全真道的传承》，《宗教学研究》2017 年第 2 期。

216. 王丽娜：《唐代女冠法服之演变轨迹》，《历史教学》2017 年第 6 期。

217. 吴光正：《试论金元全真高道辞世颂的史学价值和文学价值》，《武汉大学学报（人文科学版）》2017 年第 3 期。

218. 吴光正：《台湾大学藏海内孤本〈七真仙传〉考述》，（台湾）《中国文哲研究通讯》第 27 卷第 3 期，2017。

219. 宋学立：《全真教史家李道谦法脉传承考论》，《凝眸云水》2017 年第 2 期。

220. 耿纪朋:《金元全真道神仙体系中"六御"身份考》,赵卫东主编《全真道研究》第 7 辑,齐鲁书社,2018。

221. 李勇进:《洮州〈王氏家谱〉与全真华山派在家道法脉的传承、道士家族的生存方式》,《宁夏社会科学》2018 年第 6 期。

222. 李远国:《论金元全真道的神仙谱系》,赵卫东主编《全真道研究》第 7 辑,齐鲁书社,2018。

223. 罗争鸣:《赵道一〈历世真仙体道通鉴〉的编撰、刊刻与流传论考》,《宗教学研究》2018 年第 3 期。

224. 荣国庆、李素梅:《〈新修玉虚观记〉碑考释》,《中国道教》2018 年第 2 期。

225. 王亚伟:《全真道与马致远神仙道化剧的情节建构》,《中南大学学报(社会科学版)》2018 年第 1 期。

226. 夏添、王鸿博、崔荣荣:《清代及民国时期汉族道教服饰造型与纹饰释读——以武当山正一道、全真道教派法衣为例》,《艺术设计研究》2018 年第 3 期。

227. 宋学立:《高道宽及西北全真道的早期发展》,《中国道教》2018 年第 6 期。

228. 杨立志:《元代道士李明良画像碑考论》,赵卫东主编《全真道研究》第 7 辑,齐鲁书社,2018。

229. 杨雪冬:《重构政治仪式 增强政治认同》,《探索与争鸣》2018 年第 2 期。

230. 尹志华:《清代全真道传戒若干史实再考察》,《道教学刊》2018 年第 2 期。

231. 张广保:《全真教史家姬志真及元仁宗延祐六年〈云山集〉的史料价值》,《世界宗教研究》2018 年第 4 期。

232. 张广保:《全真教史家与全真教史的建构》,赵卫东主编《全真道研究》第 7 辑,齐鲁书社,2018。

233. 赵伟:《图中春秋——永乐宫重阳殿壁画中的法派意图》,王卡、汪桂平主编《中国本土宗教研究》第 1 辑,社会科学文献出版社,2018。

234. 周建强：《道儒之间：全真道互结物外真亲眷的孝道伦理》，《东岳论丛》2018 年第 8 期。

235. 周建强：《早期全真道的醮仪度亡及其社会功能初探》，《华夏文化》2018 年第 4 期。

236. 韩占刚：《金元时期的王重阳与全真七子图像考论》，《中国道教》2019 年第 4 期。

237. 韩占刚：《王重阳与全真七子研究综述》，赵卫东主编《全真道研究》第 8 辑，齐鲁书社，2019。

238. 马小鹤：《〈老子八十一化图〉与全真道祖谱》，虞万里主编《经学文献研究集刊》第 21 辑，上海书店出版社，2019。

239. 秦国帅：《台湾大学图书馆藏〈七真仙传〉初考》，赵卫东主编《全真道研究》第 8 辑，齐鲁书社，2019。

240. 白如祥：《全真道士王吉昌与刘志渊考——兼论张伯端对金代元初全真教的影响》，《宗教学研究》2020 年第 1 期。

241. 李大华：《全真道教的现代宗教仪式及其科本分析——以香港为例》，《宗教学研究》2020 年第 1 期。

242. 李海云：《全真道与地方社会传统——以山东潍县玉清宫为考察中心》，《世界宗教研究》2020 年第 5 期。

243. 梁淑芳：《崂山道始：由空间需求与道德实践观点论述金代全真教传道崂山之因》，《台湾师大学报》第 65 期，2020。

244. 刘康乐、高叶青：《嘉靖三十二年〈重建五祖七真殿碑记〉与明代全真派字谱的新发现》，《世界宗教研究》2020 年第 6 期。

245. 吴光正：《论元代全真教传记的文体功能》，《文学评论》2020 年第 1 期。

246. 宋学立：《全真史家李道谦年谱长编》，中国社会科学院古代史研究所隋唐五代十国史研究室、宋辽西夏金史研究室、元史研究室编《隋唐辽宋金元史论丛》第 10 辑，上海古籍出版社，2020。

247. 尹志华：《诗文证史：试述清代诗文集对道教研究的重要价值》，汪桂平主编《中国本土宗教研究》第 3 辑，社会科学文献出版社，2020。

248. 张方：《清代以来龙门洞的发展与朝山习俗》，《宗教学研究》2020 年第 4 期。

249. 张俊峰、王洋：《"至元焚经"前后的全真教与山西社会——以元代纯阳万寿宫为中心的考察》，《史林》2020 年第 4 期。

250. 赵伟：《从永乐宫重阳殿地狱图像榜题看全真教的冥界信仰》，《故宫博物院院刊》2020 年第 6 期。

251. 胡建：《政治认同的理论解读：内涵、结构及功能》，《广西社会科学》2021 年第 12 期。

252. 潘存娟：《新中国成立初期陕西全真道状况研究——以档案和口述资料为基础》，赵卫东主编《全真道研究》第 10 辑，山东大学出版社，2021。

253. 汪小虎：《全真教坐钵的计时法器——盂漏新探》，《中国科技史杂志》2021 年第 2 期。

254. 吴端涛：《祖庭规制·管辖权·官门提点——永乐宫与元代全真教关系研究三题》，《美术大观》2021 年第 12 期。

255. 吴光正：《试论马丹阳的诗词创作及其宗教史意义》，《宗教学研究》2021 年第 1 期。

256. 尹志华：《北京白云观光绪壬午坛〈登真箓〉新探》，《世界宗教研究》2021 年第 2 期。

257. 包洪鹏：《〈青玉案〉与全真教道士词关系研究》，《宗教学研究》2022 年第 2 期。

258. 冯金忠、张帅：《金代〈聚圣岩公据〉碑所见全真教在河北北部的早期传播》，《河北师范大学学报（哲学社会科学版）》2022 年第 6 期。

259. 韩占刚：《"七真时代"全真掌教问题考辨》，赵卫东主编《全真道研究》第 11 辑，山东大学出版社，2022。

260. 韩占刚：《王处一相关事迹疑难考》，《宗教学研究》2022 年第 1 期。

261. 侯海洋：《金中都"玄真观弘道悟正真人本行碑"残石内容考》，辽宁省博物馆、辽宁省辽金契丹女真史研究会编《辽金历史与考古》第 13 辑，科学出版社，2022。

262. 廖奔：《全真教与金元北曲共生关系考》，《文化遗产》2022 年第 1 期。

263. 刘康乐：《新见明刊本〈老子八十一化图说〉考辩》，《老子学刊》2022 年第 1 期。

264. 王智尧：《金元时期全真道的教职体系——以石刻材料为中心》，赵卫东主编《全真道研究》第 11 辑，山东大学出版社，2022。

265. 吴光正：《〈西游记〉全真化若干史实考辨》，《文学遗产》2022 年第 3 期。

266. 宋学立：《道教典籍的史源学研究——以宋元道史仙传征引志书为例》，刘中玉主编《形象史学》第 24 辑，中国社会科学出版社，2022。

267. 张阳、杨蓉：《道教法服的产生及早期定型》，《世界宗教文化》2022 年第 2 期。

268. 张泽洪、张卓：《全真道与唱道情关系考察》，赵卫东主编《全真道研究》第 11 辑，山东大学出版社，2022。

269. 耿纪朋：《蒙元全真祖师图像定型与传播考辨》，《美术大观》2023 年第 1 期。

270. 韩占刚：《〈金莲正宗记〉的成书与修订——兼论其与〈七真仙传〉之间的叙事互补》，《老子学刊》2023 年第 1 期。

271. 宋学立：《宋元时期的道教管理政策及其特点》，《唐都学刊》2023 年第 6 期。

272. 杨程斌：《全真教秋阳观史实考略》，《宗教学研究》2023 年第 4 期。

273. 赵卫东：《马钰内丹修炼的宗旨、特征与方法》，《宗教学研究》2023 年第 5 期。

## 四 学位论文

1. 戚淑娟：《〈关尹子〉研究》，华东师范大学硕士学位论文，2004。

2. 方旭光：《政治认同的基础理论研究》，复旦大学博士学位论文，2006。

3. 侯照民：《尹志平及其全真道思想研究》，山东师范大学硕士学位论文，2011。

4. 肖晓：《关中北朝道教造像碑研究》，湖南工业大学硕士学位论文，2012。

5. 邓永胜：《宁王朱权的崇道及其道教贡献》，湖南师范大学硕士学位论文，

2013。

6. 钱敏：《〈历世真仙体道通鉴〉研究》，华中师范大学博士学位论文，2014。

7. 王倩：《赵道一〈历世真仙体道通鉴〉研究》，苏州大学硕士学位论文，2018。

8. 周建强：《全真道伦理思想研究》，兰州大学博士学位论文，2018。

9. 韩占刚：《全真祖师的宗教叙事研究》，华东师范大学博士学位论文，2020。

## 五　外文文献

1. Hawkes，Havid. "Quanzhen Plays and Quanzhen Masters. " *Bulletin de l'Ecole Française d'Extrême-Orient* 69（1981）.

2. Miura Suichi. "Gendai shiso kenkyū josetsu-Zenshin doshi Ri Doken no doko o shujiku ni" 元代思潮研究序説—全真道士李道謙の動向を主軸に. *Shūkan tōyō gaku* 集刊東洋学 67（1992）.

3. Idema，Wilt. "Skulls and Skeletons in Art and on Stage. " In *Conflict and Accommodation in Early Modern East Asia: Essays in Honour of Erik Zürcher*，edited by Leonard Blussé and Zurndorfer Harriet T. ，191−215. Brill，1993.

4. Eskildsen，Stephen. "Seeking Signs of Proof：Visions and Other Trance Phenomena in Early Quanzhen Taoism. " *Journal of Chinese Religions* 29（2001）.

5. Esposito，Monica. "Longmen Taoism in Qing China：Doctrinal Ideal and Local Reality. " *Journal of Chinese Religion* 29（2001）.

6. Goossaert，Vincent and Katz，Paul R. "New Perspectives on Quanzhen Taoism：The Formation of a Religious Identity. " *Journal of Chinese Religions* 29（2001）.

7. Goossaert，Vincent. "The Invention of an Order：Collective Identity in Thirteenth-Century Quanzhen Taoism. " *Journal of Chinese Religions* 29（2001）.

8. Katz，Paul R. "Writing History，Creating Identity：A Case Study of Xuanfengqinghuitu. " *Journal of Chinese Religions* 29（2001）.

9. Marsone Pierre. "Accounts of the Foundation of the Quanzhen Movement：A Hagiographic Treatment of History. " *Journal of Chinese Religions* 29（2001）.

10. Kohn，Livia and Roth，Harold D. ed. *Daoist Identity: History, Lineage, and Ritual*. University of Hawaii Press，2002.

11. 池内功：河南省における元代道教関係石碑調査報告，『四国学院大学論集』107（2002）。

12. 横手裕：劉名瑞と趙避塵：近代北京の内丹家について，『東洋史研究』61（1）（2002）。

13. 石田志穂：内丹における「回光」の摂取と展開——『性命圭旨』・『邱祖語録』の「目光」を中心として，『宗教学・比較思想学論集』5（2002）。

14. 森由利亞：全真坐鉢—元明全真教儀礼の伝統，福井文雅主監『東方学の新視点』，五曜書房，2003，459-497。

15. 石田憲司：元代全真教の教団と掌教者—明代道教史研究の視角から，『比較文化史研究』5（2003）。

16. 石田志穂：明清内丹思想史における「光」の展開—伍柳派を軸として，『東方宗教』101（2003）。

17. Eskildsen，Stephen. *The Teachings and Practices of the Early Quanzhen Taoist Masters*. State University of New York Press，2004.

18. Esposito，Monica. "The Longmen School and Its Controversial History during the Qing Dynasty. " In *Religion and Chinese Society, Volume II: Taoism and Local Religion in Modern China*，edited by John Lagerwey，621-698. The Chinese University of Hong Kong and École française d'Extrême-Orient，2004.

19. Goossaert，Vincent. "The Quanzhen Clergy，1700-1950. " In *Religion and Chinese Society, Volume II: Taoism and Local Religion in Modern China*，edited by John Lagerwey，699-771. The Chinese University of Hong Kong and École française d'Extrême-Orient，2004.

20. Liu Xun. "Immortals and Patriarchs：The Daoist World of a Manchu Official and His Family in Nineteenth Century China. " *Asia Major* 3rd series，17. 2（2004）.

21. Liu Xun. "Visualizing Perfection：Daoist Paintings of Our Lady，Court Pat-

ronage, and Elite Female Piety in Late Qing. " *Harvard Journal of Asiatic Studies.* 64-1 （2004）.

22. 横手裕：禅と道教——柳華陽の場合,『思想』960 （2004）。

23. 森由利亞：清朝全真教の傳戒と呂祖扶乱信仰——天仙戒現行本の成立をめぐって,福井文雅博士古稀・退職記念論集刊行会編『福井文雅博士古稀記念論集−アジア文化の思想と儀礼』,春秋社,2005。

24. 石田憲司：元・明时代の全真教と正一教,福井文雅博士古稀・退職記念論集刊行会編『福井文雅博士古稀記念論集−アジア文化の思想と儀礼』,春秋社,2005。

25. Acker Peter. *Liu Chuxuan （1147—1203） and his Commentary on the Daoist Scripture Huangdiyinfujing.* Harrassowitz Verlag, 2006.

26. Liu Xun. "General Zhang Buries the Bones: Early Qing Reconstruction and Quanzhen Daoist Collaboration in Mid-Seventeenth Century Nanyang. " *Late Imperial China* Vol. 27, No2. （2006）.

27. 森由利亞：清朝四川の全真教と天師道儀礼——『広成儀制』太清章をめぐって,小林正美編『道教の齋法儀礼の思想史的研究』,株式会社知泉書館,2006。

28. Goossaert, Vincent. *The Taoists of Peking, 1800—1949, A Social History of Urban Clerics*, Harvard University Press, 2007.

29. Herriot, Peter. *Religious Fundamentalism and Social Identity.* Routledge, 2007.

30. Komjathy, Louis. *Cultivating Perfection: Mysticism and Self-transformation in Early Quanzhen Daoism*, Sinica Leidensia vol. 75. Brill, 2007.

31. Liu Xun. *Daoist Modern: Innovation, Lay Practice, and the Community of Inner Alchemy in Republican Shanghai.* Harvard University Press, 2009.

32. Marsone Pierre. *Wang Chongyang （1113-1170） et la fondation du Quanzhen: Ascètes taoistes et alchimie intérieure.* Collège de France, Institut des Hautes Études Chinoises, 2010.

33. Crowe, Paul. "Nature, Motion, and Stillness: Li Daochun's Vision of the

Three Teachings." *Journal of Daoist Studies* 5（2012）.

34. Komjathy, Louis. *The Way of Complete Perfection: A Quanzhen Daoist Anthology*. State University of New York Press, 2013.

35. Liu Xun and Goossaert, Vincent ed. *Quanzhen Daoists in Chinese Society and Culture, 1500–2010*. University of California, 2013.

36. Komjathy, Louis. "Daoist Clepsydra-Meditation: Late Medieval Quánzhēn Monasticism and Communal Meditation." In *Hindu, Buddhist and Daoist Meditation Cultural Histories*, edited by Halvor Eifring, 185–215. Hermes Publishing, 2014.

37. Komjathy, Louis. "Sun Buer: Early Quanzhen Matriarch and the Beginnings of Female Alchemy." *Nan Nü*, 16-2（2014）.

38. Liu Xun. "Physicians, Quanzhen Daoists, and Folk Cult of the Sage of Medicine in Nanyang, 1540s~1950s." 《道教研究学报：宗教、历史与社会》2014 年第 6 期。

39. P. G. G. van Enckevort. "The Three Treasures: An Enquiry into the Writings of Wu Shouyang." *Journal of Daoist Studies* 7（2014）.

40. Pregadio, Fabrizio. "Superior Virtue, Inferior Virtue: A Doctrinal Theme in the Works of the Daoist Master Liu Yiming（1734–1821）." *T'oung Pao*, Vol. 100（2014）.

41. Marsone Pierre. "La carrière du patriarche Yin Zhiping 尹志平 et ses mystères." *Cahiersd'Extrême-Asie* Vol. 25（2016）.

42. Komjathy, Louis. *Taming the Wild Horse: An Annotated Translation and Study of the Daoist Horse Taming Pictures*. Columbia University Press, 2017.

43. Halperin, Mark. "Explaining Perfection: Quanzhen and Thirteenth century Chinese Literati." *T'oung Pao*, Vol. 104（2018）.

44. Wang Jinping. *In the Wake of the Mongols: The Making of a New Social Order in North China, 1200–1600*. Harvard University Asia Center, 2018. 中译本《蒙古征服之后：13～17 世纪华北地方社会秩序的变迁》，陆骐、刘云军译，上海古籍出版社，2023。

45. Kohn，Livia. *The Zhong-Lü System of Internal Alchemy*. Three Pines Press，2020.

46. 日比野晋也：牛道淳の内丹説について，『東アジア文化交渉研究』14，2021。

47. Wang Jinping. "Cultivation，Salvation，and Obligation：Quanzhen Daoist Thoughts on Family Abandonment." *History of Religions*，Volume 62，No. 2（2022）.

# 后　记

2003 年 10 月 14 日，星期二，对中国社会科学院历史研究所（2019 年中国历史研究院成立，历史研究所更名为古代史研究所）的各位先生来说，是再平常不过的一个返所日，对我来说，却是一个值得铭记的日子。那天，我怀揣着憧憬与些许的紧张，从"坐落在吉林大学校园的美丽的长春"到历史研究所参加中国社会科学院研究生院历史系推荐免试研究生复试。很惭愧，我虽然生在"这么近那么美"的燕赵大地，距离首都不过两个小时的车程，但这还是第一次进京，所以记得很清楚，复试后，按照首次进京人的"套格"，到天安门半日游。

白驹过隙，二十余年已成过往，对于学业工作上的经历与收获、师友亲人的提携与帮助、生活中的辛苦与甘甜，我无法用文字淋漓表达，略述点滴如下。

2004 年 9 月 1 日，我有幸进入中国社会科学院研究生院历史系学习，从此与中国社会科学院结下了深厚的学缘。硕士阶段，师从张广保教授，主要以《尚书》"洪范学"为中心，对中华传统文化之根本的经学，"缩水"的说，是经学发展概貌和北宋"洪范学"做了点滴探索。

2007 年硕士毕业后，进入中国社会科学院科研局工作。参加工作之初，除了日常性工作，一个重要的任务是到史学片的各个研究所参加形式多样、内容丰富多彩的学术活动，了解学术动态，撰写学术资讯。回头看，那段经历让我受益良多。其间，因翻译译著《多重视野下的西方全真教研究》，开始对道教研究产生兴趣。2014 年以"金元全真教宗教认同的建构研究"

为题，成功获得国家社科基金青年项目资助（项目号：14CZJ023）。

2015年调入历史研究所科研处，继续从事科研管理与服务工作。同年，跟随张广保老师在职攻读北京大学博士研究生学位。9月报到那天，下着不大不小的雨，老师带我参观了校图书馆、未名湖、哲学系宗教学系、儒学院、中古史研究中心等学术地标。斜风细雨，打湿了我们的衣衫，更洗涤了我的心灵。工作八年后，有幸在博雅塔下聆听哲学系各位"大佬"传道受业，颇有一种沙漠行车，绿洲遇到加油站的感觉。2019年博士毕业后，进入古代史研究所古代文化史研究室工作，更为切近地接触一线的学术研究事业。

二十多年，我经历了从学生到丈夫到两个娃的爸爸、上有老下有小的角色转变。这本小书的大部分初稿是利用周末时间在位于小庄的朝阳图书馆完成的（那个阶段工作日我在科研处坐班）。周六周日都是早早地在图书馆门外排队占座。有一天，思路全无，也就没了早出的动力。当时五岁的儿子躺在沙发上，若无其事地问："爸爸你今天怎么还不去图书馆？"是不习惯我在家？是催促激励？还是希望我留下来陪他？五味杂陈。学术无止境，家庭是港湾，更是一切动力的源泉。

感谢导师的教导并为小书作序。感谢科研局、古代史研究所诸位领导同事的指导帮助。感谢古代史研究所学术委员会、科研局对本书纳入中国社会科学院创新工程出版资助的评审和资助。感谢社会科学文献出版社编辑老师的辛苦付出。惭愧的是，"后记"不是"朋友圈"，不能一一点赞。一句话，感恩有您，感谢有您。仅以这本小书献给各位曾经指点帮助过我的领导、师友、家人、学生们。

儒释道文化是中华优秀传统文化的重要支柱。鲁迅先生说"中国根柢全在道教"，对这句话的理解，虽有仁智之别，但道教作为一种"活态"的文化传统，在身心修养、生命追求、精神秩序维系等方面，形成了颇具中国本土特色和世界意义的独特思维理路和实践路径。金元以降，全真道成为道教两大核心道派之一，对中国的政治生活、社会文化、民众精神世界都产生了持久而深远的影响。拙作以全真道为题，如能对研究阐释传承中华优秀传统文化进献绵薄之力，也不枉诸位领导、师友、家人的培养厚爱。

　　能力所限，史料、视野、理论、方法难免存在这样那样的不足。敬请各位师友以及对此论题感兴趣的读者朋友们批评指正。

　　随着小书的付梓，一段研究历程、心路历程画上了一个句号。这或可理解为新征程的起点。做人、做事、做学问，路漫漫，常求索。

宋学立

2025 年 3 月于北京

**图书在版编目(CIP)数据**

全真道历史新探 / 宋学立著 . --北京：社会科学
文献出版社，2025.4. --ISBN 978-7-5228-4939-3

Ⅰ. B956.3

中国国家版本馆 CIP 数据核字第 20251UV869 号

全真道历史新探

著　　者 / 宋学立

出 版 人 / 冀祥德
责任编辑 / 袁清湘　杨　雪
责任印制 / 岳　阳

出　　版 / 社会科学文献出版社·人文分社（010）59367215
　　　　　　地址：北京市北三环中路甲 29 号院华龙大厦　邮编：100029
　　　　　　网址：www.ssap.com.cn
发　　行 / 社会科学文献出版社（010）59367028
印　　装 / 三河市龙林印务有限公司

规　　格 / 开　本：787mm×1092mm　1/16
　　　　　　印　张：24.5　字　数：375 千字
版　　次 / 2025 年 4 月第 1 版　2025 年 4 月第 1 次印刷
书　　号 / ISBN 978-7-5228-4939-3
定　　价 / 98.00 元

读者服务电话：4008918866